Hans Peter Treichler

Die stillen Revolutionen

Arbeitswelt und Häuslichkeit
im Umbruch
(1880–1900)

Schweizer Verlagshaus
Zürich

Die Publikation dieses Buches wurde durch Beiträge
folgender Institutionen und Firmen gefördert:
Pro Helvetia, Schweizer Kulturstiftung, Zürich
Emil Bührle-Stiftung für das schweizerische Schrifttum, Zürich
Migros-Genossenschafts-Bund, Zürich

Die Deutsche Bibliothek – CIP-Einheitsaufnahme

Treichler, Hans Peter:
Die stillen Revolutionen : Arbeitswelt und Häuslichkeit
im Umbruch ; (1880–1900) / Hans Peter Treichler. –
Zürich : Schweizer Verl.-Haus, 1992
ISBN 3-7263-6525-7

Alle Rechte vorbehalten
Nachdruck in jeder Form sowie die Wiedergabe
durch Fernsehen, Rundfunk, Film, Bild- und Tonträger
oder Benutzung für Vorträge, auch auszugsweise,
nur mit Genehmigung des Verlags

© 1992 by Schweizer Verlagshaus AG, Zürich

Schutzumschlag: Heinz von Arx, Zürich
Satz: Utesch Satztechnik GmbH, Hamburg
Druck und Bindung: Offizin Andersen Nexö, Leipzig
Printed in Germany

ISBN 3-7263-6525-7

Inhalt

Suppe industriell: die Karriere des Julius Maggi 7
Ländliche Küche, städtische Küche 31
Reklame für das Elixier 47
Commis, Buchhalter, Kaufleute: vom Comptoir zum Großbüro 55
Küche und Kochen, Hausfrauen und Musterfrauen 77
Maggi: vor dem großen Durchbruch 97
»Den alten Zopf verscheuchen«: Gaslicht 105
Wohngeschichten: vom Ausfüllen des Innenraums 119
»Genre« und »Salon«: die gemalte Episode 127
Demokratische Energie: die Elektrizität 155
Gas vs. Strom 173
Proto-E-Werk: vor Ort 177
La vie électrique: Lebensgefühl 185
Fin-de-siècle-Endspurt 195
Süße Droge aus den Alpen: die Schokoladebranche 201
Dorf aus Schlössern: der Tourismus 219
Untergang eines Jahrhunderts 227
Anhang 259
   Bibliographie 261
   Textnachweise 269
   Bildnachweise 284
   Personenregister 285

Quellenbelege, identifiziert mit Seitenzahl und entsprechendem Stichwort oder Zitatbeginn, finden sich am Ende des Buches.

Suppe industriell: die Karriere des Julius Maggi

Rundgang durch ein Haus, das nicht mehr steht, ein Augenschein *post mortem*. Die Villa Sumatra wurde abgebrochen vor rund zwanzig Jahren; ich nehme an, daß die rebenumrankte Fassade vielen Zürchern ohnehin ein Dorn im Auge war. Sie stand mitten im Citygürtel, im besten Bürohausgebiet, war denn auch umgeben von viel schnittiger Architektur. Die Villa Sumatra wirkte hier wie ein Relikt, und ein bröckliges, ein angeschimmeltes Relikt dazu; sie war ein Raumfresser mit viel struppigem Umschwung, der keinerlei Rücksicht nahm auf die Ausnützungsziffern.

Natürlich rief der drohende Abbruch die Denkmalschützer auf den Plan, aber ihr Protest klang nicht schriller als in ähnlichen Fällen; prächtige Unternehmervillen aus der Gründerzeit waren noch nicht ganz ausgestorben. Abbruch also 1970, und an die Sumatrastraße 36, beste Zürcher Hanglage in Zentrumsnähe und mit Blick auf die Limmat, kam ein »durchgliedertes« Bürohaus zu stehen.

Damit hatte es der Bau auf ein knapp hundertjähriges Leben gebracht – ein reich bemessenes Alter für einen Menschen, aber ein früher Tod für ein solides Haus in spielerisch-strenger Neurenaissance mit Turm und Säulen. Vielleicht, daß die rebenbewachsene Front das Haus älter aussehen ließ, als es war, und so zum Todesurteil beitrug. Im Herbst, so steht zu lesen, färbte sich die Rebenfassade jeweils gelblich und rötlich ein. Im Winter zeigte sich das ungeschützte Mauerwerk: schuppige Kopfhaut unter sich lichtendem Haar.

Ein Grabstein würde also die Lebensdaten 1875–1970 tragen; als Standplatz schlage ich den kärglich bemessenen Ziergarten vor dem »durchgliederten« Bürohaus vor. 1875 – damals entdeckte Zürich seine rebenbewachsenen, obstbaumbestandenen Südhänge am Zürichberg. Damals entstanden bunte Villen und prächtige, türmchengeschmückte Mietshäuser in den Weinbergen von Unterstraß und Hottingen. Hier und dort legte man eine Seilbahn die Hänge hoch, als erwarte man einen Ansturm von Touristen, begnüge sich vorläufig mit schnaufenden Kaufleuten und dankbaren Professorsgattinnen, die seit kurzem hier oben wohnten.

Und wie sie wohnten – ein Holzstich zeigt das sogenannte Rigiviertel als Ansammlung von Schlössern und Schlößchen mit Türmen und Türmchen, als feudales Dorf an Hanglage. Schmiedeeiserne Zäune trennten die Pärke voneinander, in denen sonntagmorgens Seite an Seite das gleiche Idyll gefeiert, der gleiche Traum geträumt wurde: Frühstück im gepflegten Garten mit Blick auf See und Berge; ein Stück Natur mit schattig-kühlen Farnwedelecken und duftenden Rosenspalieren, umrahmt von sauber gekiesten Auffahrten.

Um 1970 hatte sich der Traum in die Zürcher Vororte am See verzogen; die Villa Sumatra war freigegeben, der Ausnützungsziffer preisgegeben. Im November 1969 nahmen die Denkmalschützer ein letztes Inventar auf. Ein Fotograf hielt innen und aussen fest; man rettete Wertvolles wie Geländer, Schnitzereien und Täferung aus Haus und Garten, ebenso eine Anzahl Hinterglasmalereien. Exotisches fand sich darunter nicht, dem Namen des Hauses zum Trotz. »Villa Sumatra« hieß es seines zweiten Besitzers wegen: ein gewisser Karl Krüsi-Altheer. Und dieser Karl Krüsi-Altheer hatte sein Vermögen im Fernen Osten gemacht, ließ sich auch nicht weiter davon stören, daß die Villa, die er da am Zürichberg erworben hatte, in strenger Neurenaissance erstellt worden war, also eher an die Hügel der Toskana erinnerte als an die Vulkane Indonesiens: Wo er war, war Sumatra.

Der Rundgang, wie gesagt, hat stattzufinden anhand der Fotografien. Denn auch die Pläne sind verschollen, werden ohnehin nur vage einem Architekten und Bauherrn namens Carl Honegger zugeschrieben, dem ersten in einer Reihe von erstaunlich schnell wechselnden Besitzern (Sumatra-Veteran Krüsi etwa genoß seinen Alterssitz kaum ein Halbdutzend Jahre lang). Die Denkmalpflege hat einen Nachruf auf die Villa aufgesetzt; im Fachjargon handelt es sich um einen kubisch-elementaren Bau, »dessen Längs- und Querachsen durch die doppelgeschossige, auf einer rustizierten Basis ruhende Loggia und den Turm hervorgehoben werden«. Ich möchte ganz einfach aufmerksam machen auf die sanft geschwungenen Parkwege, auf den festlichen, fast sakralen Charakter dieses Baus. Insgeheim erwartet man hinter dem Säulenaufbau des Turms ein kleines Glockengestühl, hört man Abendläuten über toskanischen Hügeln, wünscht man sich Olivenbäume an die Stelle der wackeren Fichten...

Zögernder Eintritt ins Treppenhaus – nein, von der Haustüre gibt es keine Detailaufnahme. Und hier wird auch schon klar, wem wir einen Besuch abstatten. Gemeint ist nicht der Bauherr Honegger, auch nicht der Fernostreisende Krüsi; gemeint ist die Familie Maggi, die sich 1901 in der Villa niederließ. Und daß wir es mit dem Suppenfabrikanten, dem Erfinder der Speisewürze zu tun haben, das zeigt ein sanft schimmerndes Glasgemälde im Treppenhaus – wohl die einzige Darstellung einer Fabrik in dieser so effektvollen Technik! Was die in Blei gefaßten, getönten Scheiben wiedergeben, das ist der Hauptsitz der Firma im zürcherischen Kemptthal: rauchender Kamin, Sheddächer, ein vierstöckiger Backsteinkoloß, die Schienenstränge der Rangiergleise, die vollen Güterwaggons, und all dies im glimmenden Kirchenfensterlicht. Der denkmalpflegerische Nekrolog hält fest, gebührend beeindruckt, daß hier »die Selbstdarstellung des Unternehmertums und seine Beziehung zur Produktion« einen wohl einmaligen Ausdruck finden; im übrigen habe der Haus- und Fabrikherr als »leicht extravagant gegolten«.

Und das bestätigt der Rundgang auf Schritt und Tritt. Julius Maggi – so hieß der Suppenhersteller – ließ nach seinem Einzug sofort und radikal umbauen, vor allem im Innern des Hauses, und dies angeblich während sieben Jahren. Jedes der 23 Zimmer sollte eine bestimmte Epoche, einen bestimmten Stil verkörpern: die Villa Sumatra als Stilpalette, als »Summa der historischen Architekturimagination um 1910«.

Zwischenfrage: Wer war dieser extravagante Herr, was für eine Rolle soll Julius Maggi in diesem Buch spielen, und was haben seine Trockensuppen, seine Speisewürze zu tun mit der Belle Époque, mit dem Zeitabschnitt 1880 bis 1900?

Vorerst soviel: Ich habe nicht vor, eine Unternehmerbiographie zu schreiben, noch weniger eine Firmengeschichte. Julius Maggi, geboren 1846 und gestorben 1912, dient als Leitfigur, als Einstieg, und dies für die verschiedensten Lebensbereiche. Er war Unternehmer und tüftelnder Ernährungswissenschafter; seine Präparate brachten neue Koch- und neue Eßgewohnheiten. Und Maggi war ein neugieriger Mensch, vielseitig interessiert, betrieb seine Maschinen schon früh mit elektrischem Strom, schaffte als einer der ersten Fabrikanten des Landes ein Automobil an, träumte weiter von einer unabhängigen, selbstversorgenden Gemeinschaft rund um seine Fabrik, mit eigenen Arbeitersiedlungen: Maggiland mitten in den Hügeln zwischen Zürich und Winterthur!

Und bemerkenswerterweise fallen zwei Eckdaten seiner Karriere praktisch zusammen mit dem Zeitabschnitt, den sich dieser Band vorgenommen hat. Um das Jahr 1880 beginnt Maggi die ersten Experimente mit Fertigsuppen. Bis 1900 haben sich seine Produkte europaweit durchgesetzt, gibt es Maggi-Filialen in allen Nachbarländern, und Maggi selbst zieht nach Paris, packt dort eine neue Aufgabe an: die Reorganisation der Milchversorgung in dieser Weltstadt!

Die letzten zwanzig Jahre des Jahrhunderts sind also Jahre des Aufschwungs für diesen Tüftler und Mitreißer, und »Aufschwung« ist ein Etikett, das man der Belle Époque als Ganzes gerne anhängt. Gemeint ist natürlich die industrielle Expansion: Beispielsweise stieg zwischen 1888 und 1900 die Anzahl der Schweizer Industriebetriebe von 3800 auf 6100 an, die Anzahl der in der Industrie Beschäftigten von 150 000 auf 250 000. Mit beigetragen zum Etikett Belle Époque hat aber auch die Tatsache, daß zumindest Europa in dieser Phase keine Kriege durchmachte: keine militärischen Konfrontationen zwischen dem Deutsch-Französischen Krieg von 1870/71 und dem Burenkrieg, der 1899 begann! Die Regierungen der europäischen Großmächte waren damit beschäftigt, ihre Einflußzonen in Übersee abzugrenzen; vor allem Afrika wurde großflächig verteilt, und hier mischten selbst kleinere Staaten wie Belgien kräftig mit. Und seit 1884 beteiligte sich auch Deutschland am Kolonialpuzzle, steckte in Afrika und der Südsee seine »Schutzgebiete« ab; die Schweiz als Binnenland war bei diesem Wettlauf zahlender Zuschauer.

Aber in der Schweiz betrieb man so etwas wie Kolonisierung nach innen, so durch den Ausbau der Verkehrswege. Das Schienennetz beispielsweise wuchs von 1880 bis zum Jahrhundertende von 2600 auf 3700 Kilometer. Im gleichen Zeitraum stieg die Anzahl der Drahtseilbahnen von zwei auf 25 und auf eine gesamte Streckenlänge von 50 Kilometern: Hier wurden Hügel und Berge gleichsam eingeebnet! Und man war führend im Ausbau der Stromversorgung, profilierte sich an der Pariser Weltausstellung von 1900 als Staat mit den meisten Kraftwerken, der größten Leitungslänge an der Einwohnerzahl gemessen: ein Land, das scheinbar keinen Platz hatte für Fin-de-siècle-Müdigkeit, Weltschmerz, Zivilisationsskepsis.

Und damit: zurück zum Rundgang durch die Villa Sumatra, zu diesem architektonischen Jahrhundert-Digest des Fabrikanten Julius Maggi. Ausgangspunkt, bitteschön, ist die Eingangshalle, ein düster-prächtiger Saal mit Säulen aus schwarzem Marmor und reich verzierten Gewölbebogen.

Wo immer möglich, hat der Innenarchitekt eine Skulptur untergebracht: Fratzen und Gesichter in den Säulenkapitellen, Figuren zum Abschluß des Treppengeländers, ein edler Römerkopf, eine sich leckende Katze. Die Gewölbe, die Säulen – das alles läßt an Friedhöfe denken, an Kapellen und Krematorien; hinter den schimmernden Säulen würde ein aufgebockter Sarg mühelos Platz finden, vielleicht im Flackerlicht vielarmiger Kerzenleuchter. Über die Treppe legt sich, je nach Sonnenstand, der Farbenteppich des industriellen Kirchenfensters, aber sogar diese Auflockerung hat etwas Bedrohliches. Ein geschnitzter Jüngling schließt das Treppengeländer ab; auch hier übrigens eine Menge Schnecken- und Weinlaubmotive in Holz. Ich darf vorangehen ins »Mittelzimmer«, das ans Entrée anschließt; wenn wir uns unter der Tür umdrehen, sehen wir über uns ein weiteres riesiges Glasfenster. Seine farbigen Ornamente trennen eine Art Balkon über der Eingangshalle ab: ein Innenfenster! In die Ornamente eingebettet dann aber doch einzelne Medaillons. Putten tragen Körbe mit Lauch, Tomaten und Blumen – eine thematische Ergänzung zur Hinterglasfabrik: Wer Suppen herstellt, braucht Gemüse!

Das Mittelzimmer verbreitet vage Gotik; in einer Ecke jedenfalls ein eingebautes zinnernes Wassergefäß, und die Eingangstüre ist zum geschnitzten Triumphbogen ausgebaut. Auch hier hat ein Künstler die Fenster mit farbigen Motiven verziert; der Blick nach außen ist zweitrangig, soll keinesfalls vom Raum ablenken. Wir kommen überein, es bei dieser Stichprobe im Erdgeschoß bewenden zu lassen, steigen die Treppe hoch, und hier ist das Nordwestzimmer dem Rokoko gewidmet, mit verspielter Deckenstukkatur; das Gemälde über dem Türrahmen zeigt eine Schäferszene. Damit sind kaum drei der dreiundzwanzig Stilepochen abgehakt – also weiter ins Mittelzimmer Nord, das eine unbestimmt maurische Decke aufweist. Rund um die Arabesken aber sind Quadrate mit eingelegter Holzarbeit gruppiert, und hier entdecken wir, den Kopf im Nacken, die vierzackigen Sterne mit dem im Zentrum eingefügten Kreuz: die Schutzmarke »Maggi Kreuzstern«, noch heute auf jedem Bouillonwürfel präsent, hier aber auf Metermaß vergrößert.

Suppenreklame, zur Innenarchitektur veredelt: Das Thema wird uns noch beschäftigen müssen. Und während sich die ersten Teilnehmer in den Garten abmelden, steigen wir hinauf ins zweite Stockwerk, führen uns dort die Wandgemälde zu Gemüte: ein gelehrter Mönch am Stehpult, ein bücherschleppender Knappe, ein weiterer Knappe, der eine Katze streichelt, und natürlich fehlt auch der Spielmann nicht, der sich an einer gemalten Säule räkelt; Feder am Hut, Schnabelschuhe und Strumpfhose, die Laute locker auf die Schenkel gestützt. Hier habe sich der Hausherr an den Miniaturen der Manessischen Liederhandschrift inspiriert, gebe ich zu bedenken, muß nun aber feststellen, daß sich die Gruppe aufgelöst hat. Die Gäste haben sich im Garten versammelt, wie ich mit einem Blick durchs Fenster feststelle, stehen im Kies scharrend vor zweischwänzigen Nixen aus Sandstein, bewundern eine bronzene Bajadere, in deren Tamburin sich die Lampenfassung für die elektrische Gartenbeleuchtung verbirgt.

Bevor sie sich verlaufen, schare ich sie im Schatten der Kastanie um mich, denn ich fürchte für meinen Haupttrumpf, meinen abschließenden Knalleffekt. Wer würde glauben, so doziere ich meinen im Kies scharrenden Gästen, daß sich unter uns, unter dem Wurzelwerk dieses stattlichen Baumes, der unterirdische Teil der Villa Sumatra verbirgt? Hier hat der Suppenfabrikant zwei Säle bauen lassen, im maurischen sowie im romanischen Stil, mit Mauern und Gewölben aus Eisenbeton, und der größere dieser zwei Räume bot spielend Platz für zwei- bis dreihundert Personen, während der kleinere ein Schwimmbad aufnehmen sollte. Hier kann ich nun wieder auf die volle Aufmerksamkeit meiner Gruppe zählen, obwohl wir aus Sicherheitsgründen von einer Besichtigung absehen müssen, zitiere deshalb noch kurz Conrad Escher, den Chronisten des Quartiers: »Ein wehmütiges Gefühl beschleicht den Beschauer beim Anblick der gewaltigen unterirdischen Räume. Man fragt sich, wozu dieselben dienen sollen und wie der Eigentümer dazu kam, sie zu erstellen? Da muß man daran erinnern, daß Herr Maggi sich in der letzten Zeit in etwas gestörtem Geisteszustand befand; wer das weiß, ist weiterer Fragen enthoben.«

Das trifft nun freilich nicht zu auf mich und meine Gäste. Gerade jetzt, wo der Reisecar aufkreuzt vor dem Haupttor mit den schmiedeeisernen Adlerköpfen, kommen sie in Fahrt, verlangen nach Aufschlüssen, Daten, Erklärungen: Wozu die Betonbunker, weshalb das überirdische Museum mit den dreiundzwanzig Epochen? War dieser Maggi ein Spinner, ein verrückter Erfinder, hatten ihn die Suppenwürzemillionen um den Verstand gebracht?

Ich muß passen, bin froh, daß der Carchauffeur nun ungeduldig auf die Hupe drückt. Auf dem Weg durch den Garten stampft der eine und andere der Gruppe kräftig auf, bleibt lauschend stehen, hofft auf ein unterirdisches Echo.

Ich habe vieles, sehr vieles ausgespart bei diesem Augenschein, habe beispielsweise nicht auf das Mühlenmotiv hingewiesen, das in den Dekors häufig auftaucht: Suppenfabrikant Maggi begann als Müller, bekam als 23jähriger vom Vater die einsam gelegene Hammermühle am Flüßchen Kempt bei Winterthur überschrieben. Ebenfalls verpaßt habe ich den Hinweis auf das Wappenschild im zweiten Stock, eine grimmige Angelegenheit mit Löwe und Adler. Hier handelt es sich nun aber um das Familienwappen der Tessiner Maggi, während der Vater »unseres« Maggi aus Italien stammte, genauer aus Monza: also wohl Wappenklau! Ich habe auch die eindrücklichen Dimensionen unterschlagen, mit denen die Villa Sumatra aufwartete, rund fünfhundert Quadratmeter Wohnfläche allein auf den beiden Hauptstockwerken. Und hier hauste in den Jahren seit der Jahrhundertwende eine Rumpffamilie: die drei Töchter allesamt verheiratet und außer Haus, Julius Maggi selbst zwischen Paris und Zürich pendelnd, im Prinzip also ein weitläufiger Zweipersonenpalast für Ehefrau Louise und Sohn Harry. Vielleicht, daß die ewige Bauerei aber auch diese beiden vertrieb; beim Tod des Unternehmers im Oktober 1912 jedenfalls trug die Trauerpost der Witwe die Adresse des vornehmen Zürcher Hotels »Eden au Lac«. Gut möglich also, daß die Stil- und Epochenparade der dreiundzwanzig Zimmer kaum je ein Familienmitglied beherbergte, auch nicht nach dem Tod des Fabrikherrn. Aus dem toskanischen Palast wurde nämlich um 1920 eine vornehme Pension, und er blieb dies bis zum Abbruch im Jahre 1970: ein halbes Jahrhundert lang staunende Gäste, die sich zwischen gotischem Täferwerk, unter maurischen Decken zum Schlafen legten! Unbekannt bleibt weiter, was aus dem Privatzoo des Unternehmers wurde, den Affen, Ponys und Eseln, die er sich in Haus und Garten hielt. Hingegen ist sicher, daß zwischen den unterirdischen Gewölben keinerlei Festlichkeiten stattfanden. Die Säle unter Tag, so steht zu lesen, blieben unvollendet, wurden von den Erben immerhin vor dem Zerfall geschützt.

Und hier ein geradezu aufdringlicher Nachtrag: Im größeren der beiden Gewölbe richtete die Zürcher Praesens-Film ein Filmstudio ein, das erste professionelle und regelmäßig genutzte Filmstudio des Landes. Hier spielten sich seit 1938 die Innenaufnahmen ab für legendär gewordene Schweizer Leinwandepen wie »Wachtmeister Studer« und »Gilberte de Courgenay«; hier bauten Bühnenmeister Alphüttendekors für »Heidi und Peter« auf oder Biedermeierinterieurs für »Die mißbrauchten Liebesbriefe«. Wie ich lese, bot Maggis Kaverne genug Platz für eine zwanzig Meter breite Bühne, für Büros, Lagerräume und Garderoben, für die Nachsynchronisation und für die Schreinerei, für eine Galerie von Scheinwerfern, die den siebeneinhalb Meter hohen Raum bis in die letzte Ecke ausleuchten konnten. Maggis Untertagtraum war als »Studio Rosenhof« zur Bühne für wechselnde Epochen und Stile geworden – eine fast schon gespenstische Parallele zur 23zimmrigen Epochenparade in der darüberliegenden Villa!

Das Lied vom Sterben des reichen Mannes in seinem phantastischen Palast, Citizen Kane der Allgewaltige, der inmitten seiner Kunstschätze und seines Privatzoos vereinsamt – hier werden Parallelen wach, ohne daß ich das Studio Rosenhof anzuführen brauche (1941, als Orson Welles sein Meisterepos drehte, fanden unter der Villa Sumatra die Innenaufnahmen zu »Gilberte de Courgenay« statt). Und dieses Kapitel über den Suppenmillionär Julius Maggi geht denn auch ganz ungeniert auf ähnliche Weise vor wie Welles' Drehbuch: Interviews mit der Vergangenheit, Rückblenden, Stichproben. Wie wird aus dem Müller ein Suppenfabrikant? Wie kam es zum erstaunlichen Erfolg der Fertigsuppen, der Bouillons und Speisewürzen, zum Suppenimperium, das bereits um 1900 Stützpunkte in drei Kontinenten aufwies?

Hammermühle – der Name ist bereits gefallen. Der kleine Gewerbebetrieb, den Julius Maggi 1869 übernahm, als 23jähriger, hätte kaum idyllischer liegen können: ein einsames Flußtal, ein paar einsame Gebäude, erst eine Viertelstunde flußaufwärts die ersten Häuser des Weilers Kemptthal. Aber gleich neben der Mühle lag die Station Kemptthal der Bahnstrecke Zürich–Winterthur, ein paar Bahnminuten weiter nördlich die Industriestadt Winterthur mit ihren Eisenwerken, ihren Fabriken für Dampfkessel und Lokomotiven. Und bloß eine halbe Bahnstunde weit entfernt die Kantonshauptstadt Zürich: die wohl dynamischste Schweizer Stadt dieser Jahre. In Zürich florierten Handel und Industrie, hier fand man die ersten großen Banken des Landes, hier zeichnete sich ein Verkehrsknotenpunkt ab. Man baute zwar erst seit 1852 an zusammenhängenden Bahnstrecken, aber über Zürich würde die Mittellandlinie vom Boden- zum Genfersee führen, und wenn es nach den Plänen von Nordostbahnpräsident Alfred Escher ging, kam Zürich auch an die zukünftige Nord-Süd-Transversale zu liegen: Anschluß an die süddeutschen Bahnen bei Waldshut, eine Stammstrecke nach Turgi, Baden und Zürich, von dort weiter ins Vorderrheintal, und durch einen Graubündner Tunnel, womöglich am Lukmanier, würde man ins Tessin vorstoßen.

Diese Mühle an der Station Kemptthal besaß ein gewaltiges Potential, da hatte schon Vater Michael Maggi klargesehen. Vielleicht kam ihm hier der Abstand zugute, den der Auswärtige mitbringt: Maggi stammte, wie gesagt, aus dem lombardischen Monza. Er war 1834 in die Schweiz emigriert, im Jahr des mißglückten »Savoyerzugs«, gehörte also wohl zu Mazzinis Untergrundbewegung *Giovine Italia*, die in diesen Jahren für die Befreiung Norditaliens kämpfte. Immerhin scheint Michael Maggi einiges an Startkapital mitgebracht zu haben. Er kaufte in Frauenfeld eine stattliche Mühle, die er zusammen mit seiner Thurgauer Gattin, einer »energischen, geschäftstüchtigen Ehefrau«, mit Erfolg betrieb. Später kam die Kemptthaler Hammermühle hinzu, und hier trug sich Julius Maggi 1869 ins Handelsregister ein, als Müller und Mehlhändler.

Es gab in diesen Jahren keine Harvard Business School, keine gezielte Ausbildung für junge Manager. Das Heranziehen von Nachwuchs war eine Sache, die man innerhalb der Unternehmerschicht löste, durch Austausch junger Führungskräfte. Offensichtlich hat auch die Familie Maggi ihren Julius gezielt auf seine Laufbahn vorbereitet, eine abgekürzte Lehre in einem großen Basler Import-Export-Haus, anschließend eine leitende Stellung in Budapest. Hier betrieb ein Kollege Michael Maggis die modernste Dampfmühle Europas, wurde Maggi junior in die moderne Unternehmensführung eingeweiht, stieg nach wenigen Monaten zum stellvertretenden Direktor auf.

Ein Foto aus den Basler Jahren zeigt ihn im Kreis von mützetragenden, pfeiferauchenden Studenten; offenbar sah sich der Lehrling eher als eine Art Stagiaire, als Hospitant. In der vorangehenden Schulzeit hatte Maggi mehrmals aufgemuckt, hatte man immer neue Privatlehrer anwerben müssen. Die Budapester Lehrjahre dagegen brachten wohl den entscheidenden Klick; der zurückgekehrte Jungunternehmer war nicht wiederzuerkennen. Die ersten Jahre in der Schweiz sahen ihn in seinem Element. Er gründete Kommanditgesellschaften, kaufte neue Mühlen hinzu und verkaufte sie wieder, so die Schaffhauser Neumühle, die für immerhin 200 000 Franken eingekauft wurde und für 300 000 wieder wegging. Hier wurde auf großem Fuß gewirtschaftet!

Daneben aber auch dunkle Töne in diesen Jahren: Die junge Ehefrau, eine Mina Gyr aus Schwyz, starb kurz nach der Geburt ihres zweiten Kindes, eines Söhnchens; auch der Säugling überlebte nicht. Maggi blieb sechs Jahre im Witwenstand, verlobte sich dann 1879 mit Louise Müller, einer Pfarrerstochter aus der Zürcher Vorortsgemeinde Seebach. Drei Töchter kamen in den nächsten Jahren zur Welt; sie wuchsen zusammen mit der erheblich älteren Tochter Nina aus Maggis erster Ehe auf: ein Frauenhaushalt mit Stiefschwestern. Maggi selbst hatte einen Halbbruder, und zwar aus der ersten Ehe seiner geschäftstüchtigen Frauenfelder Mutter. Seine erste Tochter aus zweiter Ehe sollte sich mit dem Sohn dieses Stiefbruders verheiraten, und da zwei weitere Töchter sich mit zwei Basler Zahnärzten verehelichten, die beide Preiswerk hießen, ohne aber miteinander verwandt zu sein, sollte der erweiterte Maggi-Stammbaum zu einer äußerst verwirrenden Angelegenheit werden.

Bereits in diesen ersten Jahren in der – technisch veralteten – Wassermühle von Kemptthal zeigt sich Maggi als Tüftler und Bastler, als unermüdlicher Erneuerer, der technisch Unvertrautes ausprobiert, dabei immer wieder Teilhaber für Investitionen gewinnt: eine Mischung aus kaufmännischen und technischen Talenten! Spätere Biographen werden ihm zudem bescheinigen, er habe vom Revoluzzervater »das südländische Temperament und den Wagemut« geerbt, von der Mutter dazu »schweizerische Tatkraft und Gründlichkeit«. Ist Maggis späterer Erfolg also einer spezifischen Talentmischung zu verdanken? Einer Kreuzung von Eigenschaften, die man bisher für unverträglich hielt?

Hervorstechend jedenfalls seine Neugier gegenüber allen Erfindungen, aber auch gegenüber modischen Trends: Maggi als erster Motorrad- und Autobesitzer der ganzen Region, die Familie Maggi als erste auf Skiern, festgehalten mit Hilfe modernster Kameras. Von seinen Fotoapparaten wird Maggi eine ausgedehnte Sammlung anlegen, zu der bald auch eine Flintensammlung kommt. Herrenallüren? Die Maggis dagegen als erste Radfahrer der Gegend, und Maggi finanziert auch die Anschaffung von Rädern für den »Veloclub«, den seine Arbeiter gründen, radelt bei den Ausfahrten mit flatternder Fahne dem Troß voran – so jedenfalls die leicht gestylten, etwas überhöhten Bilder, in denen die Nachwelt den Patron sieht.

Innovationsfreude, Zähigkeit, einen Schuß Exzentrik – all dies brauchte Maggi für das Projekt, auf das er sich Ende 1882 einließ. Einige Herren der schweizerischen Gemeinnützigen Gesellschaft hatten bei ihm und Stiefbruder Eugen angefragt, ob man sich zutraue, eine nahrhafte und bekömmliche

Volksnahrung zu entwickeln – selbstverständlich mit wissenschaftlicher und propagandistischer Unterstützung der genannten Gesellschaft. Vorgabe sei allerdings, daß das zu entwickelnde Konzentrat auf Linsen, Bohnen oder Erbsen aufbaue – auf Hülsenfrüchten oder Leguminosen also. Weiter müsse es zu günstigen Preisen in den Handel kommen und eine drastisch reduzierte Kochzeit ermöglichen, vielleicht fünfzehn bis zwanzig Minuten für Brei oder Suppe.

Ich lasse Stiefbruder Eugen hier beiseite, obwohl er bei den ersten Versuchen offenbar noch mitwirkt. Treibende Kraft bei der Entwicklung einer nahrhaften Volksspeise ist ganz eindeutig Julius Maggi. Er ist es, der in Kemptthal neuartige Röstapparate entwickelt und sich in Zürich dutzendemal mit den Chemieprofessoren Barbieri und Schulze trifft. Er ist der Hauptgesprächspartner für den Glarner Arzt Fridolin Schuler, einen zurückhaltenden, fast schüchternen Mann, der das Projekt »billige Volksnahrung« überhaupt ins Rollen brachte. Er ist es auch, der Schuler und dessen Bekannten während zweier Jahre immer neue Proben, neue Mischungen von Leguminosenmehlen zuschickt, die Urteile auswertet, weiter pröbelt. Nach anderthalbjährigen Versuchen ist es soweit: Maggi bringt die ersten Leguminosenmehle auf den Markt, in drei nach Fettgehalt abgestuften Sorten, zum Kilopreis von siebzig bis neunzig Rappen; aus der nahrhaften Spezialmischung lassen sich Suppen und Breie, aber auch Kuchen und anderes Gebäck zubereiten. Schuler veröffentlicht parallel dazu eine Flugschrift, welche die Vorzüge der präparierten Hülsenfrüchte erläutert.

Ich nehme an, die beiden kamen sich auch menschlich näher; Schulers Erinnerungen an die Zusammenarbeit klingen durchaus herzlich. Vom Temperament her paßte man zwar kaum zusammen: Schuler war wie erwähnt äußerst zurückhaltend. Der ehemalige Glarner Landarzt, jetzt eidgenössischer Fabrikinspektor, führte seine Schüchternheit auf den Einfluß des Vaters zurück – eines launischen und ängstlichen Pfarrherrn, der heimlich dafür sorgte, daß der Sohn zu Ende des Schuljahrs keine Schulpreise zugesprochen bekam. Der Bub, sonst meist Klassenprimus, sollte nicht »eitel« werden! Dazu Schuler rückblickend: »Er hat mir dadurch schweren Schaden zugefügt, denn ich verlor alle Zuversicht auf meine Leistungsfähigkeit.« Als Kind eines Landgeistlichen im früh industrialisierten Glarus lernte Fridolin schon als Halbwüchsiger die Spinnereien und Webereien kennen »mit ihren unheimlichen, widerwärtigen Sälen, halbnackten, schweißtriefenden Arbeitern, mit Scharen jämmerlich aussehender Kinder«. Während des Medizinstudiums kam es zu Kontakten mit der radikalen Linken; so bewunderte Schuler den als »Erzkommunisten« verschrienen Zürcher Advokaten Johann Jakob Treichler, der 1852 als erster sozialistischer Abgeordneter in den Nationalrat einzog.

Fabrikarbeiter kannten damals den 13- und 14-Stunden-Tag; Schuler machte als einer der ersten auf die wahrhaft infernalischen Zustände in der Industrie aufmerksam, die er als Glarner Arzt aus erster Hand kennenlernte. Diese Schriften trugen ihm die Ernennung zum kantonalen Fabrikinspektor ein: ein undankbarer Auftrag, denn die Unternehmer erlebten Schuler als »Fabrikvogt«, als weltfremden Querulanten, der die Glarner Industrie »in den Ruin treibe« durch übertriebene Forderungen nach verkürzter Arbeitszeit; umgekehrt verwünschten ihn die Arbeiter als »Verräter« und »Knecht der Fabrikanten«. Trotzdem ebneten Schulers Inspektionsberichte einem fortschrittlichen kantonalen Fabrikgesetz den Weg, das die tägliche Arbeitszeit auf elf Stunden beschränkte; der von den Unternehmern angekündigte Zusammenbruch fand nicht statt. An der Glarner Regelung wiederum orientierte sich das Eidgenössische Fabrikgesetz, das 1877 nach einem Abstimmungskampf von geradezu vitriolischer Schärfe angenommen wurde. Es sah neben der Regelung der Arbeitszeit hygienische und sicherheitspolizeiliche Maßnahmen vor. Auch hier hatte Schuler in der vorberatenden Kommission gesessen, vor allem auch die Ängste der Fabrikanten beschwichtigt mit dem Hinweis auf die Erfahrungen im heimatlichen Glarus: Selten wirkten sich in der Geschichte der Sozialgesetzgebung Initiative und Tatkraft eines einzelnen so direkt aus!

Kurz nach Annahme des 1877er Gesetzes wurde Schuler als eidgenössischer Fabrikinspektor berufen, absolvierte eine geradezu halsbrecherische erste Inspektionstour: in neun Monaten Besichtigung von 268 Betrieben, und dies unter widrigsten Verhältnissen, bald gegen »hysterischen Widerstand«, bald gegen »blinden Haß« der Fabrikanten kämpfend. Manche Unternehmer verboten mit dem Hinweis auf das Produktionsgeheimnis den Zugang zu einzelnen Werkstätten, andere zogen für den gefürchteten Besuch eine regelrechte Schau auf. Ein Tessiner Fabrikant fuchste beispielsweise die Fabriklerinnen auf fröhlichen Gesang bei der Arbeit ein; freilich mußte Schuler feststellen, daß ein Einpeitscher im Hintergrund eine Tafel mit den Aufschriften *Canto!* und *Silenzio!* hochhielt und je nach Bedarf wendete.

Ich fasse hier einen Vortrag zusammen, den Fridolin Schuler im September 1882 an der Jahresversammlung der schon mehrmals genannten Gemeinnützigen Gesellschaft hält. Dieser Vortrag bahnt ganz direkt die Zusammenarbeit mit Maggi an und hat die Ernährung der Fabrikarbeiter und ihrer Angehörigen zum Thema: bei einer Viertelmillion industrieller Arbeitnehmerinnen und Arbeitnehmer ein immer wichtiger werdendes Bevölkerungssegment!

Daß es schlecht steht um die Gesundheit der Fabrikler, das zeigt – so Schuler – schon der Blick auf die Zahlen der jährlichen Rekrutenaushebung. Hier melden die Ärzte äußerst hohe Ausfallquoten bei Burschen, die in der Industrie tätig sind: 35 bis 40 vom Hundert müssen zurückgestellt werden, dies wegen Gebrechen, Kleinwuchs, ganz allgemein »mangelhafter Körperentwicklung«! Im Durchschnitt wird in den Deutschschweizer Kantonen Zug, Thurgau und St. Gallen bloß ein Viertel aller Stellungspflichtigen für dienstuntauglich befunden: die Proletarierjugend also deutlich schwächlicher!

Schuler kann weiter Zahlen aus der Krankenkassenstatistik anführen, aus seinem Heimatkanton Glarus beispielsweise. Und die besagen, daß Industriearbeiter öfter und länger krank sind als die bäuerlich-bürgerliche Bevölkerung: rund 60 Prozent mehr Krankheitstage im Jahr. Fabriklerinnen und Fabrikler sterben viermal häufiger an Tuberkulose als die bäuerliche Bevölkerung; von 100 Säuglingen überleben deren 17 das erste Lebensjahr nicht – deutlich mehr als der Landesdurchschnitt für 1880, der bei der Zahl 13 liegt!

Eine Fehlentwicklung also, und die Hauptursache dafür ist die falsche Ernährung, vor allem das ungünstige Verhältnis zwischen den wichtigsten Energielieferanten. Eine ausgewogene Diät erheischt einen täglichen Anteil von 120 Gramm Eiweiß, 60 Gramm Fett und 500 Gramm Kohlehydraten; hier kann Schuler die neusten wissenschaftlichen Erkenntnisse anführen. Diese Balance ist weitgehend gesichert bei der ländlichen Bevölkerung; der Arbeiter aber gibt Geld »für Leckereien, Getränke und Putz aus«, begnügt sich daneben mit Kartoffeln und Kaffee, dämpft Hunger und Schwächeanfälle mit dem Griff zur Schnapsflasche! Oder dann zieht man »ein halb verbranntes Gebäck aus schlecht gewirktem Teig oder eine Wurst« vor, »deren scharfe Würze die Nichtsnutzigkeit des sonst dazu verwendeten Materials vergessen« läßt.

Nur: Mit der angeblichen »Leckerhaftigkeit« des Proletariats ist das Elend nicht erklärt. Schuler hat auch die Haushaltsbudgets ganzer Fabriksiedlungen durchgerechnet und kommt zum Schluß, daß für ausgewogene Ernährung ganz einfach das Geld nicht ausreicht. Schuler führt hier einzelne Familien an, aber auch den errechneten Durchschnitt eines Segments von rund 150 Wohnungen. Hier kommt er bei 930 Bewohnern, von denen 40 Prozent erwerbstätig sind, auf erschreckende Zahlen. Pro Bewohner stehen Fr. 350.–/Jahr zur Verfügung, davon bleiben nach einem Abzug von 35 Prozent für Miete und Kleidung noch Fr. 240.– zum Essen übrig. Das sind 65 Rappen am Tag – gerade genug für ein Kilogramm Brot (45 Rappen) und einen Liter Milch (18 Rappen)!

Noch bedenklicher sieht die Rechnung für vielköpfige Familien aus. Im Landesdurchschnitt verdient der Fabrikarbeiter Fr. 750.–/Jahr oder Fr. 2.50/Arbeitstag; ein erwerbstätiges Ehepaar bringt es trotzdem kaum auf einen Jahresverdienst von Fr. 1200.–: deutlich tiefere Löhne für Frauen! Schuler hat sich das Budget einer Spinnerfamilie mit fünf Kindern vorlegen lassen; hier bleiben nach allen Fixausgaben fürs Essen 36 Rappen pro Kopf und Tag.

Schuler kann es drehen und wenden, wie er will: Die einseitige Ernährung, das Kartoffel-Kaffee-Syndrom sind vorprogrammiert, vor allem das Eiweißdefizit. Hier helfen auch die Volksküchen und Suppenküchen, propagiert von Fürsorgekreisen, nicht weiter. Ein kräftiger Teller Suppe, wie ihn beispielsweise die Basler Suppenanstalt für neun Rappen abgibt, deckt bloß ein Drittel des Energiebedarfs.

Tierisches Eiweiß, das »ordentliche Stück Fleisch«, kommt aus Kostengründen nicht in Frage. Bleiben also pflanzliche Proteinlieferanten, und hier ist Schuler auf eine Nahrungsmittelgruppe »von hervorragendem Werthe« gestoßen: Hülsenfrüchte wie Linsen, Erbsen und Bohnen, noch bis zu Anfang des Jahrhunderts populär, dann aber mehr und mehr verdrängt durch die Kartoffel, weisen einen hohen Eiweißgehalt auf. In anderen Ländern weiß man ihre Vorteile zu schätzen; »der Chinese gewinnt aus ihnen Käse, statt ihn dem Tierreich zu entnehmen«. Einziger Nachteil: Bei allen Leguminosen – so der Gattungsname – sind die nährenden Substanzen von Fasern eingehüllt, was die Verdauung erschwert, zu Blähungen führt. Aber auch hier gibt es Abhilfe. Wer beispielsweise Linsen mahlt, das Mehl als Teig bäckt oder als Brei genießt, nimmt über 90 Prozent der Proteine auf – gegenüber 60 Prozent beim herkömmlichen Linsengericht.

Was zu tun bleibt – so Schuler abschließend –: eine Verarbeitungsform zu finden, mit der man den Nährwert der Hülsenfrüchte erschließt, weiter dieses Lebensmittel in schmackhafter, appetitlicher Aufmachung »im Volk« zu propagieren, das vorläufig »noch nicht daran denkt, in der so ungewohnten Mehlform seine Leguminosen zu genießen«.

Schulers Vortrag dürfte, so wie er vor mir liegt, um die drei Stunden gedauert haben. Ich nehme an, die Herren in Glarus schoben erst einmal eine Pause ein. Schließlich war auch der Referent nicht mehr der Jüngste: gut fünfzig Jahre alt, und vor einigen Jahren hatte er einen schweren gesundheitlichen Zusammenbruch erlitten, wurde Überarbeitung diagnostiziert; Landarzt Schuler hatte sich selbst einen 14-Stunden-Tag auferlegt.

Das Referat »kam an«, soviel ist klar. Anschließend jedenfalls rege Diskussion, festgehalten im später publizierten Protokoll. Die Herren waren sich alles andere als einig, wie der Fehlernährung der Arbeiterklasse zu steuern sei. Manche sahen den Ausweg in vermehrter Aufklärung: Kreisschreiben an Fabrikanten, an Kochschulen, Wettbewerb für die beste Aufklärungsschrift. Hier müsse wieder und wieder insistiert werden: »Das Volk bleibt ohne Belehrung beim alten Schlendrian!«

Andere wollten die neuen ernährungswissenschaftlichen Erkenntnisse via Lehrer und Volksschule unter die Leute bringen, eventuell auch Einfluß auf die Hochschulen nehmen. Am stärksten blieb aber offenbar Schulers Hinweis auf die Hülsenfrüchte haften. Nahrhaft, schmackhaft, bekömmlich – wenn sich diese Volksnahrung tatsächlich billig herstellen ließ, mußte man der Sache nachgehen! Schuler wurde beauftragt, Mitarbeiter und Lösungen zu suchen und der Zentralkommission Bericht zu erstatten.

Das Startdatum für das Suppenexperiment und die Zusammenarbeit Maggi–Schuler ist 1882. Was ereignete sich sonst noch in diesem Jahr, wie verankerte es sich im Bewußtsein der Zeitgenossen, woran läßt es sich festmachen für eine heutige Leserschaft?

Ein Ereignis, über das Zeitungen in aller Welt berichteten, war die Eröffnung der Gotthardstrecke am 1. Juni. Eisenbahnzüge legten jetzt die Strecke Basel–Mailand in 8 Stunden zurück; mit der Pferdepost von 1850 war man 40 Stunden unterwegs gewesen. Kernstück der neuen Route war der 15 Kilometer lange Tunnel zwischen Göschenen und Airolo. Mit seinem Bau – und den unzähligen Kunstbauten der Zufahrtsrampen in Reusstal und Leventina – hatte man 1872 begonnen; die Arbeiten hatten rund 300 Menschenleben gekostet.

1882 war das Jahr, in dem die Zürcher ihre erste pferdegezogene Straßenbahn durchs Zentrum rattern hörten; im Sommer 1882 eröffnete Thomas Alva Edison in New York das erste Elektrizitätswerk der Welt; es gab Lichtstrom ab für mehrere Straßenblocks. Die britische Regierung erklärte Ägypten zum britischen Protektorat, und Richard Wagner erlebte am 26. Juli in Bayreuth die Uraufführung des »Parsifal«. Vom Herbst dieses Jahres an konnten Stadtzürcher mit der 10 Kilometer entfernten Schwesterstadt Winterthur telefonieren, und am Nikolaustag starb in Zürich der Multimillionär und Eisenbahnunternehmer Alfred Escher; dieser Mann hatte die Finanzierung des Gotthardprojekts vorangetrieben und bis 1878 die Arbeiten geleitet, war dann freilich wegen Kreditüberschreitungen und Bauverzögerungen ausgeladen worden und durfte nicht an den Einweihungsfeierlichkeiten teilnehmen.

1882 – in diesem Jahr begann der Pariser Journalist Guy de Maupassant den Roman *Une Vie*, der in nüchterner, scheinbar teilnahmsloser Prosa das Leben einer Landadelstochter beschrieb. Der amerikanische Industrielle John D. Rockefeller, der zwanzig Jahre zuvor in Cleveland eine erste Erdölraffinerie gegründet hatte, vereinigte im Januar dieses Jahres rund 40 Gesellschaften zur von ihm kontrollierten Standard Oil Company. In Palästina trafen 1882 mehrere hundert russische Juden ein, die vor den Pogromen in ihrer Heimat geflüchtet waren; der britische Bankier Edmond de Rothschild stiftete mehrere Millionen Pfund, um ihre Ansiedlung zu erleichtern.

Und 1882 bedeutete einen Wendepunkt im Leben der 21jährigen Zürcher Modeverkäuferin Verena Knecht; an einer Gewerkschaftsversammlung begegnete sie dem Churer Sozialisten und Journalisten Conrad Conzett. Ich will Verena Conzett in diesem Band noch näher vorstellen, skizziere hier bloß: Die beiden heirateten wenige Monate nach dieser Begegnung, die Partnerschaft der folgenden Jahre machte aus dem einstigen Fabriklerkind Verena eine kämpferische Sozialistin.

Ich habe die Zusammenarbeit Maggi – Schuler bloß skizziert; hier denn doch ein paar Details. Die Hauptfrage hieß: Wie ließen sich die Hülsenfrüchte »aufschließen«, wie kam man an das von Fasern umgebene Eiweiß heran? Die Müller in Kemptthal begannen damit, »daß sie verschiedene Bohnen- und Erbsenarten mit größter Sorgfalt reinigten und dann dem gleichen Mahlverfahren unterwarfen, wie es behufs Gewinnung der Weißmehle geübt wird«. Man mischte kleiereiche Getreidemehle hinzu, variierte die Beigabe von fettreichen Leguminosen, erkannte aber bald, daß noch so feines Mahlen nicht genügte, den Nährwert voll zu erschließen.

Durch Rösten ließ sich ein Teil der Stärke binden – nur daß es gar keinen geeigneten Röstofen gab! Maggi mußte die Spezialpfanne selbst konstruieren, variierte Erhitzungsgrad und -zeit, Mischung der Ausgangsstoffe und Feinheitsgrade beim Mahlen. Nach anderthalb Jahren, wie erwähnt, hatte er das Verfahren im Griff: Ein Teil der Stärke wurde in Dextrin und Zucker überführt, dabei blieb das Eiweiß löslich erhalten. Damit war man die blähenden Eigenschaften der Hülsenfrüchte los und hatte die Kochzeiten ganz erheblich reduziert; in zehn bis zwanzig Minuten hatte man aus der Grundsubstanz eine Suppe oder einen Brei gekocht – dies gegenüber rund dreiviertel Stunden Kochzeit beim herkömmlichen Erbsmehl.

Ende 1884 konnte Maggi den Experten neun getestete Legu-Mehle vorlegen. Sie schmeckten verschieden – nach Erbsen, Linsen, Hafer usw. – und unterschieden sich in ihrem Fett- und Eiweißgehalt. Drei Professoren an der Zürcher ETH und an der Basler Universität hatten sie »mikroskopisch und mikrochemisch« untersucht und attestiert, sie hätten die Zellhüllen »fast sämtlich zersprengt« und das Eiweiß in löslichem Zustand vorgefunden. Ein Teller der »Fett-Leguminose« (2 dl) beispielsweise gab 30 Gramm Eiweiß her: ein Viertel des Tagesbedarfs, und dies zum Preis von bloß drei Rappen!

Große Premiere am 19. November 1884 in der Zürcher »Schmidstube«: Maggi stellte Vertreterinnen und Vertretern der Gemeinnützigen Gesellschaft und der Kochschulkommission seine »Leguminose Maggi« vor, und diese in allen neun Varianten. Drei verschiedene Suppen variierten die Skala von mager bis fett, als Grundlage des Hauptgangs dienten Erbsbrei, Knöpfle oder Croquettes, alle drei auf Leguminosenbasis, ebenso wie das Legu-Brot, die anschließenden Süßspeisen, die Omeletten und Löffelküchli.

Maggi übernahm hier offenbar die Conférence, jedenfalls vermerkt das Protokoll, er habe sich »in liebenswürdiger, gewinnender Weise« um die Gäste bemüht. Selbstverständlich ließ man es nicht ganz bei den Erbs- und Bohnenspezialitäten bewenden, ergänzte den Erbsbrei mit Würstchen, tischte Kohlsalat und Speck auf, ließ Rot- und Weißwein ausschenken. Im ganzen erhalte ich trotzdem den Eindruck eines heiter-nüchternen Testessens; die Herren konnten sich ja auch nicht gut vollaufen lassen, wenn es um die Beurteilung einer neuen Armenspeise ging ...

Ich habe die Geldfrage bisher nur gestreift: Wie stellte sich Maggi eigentlich die finanzielle Seite seines Engagements vor? Immerhin hatte man Zeit, Material und Arbeitskraft für die Produktentwicklung investiert; wie sah hier die Rendite aus?

Der Gesellschaft gegenüber bezeichnete sich Maggi bescheiden als

»Angestellter«; Schuler hatte ja auch zu Anfang betont, man suche Partner, welche »die Uneigennützigkeit besäßen, die erreichten Resultate nicht in ihrem finanziellen Interesse auszubeuten, sondern im Dienst einer guten Sache mit geringem Gewinn vorlieb nehmen würden«. Was hatte die Gesellschaft ihrerseits zu bieten? Sie übernahm eine Art Patronat über das neue Produkt, propagierte es in den eigenen sowie in verwandten Verbandsorganen, machte es bekannt bei Fürsorgern, Fabrikinspektoren und Volksküchen.

Maggi wiederum mußte sich in der Preispolitik nach den Gönnern richten, eine populäre Pfundpackung zu 35 Rappen anbieten, wobei auch die teureren Sorten nicht über 60 Rappen pro Pfund zu stehen kommen durften. Weiter erwartete die Gesellschaft einen vierteljährlichen Rapport über den Absatz der Leguminosen, dies sowohl im eigenen Interesse wie in demjenigen des Fabrikanten: Zeigte die Statistik ein Absatzvakuum, so konnte die Gesellschaft mit verstärkter Propaganda aushelfen.

Wie bringt man ein Produkt mit der häßlichen Bezeichnung »Extra-Fettleguminose« an Käuferin und Käufer? Ganz offensichtlich entsprach die Wirklichkeit bei weitem nicht den hochfliegenden Erwartungen, auf die man bei der Premiere in der »Schmidstube« angestoßen hatte. Für das Jahr 1885 hatte man einen Absatz von 2500 Zentnern veranschlagt – ein Ziel, das man dank intensiver Propaganda gerade knapp erreichte. 1886 dann aber, statt der budgetierten 3000 Zentner, Absturz auf 1100 Zentner Gesamtabsatz; auch das Folgejahr ergab keine besseren Zahlen.

Die Leguminosen also ein Flop – woran hing das? Offensichtlich leuchtete die Formel »Eiweiß und Zeitersparnis« genau derjenigen Käuferschicht ein, die sowohl über Zeit zum Kochen wie über Geld für proteinreiches Fleisch verfügte. Die »Zeitschrift für Gemeinnützigkeit« klagte, die Suppenmehle hätten sich »bei den oberen Bevölkerungsschichten und unter der hablicheren Arbeiterschaft« eingebürgert. Ausgerechnet an der Kaffee- und Kartoffelküche aber »ging der erste Anprall ziemlich wirkungslos vorüber«. Der unberatene Arbeiter betäubte den Hunger nach wie vor mit einem Schluck Schnaps aus dem Flachmann; hinzu kam, daß die Flasche Kartoffelschnaps mit 50 Rappen nur unwesentlich mehr kostete als das Pfund Maggi-Mehl.

Es wird noch zurückzukommen sein auf den »ersten Anprall«; während der Kampagne für die Leguminosenmehle entdeckte Maggi nämlich sein Gespür für Reklame und Öffentlichkeitsarbeit. Der Mißerfolg der neuen

Volkssuppe brachte die Fabrik an der Kempt in einen finanziellen Engpaß, da wegen der weltweiten Krise im Müllereigewerbe auch die Mühle nicht rentierte. Maggi konnte nur einen Teil der Löhne auszahlen, vertröstete die Arbeitnehmer auf spätere Erfolge.

Angeblich brachte die Belegschaft »mit Freuden ihre Opfer im Dienste der Sache«, war gewiß, der Meister werde solche Treue »eines Tages zu lohnen bereit sein«. In dieser Formulierung einer Jubiläumsbiographie schwingen schon fast religiöse Untertöne mit, Jenseits- und Heilserwartungen; selbstverständlich hätten auch die rund zwanzig Maggi-Mitarbeiterinnen und -Mitarbeiter des Jahres 1885 lieber den vollen Zahltag mit nach Hause genommen, ließen sich von der Rednergabe ihres Chefs nochmals beschwichtigen.

Etwas zwiespältig sieht es aus mit der Unterstützung durch die Gemeinnützige Gesellschaft. Zwar lieferte Kemptthal getreulich seine vierteljährlichen Verkaufsrapporte ab, und hier wurde auf die Suppenrolle genau gemeldet, im Kanton Wallis sei der Absatz von 88 auf 165 gestiegen, in Freiburg habe man 1375 Suppenrollen statt deren 656 verkauft. Aber in den philanthropischen Kreisen besann man sich um, setzte auf ein neues Pferd: Im Herbst 1887, kaum drei Jahre nach dem Erbs- und Bohnenmehldiner in der »Schmidstube«, erschien eine Broschüre über »Milch und Käse als Volksnahrungsmittel«.

Erstaunlicherweise pröbelte Maggi in Kemptthal weiter, ersetzte die nüchternen Mehlpackungen durch handlichere Suppenrollen und entwickelte neue Geschmacksrichtungen: 1887 gab es 22 verschiedene Maggisuppen; nur die Hälfte davon auf der Basis von Hülsenfrüchten!

Erste Annäherung an J. M., eine Bildergalerie. Ich habe rund um mich aufgebaut, was sich an Familien- und Porträtfotos findet – ein fast schon geisterhafter Zeitraffer, der vom Lehrling zum Jungverlobten führt, zum begeisterten Erfinder und zum erfolgreichen Unternehmer. Maggi bartlos und mit weichem Kinn, Maggi mit genialischer Lockenfrisur, dann der leutselige Direktor und der skeptisch-sorgenvolle Leiter eines Imperiums, weiter der schnurrbärtige Patriarch, dem man ohne weiteres abnimmt, daß er bei einem Streik der Singener Zweigstelle alles im Stammbetrieb stehen und liegen ließ und sich der Arbeiterschaft stellte: Er sehe zu seinem Bedauern ein, daß die Firmenleitung den Kontakt zur Belegschaft vernachlässigt, ihre Sorgen offensichtlich unter den Teppich gekehrt habe.

Ein verwirrender Fotoparcours, wie gesagt – besonders als Unterbrechung mitten in diesem kritischen Teil des Aufstiegs. Wer war dieser Julius Michael Johannes Maggi, woher nahm er die Zähigkeit und das Selbstbewußtsein, hier weiter zu experimentieren und zu investieren? Und dies in einem Augenblick, wo Schadensbegrenzung angesagt war, Redimensionierung? War dies der Hazardeur, der sich in jedem Unternehmer versteckt? Der Glücksritter, der sich auf das As im Ärmel verläßt? Oder hatte nun der Utopist Maggi das Ruder übernommen, der wirklichkeitsferne Leguminosenprediger, der allen Ernstes der eben geborenen Tochter den Taufnamen »Leguminosa« verpassen wollte, erst auf die vereinigten Bitten aller Beteiligten hin abließ und sich zum landläufigeren Namen Lucie bequemte? Denn es gab auch diese messianischen Züge an ihm, das wird hie und da bezeugt, es gab die Erwecker- und Bekennerseite. Nach dem endgültigen Durchbruch wird dieser Mann fast bedauernd zurückblicken: Er hätte durchaus auch einen ganz anderen, einen geistigen Kreuzzug anführen können, aber »da habe ihn das Schicksal dazu bestimmt, den Menschen eine gute und billige Suppe zu bereiten, und dabei wolle er nun bleiben«.

Und was zeigt sich von all dem im ältesten erhaltenen Foto, dem Brustbild eines 17jährigen Lehrlings, um 1863 aufgenommen? Damals hat man Julius bei einem großen Basler Handelshaus untergebracht, wohl zur allgemeinen Erleichterung der Eltern. Denn was ich lese von der Ausbildung, die voranging, klingt nach Familienschreck: Krach mit mehreren Privaterziehern, ein kurzes Gastspiel an der Kantonsschule Frauenfeld, und auch der bewährte Pädagoge in Winterthur, dem man ihn überantwortet, muß das Handtuch werfen. Dann die Lösung »Institut«, eine Schule in Yverdon, populär bei den führenden Ostschweizer Familien. Aber auch von hier treffen unzufriedene Briefe bei den Eltern ein, allerlei Mäkeleien, vor allem Mäkeleien über das Institutsessen. Die Suppe sei aus tausenderlei Resten zusammengesetzt, der Spinat abscheulich, die Rüben ungenießbar, und den Fisch hat die Köchin angeblich nur oberflächlich geschuppt und ihn samt Galle und Eingeweiden in die Pfanne geschmissen.

Jammert hier das verzogene Söhnchen des Mühlenbesitzers, oder zeichnet sich hier schon eine Affinität ab zur einfachen, zur klar definierten Speise? Hier gibt mir das Foto denn doch einige Auskünfte. Lasse ich den altväterischen Kragen weg, verlängere ich das Haar über dem Ohr, das Haar im Nacken und in der Stirn, so habe ich das Gesicht eines heutigen Konfirmanden vor mir: die Skepsis, die schon fast gewohnheitsmäßige Unbotmäßigkeit des Mittelschülers, des kaufmännischen Lehrlings um 1990.

Und was schrieb Julius seinen Lieben aus Basel? Hier finde ich in einer Kurzbiographie einen seitenlangen Briefauszug, und dieser ansonsten sehr offizielle Biograph war wohl so erschüttert über die Schlitzohrigkeit eines halbwüchsigen Jungmanagers, daß er seine Zeilenvorgaben vergaß und munter draufloskopierte: ein Fund! Es geht kurz gesagt um die Anschaffung einer Klarinette und um die vielen stichhaltigen Gründe, weshalb Vater Michael die dazu nötigen Fr. 140.– am besten jetzt gleich lockermacht, statt auf Zusehen hin in eine billige Occasion zu investieren. Selbstverständlich lohnt sich die Auslage (heutige Entsprechung etwa: der Preis eines mittleren PC samt gutem Drucker) allein schon wegen der zu erwartenden Musikgenüsse. Julius wird der Familie in »Begleitung Röselis auf dem Piano einst einige Freude und ein paar vergnügte Stunden bereiten«. Aber aus anderen Gründen macht sich ein sofortiger Ankauf bezahlt, »indem, wenn ich jetzt ein geringeres Instrument bekäme, in der Hoffnung, erst später ein recht schönes zu erhalten, ich viele vergebene Mühe und Lehrkosten gehabt hätte, weil es mir beinahe ebensoviele Mühe kosten würde, das zweite Instrument zu lernen, wie das erste Mal, indem jede andere Clarinette wieder eine ganz besondere Übung verlangt. Zudem, da die Preise dieser Instrumente immer die gleichen sind und Du mir später vielleicht doch einmal ein schönes kaufen würdest, so müßtest Du das gleiche Geld ausgeben, würdest Du es aber jetzt schon thun, so wäre es höchstens die Zinsen eines vielleicht ein Jahr früher ausgegebenen Capitals, um wieviel die jetzige Clarinette theurer würde, und ich denke, dies wäre das wenigste bei der Sache.«

Fast unnötig zu betonen, daß der Junior ein ganz bestimmtes Instrument im Auge hat, das ihm *par rencontre* angeboten wurde! Leider finde ich keinerlei Hinweis darauf, ob Vater Michael sich den hageldicht vorgetragenen Argumenten beugte, tippe jedoch auf väterliches Einsehen: So viel didaktisch untermauerter Geschäftssinn verdiente eine Belohnung!

Und hier schließt sich, sechzehn Jahre später in der Chronologie, das erwähnte Porträt des Brautpaars an. Maggis erste Gemahlin, die Schwyzerin Mina Gyr, war nach kurzer Ehe gestorben: kein Bilddokument aus dieser Zeit! Sechs Jahre nach ihrem Tod verlobte sich Maggi mit Louise Müller, einer Tochter des Seebacher Pfarrers. Die Pose des Bräutigams: hingebungsvoll, beinahe stürmisch, etwas wirr in die Stirn fallende Locken. Aber die Miene der jungen Frau verrät, daß sie sich an der Seite dieses Mannes auf allerhand gefaßt macht: ein nachdenklicher und kluger Blick, ein angedeutetes Zögern in Kopf- und Schulterhaltung. Da war eine Tochter aus erster Ehe, jetzt gerade im Schulalter angekommen, da waren die Mühle in Kemptthal und die »ins Großartige reichenden Pläne« des Gatten. Wie großartig war großartig?

Schließlich Julius Maggi der Familienvater; Schnappschuß mit Kindern und Hund. Schenkt man dem offiziellen Biographen Glauben, widmete Unternehmer Maggi jeden Sonntag der Gattin und den Kindern: Sonntagsausflüge auf alle Gipfel des Zürcher Oberlandes, und dies zu Fuß; am Sonntag wird kein Pferd aus dem Stall geholt! Am Alter der Kleinen gemessen, datiert die Aufnahme aus dem Jahre 1894; der kleine Harry darf Huckepack reiten auf dem Rücken der Sechstkläßlerin Sophie. Im weißen Sonntagsröcklein die sechsjährige Lucie (zur Erleichterung aller doch nicht auf den Namen Leguminosa getauft). Maggi selbst, damals 48 Jahre alt, macht in seinem engen dunklen Anzug einen überaus unternehmungslustigen Eindruck: offener Hemdkragen, Hut tief ins Genick geschoben.

Der Sonntag als Familienoase, die Woche aber bringt einen 16-Stunden-Tag nach dem anderen. »Die Arbeit ging ihm über alles«, steht zu lesen in einem der seltsam spärlichen Nachrufe auf Maggi, und: »Er war ein Schaffer ohnegleichen.« Der Einsatz zum Äußersten wird nach außen demonstriert, vor allem in diesen kritischen mittleren achtziger Jahren: Der Chef kommt mit vier Stunden Schlaf aus, der Chef bleibt bis Mitternacht am Arbeitspult sitzen, begnügt sich mit einem Cervelat als Abendessen. Spricht man den Chef an auf die Gefahren möglicher Selbstausbeutung, lehnt er unwirsch ab: »Schont mich nicht, dazu bin ich ja da!« Da haben sich offensichtlich Arbeitswille, Arbeitswut verselbständigt, wird der Patron zum Märtyrer, zum Inbegriff der Selbstaufopferung. Gut denkbar, daß sich diese Haltung auf das Leben im Familienkreis übertrug; Vollgas, äußerster Einsatz auch beim Sonntagsausflug!

Wie fieberhaft in Kemptthal experimentiert wurde in diesen Jahren, das zeigt ein Wachstuchheft mit Suppenrezepten aus dem Firmenarchiv: gut sechzig Tabellen mit Ingredienzen für Wurzelsuppe, für Grünerbs- und Currysuppe, für eine Reis-Julienne- und eine Kerbelsuppe. Und hier wird durchwegs mit großer Kelle angerichtet, 2000 Gramm Selleriegrieß auf 45 000 Gramm Kartoffeln der Sorte Nr. 25 und 18 000 Gramm Salz, dazu 120 Gramm Gewürzmischung und 10 000 Gramm Wirz, weiter Zwiebelgrieß, Spinatpulver und zwei verschiedene Fette. Auch werden die fertigen Trockenmischungen wiederum als Fabrikationseinheit behandelt; auf 75 Kilogramm der oben beschriebenen Mischung »Wurzelsuppe« kommen 10 Kilogramm der Mischung »Kerbelsuppe«, auch wechselt im Verlauf der

Jahre die Dosierung der einzelnen Bestandteile, wie einzelne Randnotizen beweisen; dazu hat man eigene Gewürzmischungen entwickelt, die mit römischen Ziffern bezeichnet werden.

Aus einem dieser Extrakte entsteht um 1886 Maggis flüssige Suppen- und Speisewürze – das dunkelbraune Destillat, das den Namen der Firma am Flüßchen Kempt weltweit zum Begriff machen wird. Als erstes Produkt aus der einstigen Hammermühle hat es weder mit Mahlen, Rösten noch mit Zerkleinern zu tun, fügt es der industriell vorgefertigten Nahrung gleichsam eine neue Dimension hinzu.

Ländliche Küche, städtische Küche

Es war bis jetzt mehrfach die Rede von »Volksnahrung, Volksspeise«, meist im Zusammenhang mit der angeblich entwurzelten Fabrikbevölkerung. Die zu entwickelnde Grundnahrung, beispielsweise Maggis Leguminosenmehl, sollte als Ersatz dienen für eine offenbar reichhaltigere bäuerliche Küche – wie stand es damit?

Ich möchte hier weiter ausholen, halte für mich fest: Die meisten Industriearbeiter stammten aus ländlichen Verhältnissen. Welche Eßgewohnheiten brachten sie mit, wie sah der Tisch des Kleinbauern, des Bergbauern im letzten Viertel des 19. Jahrhunderts aus?

Ich beginne mit den Erinnerungen eines Kleinbauernsohnes aus dem bündnerischen Schanfigg, möchte dabei auch scheinbar Fernliegendes mitnehmen: Essen und Nahrungsbeschaffung durchzogen fast alle bäuerlichen Lebensbereiche, wie sich zeigen wird. Dieser »mein« Gewährsmann, ein Bartholomäus Hatz aus Calfreisen, wurde Ende der siebziger Jahre geboren und arbeitete 1892 bereits beim Bau des Churer Kraftwerkes Meiersboden mit. Keine zehn Jahre zuvor hatte sein Vater zu Hause die erste Petroleumlampe über dem Stubentisch montiert, unter den staunenden Blicken der Familie: »*Louter wiä bin Tag!*« hieß das allgemeine Urteil. Bartholomäus bekam also schon als Halbwüchsiger die Technologieschübe seiner Epoche mit – vielleicht einer der Gründe, weshalb er sich um 1950, im hohen Alter, die Umstände seiner Jugend zurückzurufen versuchte: Wie war das damals? Ist das wirklich erst so lange her?

Kochen, Zubereiten und Aufbewahren von Vorräten prägten vorerst einmal den Hausbau, den Grundriß der Wohnung. Das Schanfigger Haus, das Hatz beschreibt, wies gegen Norden hin ein »Fleischkämmerli« auf, ein fensterloses Gemach; hier bewahrte man beispielsweise das luftgetrocknete

Rindfleisch auf. Die Nachbarn der Hatz' hatten weiter ihr eigenes Backhaus, einen Anbau, und von hier aus trug man die »Bachete« ins Haus, in den Korridor des oberen Stockwerks. Hier mußte also Platz ausgespart werden für die »Brothange«, ein sperriges Gestell, das vierzig und mehr Laibe aufnahm: die Ausbeute eines Backtags!

Eigentliches Energiezentrum war die Küche, von hier aus heizte man den Stubenofen. Dieser wiederum erwärmte die darüber liegende Schlafkammer: also eine Konstruktionsklammer, eine Grundrißklammer Küche-Stube-Schlafzimmer! Von der Küche aus gesehen fungierte der Stubenofen als Backofen; ihm vorgelagert, auf einem Steinsockel, war der Herd mit zwei Kochstellen, Bratofen und Wasserschiff; bei jedem Einfeuern wurde gleich Wasser mitgewärmt. Der Rauch des Kochfeuers zog ab durch den Rauchfang; hier wiederum Haken, Gestelle zum Aufhängen von Rauchfleisch, Rauchwürsten. Und weitere Speichereinheiten für Dörrobst und Getreide fanden sich auf dem Dachboden. Hier lagerten beispielsweise zehn- oder zwanzigjährige Vorräte an gedörrten Kirschen in »Trögen«, hölzernen Kisten: das Bauernhaus als durchdachter Organismus, als durchkonstruierte Wohnmaschine mit Lagertaschen, Vorratszellen.

Ich möchte dieses Bild ergänzen, ziehe eine weitere Untersuchung bei, und auch hier geht es um bäuerliche Nahrung, bäuerliches Essen im ausgehenden 19. Jahrhundert. Dabei bleiben wir ganz in der Nähe. Das Lugnez, von dem jetzt die Rede ist, kann als Paralleltal zum Schanfigg gelten. Für diese Gegend hat der Autor, Moritz Caduff, über einen Zeitraum von Jahrzehnten hinweg Informationen zusammengetragen, und diese legen so etwas wie einen Beglaubigungsraster unter die Erinnerungen des Bergbauernbuben Hatz. Das Handfeste zuerst: Der eiserne Herd mit den zwei Kochstellen, den Hatz beschreibt, ist offensichtlich eine neuere Errungenschaft. Bis etwa 1850 kannte man das offene Herdfeuer, über das man einen Kessel hängte, erst dann setzte sich der »Sparherd« durch, der die Flammen auf pfannengroße Öffnungen konzentrierte. Etwa zur gleichen Zeit kam Kaffee als Frühstücksgetränk auf, zusammen mit Rösti: Speise und Kochtechnik bedingten sich hier gegenseitig. Auch für das Lugnez finde ich Eindrückliches über bäuerliche Vorratshaltung. Es gab hier Rauchfleisch, das erst nach zehn Jahren und später konsumiert wurde, ebenso Getreide, das man in Schaffelle einnähte und erst nach einem Jahrzehnt mahlte. Caduff berichtet weiter von zwanzigjährigem Käse, von Speckseiten, die erst nach einem halben Jahrhundert angeschnitten wurden: Man bestückte die Fleischkammer für Generationen!

Wie man das Fleisch haltbar machte, hing weitgehend von der Höhenlage ab. Die Lugnezerinnen der tiefer gelegenen Dörfer hängten es während dreier oder vier Wochen in den Kamin; weiter oben ließ man es ganz einfach an der Luft trocknen. Dem voran ging ein komplizierter Prozeß: Nach dem Schlachten schichtete der Störmetzger die einzelnen Stücke vom Rind im Holztrog, fügte Salz, Pfeffer, Zwiebeln und etwas Salpeter bei, und in dieser roten, salzigen, matschigen Flüssigkeit, der »Sulz«, beließ man das Fleisch während acht bis zehn Tagen, begoß täglich mit der Kelle. Beim Schinken dauerte das Ganze doppelt so lang: drei bis vier Wochen. Nach dem Räuchern oder Lufttrocknen hängte man die Stücke in die Fleischkammer oder begrub sie im Korntrog: würzige Fleischportionen, die ihren Geschmack an das Getreide weitergaben!

Und das war vor allem Gerste und Roggen, wie ich wiederum in den Erinnerungen von Hatz nachlese. Das Backen besorgte jede Familie selbst. Eine »Bachete« gab wie gesagt um die vierzig Laibe her, und die mußten für die nächsten zwei bis drei Wochen ausreichen. Von Backtag zu Backtag rettete man ein Stück Sauerteig, dieses bestreute man sorgfältig mit Salz und bewahrte es »auf einem Teller bis zur nächsten Bacheti im Keller auf«: eine kleine Zeremonie, die den Backtag abschloß.

Noch eindrücklicher, einschneidender als der Backtag war der Schlachttag – bei Kleinbauernfamilien wie den Hatz' ein Tag, den man im Kalender rot anstrich! Pro Jahr und Familie rechnete man ein Schwein und die Hälfte eines Mastrindes, bei dem sich der Nachbar beteiligte. Auch hier wurde ein Metzger im Taglohn engagiert, folgte man dem althergebrachten Ablauf. Zuerst wurde das Rind geschlachtet, »dann enthäutet und zum Auskühlen aufgezogen«. In der Zwischenzeit, unter Mithilfe der ganzen Familie, »wurde das Schwein geschlachtet, gebrüht und entborstet. Das Blut vom Schwein wurde aufgefangen. Damit es nicht gerinne, wurde Schnee eingerührt.« Denn Blut war wertvoll, reich an Eiweiß, durfte auf keinen Fall verlorengehen. Gegessen wurde es als Bluttatsch, eine Art Blutpudding, weiter als Blutwurst.

Das bringt mich zum Wursten, einer weiteren Form der Konservierung; hier wurde das Wurstfleisch entweder durch Sieden oder Räuchern haltbar gemacht. Der kleine Bartli Hatz erlebte noch, wie am Schlachttag das Wurstfleisch »mit Beilen auf dem Hackstock fein gehackt« wurde; etwa ab 1890 kreuzte der Störmetzger mit einer handgetriebenen Wurstmaschine auf. Und weiter Caduff über das Lugnez: Hier kannte man Darm- und Schwartenwürste, dazu natürlich Blut- und Leberwurst, die Brat-, die Fleisch-, die Schinken- und die Beinwurst. Die Wurst ermöglichte es, die nur schwer genießbaren Teile des Tieres zu verwerten – Restposten, die man als Gericht nicht auf den Tisch bringen konnte. Bezeichnenderweise hieß eine Berner Spezialität mit feingehackter Lunge und Kutteln »Grümpelwurst«: die Wurst als Entsorgungshilfe.

Und in gewisser Weise lebt die Wurst diese Rolle noch immer aus. Die Rauchwurst, die »Chämiwurst« – gelten sie nicht heute noch in den Kiosks, den Ausflugsrestaurants der Berge als Inbegriff von Bodenständigkeit? Wer sich ein Stück heruntersäbelt, ist durchaus darauf gefaßt, auf Knorpliges zu stoßen, auf Fetteinschlüsse, auf Unappetitliches. Dagegen die Cervelats, die ab 1890 erstmals in den Schaufenstern der städtischen Metzgereien auftauchten, und fast gleichzeitig kamen die Kurzwürste auf, bald Lyoner, Frankfurter, Wiener oder Mailänder genannt: die europäische Einheitswurst mit kurzer Kochzeit!

Über den Fleischbedarf der Bündner Bauernfamilie habe ich bereits Rahmenangaben gemacht. Hatz nennt das Beispiel des vermöglichsten Calfreisers, eines Bartli Sprecher. Diese Familie ließ für den Jahresbedarf einen Mastochsen und ein Schwein schlachten. Der Schlachttag gab hier auch die Möglichkeit zu allerhand Imponiergehabe. Beim gemeinsamen Essen trug man »zum Zeichen, daß die Vorräte nicht aufgebraucht seien, reichhaltig altes und neues Fleisch vom Rind und Schwein auf«.

Caduff kommt für das Lugnez auf ähnliche Mengen. Hier war Getreide rarer als im Schanfigg, aber die Durchschnittsfamilie schlachtete pro Jahr eine Kuh und ein bis zwei Schweine, dazu drei Schafe oder Ziegen. Das ergab einen ansehnlichen Pro-Kopf-Verbrauch von 30 Kilogramm Fleisch und vier Kilogramm Speck, nicht mitgerechnet drei Kilogramm Fett. Zu diesen Fettmengen kam reichlich Butter – die Butter aufs redensartliche Brot war mitunter leichter zu bekommen als das Brot selbst.

Es wurde also fettreich gekocht, man suchte Mehlspeisen zu »strecken«, wendete die Schmalznudeln oder Blutnudeln, bis sie ölig trieften. Und das bringt mich zur Suppe – zu einem der Hauptthemen dieses Buches. Auch hier ging man ja vom Schmalz aus, dünstete Zwiebeln als Basis oder röstete Mehl. Caduff nennt ein ganzes Arsenal von Lugnezer Suppen, wobei die Grenze zu Brei oder Mus oft vage bleibt: Hier kam es darauf an, wieviel Wasser man zufügte. Caduff nennt als Alltags- oder Einheitsspeise die Mehlsuppe; man röstete eine Handvoll Mehl in Schmalz, löschte mit Wasser ab. Über die weiteren Zutaten entschied die Zusammensetzung der Vorräte. Man streckte die Mehlsuppe mit Dörrfrüchten, mit Brot, auch mit Weinbeeren, mit Blut: Wie die Wurst war die Suppe vorab ein Resteverwerter, eine Kocheinheit für Nahrungsmittel, die nicht als selbständige Speise oder Gericht gelten konnten.

Herrschte ein bestimmter Grundstoff vor, sprach man von Gersten-, von Bohnen- oder Brotsuppe; es gab die Weinsuppe und die Käsesuppe, und auch hier fand man alle Konsistenzstufen bis zum festen Brei, dessen Kruste als besonders schmackhaft galt. Ein Hochzeitsessen beispielsweise leitete man ein mit einer Gerstensuppe, die aber genausogut Schinken- oder Bohnensuppe heißen konnte; diese beiden Zutaten wurden mitgekocht.

Die Suppe – und dies gilt keineswegs nur für die Bündner Bergtäler – war die Grundeinheit in der Küche des 19. Jahrhunderts. Die Bezeichnung schloß Brei oder Mus mit ein; im Sarganserland mußte in einer »währschaften« Suppe der Löffel aufrecht steckenbleiben. »Suppe« hieß nicht nur die Speise, sondern auch die Mahlzeit als Ganzes; wenn sich eine Hochzeitsgesellschaft im Zürcher Unterland vor dem Kirchgang stärkte, nahm sie die »Morgensuppe« ein, die allerdings aus Dörrfleisch, Gemüse und Wein bestand. Die »Burgdorfer Hühnersuppe« war keine kulinarische, sondern eine brauchtümliche Spezialität, bei der weder Teller noch Löffel zu sehen waren.

Das Suppenspektrum reichte von der groben »Bettlersuppe« bis zum delikaten »Weinwarm«. Hier rührte man die Reste von Fleisch, Gemüse und Kartoffeln zusammen, die sich im Speiseschrank angesammelt hatten, dort röstete man frisches Brot, löschte ab mit Wein, gab Eigelb hinzu, süßte mit Zucker, Zimt und Safran nach: eigentlich eine warme Nachspeise. Und Suppe konnte man zubereiten aus Wiesengräsern, aus Löwenzahn und nachwürzen mit Kerbelkraut; es gab Rezepte für Kürbiskernsuppe, besonders bekömmlich für Kindbetterinnen und Fallsüchtige, also Epileptiker, weiter »gschweissti« Suppe aus nichts anderem als geröstetem Brot und Wasser. Und in der Genfer Champagne hielt man eine dicke Gemüsesuppe Tag und Nacht warm, wenn nötig unter der Bettdecke, genoß schon am frühen Morgen die Reste der Abendsuppe zum Frühstück. Im Tessin rührte man Maismehl in die Minestra, tischte den Suppentopf ebenfalls schon um sieben Uhr früh auf, als *mazzafam*: Hungertöter. Die selbstgemachte Suppe, darauf pochte man, war der industriell gefertigten auf jeden Fall überlegen, so kärglich auch immer die Zutaten. »Statt der Kunstsuppen«, so lese ich in einem Bericht über die Urner Bergtäler, »wird glücklicherweise noch die eigene Ankensuppe gebraut. Wasser und Brot werden zu Brei aufgekocht, Butter und Salz beigemengt.«

All dies weckt Vorstellungen von schmucken Suppenschüsseln, gravitätischen Schöpflöffeln, einer wackeren Bauersfrau, die dampfende Suppe in die entgegengestreckten Teller schöpft. Unser Augenzeuge aus Calfreisen hat die Szene anders erlebt: »Gegessen wurde meist aus der gemeinsamen Schüssel, zum Teil noch mit Holzlöffeln.« Auch Brei kam direkt in der Pfanne auf den Tisch, wurde auf den Pfannenknecht gestellt. Fleisch aß man mit den Händen; meist zerlegte es der Familienvorstand in mundgerechte Schnitten, und damit deckte er die Schüssel mit der Beilage. War das Fleisch weg, griff man wieder zum Löffel, rückte rund um die Beilage – Gemüse, Kartoffeln oder Mais – zusammen. Bei größeren Familien war der Weg zwischen Sitzplatz und Schüssel oft weit. Dieses Problem löste man, indem man die verschiedenen Schüsseln und Pfannen zirkulieren ließ, am einen Tischende schon mal mit dem Brei begann. Trotzdem wurde wohl kräftig gekleckert, auch bei der Familie Hatz. Jedenfalls schaffte die Mutter des Erzählers um 1885 braune Suppenteller an und geriet prompt in den Verdacht der Hochstapelei. »Wollt ihr jetzt aus Tellern essen wie die Herrenleute?« mäkelte ein Nachbar.

Ohne Teller gab es auch keinen Abwasch, denn der Löffel, als einziges Besteck, lag stets am gleichen Platz für das gleiche Familienmitglied, wurde nach dem Essen bloß abgeleckt. Nach der Mahlzeit mußten bloß die Pfannen und Schüsseln am Brunnen gespült werden, vielleicht noch Becher; auch diese, wie die Löffel, meist aus Holz. Nach dem Abendessen sagte man gemeinsam das Tischgebet her, ging vielfach sofort dazu über, die nächsten Mahlzeiten vorzubereiten oder sicherzustellen. Beispielsweise an einem Herbstabend, wo man Birnen zum Dörren vorbereiten mußte: Zerkleinern zu Schnitzen, Herausschneiden des Kerngehäuses. Am meisten haßten die Kinder aber das Dörren, denn sie waren es, die schließlich durch die enge Ofentüre kriechen und die Schnitze zusammenlesen mußten. Einfacher war das Konservieren von Kirschen im Sommer; hier »strupfte« man die Früchte vom Baum, ohne Stiel, brühte sie kurz im heißen Wasser und legte sie zum Dörren aus: »Fast an jedem Stall im Dorf waren auf der Südseite sogenannte Derriladen, breite Bretter mit Randleiste. Da wurden die gebrühten Kirschen für einige Tage zum Dörren ausgebreitet.« Und frische Kirschen aß man als Kirschenkuchen, als Kirschensuppen, als Kirschenmus; aus einer Abhandlung über die Ernährung im Luzerner Mittelland erfahre ich, daß zur Kirschenzeit zwei bis drei Wochen lang nichts anderes auf den Tisch kam als Kirschenspeisen.

Ich werde noch aufs Dörren, aufs Einmachen, Pökeln, Trocknen und Einsalzen zurückkommen. Das Haltbarmachen von Nahrung war eine der Hauptaufgaben im bäuerlichen Haushalt, wurde nur zögernd der Industrie überlassen. Wer Kirschen dörrte, Fleisch räucherte, ebnete die Klimaschwankungen, die Ernterisiken aus, verwirklichte gleichsam einen über Jahre hinweg errechneten Durchschnittsertrag. »Die Ernten aus guten Jahren mußten über Fehljahrperioden hinweghelfen«, faßt Hatz in seinen Erinnerungen nüchtern zusammen. Und der darauffolgende Satz verrät, wie abrupt diese Art von Vorsorge zu einem Ende kam, wie unbedenklich man davon abging: »In unseren Lebensmitteltrögen waren noch Vorräte von dürren Kirschen, als das Haus schon zehn Jahre nicht mehr bewohnt war.«

Ein- oder zweimal im Jahr, da haut man bei den Bauern über die Schnur, da läßt man auffahren, bis sich die Tischbretter biegen, beispielsweise im Lugnez an einer *perdanonza* des Jahres 1890, also an einer Kirchweih.

Autor Moritz Caduff, der die Speisenfolge mitteilt, meint entschuldigend, der Bauer habe schließlich jahraus, jahrein eintönige und karge Nahrung zu sich genommen, da sei ihm ein solches Festmahl zu gönnen gewesen, besonders weil der geistliche Gehalt des Festes bei allem Schlemmen nie vergessen ging. Gewiß, ich gönne, hundert Jahre später, den Bäuerinnen und Bauern vom Lugnez jeden einzelnen Gang, kann mir nur ganz einfach nicht vorstellen, wie man für dieses Menü Platz fand; mein Magen scheint »ausgewaschen und geschwächt durch Kaffee« zu sein. So lautet jedenfalls die verächtliche Diagnose eines Lugnezer Veteranen, der bei der jüngeren Generation ähnliche Skepsis antraf.

La perdanonza beginnt mit einer kräftigen Gerstensuppe, in der zweierlei Fleisch mitgekocht wurde, nämlich Schinken und Salsiz. Darauf Blutnudeln, bestreut mit Zucker und Zimt; für den Nudelteig hat man am Schlachttag das Roggenmehl direkt ins frische Blut gerührt, den Teig ausgewalzt und in dünne Streifen geschnitten. Dann *treppa* als erster Fleischgang, also feingehackte Innereien wie Lunge, Herz und Kutteln, vermischt mit Zwiebeln und Muskatnuß; hier würzen Kenner noch mit Zucker, Zimt und Majoran nach. Und nach der *treppa* geht's erst richtig los: Jetzt folgt nämlich die Platte mit gekochtem Schinken, Zungen und Kartoffeln, dann das Schafsragout mit gekochten Dörrpflaumen. Bei solchen Festmahlzeiten läßt man sich nicht lumpen. Ohne Wein geht nichts, und hier tischt man selbstverständlich Veltliner auf, den Säumerwein aus dem einstigen Bündner Untertanengebiet. Zum ganzen Essen also Rotwein, den man ohnehin zur Zubereitung vieler Gerichte braucht; die Blutnudeln beispielsweise sind mit Rotwein gewürzt, ebenso ist es die *treppa*.

Und jetzt, so stelle ich mir vor, werfen denn doch die ersten das Handtuch: Ich kann wirklich nicht mehr! Darauf beschwichtigende Stimmen: Laß dir Zeit!, wie denn auch Autor Caduff beteuert, man habe »nicht mit der Hast des Städters, sondern mit Ruhe und Gelassenheit« gegessen. Denn wirklich folgt aufs Schafsragout eine Hammelkeule, garniert mit Makkaroni, und erst jetzt zeichnet sich langsam das Ende der Mahlzeit ab. Die Hausfrau läßt nämlich Pfaffenbohnen herumgehen. Die Pfaffenbohnen sind aus Zimtteig, im Schmalz gebacken und mit Honig oder Birnensaft glasiert: ein Kalorienpaket, als gälte es, eine spartanische Mahlzeit mit einem versöhnlichen Bouquet abzuschließen.

Zu jedem Gang, wie gesagt, viel Rotwein, und der half die Mißverständnisse wegspülen, die sich in der Verwandtschaft über das Jahr hinweg angesammelt hatten, denn *la perdanonza* wurde im allerweitesten Familienkreis gefeiert: eine Art kulinarischer Gruppentherapie, aber auch ein Volumentest für die oder den einzelnen. Wieviel Außenwelt nahmen die eigenen Innenräume auf?

Was bis jetzt skizziert wurde, das waren vor allem die Ernährungsgewohnheiten im (bäuerlichen) Berggebiet. Vieles davon läßt sich ohne weiteres für Mittelland und Voralpen übernehmen. Natürlich verschieben sich dabei die Gewichte. Je flacher das Land, desto größere Mengen Getreide sind verfügbar, dafür geht die Bedeutung von Milch, Butter und Käse zurück.

Ich möchte hier kurz ergänzen mit zwei Berichten aus dem Luzerner Hinterland und der Rheinebene bei Sargans, finde als durchgehende, dick ausgezogene Linie die überragende Rolle von Mehlsuppe und Kartoffeln, letztere als Pellkartoffeln (schweizerisch: »Gschwellti«) oder Röstkartoffeln. Sowohl Mehlsuppe wie »Rösti« haben ganz direkt zu tun mit der Verbreitung des Sparherds nach 1850: Der übers offene Herdfeuer gehängte Kessel begünstigte wohl Breie und Muse; der eiserne Herdaufsatz machte dagegen flachere Pfannen möglich, in denen vermehrt gebraten, gedämpft und gedünstet wurde.

Im Luzernischen wie im Sarganserland spielen Dörrfrüchte und Kaffee eine wichtige Rolle; auch hier eine Parallele zum Berggebiet. Um 1880 wird im Tiefland der Mais populär. Man ißt ihn als Polenta, als gebratene

Polentaschnitte, aber auch gemahlen und gebacken: das Türkenmus, die Flutte, das Türkenbrot. Und Most wird hier häufiger getrunken als in den Bergen, meist in vergorener Form. Gebräuchlich ist ein Einheitsmost aus Äpfeln und Birnen, dazu natürlich gebrannte Wasser aus den Trestern von Kernobst und Steinobst: der Träsch, den man auch gebraucht als Medizin für Mensch und Vieh.

Aber die Unterschiede zwischen Flach- und Bergland verwischen sich, und dies gerade zu Beginn »unserer« Epoche. Ab 1880 importiert die Schweiz Getreide in größeren Mengen. Das senkt den Brotpreis, deshalb intensiviert man nun auch im Mittelland die Viehhaltung. Im Flachland gibt es nun mehr Milch, Käse und Butter als bisher, dagegen mehr Brot in den Bergen. Und diese Entwicklung läßt sich beispielsweise ablesen beim Käse. Allein zwischen 1885 und 1900 steigert die Durchschnittsfamilie ihren Jahreskonsum ums Anderthalbfache, von rund fünf auf zwölf Kilo Käse!

Aber auch in anderer Hinsicht stellt 1880 so etwas wie einen Umschlagspunkt, ein Merkdatum dar. Zum Beispiel wird jetzt Olivenöl populär, dies auf Kosten des herkömmlichen Öls aus Raps, aus Nüssen oder aus Mohn. Und Butter verkauft man immer mehr in Tafel- statt in Ballenform, zudem entstehen in den 1880er Jahren die ersten Konservenfabriken, dies in Rorschach, in Lenzburg, in Vevey.

Zu dieser Zeit setzt sich in den städtisch-bürgerlichen Schichten auch eine neue Art von Zwischenmahlzeit durch, nämlich Kaffee mit Marmeladeschnitte. Und diese Neuerung findet relativ schnell den Weg quer durch die sozialen Schichten. Wie ich lese, gönnt man sich anfänglich in den wohlhabenden Schichten die Schnitte mit Marmelade (schweizerisch: »Konfitüre«) nur beim sonntäglichen Frühstück, später auch am Wochentag. Um 1895 aber, so die Erinnerungen der Arbeitertochter Hermine Knapp, gilt »Ankebrot mit Confitüre« auch für Proletarier als sonntäglicher Leckerbissen. Und einige Jahre nach der Jahrhundertwende stellt das »Komfibrot«, dank der neuen Konservierungsmethoden, auch für den Arbeitertisch keine Seltenheit mehr dar: bloß ein Vierteljahrhundert als Demokratisierungsspanne für den einstigen Leckerbissen!

Hier ließe sich beispielsweise der durchschnittliche Zuckerverbrauch pro Jahr und Familie nachtragen, der in »unserer« Zeitspanne kräftig ansteigt. Der Siegeszug der Teigwaren wäre ein weiteres Thema, ebenso die Veränderungen bei den Trinkgewohnheiten. Hier spielten die italienischen Gastarbeiter beim Bahnbau eine Schrittmacherrolle, dort waren es Rebenkrankheiten, das Aufkommen von Kunstwein usw. – bloß: Dies soll keine umfängliche Ernährungsgeschichte werden, vielmehr eine Skizze des Umfeldes, in welchem die ersten Versuche Maggis zum Tragen kamen.

Nachtrag zum Kaffee und der sonntäglichen Konfitürenschnitte: Welches Getränk meinen eigentlich die regionalen Untersuchungen und die individuellen Lebensberichte, die ich für dieses Kapitel konsultiere? Heutige Vorstellungen von frisch geröstetem, frisch gemahlenem und gebrautem Bohnenkaffee haben hier keinen Platz. Kaffee bestand vor allem aus Zusätzen; im Lugnez zum Beispiel zählte man die Bohnen einzeln ab, wenn ein Topf aufgesetzt wurde: fünf bis sechs Stück pro Person. Der Rest bestand hier aus selbstgesammelten Wegwartenwurzeln, der Wurzelzichorie, die man trocknete und mahlte. Und diese Zichorien konnte man auch fertig zubereitet kaufen: »Päckelkaffee«!

Aber auch dieser Ersatz wurde gestreckt, verdünnt, und zwar mit einem Pulver aus Feigen, aus Obst oder Hülsenfrüchten. Und da man in das dunkle Gebräu meist heiße Milch goß, enthielt die »Tasse Kaffee« wohl nur noch Spurenelemente der tropischen Bohne. »Kaffee« also ein Oberbegriff für ein heißes, aromatisches Mischgetränk, eine Art Pendant zur früher erwähnten Suppe aus den Resten des Vortages: Bettlersuppe in der Tasse!

Wie wenig die Qualität dieser Mischung, das eigentliche Kaffeearoma zählte, das zeigt ein Scherzgedicht in einem St. Galler Volkskalender mit dem Titel »Der Bauer im Kaffeehaus«. Hier gerät die Hauptperson, der sprichwörtliche Mann vom Land, durch ein Mißverständnis in ein bürgerliches Kaffeehaus. Statt des erwarteten »Beckeli« Kaffee serviert man ihm ein Täßchen, *»grad so a Muul no nit gar voll«*. Statt diesen Mundvoll ehrfürchtig zu genießen – den ersten echten Kaffee seines Lebens –, entsetzt sich der Bauer über den horrenden Preis, den man für dieses *»Tröpfli«* verlangt und für den er gut und gern zwei »Halbe« Most bekommen hätte, gießt das Getränk achtlos herunter und verabschiedet sich mit dem festen Vorsatz:

Im Kaffee chear i nummen ii,
Das söll mer s'erscht un s'letscht mol sii.

Der Sonntagskaffee mit dem begehrten Marmeladebrot: Daß bestimmte Speisen zu bestimmten Wochentagen gehörten, das galt für städtische wie für ländliche Verhältnisse. Bauern mußten zwar oft kulinarisch Schritt halten mit der Jahreszeit, sahen etwa während der Kirschenernte wochenlang nur Kirschenspeisen auf dem Tisch. Im allgemeinen aber suchte man die Woche wenigstens von den Hauptgerichten her zu strukturieren. »So wie der Tag einen Namen hat«, meint der Volkskundler Utz Jeggle in einer ernährungshistorischen Untersuchung, »ist er auch durch ein bestimmtes Gericht gekennzeichnet«; die Speisenfolge war so unumstößlich »wie das Amen im Gebet«, verlieh dem Alltag Struktur und Sicherheit.

In der Schweiz noch heute gebräuchlich sind Freitagsspeisen wie Fisch oder Obstkuchen (»Wähe«, »Dünne«), ebenso Spinat mit Spiegeleiern. Aber auch der Samstag hatte seine kulinarischen Pendants. Er galt vielerorts als Putztag, entsprechend tischte man Siedfleisch auf, das während des Putzens nur wenig Aufsicht verlangte. Im französischsprachigen Jura ordnete man dem Samstag ein Kuttelgericht zu. Sonntags kam in wohlhabenderen Kreisen ein Braten auf den Tisch – dies vor allem in städtischen oder halbstädtischen Verhältnissen, wo ein Metzger täglich frisches Fleisch anbot. Und die Sonntagsspeise bedingte mancherorts die Hauptmahlzeit vom Montag, so im Tessin, wo Risotto angesagt war: eine Verwendungsmöglichkeit für die übriggebliebene Fleischbrühe! Es gab Wursttage und Fleischtage; im Zürcher Waisenhaus beispielsweise wechselten vier Fleischtage mit drei vegetarischen Tagen ab, an denen vor allem Mehl- und Milchspeisen auf den Tisch kamen.

Aber auch den Tagesablauf selbst suchte man zu strukturieren mit alternierenden Speisen, Kleinmahlzeiten; heute würde man von Snacks sprechen, zwischen die Hauptmahlzeiten verstreut. Und hier hielt man an einem starren Rhythmus fest, sofern dies die Arbeit erlaubte. Die gemeinsame Mahlzeit setzte – so wieder Utz Jeggle – »ein Zeitzeichen«, half als »ein Stück Kulturpraxis« mit, den Tag einzuteilen.

Aus der bereits zitierten Untersuchung über die Sarganser Gegend erfahre ich von drei Hauptmahlzeiten um sechs und elf Uhr vormittags sowie um sieben Uhr abends, dazwischen gestreut die erwähnten Snacks; die Reihenfolge hieß also Zmorge, Znüüni, Zmittag, Chly Zoubet (um drei Uhr mittags), Zfüfi und Zoubet, und trotz des schmalen Angebots suchte man hier so stark wie möglich zu variieren: Kaffee und Rösti nach dem Aufstehen, Brot und Käse im Lauf des Morgens, dann Suppe, Fleisch und Gemüse in der Tagesmitte. Der erste Nachmittagsimbiß brachte Kaffee und Maisbrot, der zweite Bier oder Wein mit Brot, den Tag beschloß man mit Kaffee und Rösti, tischte sogar am späteren Abend noch eine Mehlsuppe auf: ein Maximum an Abwechslung, indem man die ewiggleichen Grundstoffe immer neu zusammensetzte.

Noch stärker zeigt sich dieses Prinzip beim bäuerlichen Speisezettel in der Zürcher Berggemeinde Hirzel. Hier tischte man die Kartoffeln morgens als Rösti auf und abends als Pellkartoffeln. Oder: Statt des obligaten Stücks Brot brachte die Bäuerin Weißmus auf den Tisch, und das bestand aus Mehl, Wasser und etwas Salz – den Grundzutaten für Brot.

Daneben gab es den weiter ausholenden jahreszeitlichen Zyklus, Festessen zu bestimmten Daten im Jahr: Osterschmaus, Leckerbissen zu Fasnacht oder Weihnachten, Erntedankessen: auch hier wieder die Mahlzeit als Ruhe- oder Fixpunkt, als strukturierendes Element, das dem Jahresablauf Konturen verlieh, die Tage in ein Vor- und Nachher gliederte!

Wieviel blieb von diesen großen und kleinen Zyklen übrig im Alltag der Fabrikbevölkerung? Ich erinnere an Fridolin Schulers Referat über die Kartoffel- und Kaffeeküche, über das proletarische Lebensmittelbudget. Die Hausfrau, die mit vierzig Rappen pro Kopf und Tag auskommen mußte, strebte wohl keinerlei Höhepunkte an, war froh, wenn sie jeden Tag etwas aufzutischen hatte. Ich möchte hier Schulers Statistik ins Konkrete erweitern, habe dazu ein rundes Dutzend autobiographischer Aufzeichnungen befragt, die über das letzte Viertel des Jahrhunderts Auskunft geben; Erinnerungen von Textilarbeiterinnen und -arbeitern zumeist.

Auffallend zuerst: Die meisten Augenzeugen stammen aus ländlichen Verhältnissen, verbringen ihr Leben im Umkreis kleinerer Industriezentren wie dem zürcherischen Wald oder dem thurgauischen Hauptwil. Ordne ich sie gemäß den Kriterien von Hans Jürgen Teuteberg nach »sozialen Kosttypen«, so fehlt der Typus des »von der Naturalwirtschaft völlig losgelösten großstädtischen einfachen Lohnarbeiters« ganz: kein reines Mietskasernenproletariat! Mitunter ist die Rede vom eigenen Pflanzgarten, der die Alltagsnahrung ergänzen hilft. Oder es werden bäuerliche Verwandte erwähnt, die mit Kost vom Bauernhof aushelfen. Meine Auskunftspersonen sind also Mischtypen, tendierend zu Teutebergs Typus d, dem ländlichen Arbeiter mit einem gewissen Maß an Nahrungseigenproduktion.

Ich will diese Typologie hier nicht überbewerten; daß in der Schweiz eigentliche industrielle Ballungszentren wie das Ruhrgebiet fehlen, läßt sich in jeder Wirtschaftsgeschichte nachlesen. Immerhin: Es gab spezifische Ernährungsprobleme unter der industriellen Bevölkerung, das beweisen bereits Schulers Schriften, es gab krasse Defizite im Vergleich zur bäuerlichen, zur städtisch-bürgerlichen Schicht.

Was blieb von der zyklischen Struktur, dem durch das Essen gegliederten

Alltag? Hier helfen die Erinnerungen des Rapperswilers Gottlieb Keller weiter – eines Textilarbeiters, späteren Telegraphisten und Bahnpostbeamten. Um 1880 wohnt er als Halbwüchsiger bei seiner Großmutter. Kulinarische Höhepunkte im Jahresablauf kennt er nur wenige, um so tiefer haben sie sich ihm eingeprägt. Einmal im Jahr kommen Würste auf den Tisch, die traditionellen Fasnachtsschüblinge. Und zu Auffahrt gibt es Butter aufs Brot – einmal im Jahr! –, und darauf darf er gestoßenen Zucker streuen. Zum Jahresanfang bäckt die Großmutter Wähen, also Obstkuchen, und die reichen sogar für ein paar Tage aus, und nach diesem Höhepunkt kommen bereits wieder die Fasnachtswürste in Sichtweite: fast eine Parodie, eine Karikatur der bäuerlichen Höhepunkte im Jahreslauf!

Und das gilt auch für den Wochenablauf: Höhepunkte sind hier die Innereien vom Rind, die man sich ab und zu für den Sonntagstisch leistet – Lunge oder Herz, die an einer gebrannten Mehlsauce aufgetischt werden. Überhaupt: »Fleisch gab's wenig, etwa an einem Sonntag Kopffleisch von einer Kuh, und auf Tod und Leben wurde daran herumgenagt.«

So markiert jede Art von Fleischnahrung einen Höhepunkt – ob regelmäßig wiederkehrend oder nicht. Der Textilarbeitersohn Jakob Kreis hält sich an einen bestimmten Schulkollegen, weil dessen Vater ab und zu ein altes Pferd zum Schlachten kauft; »in ihrem Rauchfang hing immer gedörrtes Pferdefleisch«. Zwar rät die Mutter vom Pferdefleisch ab, das sie als »unehrlich« empfindet. Und diese Meinung teilen selbst »die ärmsten Leute, welche sich die ganze Woche nie satt essen konnten« – so Jakob Kreis mit leicht bitterem Spott. Er selbst und sein Vater haben da weniger Skrupel, kaufen und teilen sich ab und zu ein größeres Stück gedörrtes Pferdefleisch, essen es mehr oder weniger heimlich.

Und noch kärglicher die Höhepunkte im Leben des ewighungrigen Werner Mooser, der in den neunziger Jahren im sanktgallischen Altstätten aufwächst und alle Tricks und Kniffs kennenlernt. Zu einer Zusatzration kommt er beispielsweise am Viehmarkt, zu dem er immer einen Eimer mitnimmt. Sieht der Bub, daß zwei Bauern handelseinig werden, stellt er sich daneben, fragt den Käufer, ob er ihm die Kuh melken solle: »Meistens hatte er Erfolg, denn eine Kuh mit milchstrotzendem Euter kann nicht ohne Schmerzen den oft stundenlangen Weg nach dem neuen Stall überstehen.«

Die Buben tauschen Tips aus: In dem und dem Kloster kriegst du gratis eine Suppe, nach Konfession wird nicht gefragt. Oder: In der Oberen Mühle, in der Unteren Mühle bekommst du ein Pfund Mehl oder zwei geschenkt, wenn du es richtig anstellst. Werners Vater ist gestorben, die

Mutter schlägt sich als Hilfsarbeiterin durch; mit ihr zusammen geht er den Sonderangeboten nach: »Abgangskäse« aus der Molkerei, und dort bekommt man auch billige Magermilch, die sogenannte Zentrifugenmilch, zwei Liter zu fünf Rappen. Wöchentlicher Höhepunkt ist hier der Donnerstag – ein Markttag, an dem die Mutter im Gasthof aushilft und abends die übriggebliebene Erbsensuppe nach Hause bringt: »[…] für mich war diese Suppe tatsächlich eine Delikatesse, von der ich, wenn genug vorhanden war, drei oder auch vier Teller voll aufessen konnte.«

Und wie sieht in diesen Berichten der proletarische Küchenalltag aus, ohne Höhepunkte? Albert Minder, Sohn eines Arbeiters in der Burgdorfer Zigarrenfabrik, faßt das »schwarze Kaffee-Elend« dieser Existenzen kurz und bündig zusammen: ein tägliches Stück Brot »mit Zichorienkaffee, Kartoffeln und Gras, wie sie den Gartensalat scherzweise nannten«.

Von der Fiktion »Kaffee« war bereits ausführlich die Rede. Die Kartoffeln waren beileibe keine Fiktion, sondern geradezu beängstigend wirklich. Kartoffeln kullern in riesigen, in bedrohlichen Mengen durch diese Lebensberichte. Eine vier- bis sechsköpfige Arbeiterfamilie verzehrte im Jahr durchaus eine Tonne Kartoffeln und mehr, jedenfalls lag der Familiendurchschnitt noch um 1900 bei 500 Kilogramm: die Kartoffel als Existenzgrundlage, keineswegs Beilage wie heute.

Und hier findet man nun geradezu pathetische Anstrengungen, aus dieser Routinekost, diesem täglichen Einerlei etwas Abwechslung herauszukitzeln. Gottlieb Keller kennen wir bereits, den Burschen, der jährlich einmal zu einer Schüblingswurst kam. Und so sieht sein Alltag aus: »Am Morgen gab es Kaffee und Brot; das letztere wurde selbst meinen erwachsenen Tanten von der Großmutter abgeschnitten und zugeteilt. Am Mittag Kaffee und geschwellte Kartoffeln oder Kartoffelknöpfli, die von Butter und Milch umflossen waren, oder Knöpfli aus Ruchmehl, die eine fast zementartige Farbe hatten, mir aber immer schmeckten; da kam's eben auf die Quantität und nicht so sehr auf die feine Qualität an. Zum Nachtessen gab es wieder Kaffee und das ganze Jahr hindurch den einen Abend ganze (geschwellte) Kartoffeln, aber ohne Brot, den anderen Rösti und jedem noch ein Stücklein Brot dazu.«

Die mitfühlenden Tanten stecken dem aufschießenden Burschen meist ihre Schnitte Brot zu, wenn die Pellkartoffeln angesagt sind. An solchen Abenden wird das Essen übrigens ohne viel Federlesens aufgetischt: »Die Großmutter kam mit der Pfanne voll dampfender Kartoffeln herein; alle

Anwesenden breiteten die Arme um den Tischrand, so daß die auf den bloßen Tisch ausgeleerten Kartoffeln nicht darüber hinaus und auf den Boden kugelten.«

Butter, das habe ich bereits erwähnt, bekommt dieser Augenzeuge nur einmal im Jahr zu Gesicht. Ich stelle mir vor: den kartoffelkauenden, den brotkauenden jungen Burschen, die kartoffelkauenden jungen Tanten, die kartoffelkauende Großmutter, stelle in Gedanken die Kanne mit Zichorienkaffee daneben, tische noch einen Krug Milch auf, aber bereits mit schlechtem Gewissen.

Ein Schnappschuß aus dem Lebenslauf der Zürcherin Verena Conzett, die in diesem Buch noch ausführlicher zu Wort kommen soll. Das kleine Vreni bringt dem Vater das Essen in die Fabrik, und diese Mahlzeit, Kartoffelsalat und Wurst, stellt für das kleine Mädchen einen Festschmaus dar. Bleibt ein Wurstzipfel übrig, schlingt ihn Vreni auf dem Nachhauseweg gierig herunter. »Werde ich wohl«, so sinniert sie, »in meinem Leben noch einmal genug Wurst und Kartoffelsalat bekommen, so recht genug, vier oder gar fünf Würste?«

Vrenis Tagtraum steckt sehr präzise die kulinarischen Ambitionen der Arbeiterfamilie ab, die noch am Ende des Jahrhunderts gelten. Die im Korb oder Kessel mitgetragene Mittagsportion für den Familienvater entspricht meist dem höchstmöglichen Aufwand: Wenigstens der Hauptenährer soll ausreichend verpflegt werden! »Bäbeli kochte dem Vater das einfache Mittagessen abends vor«, heißt es in den Erinnerungen der Feinweberin Barbara Kunz. »In ein kleines, doppelbödiges Kupferkessi kam unten die Suppe oder der Milchkaffee und in den Oberteil das Gemüse, abwechslungsweise mit etwas Fleisch«, und für dieses Spitzenmenü müssen die Familienrationen immer und immer wieder neu eingeteilt werden: »[...] manche heimliche Träne fiel ins Kupferkessi.« Für die zu Hause Essenden bleiben Kartoffeln mit Zwiebelschweize als Alltagskost; Kartoffelmus mit etwas zerlassener Butter oder Polenta mit gedämpften Zwiebeln gelten bereits als willkommene Abwechslung!

Die Zwiebeln, das Gemüse: Sie stammten vom eigenen »Pflanzblätz«. Und dieser in Sonntagsarbeit oder in Randstunden bestellte Gemüsegarten taucht in fast allen Lebensschilderungen auf, verhilft zu einigen willkommenen Höhepunkten: die ersten Kartoffeln des Jahres, die ersten Süßerbsen. Aber auch dieses Stück Land, das eine Art emotionelles Bindeglied darstellt zu den bäuerlichen Vorfahren, wird im Eiltempo besorgt, läßt kaum Schrebergartengemütlichkeit zu, wird mitunter zum Alptraum: »Um 6 Uhr Feierabend, einkaufen, wieder heimrennen, 4 Zimmer in Ordnung bringen, vorkochen auf den nächsten Tag. Dann hatten wir noch Garten, der mußte auch besorgt werden. Kurz, es war ein Höllenleben.«

Trotzdem: der Rückhalt des eigenen Gemüsegartens, das Vorkochen zu Hause als Sparmöglichkeit, die ins Gewicht fällt. Der Eisenbahnschlosser Surber trägt den Pausenkaffee in einer gewöhnlichen Flasche von zu Hause mit in die Werkstatt, spart dafür aber zehn Rappen ein: Soviel kosten die entsprechenden zwei Tassen, wenn er sie vom Stand der »Kaffeefrau« kauft. Ins Gewicht fallen auch die zehn Rappen, die gemeinnützige Gesellschaften für die ausgeschenkte Mittagssuppe mit etwas Fleisch und einem Stück Brot heischen: Wer das gleiche Menü von zu Hause mitbringt, spart ein paar Rappen ein.

Surbers Sohn, der sich eine Zeitlang auswärts verpflegt, erfährt den Unterschied auf krasse Weise. 1890 wird er in der Umgebung Zürichs für Erdarbeiten eingestellt, muß aber das Mittagessen bei einem Bauern einnehmen. Für die Mahlzeit bezahlt er sechzig Rappen: zwei Stundenlöhne!

Reklame für das Elixier

Zurück zu Julius Maggi, zurück vor allem zur Suppenwürze, die im Laufe des Jahres 1886 auf den Markt kam! Es war diese penetrant riechende braune Flüssigkeit, im seltsam eckigen Fläschchen mit dem kaminförmigen Aufsatz, die den Fertigsuppen zum Durchbruch verhalf, auch wenn dieser Durchbruch im Zeitlupentempo vor sich ging. Erst ab 1892 schreibt der Geschäftsbereich schwarze Zahlen.

Was hatte es auf sich mit diesem zuerst als »Bouillon-Extract« angepriesenen Suppenelixier, über das die Konkurrenz hämisch spottete, Maggi wollte damit »seine kraft- und geschmacklosen Leguminosensuppen genießbarer machen«? Tatsächlich führte der Verweis auf Bouillon in die Irre: Das Konzentrat baute auf rein pflanzlicher Basis auf, kam nur geschmacklich in die Nähe der Fleischbrühe. Maggi und seine Mitarbeiter hatten sich eine Entdeckung des schwedischen Chemikers Jakob Berzelius zunutze gemacht: Baute man pflanzliches Eiweiß unter sauren Bedingungen ab – etwa Proteine aus Erdnuß, Soja oder Weizen –, so blieben Aminosäuren, die auffallend nach Fleischbrühe rochen und schmeckten. Je nach Kochzeit, Temperatur und Lagerungszeit – bis zu einem halben Jahr! – variierte der Geschmack; angeblich hat sich die 1886 erprobte Zusammensetzung bis heute nicht wesentlich geändert. Noch erstaunlicher: Weder Maggi noch seine Mitarbeiter verfügten über grundlegende chemische Kenntnisse; erst 1902 stellte man den ersten Betriebschemiker ein!

Wie erfolgreich das braune Elixier wurde, zeigt unter anderem, daß das ähnlich schmeckende Gewürzkraut Liebstöckel (in der Würze nicht enthalten) im Volksmund den Namen »Maggikraut« erhielt. Mit der Suppenwürze, die dank der pflanzlichen Grundstoffe viel billiger zu stehen kam als Fleischbrühe, hatte man die Bouillon des armen Mannes entwickelt. Offenbar setzte Julius Maggi von Beginn an auf die Sogwirkung des neuen Produktes: »Wir dürfen uns nicht täuschen: Es handelt sich um unsere Existenz!«

Das Würzfläschen war der Sortimentleader, das Maggi-Flaggschiff – das zeigt auf Anhieb eine Informationsbroschüre für die Detailhändler, die ich im Kemptthaler Firmenarchiv finde. Schon wenige Jahre nach der Lancierung gibt es die Suppenwürze als *Extractum purum* (goldfarbener Verschluß) und in der Variante *Aux fines herbes* (grüner Verschluß) zu kaufen, und dies in einem Sortiment, das von der Reiseflasche zu 25 Rappen bis zur Magnumflasche (1⅛ Liter) zu sechs Franken reicht. Die Fabrik bietet weiter den »Würzesparer« an, einen Pfropfen mit Dosierausguß, ebenso »Maggi's Gießhähnchen« – eine Vorrichtung, mit welcher der Händler die vom Kunden mitgebrachte Flasche neu füllt. Der Detaillist, der größere Posten Literflaschen zum Abfüllen bestellt, erhält eine großzügige »Abfüllprämie«; auf leere Großflaschen bekommt er bei Rückgabe ein Flaschenpfand. Der Prospekt führt weiter Dankesschreiben aus öffentlichen Instituten wie Krankenhäusern und Suppenküchen an.

Offensichtlich mißt man dem braunen Elixier stärkende, heilende Wirkung bei. Andernorts wird es als »schmackhafte Krankenkost« angepriesen; ich lese sogar von einem medizinischen Fachblatt, das eine Untersuchung über den »ernährungs-therapeutischen Wert von Maggis Würze« publiziert. Hier hat eine Patientin, die seit Jahren künstlich ernährt werden mußte, dank der Wunderwürze wieder an Gewicht gewonnen, dies »dank gesteigerter Magensaftabsonderung«: das *Extractum purum* als Lebenselixier.

Und trotz immer noch kritischer Geschäftslage bringt das Würzekonzentrat auch gleich die erste Expansionsphase, führt es heraus aus dem idyllischen Tal der Kempt: Zu Beginn des Jahres 1887 mietet Julius Maggi im ländlichen Singen, unweit von Schaffhausen auf deutschem Gebiet gelegen, die »Stall- und Ökonomiegebäude« eines Gasthauses. Am nächsten Tag schellt der Ortspolizist und Weibel aus, man suche Arbeiterinnen zum Abfüllen von Würze, und eine Woche später läuft das »Gütterlihus« bereits auf vollen Touren. Während zwölf Stunden am Tag füllen sieben junge Frauen die starkduftende Würze aus großen Kanistern in die Fläschchen oder »Gütterli« mit dem kaminförmigen Hals: Auftakt zur Karriere eines Suppenverbesseres, der den Namen Maggi ins ganze deutschsprachige Gebiet tragen wird.

Wenige Tropfen genügen!«: Der Slogan, mit dem die Werbung für das Würzekonzentrat von Beginn weg operiert, scheint, von heute aus gesehen, widersinnig. Wer ein Produkt in Massen verteilen will, schadet sich selbst, wenn er den sparsamen Umgang empfiehlt, müßte nach modernen Begriffen doch wohl eher zum Genuß in vollen Zügen raten: Gießen Sie kräftig zu, je mehr, desto schmackhafter!

Der scheinbare Widerspruch findet, so glaube ich, eine einfache Erklärung: Um 1890 war Werbung, die sich direkt an den Kunden, die Kundin richtete, eine zweifelhafte Angelegenheit. Mißtrauen wurde wach, wenn »ein industrieller Betrieb den Absatz für seine Produkte durch deren Bekanntmachung bei den Verbrauchern sich zu schaffen suchte« (um eine besonders holprige zeitgenössische Definition der Werbung zu gebrauchen). Wenn für ein Produkt Reklame gemacht werden mußte, so war etwas faul damit; allenfalls akzeptierte man, daß eine ums Volkswohl besorgte Körperschaft wie die Gemeinnützige Gesellschaft ein nahrhaftes Suppenmehl empfahl.

In diesem Sinne wirkt die Reklame für das Würzfläschchen als zaghafter nächster Schritt. Man forderte zwar zum Kauf auf, legte der Kundschaft aber zugleich nahe, so sparsam wie möglich mit dem Produkt umzugehen!

Dazu passen die vage medizinale Aura von Würzflüssigkeit und Dosierpfropfen, die in den Inseraten häufig zitierte »Krankenkost«, ebenso die Dankesschreiben, die auffallend häufig aus Spitälern und Krankenheimen stammen. In der erwähnten Broschüre finde ich eine Phalanx von nicht weniger als zehn Ärzten, die sich rühmend über Maggis Bouillons und Würze äußern. Daneben dürfen zwei Pfarrer, eine Nonne aus dem Kloster Mariental sowie ein Sekundarlehrer und ein Armenpfleger die Vorzüglichkeit des Maggi-Sortiments loben; aus dem Wortlaut der Dankesschreiben geht deutlich hervor, daß Maggi ungefragt Gratismuster an strategisch wichtige Adressen versenden ließ.

In vielen Schreiben schwingt denn auch Unterwürfiges mit, bedankt man sich wie für eine Liebesgabe. Noch immer versteht es Maggi, seiner Produktion die Aura der Sozialhilfe zu verleihen:

»Ihnen Ihre freundliche Sendung bestens verdankend«, so Pfarrer Gisiger aus Oberbuchsiten, »teile Ihnen mit, daß ich Ihre Suppen sehr nahrhaft finde und betrachte dieselben als Wohlthat besonders für jene Familien, denen es nicht möglich ist, täglich frisches Fleisch zu kochen.«

Zwischen den ersten Mustersendungen an die Armenpflegen abgelegener Gemeinden und einem durchdachten Marketingsystem Marke Maggi liegen kaum ein Dutzend Jahre. Wie 1898 der gesamte Vertrieb für Deutschland in die Reichshauptstadt Berlin verlegt wird, existiert bereits eine ausgedehnte Checklist für die »Reisenden« oder Vertreter: Wo sind welche Kunden zu besuchen, was tut der Maggi-Mann, wenn im Laden grade bedient wird?

Und hier wird klar, daß bereits eine ganze Anzahl Werbehilfen besteht: ein hölzerner Suppenkasten mit Fächern für die Auslage im Laden beispielsweise, und den soll unser Mann in der Zwischenzeit reinigen, diskret von alten Suppen befreien, dabei Bouillonwürfel »auf Alter und Feuchtigkeit prüfen« und »achten auf Wettbewerbserzeugnisse und deren Abgang«. Wird immer noch bedient, so bietet er den wartenden Kundinnen Prospekte an, bereitet aus der mitgenommenen Thermosflasche eine Bouillon zu, die er den Damen offeriert. Eventuell »richtet« er die Reklame, dekoriert ein Schaufenster, und findet der Inhaber dann Zeit, so wird bescheiden »um einen Auftrag geworben«. Dabei achtet der Vertreter darauf, als erstes den Spitzenreiter Suppenwürze anzubieten, sodann die Bouillons und die attraktiven Suppen. Bleibt nach dem Ladenbesuch Zeit, so sucht der Reisende das Gespräch mit ortsansässigen Ärzten oder Hebammen, die er womöglich »vom ernährungsphysiologischen Wert der Maggi-Produkte« überzeugt; auf jeden Fall füllt er für jede Ortschaft einen Rapport aus, der die Verkaufsläden, deren Suppenangebot und selbstverständlich auch die Bestellung enthält; auf einer vierwöchigen Reise, so die »Wegleitungen«, sind auf diese Art hundert Ladengeschäfte zu absolvieren.

Werbemittel, Werbegags, das meiste entstanden um die Jahrhundertwende, finde ich reichlich im Firmenarchiv. Ich staune einmal mehr, wie schnell sich der Gedanke des Markenartikels durchsetzt. Um 1880 fehlt diese Brücke zwischen Industrie und Verbrauch noch völlig, zwanzig Jahre später ist bereits ein reichhaltiges Sortiment von Werbeträgern entwickelt. Ich finde den Firmennamen Maggi auf Buchzeichen und vorgedruckten Speisekarten, auf Spielkarten für Kinder und Suppentäßchen aus feinem Porzellan, auf Blechschildern, die einen Adler zeigen, und dieser Adler schlägt seine Krallen um eine Suppenpackung!

Wie ich lese, stießen gerade die Reklameschilder aus Email oder Blech nicht überall auf Begeisterung; in Berlin zum Beispiel wurde gegen die »Blechpest« protestiert, erging bereits 1902 ein »Preußisches Verunstaltungsgesetz«, und damit hoffte man, die »sich übermäßig ausbreitende Außenreklame« in den Griff zu bekommen.

»Maggi« als Namenszug auch auf der Schürze eines aus Karton gestanzten Schwarzen am Eingang zum Archiv. In Susanne Schmidts Singener Maggi-Chronik finde ich dazu eine kurze Abhandlung über Kolonialismus in der Werbung. Der kindergroße Kartonneger, den man zu Degustationen und anderen Werbeveranstaltungen aufstellte, sollte wohl vor allem einen »dienenden« Eindruck machen, an die schwarzen Butler in den Herrenhäusern der US-Südstaaten erinnern. Weitere Nebenbedeutung aber auch: Maggi-Suppen waren so einfach zum Anwenden, daß auch der »primitive Schwarze« damit klarkam ...

Und Werbung bedeutet auch der malerische Briefkopf, der das Mutterhaus an der Kempt zeigt, begleitet von einer Aufstellung aller Medaillen, welche die Firma an internationalen Hygienekongressen und Weltausstellungen gewonnen hat: am linken Bildrand aufgereiht die Goldmedaillen von Leipzig und Düsseldorf, die Grand Prix der Internationalen Ausstellungen in Bochum und Bordeaux, die Ehrendiplome der Landesausstellung in Zürich vom Jahre 1883.

Der Markenname, soviel ist klar, hat mit gleichbleibender Qualität zu tun, aber auch mit fixen Preisen, mit Solidität und Vertrauenswürdigkeit ganz allgemein. Zu ihm gehören »Stammfarben« bei der Verpackung und das Markenzeichen, Maggis Kreuzstern beispielsweise, auf den ich gleich zu sprechen komme, oder dann das Vogelnest von Trockenmilchfabrikant Henri Nestlé, der zum Entsetzen seiner Partner auf die Landesfarben verzichtete: »Jeder darf das Schweizerkreuz benutzen, aber niemand darf sich meines Familienwappens bedienen!«

Anleitung zur Zeichnung der Fabrikmarke »Kreuz-Stern«: ein gedrucktes Formular, das ich in mehreren, offenbar sukzessiven Auflagen vorfinde. Maggi hat dieses gelb-rote Firmenzeichen Ende der 1880er Jahre eigenhändig entworfen; es wird seither auf sämtlichen Produkten der Firma angebracht. Der Kreuzstern ist eines der ersten Firmensignete im modernen Sinn, und dies weltweit gesehen. Was hat es auf sich mit diesem Wahrzeichen?

Unternehmer der Gründerzeit haben sich allerorten überlegt, wie sie ihr Produkt als unverwechselbar, unverfälscht und einzigartig kennzeichnen konnten; frühe Schokoladepackungen beispielsweise trugen echte Wachssiegel mit dem Stempel der Firma. In Zeitungsreklamen der 1870er Jahre stoße ich auf Hinweise wie »Nur echt mit dem Namenszug ›Liedtke‹«. Die Unterschrift auf der Packung ist dann freilich lithographiert, also nachgeahmt. Hier wird der juristisch-aktuarische Nennwert der beglaubigten Handschrift gleichsam in die Vervielfältigung hinüberkatapultiert; ein Paradox, das die von Schatzkanzlern und Finanzministern signierten Banknoten von heute weitertransportieren!

Ebenfalls häufig anzutreffen sind in Zeitungsreklamen Hinweise wie »Vor billigen Nachahmungen wird gewarnt«. Solche Formulierungen signalisierten der Kundschaft geradezu, daß ein ähnliches Produkt zu offensichtlich günstigeren Preisen im Handel war. Ich nehme an, daß Maggi auf dieser Argumentationsebene gar nicht erst einsteigen mochte, vielmehr einen Schritt weiter ging. Wer seinen Firmennamen mit einem einprägsamen optischen Reiz koppelte, war über das »Nur echt mit …«-Syndrom hinaus!

Soweit die möglichen Erwägungen Maggis. Tatsache ist, daß die rotgelbe »Garantie-Marke« offensichtlich Vertrauen schuf und die Kundinnen bei der Stange hielt: spätestens ab 1891 wachsende Umsätze, Ausweitung des Marktes!

Und was fordert die genannte »Anleitung zur Zeichnung der Fabrikmarke ›Kreuz-Stern‹«? Zuerst werden die Proportionen des vierzackigen, an eine Windrose erinnernden Sterns genau definiert: »Die Höhe des Zinkens ist 1½ Mal so lang, als die Basis breit ist.« Reglementiert wird weiter das Einfügen des simplen Kreuzes: Das ausgesparte Quadrat muß in 49 Quadrätchen unterteilt werden, »von welchen das innerste den Mittelpunkt zum Kreuz bildet«. Für die Arme des Kreuzes sind jetzt je zwei Quadrate einzusetzen; ähnlich präzis lauten auch heute noch die Angaben der Wappen- und Flaggenkundigen für das Bemalen, Wirken, Kleben von Landesfarben …

Maggiland hatte nun also seine eigenen Landesfarben. Und wie die zünftigen Wappenkundler war Maggi durchaus imstande, die Symbolik der einzelnen Wappenzüge zu definieren. Als Grundgedanken für das gelb-rote Signet lieferte er eine Abwandlung des geflügelten Wortes *Per aspera ad astra* nach: »Übers Kreuz zum Stern« symbolisiere den steinigen Werdegang des eigenen Unternehmens; erst nach vielen Mühen habe man den Stern des geschäftlichen Erfolges blinken sehen.

Daß der eigene Name zum Markenzeichen wird, millionenfach vervielfältigt wird durch Verpackungen und Reklame, im Alltag der Bevölkerung so präsent ist wie der Name eines Künstlers oder eines Politikers – wie wirkt sich das aus auf das Selbstwertgefühl des Trägers? Maggi auf dem Blechschild vor dem Kolonialwarenladen, Maggi als Namenszug auf der Menükarte im Restaurant, Maggi auf der Zeitungsannonce: Erliegt der Namensinhaber der Illusion, dieser *household name* verbürge so etwas wie persönliche Popularität? Lockt ihn am Ende die Versuchung, diesen Vorteil umzumünzen, vielleicht eine politische Karriere einzuschlagen? Oder stellen sich andere Mechanismen ein? Verpflichtet der gleichsam flächendeckende Name dazu, einem Bild nachzueifern, das sich selbständig gemacht hat, allerlei Assoziationen an sich zieht (heute würde man vom Image sprechen, dem es nachzuleben gilt)?

Die vielen betriebsinternen Pioniertaten Maggis – Krankenversicherung, Regelung des Lohnausfalls, betriebseigenes Ferienheim, die Betriebsfeste und -ausflüge – lassen mich vermuten, daß Maggi sich bis zum abrupten Wechsel am Jahrhundertende diesem Imageproblem durchaus stellte, durchaus auch den Ehrgeiz hegte, neue Maßstäbe zu setzen, die mit seinem Namen verknüpft waren. So gewandt er sich auch bewegte im Juristisch-Finanziellen, beim Umwandeln von Kommandit- in Aktiengesellschaften, beim Jonglieren mit Dividenden und Kapitalerhöhungen, das rein Kaufmännische blieb für diesen Mann wohl immer Mittel zum Zweck.

Und hier hieß der Tenor, mit leichter Selbstironie notiert, nach wie vor, »den Menschen eine gute und billige Suppe zu bereiten«! Dazu finde ich jedenfalls eine bezeichnende Briefstelle: so etwas wie ein temperamentvoller Ausfall Maggis in einem Schreiben an seinen Verwaltungsrat Hermann Stoll, und hier ging es um neu zu besetzende Kaderstellen. »Wir haben kein gewöhnliches kaufmännisches Geschäft«, so der Auftakt, »und machen nachgerade die Erfahrung, daß all unser Mühen, richtige Departementschefs heranzuziehen, vergeblich ist.«

Wen also soll man an die Stelle der kaufmännischen Routiniers setzen? Denn diese, das habe sich jetzt hinlänglich gezeigt, seien ungeeignet für die Leitung ganzer Abteilungen. Gefragt seien vielmehr »Köpfe, die logisch denken können, bei denen der Geist zum Geiste spricht«! Und solche Leute, das habe sich gerade wieder in einer französischen Filiale erwiesen, finde man am ehesten unter Akademikern: Die beiden genannten Herren »verstehen nach wenigen Wochen schon mehr von unserem Geschäft als der größte Teil unserer übrigen höhern Angestellten«.

Und Maggi schlägt vor, solche Leute auch in der Schweiz zu suchen, am besten »Juristen, Philosophen oder Journalisten«, die an »logisches und scharfes Denken gewöhnt sind«. Kaufmännisches Denken, soviel legt dieser Brief dar, ist nicht mehr als ein Sonderfall einer rationalen, analytischen Weltsicht: Was man für das Suppen- und Suppenwürzemarketing braucht, sind kühne und kühle, überlegene und überlegte Strategen!

Commis, Buchhalter, Kaufleute: vom Comptoir zum Großbüro

Was Firmengründer Maggi da ansprach, das waren Führungskräfte, kreative Managertypen. Wie aber stand es mit der Truppe, dem kaufmännischen Fußvolk? Der Bürolist, die Tippmamsell – gab es sie überhaupt schon in den 1890er Jahren? Wie wurden in Kemptthal Buchführung und Lohnausgleich besorgt, und von wem? Immerhin hatte die Belegschaft die Hundertergrenze überschritten, und für diese Arbeiterinnen und Arbeiter mußte nicht nur der Zahltag bereitgestellt werden; ab 1895 gab es auch eine Kranken- und Vorsorgekasse zu führen. Es gab an der Kempt demnach Räume für Buchhalter und Kassierer, und für die Auslieferung und für den Nachschub an Rohmaterial mußten Lieferscheine und Bestellungen besorgt werden; dazu kam die Korrespondenz mit den Auslandsfilialen.

Wie sah diese kaufmännische Verwaltung von damals aus? Leider fehlen auch hier die entsprechenden Dokumente im Firmenarchiv – bis auf eine Anzahl Fotos, auf die ich noch zurückkommen werde. Es existieren aber Untersuchungen über die Entwicklung in vergleichbaren Schweizer Firmen, über die Frühzeit dieses speziellen Dienstleistungssektors; tatsächlich rundete sich das Berufsprofil »kaufmännischer Angestellter« erst etwa zu dieser Zeit, vor gut hundert Jahren.

Die Büros von einst – hier stellen sich auf Anhieb Bilder ein: mit Schreibfedern kratzende Buchhaltertypen am Stehpult, ausgestattet mit Ärmelschonern und Augenschirmen, meterbreite und kiloschwere Buchhaltungsbände mit langen Zahlenreihen, die Telefonistin wurde schalkhaft Klingelmamsell gerufen usw.; wie steht es mit diesen Klischees?

Hier finde ich eine detaillierte Untersuchung von Mario König zur Ausbildung dieses Berufszweiges in der Schweiz; auf sie stütze ich mich für viele Fakten, für Jahreszahlen und Statistiken. Bis etwa 1880 gab es den »kaufmännischen Angestellten« im heutigen Sinn noch kaum. Wer im Büro arbeitete, nannte sich Commis oder Kontorist, altmodischer auch Comptoirist. 1880 zählte man höchstens 15 000 Büroangestellte und Handelsreisende – noch nicht einmal drei Prozent aller in Industrie und Handel beschäftigten Arbeitnehmer! Das klingt heute, wo in vielen Produktionszweigen die Verwaltung die zahlenmäßige Oberhand hat, fast unglaublich. Tatsächlich kamen damals stattliche Industriebetriebe mit winzigen Verwaltungsbüros aus. Die Schaffhauser Metallwerke Georg Fischer beispielsweise beschäftigten um 1890 ganze acht kaufmännische Angestellte: auf eine Belegschaft von 500 ein Bürochef, ein Buchhalter, ein Kassierer sowie einige Lehrlinge und Reisende! Ein mittelgroßer Betrieb der Textilbranche kam mit zwei bis drei Bürokräften auf hundert Arbeiter aus.

Arbeitete man damals im Büro effizienter? Was ich über Arbeitsbedingungen und -abläufe lese, klingt kaum danach. So beschreibt in den 1930er Jahren ein ehemaliger Lehrling der Maschinenbranche rückblickend sein Kontor als »düstere, altmodische Schreibstube, die auf mich eher den Eindruck eines Gefängnisses machte. Die Wände des Raumes waren nackt, durch hohes Alter beinahe schwarz geworden. Die beiden nicht besonders großen Fenster waren vergittert. Fast die Hälfte des Zimmers wurde vom Doppelpult der beiden Chefs eingenommen. Dann standen noch zwei undefinierbare Möbel da, die den beiden Angestellten – pardon: Prokuristen! – als Schreibtisch dienen mußten.«

Kommt noch hinzu, daß direkt unter diesem Schauerkontor der Fabrikkanal durchführt: »Rheumatismus und andere Leiden« sind vorprogrammiert. Aber das Wohlbefinden der Bürolisten wird auch ganz direkt bedroht. Eines Tages gibt der dünne Bretterboden unter den Füßen des Prokuristen nach; er ist von der Feuchtigkeit morsch geworden. Der Mann, eben am Telefon beschäftigt, kann sich nur durch einen gewaltigen Sprung retten, starrt zusammen mit den Kollegen entsetzt auf das gähnende Loch, das dunkel ziehende Wasser ...

Briefe und Rechnungen, so lese ich weiter über dieses Büro, werden durchwegs von Hand geschrieben. Die einzige Schreibmaschine bleibt dem Chef vorbehalten. Ausgehende Post kopiert man mit der Handpresse ins Kopierbuch – Begriffe, die ich mir für später vormerke: Wie sah es mit den maschinellen Hilfsmitteln aus?

Ebenso anspruchslos und dabei unpraktisch wird in diesem Büro mit der Registratur verfahren. Eingehende Briefe werden nach dem Initial des Absenders in ein hölzernes Fach abgelegt. Zum Jahresabschluß klebt man einen Papierstreifen um den Briefpacken und spediert ihn auf den Dachboden, muß im Folgejahr eine Bestellung nachgesehen werden, geht »stundenlanges Suchen« los! Was an Informationen jederzeit zugänglich bleiben muß – Preislisten, Lieferdaten usw. –, spießt man an lange Nägel, die überall aus der Wand ragen. Auch dieses System führt dauernd zu Verwechslungen, ärgerlichem Suchen – doppelt ärgerlich, wenn man praktisch im Finstern herumtastet: »Auf meinem Pult stand eine Kerze zum Versiegeln der Briefe. Ihr Hauptzweck aber war, mir in dunklen Arbeitsstunden das nötige Licht zu spenden, da die Petroleumlampe gewöhnlich versagte. Elektrisches Licht gab's bei uns nicht.«

Nun stellten solche Verhältnisse wohl eher das untere Ende der Skala dar. Im »Schweizerischen Kaufmännischen Zentralblatt«, das diese und andere Erinnerungen Mitte der dreißiger Jahre veröffentlichte, finde ich aber weitere Belege für ausgesprochen schäbige Arbeitsbedingungen im Kontor – möglich immerhin, daß diese Rückblicke auf die ungeordneten Verhältnisse der Jahrhundertwende mitten in der Wirtschaftskrise tröstlich wirkten, unbewußt leicht zugespitzt wurden!

Ein junger Mann aus der Deutschschweiz, der im Frühjahr 1889 seine Lehre in einem angesehenen Handelshaus antritt, muß feststellen, daß das Versandbüro gleich neben den Stallungen liegt: »Es roch dort immer nach Kaffee und Petrol mit Stallgeruch-Beimischung.« Und entsprechend bröcklig ist denn das Büromaterial: Wie der frischgebackene Stift Dölf seinen Platz auf dem Drehsessel einnehmen will, bricht das Stuhlbein entzwei; für die nächsten Tage muß er sich mit einer Seifenkiste als Sitzunterlage behelfen.

Gut möglich also, daß in vielen Betrieben dieser Frühzeit die kaufmännische Abteilung als ungeliebtes Anhängsel der Produktion galt, als notwendiges Übel. Entsprechend niedrig hielt man die Investitionen, entsprechend sparte man beim Mobiliar, beim Büromaterial. Dazu aus den wohl ironisch betitelten Erinnerungen »aus der guten alten Zeit« (das Rheumabüro über dem Fabrikkanal!) ein paar bezeichnende Einzelheiten: In diesem Betrieb übte man sich buchstäblich im Rappenspalten, zahlte man beispielsweise Stundenlöhne von 42¼ oder 47¾ Rappen! »War ein Geschäftsbrief nicht vollbeschrieben, so mußte der untere freie Raum abgetrennt werden, um für kürzere Mitteilungen Verwendung zu finden. Eigene Musterdüten besaßen wir keine. Man sammelte die einzelnen Düten und bewahrte sie sorgfältig auf, um sie dann für den eigenen Gebrauch zu verwenden.« Und weiter dies: Der Prinzipal persönlich zeigte vor, wie man die Lebensdauer eines Stempelkissens verlängerte – wenn es keine Farbe mehr abgab, spuckte er schlicht auf das trockene Stempelkissen, verrieb die Spucke mit den Fingern ...

Solche Schäbigkeiten, so stelle ich mir vor, kontrastierten aufs seltsamste zu den Erwartungen, mit denen viele angehende Kaufleute in den 1880er Jahren ihre Lehre antraten. Noch betrachteten die Commis oder Comptoiristen ihren Angestelltenstatus als Durchgangsstadium, als Vorspiel zu Größerem. »Zahlreiche kaufmännische Angestellte jener Zeit«, so heißt es in der erwähnten Abhandlung von Mario König, »sahen sich trotz Lohnabhängigkeit als angehende ›Kaufleute‹, eine Bezeichnung, in der vielerlei mitschwang: die Nähe zum selbständigen Unternehmer; die Hoffnung, selbst eines Tages in diesem Kreis aufzusteigen; schließlich auch das Bewußtsein, eine wichtige Aufgabe in der Wirtschaft des Landes wahrzunehmen.«

Was König nur andeutet: die Rolle, die hier der Reiselust zukam, dem Traum vom Abenteuer auf fernen Weltmeeren. Viele Jungkaufleute wähnten sich in ihren Tagträumen als Plantagenbesitzer in Indonesien oder als Großviehhändler in den argentinischen Pampas, sahen die Häfen von Buenos Aires oder Kapstadt am Horizont schimmern. Gleich nach Abschluß der Lehre wollte zum Beispiel Dölf, der Handelshauslehrling im ehemaligen Kuhstall, losziehen: »Nach drei Jahren geht's nach Buenos Aires (...), vielleicht auch per Segelschiff, herrliche Meerreisen! Tabakpflanzungen oder Kaffee!«

Aus manchen der erwähnten Erinnerungen geht auch hervor, wie man sich konkret vorbereitete auf die Laufbahn als handeltreibender Globetrotter, als abenteuernder Commis. Am wichtigsten waren Englischkenntnisse. Junge Kaufleute und selbst Lehrlinge schlossen sich im *English Club* zusammen, vielfach gegen den Widerstand der Vorgesetzten. Im Büroalltag war vor allem eine saubere Handschrift gefragt, ebenso zuverlässiges Ein- und Übertragen von Zahlenreihen. Hier wirkten sich die Träume von den Weltmeeren nur störend aus. Der »illusionären Kaufmannsromantik«, so König, standen die Bedürfnisse der Arbeitgeber gegenüber. Angestellte sollten in »Arbeitsfreude, Pünktlichkeit, Ordnungsliebe, haushälterischer Ausnutzung der Zeit die ersten Tugenden (...) erblicken« – so der Tenor der Ansprachen an Abschlußfeiern: ade Schanghai, ade Buenos Aires!

»Unserem Tatendrang waren Bremsklötze genug gelegt«, klagt bezeichnenderweise ein ehemaliger Gymnasiast, der 1882 voller Unternehmungslust in die scheinbar dynamischere Handelslehre überwechselt. Mit Gleichgesinnten gründet er schließlich einen Englischklub – eine Trotzreaktion. »Unser erster Gehversuch: ein englisches Theaterstück, das wir an einem festlichen Anlaß des Vereins mit Perücken und Stoßdegen vortrugen.«

Geradezu rührend in seiner Umständlichkeit klingt das Zirkular, mit dem der *English Club Zurich* seine Ziele umreißt: »*We beg to set before you the special advantages that members have for cultivating the English language by connecting themselves with our Club. We appeal to gentlemen who have already studied English and especially to all those who have been abroad, and we present to them an opportunity of keeping up in a suitable, agreeable and convenient manner that which they have already acquired.*«

Freiheit, ein ungebundenes Leben auf Achse – die sah der geplagte Lehrling mitunter auch verkörpert im Inlandvertreter des eigenen Hauses. Diese Herren sprachen nur zwei- oder dreimal pro Jahr im Mutterhaus vor; dann versammelten sich die Bürolehrlinge im Hof des Handelshauses, bestaunten die zweispännigen Riesenkutschen, »hinten mit einem unheimlichen Aufbau versehen«, und die staubbedeckten Handelsreisenden selbst, diese »interessanten Abenteurer«, die sich auf den Landstraßen von Jura und Alpen auskannten, »vom Vallée de Joux bis nach Martinsbruck, von Porrentruy bis nach Schuls«...

Ob Schuls oder Bombay, Schanghai oder Pruntrut – den Tagträumen der jungen Kontoristen stand die Wirklichkeit des Büros entgegen, »war der Alltag schal und voller Enttäuschungen«. Zwar sahen die Lehrverträge der 1880er Jahre bereits ein systematisches Ausbildungsprogramm vor. Für Handelslehrling Dölf beispielsweise finde ich folgende Sparten: Führung der Warenbücher und Fakturieren im ersten Jahr, Zoll und Ladendienst samt Führen der Ladenbücher im Jahr darauf, zum Abschluß dann Buchhaltung (»doppelt amerikanisch«) und Korrespondenz.

Kein Wort hingegen von den unzähligen Botendiensten und Routinearbeiten, die in Dölfs Handelshaus und anderswo an der Tagesordnung waren. Ein Lehrling begann den Büroalltag beispielsweise mit dem Fegen des Fußbodens, heizte dann ein halbes Dutzend Kohleöfen ein, wurde durchaus auch bei der Obsternte oder bei Feldarbeiten eingesetzt, wenn die Firma über eigene Landwirtschaftsgüter verfügte. Der Handelslehrling Johann Herzog beginnt seine Arbeit früh um fünf Uhr mit dem Öffnen der Läden, »darauf mußte ich das Trottoir dem Hause entlang, die Vorhalle, die steinernen Treppen, den Hausgang und die Kellertreppe wischen«, anschließend Fegen in den Magazin- oder Büroräumen!

Oft setzt man Lehrlinge für das Abzählen und Einziehen von Bargeld ein: Füllen von Lohntüten, Besorgen von Wechselgeld. Der Glarner Giacomo Lütschg, der 1893 im jurassischen Pruntrut eine Banklehre antritt, wird tagelang mit dem Inkasso von Kleinstbeträgen beauftragt, und dies nicht nur im Städtchen selbst, »sondern auch in den Vororten, manchmal bis eine halbe Stunde vom Büro entfernt, was im Winter bei der kalten Jurabise kein Vergnügen war«. Für die Lohnzahlungen muß Bargeld besorgt werden; auch hier schickt man Giacomo zum Umwechseln mit ein paar Banknoten los. Einmal muß er den Rucksack mit tausend Fünffrankenstücken füllen: halbstündige Märsche selbst mit dieser Last!

Viel Routine, wenig Wissenszuwachs – dieses Verdikt gilt auch für die eigentlichen Büroarbeiten, beispielsweise die Buchhaltung. Da es bis nach der Jahrhundertwende keine tauglichen Rechenmaschinen gab, mußten sämtliche Ausrechnungen und Einträge von Hand getätigt werden. Generationen von Lehrlingen mußten sich vertraut machen mit den großformatigen, kiloschweren Kontobüchern, dem meterbreiten »amerikanischen« Journal. Hier nahm eine einzige Buchseite Hunderte von Einträgen auf: vorprogrammierte Unübersichtlichkeit! Da das System zudem dauernd Überträge und vorläufige Additionen erheischte, gab es eine Menge Fehlerquellen; auch erfahrenen Bürolisten unterliefen immer wieder »Böcke«, Fehleinträge.

»O du verflixte, damals schon altmodische doppelte amerikanische Buchhaltung im Büro neben dem Direktionszimmer! Da hörte man tagelang nur das Wort ›kollationieren‹. Da suchten am Wochenende, so lange ich in der Lehre war, zwei Sherlock Holmes mit rührendem Detektiveifer eine Rechnungsdifferenz von schäbigen 25 Rappen. Dieses unschuldige Differenzchen entpuppte sich [...] vor unseren Augen zu ein paar größeren ›Böcken‹, die sich dann wieder friedlich ausglichen, bis auf Fr. 1.25. Dann ging das Kollationieren von neuem los, bis der Zahn gezogen war...«

Das ist wieder Originalton von Lehrling Dölf: die Zustände im angesehenen Handelshaus um 1890. Die Buchhaltung mit ihren in depressives Schwarz gebundenen düsteren Journalen, die an jedem Monatsende Flüchtigkeiten und Unzulänglichkeiten erbarmungslos bloßlegten – die Buchhaltung verkörperte für Stift Dölf und seine abenteuerlustigen Kollegen wohl so etwas wie den Racheengel des Kaufmannslebens, die bedrohliche und lebensfeindliche Kehrseite des Handelsstandes. Wie ich bei König lese, entstand denn auch in diesen Jahren die negative Symbolfigur des nüchternen Buchhalters: ein brummiger, pedantischer Apparatschik, der sich bis heute gehalten hat.

Nicht nur für lebenslustige Lehrlinge, sondern für die Branche als Ganzes blieb die Buchhaltung ein Klotz am Bein, und dies bis in die 1920er Jahre. Wie ich weiter lese, mußten hier bis zum Aufkommen der ersten Rechen- und Buchungsmaschinen bis zu drei Viertel der Arbeitszeit für Übertragungs- und Vergleichsarbeiten investiert werden!

Eine Überlegung, die wohl nicht nur Lehrling Dölf anstellte: Standen Aufwand und Ergebnis bei dieser stundenlangen Sucherei nach Kleinstdifferenzen noch in einem sinnvollen Verhältnis? War hier nicht auch ein Spielraum denkbar, eine Plusminus- oder Grauzonenvariante, die eine Differenz von wenigen Rappen stillschweigend tolerierte? Und die dafür die schuftenden Buchhalter für sinnvollere Aufgaben freistellte? War es möglich, daß man in der Buchhaltung unbewußt die Kollegen der Planungsabteilung mit ihren millimeterscharfen Zeichnungen imitierte, Genauigkeit um der Genauigkeit willen betrieb?

Wie auch immer – ein Abgehen von der rappengenauen Bilanz war undenkbar, das Prinzip des »Aufgehens« hatte absoluten Vorrang. Die Rappenjägerei quer durch die Zahlenreihen der Kontobücher bekam dadurch selbstzweckhaften Charakter. Denn eben diese Zahlenreihen widerspiegelten nur einen Teil der kaufmännischen Wirklichkeit. Wie ich lese, wußte man in vielen großen Produktionsfirmen über den eigentlichen Geschäftsgang nur vage Bescheid: »Die traditionelle Buchhaltung, orientiert an den Bedürfnissen des Großhandelsbetriebes, mußte gegenüber den neuen Problemen der industriellen Fertigung und der Erfassung innerbetrieblicher Vorgänge versagen. Größere Industrieunternehmen mit komplizierten und verschiedenartigen Produkten wie etwa in der Maschinenindustrie kämpften mit den Schwierigkeiten einer genaueren Erfassung der wirklichen Produktionskosten.« In gewisser Weise war die Buchhaltung also ein Beschwichtigungsritual, ein Illusionsträger, eine mit Pomp und Pedanterie inszenierte Spiegelfechterei.

Ich will hier die Parallelen zur heutigen Büropraxis nur locker nachzeichnen, denke natürlich vor allem an die Zwangsrituale der elektronischen Datenverarbeitung: so an das Erfassen riesiger Datenmassen, deren Verwendungszweck fraglich bleibt, so an das aufwendige Insistieren auf einem Richtigkeitsnachweis von bloß symbolischem Wert, so an den Fetischcharakter der verwendeten Apparaturen. Dem bedrohlich-imposanten, kiloschweren Kontobuch von einst entsprechen die gestylten Datenverarbeitungsanlagen von heute; hier wie dort droht über der Euphorie des Registrierens und Vergleichens der eigentliche Informationsauftrag in Vergessenheit zu geraten. Und hier wie dort werden gewisse Kodifizierungsfähigkeiten zur Stärkung der eigenen Machtposition mißbraucht. Der Zeughäuslermentalität des einstigen Buchhalters entspricht die vorgetäuschte Professionalität des Computermachos von heute; Leidtragende waren und sind die Mitarbeiter(innen) ohne entsprechende Spezialkenntnisse.

Zurück zum Commis: Hier veränderten sich sowohl Ausbildung wie Arbeitsklima drastisch, und dies in wenigen Jahren. Im Zeitabschnitt, den dieses Buch überblickt, verdoppelte sich die Zahl der in Handel und Verwaltung tätigen kaufmännischen Angestellten – von knapp 15 000 im Jahre 1880 auf rund 32 000 im Jahre 1900. Auch die Zahl der Großbetriebe stieg steil an. Entsprechend wuchsen die Verwaltungsabteilungen: erste Großbüros, eigene Verwaltungsgebäude. Und das bedeutete weiter: Spezialisierung im Bürobereich, Abschied vom alten Miniteam, wo alle alles ausgeführt hatten. Kontoarbeit, Buchhaltung und Korrespondenz wurden je dem entsprechenden Fachmann zugeteilt. Und in den so entstandenen Abteilungen gab es Chefs und Befehlsempfänger, »hatten sich mehrere Angestellte verschiedener Qualifikationsstufen einer hierarchisch geordneten Kooperation zu unterwerfen«.

Wo man die verschiedenen Arbeitsbereiche im gleichen Raum unterbrachte, setzte die Geschäftsleitung einen Bürochef ein – einen Topbeamten, der die Aufgaben zuwies, die Ausführung kontrollierte, über den Arbeitsfluß wachte, aber auch für Äußerlichkeiten verantwortlich war: Benehmen und Ausdrucksweise der Untergebenen, korrekte Kleidung. Entsprechend veränderten sich Betriebsklima und Umgangston. Hatte unser Pruntruter Banklehrling Lütschg noch quasifamiliäre Umstände erlebt – »mein Platz war neben dem Prinzipal, der, die Pfeife rauchend, Briefe schrieb oder Coupons abschnitt« –, so lese ich nun vom »barschen Umgangston« zwischen Chefs und Angestellten, von »Brüllerei« und Beschimpfung. »Wie Landvögte« würden sich manche Vorgesetzten aufspielen, klagte ein Bankangestellter.

Die Entfremdung des »kleinen« Angestellten von seiner Arbeit, die Sinnentleerung, die aus der Aufteilung des Kontorpensums in einzelne Routinejobs resultiert – sie sind eindrücklich festgehalten in einem Prosastück Robert Walsers, »Ein Vormittag«. Das Stück ist eine meisterliche Groteske über die Qualen der Langeweile, die scheinbar hingewurstelte

Beschreibung eines Montagvormittags im Großkontor einer Großbank. Die wenigen Seiten wurden 1907 veröffentlicht im »Simplicissimus«, der führenden satirischen Zeitschrift Deutschlands. Sie schildern eigene Erfahrungen, die mehr als ein Jahrzehnt zurückliegen: Im Winter 1896/97 arbeitete Walser, damals zwanzig Jahre alt, in Zürich, wechselte mehrere Male die Stelle: Kontorist bei einer Maschinenfabrik und einem Rechtsanwalt, dann Buchhalter bei der Schweizerischen Kreditanstalt im Bankenzentrum an der Bahnhofstraße. Auf diese Bank weist der Text in mehreren Einzelheiten hin. Die SKA war denn auch die erste Schweizer Großbank, die mehrere Dutzend Angestellte beschäftigte: Hier hatte man Erfahrung mit buchhalterischer Fließbandarbeit!

Walser läßt seinen Protagonisten schon mal um zwanzig Minuten verspätet zur Arbeit antreten. Völlig »vermontaget« schleicht sich dieser Helbling ins Großbüro – ein Mann, der unverkennbar Züge des Autors trägt. Nun setzt aber Helbling der fabrikmäßigen Routine zwischen den fünfzehn Doppelpulten seine eigene Hinhaltetaktik entgegen, und dies mit Erfolg. Bürochef Hasler, ein »sackdicker Mann«, der die Beamten von einem erhöhten Pult aus kontrolliert, bleibt hilflos: Helbling antwortet auf Tadel und Vorwürfe ganz einfach mit Stillschweigen, bringt in der ersten Bürostunde ganze »drei Zahlen und den Versuch zu einer vierten« zu Papier.

Walsers Text schildert im wesentlichen die verschiedenen Methoden, mit denen der schlecht motivierte Mitarbeiter die Stunden des Bankhausvormittags »totschlägt« und so die eingeplante Produktionsspanne ohne nennenswerte Eigenleistung sabotiert. Die als unerträglich empfundene – und geschilderte – Langeweile hängt wesentlich mit diesem Sinnmanko zusammen: Für Helblings Kollegen, die sich ihren Zahlenreihen widmen, verstreicht der Arbeitsmorgen offensichtlich schneller. Bei Helbling läuft die geradezu artistisch eingesetzte Sabotagetaktik auf eine seltsam pervertierte individuelle Buchhaltung heraus. Was hier addiert und subtrahiert wird, sind die überstandenen und noch zu überstehenden Minuten; 20 Minuten werden beispielsweise »gewonnen« durch Zuspätkommen, weitere 13 durch »Austreten«. Ein Wortgefecht mit dem Chef läßt weitere fünf Minuten verstreichen, dann sorgt ein Trauerzug unter dem Fenster für Abwechslung: »Dieses Vorkommnis ist mit 15 Minuten in Anrechnung zu bringen.« Dem folgt ein zweiter Gang zur Toilette, das Gespräch mit einem Arbeitskollegen. Kritische Phasen ergeben sich für Helbling vor allem um die volle Stunde: »... jetzt sind es noch entzückend wenige Minuten bis elf. Diese vier Minuten werden einfach eine nach der anderen abgewartet« ...

Wie die Kollegen um zwei vor zwölf zu Hut und Mantel greifen, steht

Helbling bereits draußen im Sonnenschein. Er hat selbst die begonnene vierte Zahl nicht vollendet: der absurde Sieg seiner verqueren Zeitbuchhaltung über die Zahlenmaschinerie des Großbüros – Sieg auf der ganzen Linie!

Robert Walser, der seine Autorenlaufbahn als »schriftstellernder Commis« begann, soll in diesem Kapitel noch einen weiteren wichtigen Auftritt haben. Fürs erste aber ein zeitgenössisches Bildzeugnis, und das führt uns auf direktem Weg zurück nach Kemptthal: Hier ließ Julius Maggi die Verwaltungsabteilung seines Stammhauses in einer Fotoserie festhalten. Die Bilder zeigen zwei Großbüros mit ähnlichem Grundriß, offensichtlich übereinanderliegend, dazu einen Kassenraum mit Tresor und zwei Kassierern. Die Aufnahmen entstanden im Sommer oder Herbst 1905 und zeigen eine ganze Menge Details, die typisch sind für den Büroalltag dieser »zweiten Phase«: weibliches Büropersonal, Schreibmaschinen, mehrere Telefonanschlüsse.

Wie bei praktisch allen Interieurs dieser Zeit handelt es sich um eine »gestellte« Aufnahme; die langen Belichtungszeiten erlaubten keine eigentlichen Schnappschüsse. Das wirkt sich auf die Haltung der Angestellten aus; die je dreißig Mitarbeiter pro Büro sind durchwegs mit der Feder in der Hand über irgendwelche Akten gebeugt tätig. Also keinerlei Plauderei von Pult zu Pult, kein Herumstehen in den Gängen zwischen den Reihen: eine unwahrscheinliche Sache! Anderseits wurde eine solche Aufnahme noch während Jahren herumgezeigt und -gereicht; verständlicherweise wollte sich niemand beim Faulenzen verewigen lassen, als Drückeberger dastehen.

Bei aller Gestelztheit, bei allem Posieren vermitteln die Aufnahmen doch eine Menge Einblicke in den Büroalltag von damals. Die mehrfach genannten Stehpulte sind zu sehen: eine leicht abgeschrägte Schreibfläche, und hier zog man sich bei Bedarf einen barhockerartigen Schreibstuhl heran; etwa die Hälfte aller Kontoristen schreibt im Sitzen.

Elektrisches Licht kannte man in Kemptthal seit 1895. Zieht man in Betracht, daß sich Haushaltungen und Werkstätten zu dieser Zeit noch auf eine oder zwei Glühlampen (im Jahresabonnement!) beschränkten, so wirkt die Beleuchtung hier geradezu verschwenderisch: ein Lampenschirm pro Doppelpult. Und dieser Blechschirm, der an seiner eigenen Zuleitung von der »auf Putz« montierten und isolierten Netzleitung hängt, kann in der Höhe verstellt werden, mit Hilfe eines einfachen Flaschenzugs. Dazu viel Tageslicht durch die Fensterfronten (mindestens zwei sind sichtbar), die Frischluftzufuhr ergänzt durch je einen Ventilator: Hier hätte auch ein heutiger Betriebshygieniker wenig auszusetzen.

Eine Fülle von Hinweisen sodann auf den Arbeitsablauf. Ich beginne mit dem unteren Saal, der wohl an den Vertrieb angrenzt (jenseits einer Glastrennwand sind Produkteschachteln mit der Firmenaufschrift »Maggi« sichtbar). Die Herren im Vordergrund sind eindeutig mit Buchhaltung beschäftigt; deutlich erkennbar eine Inkassoliste und ein offenbar vielkonsultiertes Heft der Schweizerischen Volksbank: eine Devisentabelle? Auf den vorderen Doppelpulten gleich drei der mehrfach genannten dickleibigen Buchhalterjournale, wobei der Glatzkopf vorne links aus einem dünneren Band ins Hauptbuch überträgt. Sein Gegenüber braucht sich nicht mit Zahlen abzuplagen, sondern schreibt einen Briefentwurf ins reine: vor ihm zwei Konzeptblätter, links daneben wohl der zu beantwortende Brief.

Ich zähle pro Arbeitsplatz meist zwei Tintenfässer und je einen mit Löschpapier bespannten Tintentrockner, eigenartigerweise nirgends einen Tintenlappen oder eine Federschachtel. Verstaute man diese Hilfsmittel in den Pultschubladen, dem Fotografen zuliebe? Auf dem Pult liegenbleiben durften dagegen Radiergummis und -messer.

Um 1905 bereits bekannt ist der Aktenordner: im Hintergrund ganze Schränke davon, im Materialfach unter dem Kalender dazu die Drahtklammern zum Aufspießen der Einzelblätter. Mindestens ebenso wichtig ist aber das gebundene Buch. Ein ganzer Schrank voller schwerer Journale steht in der Bildmitte, daneben weitere Stöße; aus Kontroll- und Inspektionsgründen war damals die Lose-Blätter-Buchhaltung verpönt, mußten die Daten chronologisch und auf numerierten, gebundenen Blättern festgehalten werden.

Was sagt unser Foto aus über Bekleidung im Büro? Mit Ausnahme des Korrespondenten im Gehrock haben die meisten Herren ihr Jackett an einen Haken in der Fensternische gehängt und eine Arbeitsjacke übergestreift, mit ihr schonte man wohl das Straßenjackett vor Flecken und Abrieb. Aber auch so machen die Männer einen gravitätischen Eindruck: steife, weiße Kragen mit Selbstbinder oder Krawatte; einen etwas bequemer aussehenden Patentkragen trägt nur der junge Mann vorn am zweiten Doppelpult. Die Strohhüte an den Kleiderhaken geben zwar einen Hinweis auf die Jahreszeit (Mai bis September?), zeugen aber nicht von ausgesprochenem Modebewußtsein: Solche Hüte gehörten auch in städtischen Proletarierbezirken durchaus zum Straßenbild.

Schwere Kontobände, Tintentrockner und steife Kragen dominieren auch im Großbüro erster Stock. Erstmals groß im Bild sind weibliche

Arbeitskräfte: zwei junge Damen am vorderen Doppelpult. Bezeichnenderweise hantiert keine der beiden mit einem Schreibgerät. Die Dame mit den Ärmelschonern ist eindeutig mit »Ablegen« beschäftigt: einreihen von Korrespondenz in einen Ordner! Und ihre Kollegin klebt Zeitungs- oder andere Ausschnitte auf Papier; deutlich erkennbar das Fläschchen mit Klebelösung samt Pinsel.

Alles in allem macht dieses Büro den geruhsameren, vornehmeren Eindruck. An den beiden Stützsäulen in Bildmitte entdecke ich je ein Telefon (gegenüber einem im Stockwerk darunter!), unter dem Kalender rechts eine Landkarte mit einem Stück Österreichs, dazu am linken Bildrand zwei Herren mit ganzen Batterien von Stempeln. Sitzen hier oben die Entscheidungsträger, wird hier die Firmenpolitik gemacht?

Auf rund sechzig Arbeitsplätze eine einzige Schreibmaschine, links vom Glatzkopf im unteren Stockwerk – ich habe sie bisher bewußt ausgespart. War es denn nicht so, daß das weibliche Personal zusammen mit dieser Schreibhilfe im Büro Einzug hielt – eben die Daktylographin, die vielzitierte Tippmamsell? Und hatte Julius Maggi, neuerungsbewußt wie immer, dieses Gerät nicht bereits zehn Jahre zuvor angeschafft? Hatte er schlechte Erfahrungen mit ihm gemacht, oder standen diese Maschinen in separaten Räumen, vielleicht wegen ihres Klapperns?

Hier gibt es keine eindeutigen Antworten. Die Direktionskorrespondenz im Firmenarchiv weist auch nach 1895 noch sehr viele handschriftliche Briefe auf. Und landesweit gesehen stieg die Zahl der weiblichen Angestellten im Büro bis zur Jahrhundertwende auf rund 4000 – ein Anteil von zwölf Prozent. Daß dieser Aufschwung direkt mit Schreibarbeiten oder der Schreibmaschine zu tun hatte, ist aber ein voreiliger Schluß. Während in den USA diese neuartige Maschine seit Mitte der achtziger Jahre zunehmend Käufer fand (1885 wurden dort 14 000 Exemplare des Marktleaders *Remington* verkauft, 1890 bereits 65 000), zeigte man sich in Europa zurückhaltender. 1885 beantragte die Bundeskanzlei in Bern, es möchten zwei dieser Maschinen »samt Zubehör« angeschafft werden. Am 6. Februar befindet der Bundesrat unter dem Vorsitz von Bundespräsident Schenk, man wolle vorerst abwarten, wie sich eine erste Probemaschine bewähre; entsprechend wird der Kreditantrag an das Parlament gestutzt...

Im »Schweizerischen Kaufmännischen Zentralblatt«, dem Branchenblatt auch für Bürolieferanten, finde ich vereinzelte Anzeigen für Schreibmaschinen erst ab 1897. Zwei Jahre vorher hatte die Basler Chemiefirma

Geigy zwar die erste »Dactylographin« eingestellt, aber sie wie auch ihre Nachfolgerin blieb auf Jahre hinaus »das einzige Schreibmaschinenfräulein im Geschäft«. Etwa um 1905 setzte dann die Nachfrage in größerem Umfang ein; jetzt gab es auch deutsche Modelle zu kaufen.

Die »Feminisierung des Büros« – so der Soziologenjargon – hatte mit dem Siegeszug der Schreibmaschine also kaum zu tun, jedenfalls nicht in der Schweiz. Den vorwiegend jungen Frauen wurden vorab Routinejobs zugeteilt: meist Arbeiten, die früher von männlichen Lehrlingen übernommen worden waren. König spricht geradezu von einer »Unterschichtung« des Personals. Stellvertretend dafür: die beiden mit »Ablegen« und Kleben beschäftigten jungen Damen unseres Betriebsfotos. Vorab in den größeren Firmen erhielt die Hierarchie also eine Art Polsterung, Abfederung nach unten; die gelernten Commis orientierten sich jetzt nach oben. Die Zuzügerinnen aber bewegten sich in einer hermetischen Schicht ohne Aufstiegschancen, der schließlich auch die Stenotypistinnen und Daktylographinnen zugerechnet wurden.

Soweit, stark vereinfacht, die Strukturverschiebungen in der Bürowelt der Jahre 1890 bis 1910. Obwohl hier »die Frauen dem Mann fast durchwegs die monotonen mechanischen Arbeiten« abnahmen, stieß die Umschichtung in den Großbüros keineswegs auf lauter Zustimmung: vielmehr Verunsicherung, Konkurrenzängste bei manchen Commis. Man räumte zwar ein, es seien durch die Arbeitsteilung eine Menge Verrichtungen angefallen, die keinerlei Vorkenntnisse erheischten, und angeblich war »das weibliche Geschlecht [...] für derartige Arbeitsgelegenheiten, auf die der Mann auch gar nicht reflektiert, besonders geeignet«. Frauen hofften ohnehin auf eine spätere Heirat, auch hätten sie »durch ihre ganze Charakter- und Gemütsanlage [...] meist keine Neigung, sich freiwillig in einen bestimmten Beruf zu vertiefen, um eine geregelte Lehre zu machen«! Sie sähen demnach jede Berufsbetätigung als »Übergangsstadium« an; auf »tieferes Interesse« sei hier nicht zu hoffen.

So jedenfalls der damalige SKV-Zentralsekretär K. Stoll in einem Grundsatzreferat: praktisch ein Musterkoffer mit den gängigen Vorurteilen der skeptischen Kaufmannschaft. Selbst wenn die Frau im Büro nicht auf eine Familiengründung spekulierte, so Stoll weiter, kamen höhere Positionen für sie nicht in Frage: empfindliche Nerven, Schwächung durch die monatliche Regel. Und beschränkte intellektuelle Fähigkeiten, die mehr zu »reproduktiver, mechanischer Betätigung« tendierten!

Am liebsten sähe es unser Zentralsekretär, wenn die Frau wieder ganz aus dem Büroleben verschwände. Ohnedies strebten die meisten jungen Frauen nur danach, den häuslichen Bindungen zu entkommen, sich »ein Taschengeld zu sichern«; da komme ihnen die Büroarbeit, die »als leicht, angenehm und standesgemäß gilt«, gerade recht! Welchen sittlichen und gesundheitlichen Gefahren sie sich dabei aussetze, das zeige die Praxis leider täglich…

Stolls argumentatorischer Rundschlag zeigt das feindselige Klima auf, dem sich zu Jahrhundertbeginn angehende Kauffrauen aussetzten. Obwohl ein Bundesbeschluß des Jahres 1900 den Schweizerischen Kaufmännischen Verein zwang, auch weibliche Absolventinnen seiner Kurse zu Diplomprüfungen zuzulassen, zählte man in den folgenden acht Jahren bloß etwa zwei Dutzend Diplomandinnen – gegenüber 4000 männlichen Kandidaten. Der SKV hatte seine Stoßrichtung klargemacht: Wenn schon Frauen im Büro, dann bitteschön in der Berufsnische, die sich durch die Anschaffung der neuen Maschinen ergab!

Selbst in der neuerungsfreudigen Maggi also bloß zögernde Einführung des neuen Schreibgeräts – hatte das zu tun mit Mängeln bei den erhältlichen Modellen? Oder wartete man auf neue Entwicklungen, Verbesserungen? Waren die neuen Maschinen schlicht zu teuer?

Das etwas verlassen herumstehende Modell in der Buchhaltung Parterre ist auf dem Foto deutlich zu erkennen als Maschine Marke Oliver. Ein relativ neues Modell, wie ich lese: Es wurde seit 1896 im amerikanischen Woodstock produziert und von den deutschen Büroausstattern Stolzenberg vertrieben; auch dieser Namenszug noch schwach lesbar. Und hier handelt es sich um eine Oberaufschlagmaschine mit Typenträgern, die links und rechts der Walze standen: sogenannte Typenbügelflügel. Die Typenhebel schlugen von oben her aufs Papier. Rückte die Walze nach links, verschwand die Zeile aus dem Blickfeld der Daktylographin, wurde verdeckt vom links aufragenden Flügel – ein wichtiges Kriterium, wie wir gleich sehen werden. Die Oliver hatte ein Tastenfeld mit 28 Tasten auf drei Zeilen und doppelter Umschaltung. Das hieß: Umschalten für Großbuchstaben wie bei heute noch gebräuchlichen Modellen, dazu aber noch eine zweite Umschaltstufe für Zahlen und seltener vorkommende Zeichen.

Was die Oliver kostete, finde ich nirgend vermerkt; für vergleichbare Modelle zahlte man aber durchaus 400 bis 500 Mark, also 500 bis 600 Franken. Die praktische und handliche Blickensderfer, eine Art Portable, finde ich in einem Inserat für Fr. 250.– angeboten; das war allerunterste Preisgrenze. In diesen Jahren verdiente ein junger kaufmännischer Angestellter rund 130 Franken im Monat. Der Preis für ein Standardmodell, also eine der 13 bis 16 Kilo schweren Kanzleimaschinen vom Typ Remington oder Smith Premier, kam somit vier Monatsgehältern gleich – keine Kleinigkeit!

Möglich aber auch, daß man bei der Beschaffung nichts überstürzen wollte, die technische Entwicklung abwartete. Das erwähnte Remington-Modell beispielsweise arbeitete mit Unteraufschlag. Die Typenhebel lagerten kreisförmig unterhalb der Schreibwalze, nutzten beim Zurückfallen die Schwerkraft. Das Geschriebene wurde also nicht sofort sichtbar: eine sogenannte »blinde« Maschine, bei der man die neue Zeile erst nach Hochklappen des Wagens kontrollieren konnte. Das war ein schwerwiegender Nachteil – ebenso wie die geradezu unförmige Dicke der Walze bei diesem Pioniermodell. Sie erhöhte das Gewicht beträchtlich, war aber unumgänglich, da die Remington noch keine konkaven Typen kannte, die sich der Rundung der Walze anpassen konnten.

Umstritten war auch die genannte Umschaltung (zwei Zeichen pro Typenhebel, Abdruck des Großbuchstabens oder »zweiten« Zeichens bei Zurückschwenken der Walze). Dank ihr kam man mit einem vierzeiligen Tastenfeld aus. Drückte man aber zu flüchtig auf die Umschalttaste, kam der Abdruck oberhalb der Zeile zu liegen; es ergaben sich »tanzende« Buchstaben! Hier hatten schon 1880 einige Konkurrenten mit der Volltastaturmaschine gekontert. In Zürich wurde 1897 die Yost als »erste Marke der Welt« angepriesen, als »einzige Maschine ohne Farbband und ohne Umschaltungen«. Tatsächlich wies die Yost ein achtzeiliges Tastenfeld mit sage und schreibe 78 Tasten auf. Statt des noch unzuverlässigen Farbbands hatte Konstrukteur George Yost ein Farbkissen entwickelt, das nur zwei- bis dreimal im Jahr ausgewechselt werden mußte.

Wenigstens brauchte man aber bei der Anordnung der Tasten nicht zwischen verschiedenen Alternativen zu wählen – ein Problem, das die amerikanischen *typewriter*-Fabrikanten mehr oder weniger eigenmächtig gelöst hatten. 1888 beschloß man nämlich an einem Stenographenkongreß in Toronto, die von Remington portierte Tastatur als verbindlich zu erklären – sie ist es bis heute geblieben. Ursprünglich hatte man die Buchstaben ganz einfach alphabetisch auf vier Zeilen verteilt (ein Relikt davon die zweitunterste Reihe zwischen D und L!). Das führte aber immer wieder dazu, daß sich Typenhebel ineinander verklemmten. Man entflocht also die – im Englischen – häufigsten Anschlagfolgen und kam zum *universal keyboard* der Remington von 1877.

Ich will hier aber keinen schwärmerischen Rückblick in die Pionierzeiten der Schreibmaschine ausbreiten, halte nur ganz allgemein fest: Die technische Entwicklung rund um 1900 war äußerst dynamisch; es wurde mit einer Vielzahl von neuen Konzepten geprobelt. So gab es bereits Prototypen für elektrische Schreibmaschinen; auch mit magnetischem Antrieb wurden Versuche angestellt, sogar mit Preßluft. Die zweiarmigen Typenhebel hatten sich zwar allgemein durchgesetzt. Daneben gab es aber Maschinen mit auswechselbarer Schrift: Typenräder und Typenwalzen, Typenzylinder – Vorläufer des heute wieder aktuellen »Schreibsterns«, des Schreibkopfs! Und es gab Maschinen mit Stoßstangen; hier schoß beim Drücken der Taste ein Stab mit Typenkopf waagrecht vor. Es gab Maschinen, bei denen man den Wagen beim Zeilenende mit einem Pedaldruck zurückschob und um Zeilenhöhe weiterdrehte; auch äußerlich gesehen glichen solche frühen Modelle den Nähmaschinen, die ja ebenfalls mit Fußpedal arbeiteten.

Allgemein gilt in der Schreibmaschinensaga das Jahr 1900 als Angelpunkt, vor allem für Europa. Underwood brachte auf dieses Jahr hin sein »Modell 5« auf den Markt. Und dies wohl mit Seitenblick auf das historisch befrachtete Datum: Die neue Underwood sollte *die* Schreibmaschine für das neue Jahrhundert werden, war generationentauglich. Tatsächlich hatte die Firma schon mit ihren ersten Modellen das Sichtproblem gelöst. Der Blick auf die soeben geschriebene Zeile war jetzt frei, dies dank sogenannter Schwinghebel mit Vorderaufschlag; die Typenhebel lagen waagrecht und halbkreisförmig geordnet in Typenschlitzen. Das Modell 5 hatte eingebauten Tabulator, Randsteller, Zeilenschalter, Kartenhalter und vieles andere mehr. Underwood beließ es während der folgenden dreißig Jahre auf dem Markt: eine Standardmaschine, die in mancher Hinsicht Henry Fords *Tin Lizzie,* dem unverwüstlichen Automodell T, gleichkam!

Und gleichzeitig hatten sich die großen US-Hersteller auf eine untere Preisgrenze von hundert Dollar für die »großen« Modelle geeinigt: auch dies eine Standardisierung. Es gab öffentliche Schnellschreibtests mit Star-*typists*; hier setzten sich schon bald Frauen durch. Eine Miss Rose Fritz wurde mit der neuen Underwood zur inoffiziellen Weltmeisterin. Sie schaffte rund hundert Wörter pro Minute: über acht Anschläge in der Sekunde! Die Schaukämpfe wurden aufgezogen mit viel Sinn für Spektakel. Die Schreiberinnen und Schreiber kleideten sich sportlich, trugen Schirmmützen, wurden betreut von Gehilfen, die den Schreibstuhl auf den Millimeter genau bereitstellten, weiter von Mechanikern, die der Wettkampfmaschine mit Ölen und Feinschleifen den letzten Glanz verliehen.

Um die Jahrhundertwende aber auch eine ganze Palette ergänzender Produkte: Kohlepapier für Durchschläge, Matrizen und Maschinen zum Vervielfältigen. Die einzelnen Verwaltungen waren damit selbständig im Festhalten und Vervielfältigen von Daten und Informationen, konnten sich den umständlichen Gang in die Druckerei ersparen. Und das kam den Bedürfnissen der wachsenden Betriebe entgegen, den erhöhten Steuerungsaufgaben. Diese »konnten nur erfüllt werden mit Hilfe eines breiten und differenzierten Melde-, Kommando- und Rückmeldesystems, d. h. durch den Ausbau eines betrieblichen Kommunikationssystems von großer Geschlossenheit«; so der Bürosoziologe Theo Pirker.

Wie spiegelte sich diese Entwicklung in der hiesigen Reklame wider, in den Werbeschriften rund um die neue Büromaschine? Ich finde die ersten Inserate für die neue Underwood Anfang 1898. Auf der »vollständig sichtbaren Schrift« wird beinahe penetrant insistiert; mit dem neuen System leiste der Benützer auf Anhieb 25 Prozent mehr als mit der »blinden« Maschine. Darauf kontert der Remington-Vertreter mit dem Angebot eines Gratiskurses für alle Interessenten; bezeichnenderweise zeigen die Illustrationen männliche »Maschinenschreiber«: noch keine weibliche Schreibkraft in Sicht! Der Yost-Vertreter dagegen betont die »leichteste Erlernbarkeit« seines Systems; hier kann auf Kurse offenbar verzichtet werden. Und weiter die Generalvertretung für Oliver, die nicht ganz zutreffend von »sichtbarer Schrift sofort nach Typenabdruck« schwärmt; hier wird insistiert auf der Langlebigkeit, der »unverwüstlichen Dauerhaftigkeit« des Produkts.

Bezeichnend schließlich auch ein »Wegweiser für Kaufleute und Private« aus dem Jahre 1904. Hier stellt der Zürcher Büroausstatter G. Hunziker die meistgehörten Vorurteile und Befürchtungen gegenüber der neuen Maschine zusammen und erläutert die gängigen Modelle: grundsätzliche Tips, daneben oft lächerlich anmutende Details. Den Maschinen mit Volltastatur (ohne Umschalter) gibt dieser Fachmann eindeutig den Vorzug. Sie nützt das Farbband besser aus: »Da ein Farbband bester Qualität zirka 5 Fr. kostet, und bei sehr strenger Beanspruchung in einigen Monaten unbrauchbar wird, ist das ein Umstand, der einiger Berücksichtigung gewiß wohl wert ist.« Man solle doch bedenken, daß eine Schreibmaschine »für ein ganzes Menschenleben gebrauchstüchtig« bleibe; wer diese Anschaffung wagte, legte sich auf Jahrzehnte fest!

Was das Farbband angeht, so wettert Hunziker gegen die offenbar modische Vorliebe für die violette Farbe; man solle doch bedenken, daß schwarz geschriebene Schriftstücke »punkto Aussehen dem Buchdruck am nächsten« kämen. Und bedauerlich sei weiter, daß auch die besten Maschinen für das Unterstreichen von Wörtern keine rechte Hilfe böten; im besten Fall komme doch immer nur eine »knotige Linie« zustande. Für den täglichen Gebrauch kann man – so Hunziker weiter – auf das Zehnfingerschreiben durchaus verzichten; auch mit Daumen, Zeig- und Mittelfinger jeder Hand »verrichtet man die Arbeit ungemein schnell«. Dabei achte man aber darauf, die Tasten für die breiteren Schriftzeichen »mit vermehrter Kraft« anzuschlagen; leider ist »am schwersten ein befriedigender Abdruck des g zu erzielen«.

Im übrigen soll sich der Kaufinteressent nicht um die Vorurteile gegen die neue Maschine kümmern. Leider sei viel Ablehnung zu spüren »bei älteren Leuten, die sich mit den Fortschritten der Technik nicht aussöhnen können«. Hier aber gelte das gleiche wie bei der Einführung der Eisenbahn: Die anfängliche Skepsis, die Angst vor der unvertrauten Technik sei damals geschwunden, als man ihre Vorteile erkannt habe. Und bei der Schreibmaschine wird diese Phase noch viel kürzer sein – vor allem weil hier »alle Gedankenarbeit unvergleichbar leichter vor sich geht als bei Verwendung von Feder und Tinte«. So steigt notwendigerweise der »innere Gehalt« jedes Dokuments!

Daß bei Schreibtests in England und Amerika meist junge Damen obenausschwingen, darüber wundert sich Hunziker keineswegs. Diese Damen spielen in der Regel auch Klavier oder Harmonium. Die Fingerfertigkeit, die sie damit erworben haben, läßt sich ohne weiteres auf das Maschinenschreiben übertragen, ja beide Fähigkeiten befruchten sich gegenseitig; eine flinke Typistin wird mit um so größerer Virtuosität in die Klaviertasten greifen können. Einen kleinen Nachteil, der aus beiden Tätigkeiten resultiert, mag Hunziker freilich nicht unter den Teppich kehren: »... durch das stete Spreizen der Finger muß die schlanke Gestalt der Hand unausweichlich beeinträchtigt werden!«

Vom Durchschlagkopieren mit Kohlepapier war bereits die Rede; erstaunlicherweise hält sich aber auch für Maschinenbriefe die Methode, mit der man bis dahin handschriftliche Dokumente kopiert hat. Wie ging man hier vor? Wie funktionierte die Kopierpresse, von der ich ein Exemplar auch in Maggis »oberem« Großbüro orte: das seltsame Gerät rechts vom Telefon, etwa in Bildmitte? Bei Hunziker lese ich von porösen Kopierlappen aus Kautschuk, die leicht angefeuchtet zwischen Original und Kopierpapier gelegt werden; hierauf wird der ganze Set während einiger Minuten festgeklemmt. Mit Hilfe neuer feuchter Kopierlappen kann der gleiche Brief mehrmals hintereinander kopiert werden.

Dies das Prozedere für Maschinenbriefe. Ausführlichere Hinweise für das Kopieren handschriftlicher Briefe finde ich in einer amerikanischen Publikation: Wie die Schreibmaschine selbst kam auch die Technologie des Kopierens von jenseits des Atlantiks. Seit etwa 1870 im Handel war ein Kopierset mit einem gebundenen Buch aus dünnem japanischem Papier. Zum Schreiben verwendete man neuentwickelte Tinten mit Anilinfarben, die das Kopieren erleichterten, vor allem in Violettönen. Zuerst wurde das Blatt im Kopierbuch leicht angefeuchtet, dann schob man geöltes Papier auf und unter die zu kopierende Briefseite und legte sie auf das angefeuchtete Blatt. Und diesen Vorgang wiederholte man mit einem oder zwei Dutzend Dokumenten. Das so präparierte Kopienbuch kam in die Briefpresse, wurde mit einer handbetriebenen Kurbel während ein paar Sekunden zusammengepreßt. Auf den dünnen japanischen Blättern hatte man nun eine Kopie der Briefseite; auf dem Original hinterließ der Vorgang angeblich keine Spuren, selbst wenn man die Prozedur für eine zweite Kopie wiederholte. Die Amerikaner entwickelten sogar eine Portable-Version: ein flexibles Buch aus dünnem Kopierpapier, dessen Rücken aus einem Rollstab bestand. Wenn man Brief und Kopierseite zusammenlegte und mit Spezialpapier einhüllte, brauchte man das Buch nur zu schließen und um den Rollstab zu wickeln, um eine Kopie zu erhalten. Voraussetzung auch hier: eine spezielle Kopiertinte.

Später finde ich im Firmenarchiv von Maggi ganze Bündel mit Kopien aus den 1890er Jahren: handschriftliche Geschäftskorrespondenz auf feinem Papier. Hier hatte die Verwaltung offensichtlich eine weitere Technik gewählt, die mit Einzelblättern operierte; diese wurden hinterher mit einer Art Klebebindung zusammengehalten: Paperbacks aus dem Kontor von anno dazumal!

Die Parallele läßt sich fast mit Händen greifen. Die Umstellung vom handschriftlichen Korrespondieren oder Texten zum Texten auf der Schreibmaschine entspricht der Umstellung vom Tippen zum Bildschirmschreiben: zweimal ein Quantensprung in der Textverarbeitung! Ein Bürolieferant wie Hunziker sah hier den blanken Fortschritt. Die neue Technik verringerte die Widerstände, die sich dem Umsetzen des Gedankens in die

Schrift in den Weg stellten: keine spritzenden Federn mehr, keine Unebenheiten des Papiers, und auch klamme Finger spielten keine gewichtige Rolle. Der »Faden der Gedanken« riß nicht mehr, Bilder und Worte fanden ihren Niederschlag auf dem Papier, auf direkte Weise!

Und wie hätte Schreibmaschinenpropagator Hunziker erst von der elektronischen Textverarbeitung geschwärmt! Wie im Flug erscheinen Wörter auf dem Bildschirm, werden in Sekundenschnelle ausgetauscht, ersetzt, probeweise versetzt und wieder zurückgeholt, gespeichert und im richtigen Augenblick abgerufen. Keine tanzenden Buchstaben mehr, die Verwirrung stiften, keine Angst vor vorschnellen Entscheidungen! Läßt sich der Gedanke nicht augenblicklich fassen, so ist er doch probeweise fixiert, findet aus dem holden Ungefähr zur festen Form: kein Reibungsverlust durch unschönes Übertippen, Ausstreichen, kein zweifelndes Neuansetzen!

Vom qualvollen Hinkritzeln auf fasriges Papier zum Bildschirmtanz der Wörter: ein Durchstoßen mehrerer Ebenen, ein Freischreiben, ein Loslösen von den Fesseln der Materie? Hier ließe sich denn doch einiges anmerken zur Ehrenrettung von Feder und Papier. Fördert das beschwingte Klappern von Tasten und Typen die Geschwätzigkeit? Verführt das schwerelose Schreiben per Bildschirm zur verbalen Ausschweifung, zu wortreicher Promiskuität? Wo bleiben Selbstzucht und Eigenkontrolle, wenn bereits die Leuchtziffern den Ernst des Gedruckten suggerieren und der Drucker mit professionellem Schriftbild diesen Eindruck bestätigt?

All dies Erwägungen, die mit Hilfe von ebendiesem Bildschirm formuliert wurden. Sätze, deren Leichtigkeit das Vorläufige ihrer Entstehung spiegelt. Sätze, die probeweise entstanden, auf Zusehen hin – auch wenn sie die Bedingungen reflektieren, unter denen sie zustande kamen. Und wenn schon der Ausdruck »Schreibmaschine« bangen läßt, ob damit das Schreibgerät gemeint ist oder die Person, die davor sitzt – wie halten wir es dann erst mit »Textverarbeitung«? Wer verarbeitet da wen?

Ich bin noch nicht fertig mit den Formen der Werbung, alle in den 1880er und 1890er Jahren konzipiert. Maggis Werber waren unter den ersten, die mit farbigen Reklamelithos arbeiteten. Zusammen mit den ersten Legu-Mehlen beispielsweise wurden den Gastwirten eine schön gerahmte Szene abgegeben, die geharnischte Eidgenossen beim Löffeln der Kappeler Milchsuppe zeigte: Aufschrift selbstverständlich »Leguminose Maggi«!

Daneben gewöhnliche Zeitungsinserate, anfänglich etwas bieder gehalten, mit Gewichts- und Preisangaben und Tabellen zum Nährgehalt; hier wirkte wohl bereits die Ankündigung »Siedezeit 10–15 Minuten« sensationell. Im Handumdrehen aber modernste Werbemethoden, wie zwei Berichte aus deutschsprachigen Zeitungen der USA zeigen: Schon in den 1890er Jahren betätigte sich Maggi als Sponsor! Unterstützt wurde ein sächsischer Abenteurer namens Gustav Kögel, der zu Fuß rund um die Welt pilgerte, dabei aber publicitybewußt auf den Zeitungsredaktionen zwischen Hongkong und New York vorsprach und hier regelmäßig auf die Bouillonkapseln hinwies, mit denen er in Kemptthal ausgerüstet worden war: in den Wüsten Persiens habe er sich einen ganzen Monat lang mit nichts anderem ernährt!

Wie man in Kemptthal die Öffentlichkeitsarbeit einschätzte, das zeigt ein »Reclame- und Preßbüro«, das Maggi im November 1886 gründete: die erste Marketingstelle eines Schweizer Unternehmens! Leiter wurde ein 23jähriger Jusstudent aus Lenzburg mit literarischen Neigungen, der sich mit Feuereifer an seine Aufgabe machte. Ich finde im Firmenarchiv Hunderte kurzer Pressetexte, die meisten zwar in Maschinenabschrift, dazu immerhin einige handschriftliche Originale: kauzige Geschichten über Reisende und zukünftige Ehefrauen, philosophische Betrachtungen über Anlage und Wesen des Menschen, die allesamt in der gleichen Pointe gipfeln: Suppen, Bouillons oder Würze aus Maggis Fabrik lösen Probleme auf unerwartete und elegante Weise! Daneben Verse in bewußt klapprigen Kinderreimen (»Das wissen selbst die Kinderlein: / Mit Würze wird die Suppe fein! / Drum holt das Gretchen munter / die Maggi-Flasch' herunter«), schließlich ein Brief, mit dem der Poet eine Sendung neuer Texte an Maggi begleitet: »Sollte Ihnen etwas darin nicht convenieren, so ersuche ich Sie, mich davon zu benachrichtigen, ansonst ich in diesem Genre weiterarbeiten werde.«

Daß sich Frank Wedekind, zukünftiger Autor skandalumwitterter Bühnenstücke wie »Frühlings Erwachen« oder »Erdgeist«, seinen Lebensunterhalt mit munteren Werbereimen verdiente, geschah nicht ganz freiwillig. Er hatte sich mit seinem Vater verkracht – einem schwerreichen Arzt aus Hannover, der sich mit seiner Familie auf dem prächtig gelegenen Schloß Lenzburg niedergelassen hatte. »Mein erstes Salair habe ich bereits bezogen und fühle mich demnach fürs erste geborgen«, berichtete Frank seiner Schwester Erika im Dezember 1886, beklagte sich aber bereits über das eintönige Leben »zwischen Zürich und Kemptthal«. Offenbar fühlte er sich vom dynamischen Firmenchef, der die Texte durchs Band weg mit Zensuren zwischen »famos« und »ungenügend« versah, bald in die Ecke gedrängt, »mit Leib und Seele verschachert« und trennte sich im folgenden Juni endgültig von der Suppenbranche. Seine Texte machten indes noch eine Zeitlang die Runde auf den Zeitungsredaktionen – eine seltsame Mischung von Berichterstattung und Werbeanekdote.

Wenn der Kochkurs nicht wär«, seufzte das siebzehnjährige schlanke, schwarzäugige Engelskind, »so wollt ich so gerne heiraten. Aber er wünscht durchaus, daß ich vorher einen Kochkurs nehme. Wie wenn ich nicht sein Weib, sondern seine Köchin werden sollte. O, diese Männer!« – »Elschen, beruhige dich!« sagte darauf die verständige Mutter. »Das Notwendigste will ich dir schon beibringen, dann würzest du ihm jeden Mittag die Gerichte mit diesem Fläschchen hier. Paß mal auf, was der für Augen machen wird. Täglich gibt er dir zwei Küsse mehr dafür! – Es ist nämlich Maggi's Suppen- und Speisewürze.«

Küche und Kochen, Hausfrauen und Musterfrauen

Herd und Küche, das Kochen selbst, die in der Küche tätigen Leute, ihre Ausrüstung, die Küche als Kern des Haushalts und dieser Haushalt selbst – diese Themen sollen auf den folgenden Seiten zur Sprache kommen. Und dies nicht nur, weil Maggis Suppen und natürlich auch alle anderen Suppen und Speisen schließlich auf einem Herd gekocht wurden. Die zeitsparenden Suppen änderten ja auch den gesamten Ablauf im Organismus Küche, verschoben die Proportionen, wenn vielleicht auch nur geringfügig. Und was bedeutete überhaupt »Zeitersparnis«, welchen Anteil nahmen Vorbereiten und Kochen innerhalb des ganzen Prozesses ein? Hier kam ja auch das Einkaufen hinzu, das Einfeuern des Herdes, das Reinemachen, das Abwaschen, womöglich ohne fließendes Wasser, und gab es in der durchschnittlichen Küche des Jahres 1888 überhaupt einen Spülstein, einen Ausguß?

Und wer die täglichen Praxisformen untersucht, erhält irgendwann auch Aufschluß über den ideologischen Überbau, wenn er das Mosaik nur geduldig genug zusammensetzt: also Aufschluß über Denkgewohnheiten und Bewußtseinsformen, über Leitbilder des Alltags. Mit ihnen will sich auch dieser Band auseinandersetzen, jedenfalls vorzugsweise. Angepeilt sind ja nicht die kulturellen Leitplanken der Oberschicht, die »Kulturgeschichte«, vielmehr will sich dieses Buch den populären Bildern und Strukturen widmen, den Suppenpackungen und den Vorstellungen von Wesen und Aufgabe der Hausfrau etwa. Es soll beispielsweise das Ritual des morgendlichen Reinemachens und die Zusammensetzung der Küchenausstattung ernst nehmen und hier Zusammenhänge suchen – hochgeschraubt formuliert: diese Dinge »als signifikante Strukturen diagnostizieren«!

Nun treffe ich in den Erinnerungen und Biographien, die ich konsultiere, nur spärliche Hinweise auf die »täglichen Praxisformen« an. Wenn ich genau wissen will, wie der Kochherd der Zeit aussah, wie man ihn einfeuerte usw., muß ich ausweichen auf Lehrbücher, Ratgeber für den Haushalt, praktische Tips von damals. Und hier finde ich ausgerechnet für die Jahre um 1890 ein gutes halbes Dutzend Schweizer Neuerscheinungen. 1881 geht zudem die erste Nummer des »Schweizerischen Familien-Wochenblatts« in Druck, mit seiner Kochbeilage und seiner Ratgeberspalte, in denen Leserinnen und Leser Tips austauschen: eine Fundgrube.

Und ich habe auch keine Bedenken, aus diesen Ratgebern direkt auf die Praxis zu schließen, halte mich hier an Stephen Mennells Untersuchung über Kochkolumnen. Wenn sich der Abstand zwischen Anleitung und täglicher Praxis allzusehr vergrößerte, verschwanden die Ratgeber nämlich automatisch von der Bildfläche; die von mir konsultierten Autorinnen aber erlebten oft mehrere Neuauflagen ihrer Werke. Oder diese wurden während Jahrzehnten konsultiert: im Anhang meines Exemplars von »Fürs Haus«, 1888 erschienen, finde ich Bibliotheksstempel, und die zeugen von einem Halbdutzend Ausleihen noch im Jahre 1920!

Ich beginne mit dem Herd. Hier handelt es sich in den allermeisten Fällen um einen Holzherd – noch 1893 zählt man in Zürich kaum zweihundert Gasuhren für Küchen. Am häufigsten trifft man den sogenannten Schweizerischen Sparherd an, mit Holz oder Kohle beheizt, mitunter auch mit Torf. Und diesen Sparherd gibt es als eisernen Aufsatz auf die früher gebräuchliche, gemauerte Kochecke, wo man über offenem Feuer kochte. In neuere Wohnungen baute man von Beginn weg den tischhohen Sparherd ein – auf jeden Fall eine Eisenkonstruktion, die Wände aus Eisenblech, in der kostspieligeren Ausführung auch mit Fayenceplatten bedeckt. Fast immer führten Messingstangen den Kanten entlang, die einen gewissen Sicherheitsabstand brachten: Hausfrau oder Köchin trugen weite, bauschige Röcke.

Der ideale Herd stand frei zugänglich in der Mitte der Küche und wies drei Kochöffnungen auf, ebenso einen Brat- und Dörrofen sowie ein eingebautes Kupferbecken, in dem beim Kochen gleich Wasser für das Aufwaschen erwärmt wurde: das Wasserschiff. Teure Modelle hatten zusätzlich einen Wärmekasten zum Anwärmen der Teller, auch wurden hier die Pfannen nicht mehr im Feuer versenkt, sondern auf Herdplatten gestellt: keine rußigen Pfannenböden mehr! So oder so war der Kochherd ein durchdachtes technisches Gebilde, bei dem ein zentrales Kochfeuer die verschiedensten Funktionen übernahm. Entsprechend aufwendig aber auch die Pflege: die Oberflächen wurden regelmäßig mit Sand gescheuert und dann mit Steinkohleasche eingerieben; so erhielt man ein einheitliches Schwarz. Herdplatten wurden regelmäßig »mit einer alten Speckschwarte glänzend gerieben«, alle Vierteljahre bestrich man sämtliche Eisenteile neu mit Eisenlack.

Worauf eine Hausfrau beim Einzug ins neue Haus, in die neue Wohnung achtete: Der Herd sollte nicht rauchen und möglichst wenig Holz verzehren. Ohnehin brannte das Kochfeuer auf einem Rost; bei Bedarf legte man hier noch Backsteine unter. Für das Anfeuern finde ich ausführliche Anleitungen. Über ein Stück Papier wurden »sehr dünn gespaltene Stäbchen von weichem Holze in gehörigen Zwischenräumen der Länge nach, dann ebenso der Quere und hierauf wieder der Länge nach gelegt, so daß sich eine Art Gitter bildet, oben darauf kommt wieder Papier oder einige Hobelspäne oder Tannzapfen. Man setzt nun das Papier mittels eines Fidibusses in Brand und streut Steinkohlestaub in geringer Menge darüber«, jetzt erst legte man die Scheiter auf.

Und welche Holzsorten waren das? Die Hausfrau mußte entscheiden, ob sie Tannen- oder Birkenscheiter für schnelle, intensive Hitze brauchte oder dann Buchenholz für ein lange anhaltendes Feuer. Mußte eine Speise während Stunden köcheln, so waren Kohle oder Torf angesagt, sogar sogenannter Tresterkäse, zu Scheiben geformte Preßrückstände von Trauben oder Obst. Selbstverständlich gab es Abstufungen auch bei der Kohle. Steinkohle entwickelte viel Hitze, brannte aber schnell aus, Schieferkohle und Briketts eigneten sich für stundenlanges Kochen. Die aus gepreßtem Kohlenstaub bestehenden Briketts setzten sich freilich erst in den 1890er Jahren durch, und auch hier vor allem für Heizzwecke.

Das alles erforderte aber auch Behälter, in denen man die verschiedenen Brennmaterialien gesondert aufbewahrte. Wer eine kleine Küche hatte, mußte improvisieren mit einer Art Schubladensystem, mit übereinandergestapelten Kisten. *De rigueur* waren weiter ein Behälter für Sand und einer für Wasser, beides zum Löschen. Wer Darmfett oder Speck ausließ oder Stearin mit Wachs schmolz, um Bodenwichse herzustellen, mußte dauernd mit der Möglichkeit eines Herdbrandes rechnen. Die Haushaltratgeber empfehlen für diesen Fall Bewerfen mit Sand oder Asche. Fingen die Kleider der Köchin Feuer, sollte sich das Opfer am Boden wälzen usw.; auch vor Kaminbränden wurde gewarnt.

Gab es Alternativen, bequemere und weniger gefährliche Kochgelegenheiten? Die Gasherde, wie erwähnt, hatten einen schweren Start, setzten sich dann aber erstaunlich schnell durch: von den genannten 220 Zürcher Küchengasanschlüssen im Jahre 1893 auf sensationelle 3000 im Jahre 1896. Hier operierten die Hersteller vor allem mit dem Slogan »Spart Zeit und Geld!«. Es erschienen regelrechte Gaskochbücher, die vor allem den Gebrauch des Röst- und Backofens erklärten und der »Schnellküche« viel Raum gewährten – ein Wort, das hier zum ersten Mal auftaucht. Noch um 1890 traute man den Kapazitäten des Gasherdes nicht so recht, stellte ihn dem mit Petroleum betriebenen »Kochapparat« gleich. Beide Möglichkeiten seien »im Sommer, am Morgen wie auch am Abend für eine kleine Familie sehr zweckmäßig«. Eine mit Einschränkungen geradezu gespickte Empfehlung; zentrale Norm, Leitgerät beim Kochen bleibt bis zum Ende des Jahrhunderts der Holz-Kohle-Herd! Entsprechend herablassend war bei der Gasküche denn auch von »Nickel- und Emailpfännchen« die Rede. Leitutensilien für die »richtige« Küche und den Sparherd waren die schwere Eisenpfanne und die kupferne Pfanne; erstere vor allem zum Rösten. Auch durfte im Eisengefäß nichts gekocht werden, »das Säure oder Kali enthält«. Ebensowenig taugte es zum Aufbewahren von Speisen, »da diese schwarz werden«. Kupferpfannen hatten den Nachteil, daß sie von Zeit zu Zeit neu verzinnt werden mußten. Emailgeschirr sah zwar hübsch aus, nur: »Einer trockenen Hitze ausgesetzt, bekommt das Email Sprünge, ebenso wenn in das heiße Geschirr kaltes Wasser gegossen wird.« Daneben Messingpfannen, Nickelpfannen, irdenes Kochgerät: Wer es sich leisten konnte, wählte für jede Speise das passende Material.

Die vollständig ausgestattete bürgerliche Küche für die durchschnittliche sechs- bis achtköpfige Familie inklusive Dienstboten: Hier finde ich ein Musterinventar mit 63 sorgfältig aufgeführten Einzelposten. Aufgelistet werden nur die Hilfsmittel zum Kochen und Reinigen, also kein Besteck oder Geschirr, kein Mobiliar. Da viele Punkte dieser Checklist mehrteilig sind (ein Satz Kasserollen, ein Satz Küchentücher), komme ich auf rund dreihundert Einzelgegenstände – dies bei äußerst konservativer Schätzung und ohne beispielsweise Ausstechformen oder die »Gänsefedern zum Ausstreichen« mitzuzählen. Ebensowenig wie bei den Gänsefedern ist mir übrigens klar, wozu »Schmarrn- und Brennschäufelchen« dienen, vertraut sind mir dagegen Posten wie der Samowar oder der »porzellanene Quirl«.

Alles in allem bildet diese Grundausstattung ein geradezu erdrückendes

Arsenal. Ich ertappe mich bereits beim ersten Durchlesen dabei, wie ich Abstriche vornehme, Einsparungen ins Auge fasse. Zum Beispiel bei den Pfannen und Kochtöpfen, die sich allein auf drei Dutzend Einheiten belaufen: Brauchte es neben den »zwei bis drei Bratpfannen von unterschiedlicher Größe« wirklich noch »eine größere und eine kleinere Pfanne von Eisen zum Mehl- und Zwiebelrösten«? Mußten die reichlich aufgeführten Kochtöpfe noch mit einem ganzen Satz Kasserollen ergänzt werden? Und wo brachte die Hausfrau dieses Arsenal – wenn es denn wirklich unentbehrlich war – unter, selbst in einer äußerst geräumigen Küche?

Dazu gibt es leider keinerlei Hinweise, kein einleuchtendes Ordnungsschema. Und Punkt 40, die »drei Aufwaschzuber von Holz« samt ergänzenden Blechzubern, bringt mich gleich zu einem weiteren Thema, bei dem mich die schriftlichen Haushaltlehrgänge im Stich lassen: Gab es in der bürgerlichen Küche einen Ausguß, gab es fließendes Wasser und Spültröge, wie wurden Pfannen und Geschirr abgewaschen? Einzig das dem bürgerlichen Mittelstand gewidmete »Fürs Haus« aus dem Jahre 1888 beschreibt das Spülen und Trocknen einigermaßen detailliert: Nach dem Essen stellte man die gebrauchten Teller und Schüsseln »in einen großen, mit heißem Wasser gefüllten Kübel«, das Besteck in einen wassergefüllten Topf, »doch so, daß die Hefte trocken bleiben«, weicht auch die Töpfe und Pfannen in Sodawasser ein, »bedient sich zu diesem Zwecke jedoch eines älteren Kübels«. Porzellangerät wird »mit einem weichen Bastwisch und etwas Seife« gereinigt, man reibt dabei »jedes Stück sorgfältig von innen und außen, nimmt jedoch stets nur ein Stück nach dem anderen in den Kübel«. Das gereinigte und getrocknete Geschirr (es wird »mit dem Tellertuche getrocknet und mit einem zweiten nachgewischt, damit keinerlei Feuchtigkeit zurückbleibt«), kommt »gestürzt auf das Ablaufbrett«: also doch wenigstens ein Ausguß? Aber woher kommt das Wasser? Und wohin mit dem fettigen, rußigen Sodawasser vom Pfannenreinigen? Stemmt man die schweren Eimer hoch, leert sie in den Ausguß? Oder schleppt man sie zum stillen Örtchen, gießt das Spülwasser in die Jauchegrube? Und daß die schriftlichen Ratgeber hier keine Angaben machen: Setzte man manche Dinge als selbstverständlich voraus? Weshalb denn aber keine Tips zum Reinigen der Hähne oder Ausgüsse?

Ich habe eine Reihe zeitgenössischer Bilder besorgt, um hier klarer zu sehen: Fotos und Gemäldereproduktionen aus den Jahren 1880 bis 1900, Kücheninterieurs aus der Schweiz, ein paar wenige aus Deutschland. Erstaunlich gut ist die Westschweiz vertreten, mit Gemälden von Edouard Kaiser, Rodolphe-Auguste Bachelin, Léon Delachaux und Benjamin Vautier: vier Kücheninterieurs, mit geradezu fotografischer Exaktheit festgehalten. Dazu zwei Gemälde von Albert Anker, zwei Fotos aus dem luzernischen Malters – genug Material für einen ausführlichen Bildteil, der Küche gewidmet. Auch zeitlich liegen die Bilder ideal. Die Fotos sind rund um die Jahrhundertwende entstanden, der Rest ums Jahr 1890.

Ich beginne mit Léon Delachaux' *Intérieur de cuisine,* 1886 in Genf entstanden: eine Armeleuteküche. Den Blickfang bilden hier der spargelputzende Hausherr, das schlafende Kleinkind; leider ist da kein Herd, wie ich ihn zuerst rechts im Bild vermutete, sondern eine Kommode, dafür aber reichlich Küchengerät: erster Augenschein in einer zeitgenössischen Küche! Offensichtlich wird hier ein großer Teil der Ausrüstung auf einen Blick sichtbar, betrug das Inventar der Unterschicht bloß einen Bruchteil des vielteiligen Arsenals, das ich soeben beschrieben habe. Zum Kochen muß hier der dreiteilige Set auf der Kommode ausreichen: zwei Kasserollen und ein irdener Kochtopf, über dem Wandgestell hängend weiter eine leichte Bratpfanne. Allerlei Geräte aus Weißblech; ich staune über die Akribie, mit der Delachaux Salatsieb und Halblitermaß wiedergegeben hat. Hier fühlte sich der Maler bestimmt herausgefordert durch die Vielfalt der Reflexe, die schimmernden Bleche und Flaschen.

Zum Kaffeekochen, so nehme ich an, dient das Henkelgerät mit dem hohen Aufsatz gleich neben diesem Sieb; zwischen den beiden Frauen jedenfalls eine Kaffeekanne. Dazu gehört ein Kaffeeröster, hier nicht sichtbar, aber ich habe Beschreibungen gefunden in mehreren Haushaltsbüchern, auch in Erinnerungen. Selbst in der Arbeiterküche stand eine entsprechende Deckelpfanne aus Eisen, und aus dem Deckel ragte eine Art Kurbel, mit der man die zu röstenden Bohnen durcheinandermischte. Die Eltern von Heiri Gysler, der seine Zürcher Jugend um 1890 beschreibt, kauften regelmäßig ein halbes Pfund grüner Bohnen ein, die Wochenration für die ganze Familie. Sie wurde in der Deckelpfanne geröstet, zusammen mit den Wurzeln von Wegwarten, die die Kinder sammelten, und beides wurde gemischt, das halbe Pfund dadurch »gestreckt«! Mittelstandsfamilien stellten sich ihre Kaffeemischung selbst zusammen; man kaufte mindestens drei verschiedene Sorten ein, kannte sich aus mit Bohnentypen wie Ceylon, Bourbon, Martinique, mischte auch hier mit einheimischen Wurzeln. Je nach Sorte wurde länger oder kürzer geröstet, dann nach Erfahrungswerten gemischt. Jede Familie hatte ihr Rezept, auf das sie schwor, auch bei der eigentlichen Zubereitung, beim Anbrühen, beim Abfiltern. Der zentrale Platz, den Delachaux der Kaffeemühle einräumt, hat so gesehen fast demonstrativen Wert. Kaffee: Dieses Getränk erfordert Zeit und Aufwand beim Einkaufen, Rösten, Mahlen, Mischen und Zubereiten. Ich stelle daneben das Aufgießen von zwei Löffeln gefriergetrockneten Kaffees von heute mit heißem Wasser, womöglich aus dem Boiler, das Kippen des Schalters der modernen Espressomaschine: überall Verluste an direkter sinnlicher Erfahrung, an Unmittelbarkeit!

Liebevoll wiedergegebenes Küchengerät auch auf einem reizvollen Interieur des Neuenburgers Rodolphe-Auguste Bachelin; es zeigt eine kartoffelschälende junge Frau beim Schäkern mit offenbar hier einquartierten Soldaten. Die Schöpflöffel, Bratenmesser und -spieße, die Bachelin zusammen mit Schöpfbecher und Meßbecherchen an der Wand drapiert, wirken auf mich wie eine Korrektur zur dreihundertteiligen Musterausrüstung: So sah eine Küche im wirklichen Leben aus, samt abgebrochenem und unterlegtem Tischbein, samt herumliegenden Bürsten und Klopfern! Und setzte sich ein hilfsbereiter Kavallerist auf den Küchenschemel, so legte man ihm erst mal ein gefaltetes Küchentuch unter.

Bachelins Szene mit dem über offenem Feuer prasselnden Kochtopf lebt natürlich ganz vom Bildwitz: daß ein sporenklirrender, schnauzbärtiger Wachtmeister notfalls auch mit dem Kartoffelmesser umgeht – vor allem, wenn sich dabei Gelegenheit zu einem Flirt ergibt. Die skeptisch dreinschauenden Kameraden, die staunende kleine Schwester werden dafür sorgen, daß Unziemliches unterbleibt.

Auf ähnliche Weise soll der Betrachter wohl vor der 1888 gemalten Küchenszene des Waadtländers Benjamin Vautier zu spekulieren beginnen: Aha, vornehmer Besuch aus der Stadt, spottende Bauernjungen, schüchternes Musterbübchen! Vautier hat aber auch die Ausstattung mit viel Detailtreue gemalt: an der Wand Bratenspieß und Schöpflöffel, auch hier ein offenes Feuer in einem gemauerten Herd, ein rußiger Kochkessel. Je länger ich mir aber Steingutkrüge, Butzenscheiben, Kniehosen anschaue, desto fremder wird mir die Szene. Ich lese schließlich nach, daß Vautier vor allem im Schwarzwald und im Elsaß gemalt hat, und dies mit ungeheurem Erfolg. Das ist ein Thema, dem ich noch nachgehen will; das Interieur aber ist für hiesige Verhältnisse wohl wenig typisch.

Keinerlei Anekdote, viel eher eine Art Reportagebild: die Küchenszene eines weiteren Neuenburgers, Edouard Kaiser, 1894 entstanden. Der

Gemäldetitel, *Vieille cuisine,* macht deutlich, daß diese Art von Doppelküche wohl schon im Entstehungsjahr als unzeitgemäß galt. Und Kaiser weist weiter mit der Auswahl der Lebensmittel darauf hin, daß es sich hier um ärmliche Verhältnisse handelt, um Leute, die mit Krautstielen und Kartoffeln vorliebnehmen müssen. Ich finde denn auch keine Bratspieße an der Wand; dafür wird deutlich, daß man hier ohne fließendes Wasser auskommen muß. Keinerlei Ausguß, kein Spülstein oder Wasserhahn: Hier trug man jeden Tropfen Wasser hoch!

Wassergefäße, mindestens vier davon, finden sich auf einem der beiden Fotos aus Malters. Das ist halbstädtisches Voralpengebiet, die Küche entsprechend keine Bauernküche, eher die Küche eines Handwerkers, vielleicht eines Ladenbesitzers. Die Wasserversorgung läuft auch hier über Eimer und Zuber, Heißwasser kommt vom Herd. Hier wäscht die jüngere der beiden Frauen (das Dienstmädchen?) ein Stück Stoff aus. Bei näherem Hinschauen entdecke ich ein Bügeleisen auf der zweiten, zugedeckten Kochöffnung. Auch dieser einst offene Herd mit dem großen Rauchfang, dem gemauerten, einfachen Aufsatz – auch diese Zwitterkonstruktion also war eine Art Energiezentrale, gab Hitze ab ans Bügeleisen, lieferte Warmwasser für die kleine Wäsche zwischendurch, versammelte die Bewohner des Hauses rund um sich: ein Magnet.

Besonders reizvoll diese Magnetfunktion auf dem zweiten Foto aus Malters: suppeschöpfende Hausfrau, naschende Katze. Hier findet sich erstmals auch ein Hinweis auf die Küchenbeleuchtung: Petroleumlampe samt Reflektor rechts vom Herd; das Inventar mit seinen 63 Posten schlug allerdings »zwei Küchenlampen und zwei Laternen von verschied. Größe« vor, dazu »eine große und eine kleine angestrichene Petroleumkanne«.

Herd und Lampe bilden den Schwerpunkt auch in dieser ziemlich modern ausgestatteten Küche mit ihren Emailgefäßen, ihrem Gußeisenherd. Sie dominierten gleichsam den Raum, unterteilten ihn in Zonen. Wer im Winter in einer Ecke saß, hatte nicht nur weniger Licht, sondern fror vielleicht sogar: der Herd auch ein Küchenofen.

Über dem Blasbalg der fast schon obligate Bratenspieß und die Schöpflöffel; wie bei Vautiers Schwarzwaldküche hängt dahinter ein Tuch. Befürchtete man, die Wand zu beschmutzen? Oder sollte umgekehrt das Besteck nicht mit Staub, Ruß oder Mörtel verunreinigt werden? Wie auch immer: Spieß und Schöpflöffel, an der Wand hängend, bildeten so etwas wie ein optisches Signal, das »Küche« bedeutete, mit dem Ort des Kochens ebenso stark verbunden war wie für uns heute Klosett mit Klosettrolle.

Daneben gleich ein weiteres optisches Signal, und zwar eines, das bis heute überlebt hat: das Baumwolltuch mit dem Gitter- oder Netzmuster. Diese feinen Quadrätchen signalisierten schon damals: Saugfähigkeit, schnelles Trocknen; ich bin ein Tuch für alles!

Und die Fußböden, die Fußbodenpflege? Kaisers Kücheninterieur zeigt einen Bodenbelag aus langen Brettern, ungleichmäßig aneinandergefügt, wahrscheinlich Fichte. Für eine Küche scheint uns das heute der ungünstigste Belag: Unebenheiten, Ritzen und Astlöcher, in denen sich Staub und Speisereste festsetzen, womöglich Ungeziefer im Holz. Und wenn eine Pfanne auf dem Herd überlief, ein Eimer umkippte, saugte sich das Holz voll, lief Flüssigkeit zwischen, unter die Bretter; saubermachen konnte man hier nur oberflächlich. Also faulende Speisereste, faulendes Holz: Entsprechend muß es in diesen Küchen faulig gestunken haben, dazu der Geruch – vielleicht Wohlgeruch – der Speisen, die gerade auf dem Feuer standen!

Bretterböden waren auch die Regel für Wohnräume, soviel darf ich annehmen; einen praktischen Belag hätte man ja vorab in der Küche installiert! Ich orientiere mich auch hier wieder zuerst in der Ratgeberspalte des »Familien-Wochenblattes«, finde auf Anhieb mehrere Hinweise: die Bodenpflege ein Dauerproblem. Eine Zuschrift warnt davor, die Fichtenbretter einfach mit Farbe anzustreichen, schlägt Leinöl vor, »mit dem Sie den Boden tüchtig einreiben«. So könne man auch die vielbegangenen Stellen wieder auffrischen, was beim Farbanstrich viel auffälliger wirke. Um einiges raffinierter ein zweites Rezept; man siede Leinöl, schütte feingeriebene Silberglätte hinein. Wenn der entstehende weiße Schaum verrührt ist, nimmt man »die stark kochende Masse vom Feuer« und schüttet Sikkativ hinzu; die Masse wird so heiß wie möglich aufgetragen.

Was ist Silberglätte? Und was Sikkativ? Davon soll noch die Rede sein, vorerst aber eine Pflegeanweisung für »rohe« Böden aus dem Haushaltsbuch. Laut dem Haushaltlehrgang von Eynatten/Judex fegt man die Bretter einzeln mit der Bodenbürste – zuerst mit Schmierseife, dazu kommt noch etwas mit Lauge angefeuchteter Fegsand. Hat man jedes einzelne Brett so behandelt, werden mit einem groben Scheuertuch Seifen- und Sandreste aufgekehrt, »bis davon nichts mehr am Boden haftet«. Jetzt kann man Sägespäne oder feinen weißen Sand ausstreuen, um das Trocknen zu beschleunigen, muß natürlich auch diese Hilfsmittel wieder zusammenfegen. Während der ganzen Arbeit bleibt übrigens die Tür geschlossen, vor allem wegen der »ungesunden Ausdünstung«: Nur Hausfrau und Dienstmädchen sollen sich dem Mief aus Staub und feuchtem Holz aussetzen.

Vom vielen Fegen treten mit der Zeit die Jahresringe als Rippen hervor, meist dunkler gefärbt, und diese Musterung will ebenfalls gepflegt sein; um die Bodenrippen aufzufrischen, trägt man eine Mischung aus heißem Terpentinöl und Kollophonium auf und poliert nach. Am besten aber, so geben die Autorinnen zu verstehen, macht man der Fegerei ein für allemal ein Ende. Die Bretter seien, so weiß man, oft schon nach Stunden wieder beschmutzt, vor allem aber sei die Arbeit ungesund: »Einsichtsvolle Frauen sollten denn auch niemals die Kosten eines Lackanstriches scheuen, der den Mägden so große Mühe und Zeitverluste, ihnen selbst aber so vielen Ärger [...] erspart.« Und hier beginnt man wieder mit einem Auftrag von Leinöl, streicht dann mit breitem Pinsel den Lack auf, den man in großen Steinflaschen aus der Apotheke bezieht, sollte also ohne Fachkraft auskommen: das pinselnde Dienstmädchen unter den wachenden Augen der Hausfrau!

Es gab also bereits »versiegelte« Böden; daneben einige spärliche Hinweise auf Parkettbelag. Hier fegte man erst mit einer am Stiel befestigten Bürste, die mit einem Stein beschwert wurde, dann Zusammenkehren des Staubes, Auftragen und Einreiben der Wichse, schließlich Polieren, wobei unter die schwere Bürste ein »vierfach gefaltetes Wolltuch« gelegt wurde. Zum Einfetten nahm man gelbes Wachs oder ein als »Parquettenpomade« angebotenes Handelsprodukt.

Meist aber stellte man die Bodenwichse eigenhändig her: In der Pfanne brachte man gelbes Wachs, Stearin und Terpentinöl praktisch zum Siedepunkt, gab etwas Wasser, Asche und Silberglätte hinzu, ließ die Mischung abkühlen. Unter Silberglätte, so lese ich, versteht man ein Präparat aus den glänzenden Kristallschuppen der Bleiglätte, einem Bleioxid. Und das bereits genannte Sikkativ ist ein Trockenstoff zum schnelleren Trocknen von Ölen, meist auf der Basis von Schwermetalloxiden: Die Hausfrau bediente sich also ungeniert in den Regalen des Chemikers, rührte sich ihre Bodenpaste eigenhändig zusammen. Und das gilt auch für die meisten anderen Pflege- und Reinigungsprodukte. Fürs Silberputzen, so lese ich, rührte man eine Paste aus pulverisierter Kreide und Spiritus an. Zum Auffrischen und Polieren von Messing schaffte man Prager Putzstein an: mit Klebemitteln gepreßtes Putzpulver auf der Basis von keramischen Mehlen, und hier gebe man »den vierten Theil eines Steines [...] geschabt in ⅙ Liter hochgradigen Spiritus und thue noch etwas Stearinöl daran«.

Keine heutige Produktepalette also mit Pflege-, Putz-, Spül-, Fege- oder Poliermittel, sondern Do-it-yourself durch die Hausfrau. Und die hatte auf ihren Regalen durchaus Salzsäure stehen, daneben Spiritus, Spiritusöl, Terpentin und Vitriolöl, weiter Benzin und Petrol, Kreide, Putzstein und Stearin, Soda in Pulverform und Laugenmittel, Eisenspäne zum Putzen der Messerklingen, weiter Herdschwärze, ein Kohleprodukt, neben Schlämmerkreide und Fegsand natürlich auch schwarze und gelbe Seife sowie Kernseife. Immerhin gab es daneben die einfachen Hausmittel; man konnte die Herdplatte auch »mit einer alten Speckschwarte glänzend reiben« oder mit altem Weißbrot die Tapeten reinigen, und zwar »reibt man hier mit der Kumme die Tapete auch nur von oben nach unten, bis man an die Rinde gekommen ist, die fortgeworfen wird«.

Schriftliche Haushaltratgeber, so habe ich etwas umständlich formuliert, erschienen in bemerkenswerter Häufung rund ums Jahr 1890. Die ersten derartigen Lehrbücher gab es aber schon in den 1860er Jahren, darunter vor allem die Leitfäden von Marie Susanne Kübler, einer Art Haushaltpäpstin, die von Zürich aus während Jahrzehnten für eine systematische Ausbildung der Hausfrau agitierte.

Ganz offensichtlich war Kübler mit diesen für Deutschland und die Schweiz bestimmten Handbüchern ihrer Zeit um einige Schritte voraus. In England und Frankreich gab es beispielsweise entsprechende Lehrbücher erst in den 1880er Jahren. Auch das in Zürich erscheinende »Familien-Wochenblatt«, das ich bereits erwähnte, war eine Pioniertat mit seinen praktischen Tips für Haushalt und Küche.

Nahm man demnach in der Schweiz den Haushalt besonders ernst? Vor allem: Es gab hier kaum großbürgerliche Heime, in denen die Hausfrau ihre Arbeit als »*little more than a daily interview with the housekeeper and the cook*« interpretierte – eine Definition, die ich bei Haushaltforscher Mennell finde. Statt Haushälterin samt Köchin und diversen Dienstboten fand man in schweizerischen Heimen des Mittelstandes und der »gehobenen« Bürgerschicht ein, höchstens zwei Dienstmädchen – so jedenfalls die Umstände, wie sie die Werke von Kübler und anderen Autorinnen anpeilen.

Noch begnügte sich der schriftliche Ratgeber mit Anleitungen für Haus, Küche und Garten und Gesundheit. Davor stand praktisch immer ein einleitender Teil, der sich mit dem Wesen der Hausfrau, der Gattin beschäftigte, mit ihrer Stellung gegenüber dem Ehegatten, der Gesellschaft, ebenso mit Tugenden wie Sanftmut, Zurückhaltung und Heiterkeit – kurz dem »ideologischen Überbau«, auf den noch zurückzukommen sein wird.

Fürs erste aber ein paar Kostproben aus dem praktischen Bereich. Die meisten Lehrgänge raten zum Führen eines Haushaltbuches und zum Erstellen eines Jahresbudgets. Ich gebe hier eine solche Musterrechnung aus dem Jahre 1888 wieder: sie ist nicht zuletzt ein wichtiger Indikator dafür, an welches Zielpublikum sich die Ratgeberinnen wendeten.

Diese Familie gibt jährlich Fr. 770.– für Lebensmittel aus, wobei Fleisch (Fr. 204.–), Milch (Fr. 155.–), Wein/Bier (Fr. 77.–) und Brot (Fr. 75.–) die wichtigsten Posten bilden. Mit 43 Prozent vom Gesamteinkommen (Fr. 1800.–) frißt die Ernährung den größten Budgetanteil weg; es folgen Kleidung (Fr. 270.–), Brenn- und Heizmaterial (Fr. 140.–) sowie Beleuchtung (Fr. 46.–). Eigenartigerweise fehlt der Posten »Miete«: Wohnt Familie X im eigenen, völlig unbelasteten Haus?

So oder so sprechen wir hier bereits von überdurchschnittlichen Einkommen. Zum Vergleich die Angaben, die ich mir aus den Erinnerungen des bereits genannten Heiri Gysler zusammengestellt habe: eine Zürcher Kleinbürgerfamilie der gleichen Epoche. Und hier ist die Rede von Taglöhnen zwischen drei und vier Franken; ein Beamter der Zürcher Verwaltung beispielsweise kam auf Fr. 4.50 pro Tag. Also Jahreseinkommen von Fr. 1000.– bis 1200.–; davon schluckte die Miete für eine Vierzimmerwohnung Fr. 250.–/Jahr. Auch hier Lebensmittel als wichtigster Ausgabeposten; so teilt sich die achtköpfige Familie täglich einen Vierpfünder Ruchbrot zu Fr. 0.60: allein die Jahresrechnung beim Bäcker rund Fr. 220.–! Jederzeit war aber Ausweichen auf Kartoffeln möglich (Fr. 4.– bis 10.– pro Zentner); für ein Kilo billigstes Kuhfleisch hingegen arbeitete der Haushaltsvorstand (Stundenlohn ca. Fr. 0.40) bereits drei Stunden.

Und hier noch ein paar verstreute Angaben, wichtig für das Verhältnis Aufwand/Preis: Ein Bauarbeiter kam auf 30 Rappen in der Stunde, bezahlte fürs Übernachten 10 Rappen, schlief dann allerdings mit einem Dutzend weiterer »Schlafgänger« im gleichen Zimmer. 10 Rappen kostete auch eine Fahrt mit dem Pferdetram und 20 Rappen ein viertelstündiges Telefongespräch auf dem 1882 eröffneten Stadtnetz. Und bisweilen leistete sich Familie Gysler für Fr. 1.50 ein ganzes Gekröse, also die gesamten Eingeweide von Schaf oder Rind; abends setzte sich die Familie um den Küchentisch und schnitt gemeinsam das Fett von den Därmen, um es dann in der Fettpfanne »auszulassen«: die billigste Methode, um zu Kochfett zu kommen, weiter zu den begehrten Grieben, also den festen Rückständen beim Einsieden. Und selbstverständlich kamen auch die Därme auf den Tisch, feingehackt und an einer Sauce, serviert zusammen mit Makkaroni.

Zurück zum bürgerlichen Mittelstand, zu den Adressatinnen von Marie Kübler & Co.: Wie begann die Hausfrau beispielsweise den Arbeitstag? Am besten, so erfahre ich, nutzte sie schon die Zeit vor dem Frühstück für die allgemeine Zimmerreinigung. War das nicht praktikabel, so packte sie diese Arbeit gleich nach der Mahlzeit an: »Man lasse bei geöffnetem Fenster täglich erst die Bilderrahmen und sonstigen Wandschmuckgegenstände mittelst eines Federwedels vom Staube befreien, nachdem sämtliche Möbel, Teppiche und sonstige kostbare Gegenstände vorher mit eigens zu diesem Zwecke gefertigten, großen grauen und braunen Tüchern von grobem, doch nicht durchlässigem Zeuge bedeckt worden sind. Dann wird der Fußboden gekehrt und hierauf mit einem anderen neuen Besen nochmals überkehrt; der Teppich wird hierauf mit einem Strohhandbesen leicht abgebürstet. [...] Die Möbel werden alle Tage leicht abgebürstet und zwar, wenn sie mit Samt, Plüsch, Seide und anderen kostbaren, größerer Schonung bedürftigen Stoffen bezogen sind, nur mit einer recht weichen Bürste. Die Fensterscheiben sind täglich innen und außen mit reinem Fließpapiere und dann mit einem trockenen Leinentuch nachzureiben. [...] Ist das alles geschehen, so schüttle man die Gardinen zum Fenster hinaus, wische die Tische, Schränke sowie die darauf befindlichen Gegenstände vom Staube, was in manchen Wohnungen, wo sich mehr Staub ansammelt, am Nachmittag wiederholt werden muß, wenn die Zimmer keinen unordentlichen Eindruck machen sollen.«

Die Hauptarbeit, wohlverstanden, übernimmt hier das Dienstmädchen; immerhin soll die Hausfrau sich dort »thätig beteiligen«, wo sie sich nicht beschmutzt – das sei weitaus gesünder, als wenn sie in dieser Zeit »in gebückter Haltung am Nähtisch säße«.

Und hier die Fortsetzung der täglichen Reinigungsroutine im Schlafzimmer, im gleichen krustigen Feldwebelton aufgelistet: offenbar alles Selbstverständlichkeiten! Täglich wird die Matratze gewendet, was sonst, und zwar »einen Tag der Länge, einen andern der Breite nach«, dann Aufschütteln der Kissen, schließlich Waschen des Porzellans auf dem Waschtisch, der Krüge, Karaffen und Schalen. »Waschschwämme, Nagel- und Zahnbürstchen werden an der Sonne oder doch an der frischen Luft getrocknet, was sehr viel zu ihrer längeren Erhaltung beiträgt. Die gebrauchten Handtücher hängt man glatt an den Handtuchständer oder -halter, den man möglichst nahe ans Fenster rückt, welches tagsüber geöffnet bleibt und der Sonne Einlaß gewährt.«

Auf die Präokkupation der bürgerlichen Hausfrau mit Licht und Luft werde ich noch zurückkommen; fürs erste möchte ich jetzt aber leise Zweifel anmelden, ob Leitfaden und tägliche Praxis nicht doch auseinanderklafften: Gab es tatsächlich Hausfrauen, die zweimal täglich Staub wischten oder wischen ließen?

Verbindendes Prinzip jedenfalls von Möbelabdecken und Trocknen der Zahnbürste an der frischen Luft, vom kreuzweisen Wenden der Matratzen und liebevollen Abbürsten der Samtbezüge: Verlängerung der Lebensdauer jedes einzelnen Gegenstandes, größtmögliche Schonung. Die Hausfrau, wenn sie schon nicht zur Besitzmehrung beiträgt, soll wenigstens den vorhandenen Besitz pflegen, hätscheln, ihn gleichzeitig möglichst wirkungsvoll zur Geltung bringen.

Von den ungesunden Ausdünstungen beim Fegen der Bodenbretter war bereits die Rede; hier werden Unbeteiligte so weit wie möglich ausgeschlossen, als hätte man es mit zu hohen Strahlenwerten, mit einer Art Fallout zu tun. Die neuen Erkenntnisse der Bakteriologie, der Chemie führen um 1890 regelrecht zur Lufthysterie, haben ihre Ableger in den schriftlichen Ratgebern. Es gilt geradezu als »heilige Pflicht der Hausfrau«, für Frischluft in der Wohnung zu sorgen. Wer den Luftaustausch vernachlässigt, atmet Kohlensäure ein, und dies ist »schädlicher und ekelhafter, als das Wasser zu trinken, worin das Geschirr abgewaschen wurde«: die zeitgenössischen Entsorgungsprobleme mit Abwässern und Fäkalien finden ihre Entsprechung bei der Atemluft!

Wer zu wenig lüftet, erfüllt die Wohnung mit Wasserstoff, und der macht die Zimmer »kalt, stockig und erfüllt sie mit Schimmel«; feuchte Wände sind geradezu »Anmeldungskarten des Todes«! Da hilft nur eines: die Fenster öffnen. Allzu viele Hausfrauen begnügen sich mit dem »Lüften durch die Türe«, dabei dringen die Dünste der weiter unten gelegenen Fäkaliengrube ins Zimmer, was erkennbar ist an den »braun angelaufenen Thüren«. Hier ist der Schwefelwasserstoff der Sammelgruben am Werk, und diese unheimliche Substanz verursacht Kopfweh, Herzklopfen oder Nervenschwäche; selbst auf dem Lande ist es mit der »Luftpflege« schlecht bestellt, dringen üble Stoffe von der Jauchegrube in die Räume.

Nützt also auch das Fensteröffnen nichts, so bleibt nur eins: Man schafft sich den »Wolffschen Freiluft-Athmer für's Haus« an. Diese Erfindung, das ersehe ich aus den entsprechenden Inseraten, besteht aus einer Art Gasmaske, verbunden mittels eines Schlauchs, nämlich eines »dauerhaften

Pergamentpapierschlauchs«, mit dem Fenster, und hier ist die Ansaugstelle mit einem Filter ausgerüstet; man atmet also beim Lesen oder Schreiben sowie »Nachts b. Schlafen« garantiert »frische, entstäubte Freiluft« ein, auch in geschlossenen Räumen, wirkt damit »Lungen- u. Herzleiden« entgegen, ebenso möglicher Bleichsucht und Blutstockungen, denn auch die »Ausatmungsluft entweicht selbstthätig am Nasenstück«, das bezeugen »ärztl. u. sonst. Atteste«!

Praktisch alle Autorinnen von Ratgebern beschreiben die ideale Hausfrau, und das Robotbild dieses mythischen Wesens läßt sich mit erstaunlicher Leichtigkeit zeichnen: Die Profile sind fast deckungsgleich, manchmal finden sich wörtliche Entsprechungen. Ich beginne mit dem Gesamteindruck: »Natürlich« hatte die ideale Vorsteherin des Haushalts zu wirken, womöglich »anmutig-natürlich«, wobei diejenige Natürlichkeit gemeint war, die »sich hauptsächlich durch ein ungekünsteltes, von Befangenheit ebenso wie Anmaßung freies Auftreten, wie durch eine anmutig-belebte Ausdrucksweise zu erkennen gibt«. Mit anderen Worten: keine »erkünstelte Naivität«, kein »Ausarten«; es hatte sich gleichsam um eine natürliche Natürlichkeit zu handeln.

Hand in Hand mit dieser Natürlichkeit ging eine sympathische »Heiterkeit der Seele«, selbstverständlich wiederum keine schenkelklopfend-lärmige Fröhlichkeit, sondern »eine gewissermaßen philosophisch ruhige, die klarem Nachdenken über Menschen und Dinge entstammt«. Anmut, Heiterkeit und Natürlichkeit wiederum lebten von der Spontaneität; trotz maßvollen Auftretens zeigte die Musterfrau doch auch echtes Gefühl – vor allem, wenn sich »die Gelegenheit darbietet, einem Nebenmenschen Freude zu bereiten, zu helfen«; in solchen Augenblicken durfte das »Aufwallen der Freude« auch gezeigt werden. Das mache sich zwar bei jedem Menschen gut, »namentlich aber beim Weibe, dessen Gemütsleben reicher sein soll als das des Mannes«.

Soweit eine erste Kostprobe. Beim Niederschreiben wird mir bewußt, daß hier jede Zitatenlese einen sarkastischen Unterton bekommt, vor allem wenn es um das Verhältnis der Gatten zueinander geht: hoffnungslos realitätsfern, in ihrer Anmaßung menschenfeindlich und grotesk die Leitbilder, die hier formuliert werden.

Ich mag nun aber nicht im Soziologenjargon von schichtspezifischen Subjugationsmustern oder kollektivgeprägter Rollenakzeptanz schreiben und damit Objektivität vortäuschen; daß ich die in den Haushaltratgebern um 1890 skizzierte Frauenrolle entwürdigend und entmündigend finde, darf ruhig im Text aufscheinen. Und daß es zumeist Frauen waren, die hier Männerwunschträume zu Papier brachten, das Bild einer ausgesprochen störungs- und wartungsfreien Haushaltvorsteherin pinselten, die dem Familienernährer optimale Erholungsmöglichkeiten bot – daß Frauen an dieser bürgerlichen Pervertierung des Frauenbildes mitwirkten, soll ebenfalls nicht verschwiegen werden.

Vorherrschendes Strukturprinzip, das zeigen bereits die Zitate rund um die Natürlichkeit, ist das Finden einer möglichst unauffälligen Mitte zwischen den Extremen. Dieses fein ausgependelte Zentrum wird auch da gesucht, wo an sich positiv besetzte Begriffe diskutiert werden: natürlich, aber nicht zu natürlich sei die Hausfrau, anmutig, aber ja nicht auffallend. »Maßvoll«, ein an sich schon ausgewogener Begriff, wird noch weiter zergliedert: Die ideale Hausfrau ist maßvoll, aber nicht gemessen, vermeidet den »Anschein der Herzlosigkeit und Pedanterie«. In anderen Lebensbereichen lassen die Autorinnen das Pendel etwas weiter ausschwingen, so etwa rund um die Sexualität, die freilich in den unverbindlichsten Begriffen zitiert wird. So tut die mustergültige Ehefrau schon in den Flitterwochen gut daran, dem »sinnverwirrenden Rausch der Honigmonate« immer wieder die ernsten Pflichten der Zukunft gegenüberzustellen. Wer die Wonnen der Zweisamkeit »nur mäßig« genießt, behält klaren Blick, bereitet sich auf die Zeit vor, in der die »Jugend- und Körperreize ihre Macht« verloren haben werden. Aber auch beim Eros des Ehealltags heißt es abwägen, natürlich »dem Gatten die Zärtlichkeitsergüsse niemals aufdrängen«, aber auch nicht »die Rolle der Kalten, Spröden« sich aufzwingen lassen.

Erst wer die Klippen der Extreme umsegelt, findet zur eigentlichen Bestimmung der Gattin und Hausfrau, nämlich das Eheschiff »versöhnend, vermittelnd und ausgleichend« durch die rauhen Wasser des Lebens zu steuern: die Frau als eine Art Familienthermostat, der für ein bekömmliches, gedeihliches Klima sorgt...

Wohin allzu ausgeprägte Talente oder Zielstrebigkeit bei der Frau führen, ist bald resümiert; sie bleibt partnerlos, findet »keine duldende, sorgende Liebe«. Künstlerinnen, Wissenschaftlerinnen oder Geschäftsfrauen haben mehr Selbständigkeit und Willenskraft, »als einem Weibe zur Zierde gereicht«; für den Mann faszinierend sind allein »Sanftmut, Güte, Nachgiebigkeit, ja selbst ein wenig Hilflosigkeit und Schüchternheit«. Für den unwahrscheinlichen Fall, daß die selbständige Frau »einen Gatten findet, so hält es noch ungleich schwerer, daß sie in der Ehe Glück gibt und empfängt«!

Trotzdem dürfen Wissensdurst und Lernbegierde nicht gänzlich brachliegen. Das beweisen die schriftlichen Haushaltratgeber durch ihre bloße Existenz. Wo man vor fünfzig Jahren noch arbeitete, »so weit es eben gutschien«, lese ich in der »Koch- und Haushaltungskunde« von Frau Pfarrer Gschwind, ist es jetzt vorbei mit dem Schlendrian. Die heutige Zeit »spannt die Kraft des Einzelnen viel mehr an«, in der Küche haben Physik und Chemie Einzug gehalten, und so hält sich die »selbstbewußte, denkende Frau« auf dem laufenden über alle neuen Entwicklungen, ja sie organisiert ihren Haushalt nach dem Vorbild des Eisenbahnbetriebs, wo Pünktlichkeit und Systematik die Hauptrolle spielen. Und indem sie Anteil nimmt an den Entwicklungen des öffentlichen Lebens, bleibt sie Gesprächspartnerin ihres Gatten, nur daß dieser selbstverständlich Auskunftsquelle Nummer eins ist und bleibt. Im trauten Gespräch mit ihm stillt sie ihren Wissensdurst, und hier bemüht die Frau Pfarrer gar biblische Parallelen, die »sinnige Maria [...], die mit Interesse den Reden des Herrn gelauscht, ihn gefragt, zu seinen Füßen gesessen« habe ...

Denn so, und nur so, wird aus dem eigenen Heim eine geruhsame Oase, »wo die arbeitenden Männer immer wieder neue Kraft und frischen Muth zum Arbeiten und Sorgen schöpfen«, die Batterien aufladen. Fehlt dieser Anreiz, so geht der Gatte womöglich an einen der vielen Vereine verloren, die in dieser »an Vereinen überreichen Zeit« der Familie Konkurrenz machen, vergißt er darüber die unumstößliche Wahrheit: »Der älteste und edelste Verein ist die Familie.«

Das Abwägen, Einpendeln auf eine unverbindliche Mitte, es wird geradezu perfekt praktiziert im Bändchen »Briefe an meinen jungen Haushalt von Tante Christine«. Das Traktat, 1887 erschienen, vereinigt 24 fiktive Briefe, zuvor erschienen im »Schweizerischen Familienwochenblatt«: ideologische Leitplanken für den bürgerlichen Mittelstand der Belle Époque, aber auch Ergänzung zu den vorwiegend praktisch orientierten Haushalt- und Kochbüchern; Rezepte und Haushalttips fehlen hier völlig.

Tante Christine, die fiktive Ratgeberin, erscheint auf diesen Seiten als lebensweise, jeglicher Aufschneiderei abholde Vertreterin des bürgerlichen *common sense*; praktisch jedes Schreiben holt die Nichte in irgendeiner Hinsicht auf den Boden der Tatsachen zurück. Im Verlauf der zwei Dutzend Briefe ändert sich die Tonart der Zurechtweisungen unmerklich: Offensichtlich »klappt« der brieflich gesteuerte Sozialisationsprozeß, sind an seinem Ende nur noch sanfte Kurskorrekturen vonnöten.

Ich greife hier einige Punkte vor allem der »frühen« Briefe heraus, beginne wieder mit dem äußeren Erscheinungsbild. Wie vorauszusehen, rät die Tante zu einem »Kleid von sanftem Grau, Braun oder Schwarz«, und auch den Hausrock für die Morgenstunden möchte sie »in gefälligem Schnitt und dunkler, grauer Farbe« sehen. Roben in leuchtender Farbe, ja »ein bunt und bizarr zusammengesetztes« Kleid werden nicht per se abgelehnt. Die Nichte muß aber bedenken, daß die auffällige Garderobe besser im Gedächtnis haften bleibt. Schon beim zweiten Auftritt setzt sie sich dem Vorwurf aus, sie trage immer das gleiche: die unauffällige Farbe als Schutz vor demonstrativer Verschwendung! Gleichwohl ist ein bißchen Koketterie erlaubt, ja geradezu Pflicht; auch im braungrauen Habit kann die Nichte einen »zierlichen Hals und schön gerundete Arme« zur Geltung bringen!

Wer »Busen« für »Arme« einsetzt, hat die Botschaft im Klartext vor sich – eine Prise Sex im Alltag ist erlaubt, aber nur abgetönt durch graubraune Klosterfarben! Brief 3 bringt gleich eine Kopfwäsche, tadelt die tägliche Kaffeerunde, die sich die Nichte nachmittags gönnt. Dadurch fehlt sie nämlich zu Hause, und hier schaut der im benachbarten Kontor arbeitende Gatte doch gelegentlich herein, ist vielleicht peinlich berührt, die Stube leer zu finden. Die Nichte soll sich doch bitte überlegen, »was es einem vielbeschäftigten und streng arbeitenden Mann für eine Erholung sein kann, wenn er zuweilen auf einige Minuten sein Arbeitszimmer verlassen kann, um in den Räumen, welche durch die Gegenwart seiner still beschäftigten Frau ihm so wohlthuend sind, von aller peinlichen Kopfarbeit auszuruhen«. Selbst wenn die Begegnung nur ein beiläufiges Gespräch bringt, die Gattin strickt oder stickt, kann der geplagte Ernährer sie doch »freundlich ansehen und an seine ernste Arbeit zurückkehren«!

Offensichtlich trägt diese Mahnung Früchte; wenige Briefe später gelobt die Adressatin, fortan »der Behaglichkeit von Mann und Kind« zu leben. Bloß ist auch das Tante Christine wieder nicht recht: Nur wer am Weltgeschehen teilnimmt, die wichtigsten Zeitungen und Bücher liest, kann sich in Gesellschaft behaupten – freilich ohne sich »dreist in die Reihen der sprechenden und handelnden Männer zu stellen«. Wirft die Lektüre Fragen auf, ist es nur natürlich, daß die Nichte »von ihrem eigenen Gatten Belehrung verlangt«. Sollten sich dabei Meinungsverschiedenheiten zeigen, bringt der Alltag Zwistigkeiten, so ist ebenfalls klar, wer nachgibt: »Weiche um des lieben Friedens willen aus, wie wir der Biene ausweichen«; noch nie hat es geschadet, wenn man »mit freudiger Gefügigkeit seine Anschauungen von Recht denen Anderer unterordnet«.

Ich verzichte darauf, die weiteren Punkte dieses Unterwerfungslehrganges auszuführen, zitiere hier nur noch Tante Christinens besonders bemerkenswerte Ausführungen zur geschlechtlichen Aufklärung: ein Musterbeispiel kumulativer Verdrängung! Offenbar hat die Nichte vorübergehend ein pubertierendes Mädchen aufgenommen und sieht sich dadurch konfrontiert mit »heiklen Fragen«. Tante Christine bedauert erst einmal, daß solche Probleme überhaupt je erörtert werden müssen. Selbst Kinder würden regelrecht provoziert durch »das abstoßende Gebahren der Hunde, welche überall ihren Gelüsten nachgehen dürfen« – ein Anblick, der in der Kinderseele unnennbaren Schaden anrichte. Um so zurückhaltender müsse sich die Mutter geben. Ihre erste Pflicht: auf diesbezügliche Fragen »mit zartfühlendem Sinn Auskunft zu verweigern«. Aufgeklärt würden die Heranwachsenden ja ohnehin – auf der Straße, in der Schule oder »von irgendeiner Seite her«. Gott sei Dank handle es sich aber meist um »halbes Wissen« oder »unklare Belehrung«. Durch konsequentes Abschotten und strikte Auskunftsverweigerung aber gebe die Erzieherin zu verstehen, es handle sich hier um Fragen, die »unbeantwortet bleiben müssen«. Hat sie ihre Sache bisher recht gemacht, »dann endet bei einem guten Kinde das Fragen und Belehrungsuchen«...

Maggi: vor dem großen Durchbruch

Zwei zentrale Gemälde zum Thema Küche tragen die Jahrzahl 1888, ebenso meine Ausgabe von »Tante Christine«, zudem taucht das Datum bei meinen Recherchen über die Malkunst immer wieder auf. Eine Zufallshäufung; ich nehme sie trotzdem zum Anlaß, meine Geschichte wieder einmal zu situieren, ein paar Stichworte zur Zeitgeschichte zu nennen: Was bewegte die Menschen in diesem Jahr?

Und hier stoße ich immer wieder auf die große Weltausstellung, die man in Paris zum hundertsten Jahrestag der Französischen Revolution vorbereitete. Dieser Anlaß sollte gefeiert werden mit einem nie dagewesenen Aufwand, zum Beispiel mit einem tausend Fuß hohen Turm aus Eisen, und dieses Bauwerk sollte die Überlegenheit der französischen Ingenieurskunst demonstrieren. Es gibt Fotos vom September 1888, die den Eiffelturm im Bau zeigen, bereits auf halber Höhe angelangt – zum Schrecken vieler Pariser Künstler und Intellektueller, die ganz einfach nicht geglaubt hatten, daß man mit dieser »widerwärtigen Säule aus widerwärtigem Blech« ernst machen würde. Jedenfalls kam der Protest von rund fünfzig Kulturschaffenden in der Zeitung *Le Temps* ganz einfach zu spät; der »schwindelerregende, lächerliche Turm«, der »das liebliche Paris wie ein häßlicher Fabrikschornstein überragt und mit seinen barbarischen Ausmaßen die Zeugen der Vergangenheit demütigt und erniedrigt«, er war nicht mehr aufzuhalten.

1888 – in Deutschland sprach man damals vom Dreikaiserjahr; die Krone ging von Wilhelm I., der im Frühjahr hochbetagt starb, an dessen Sohn Friedrich III. über. Friedrich, auch schon 57 Jahre alt, starb nach kaum dreimonatiger Regierungszeit; der Thron kam an Wilhelm II., einen 29jährigen, äußerst dynamischen Mann: ein Generationenparcours mit Folgen!

1888 auch als Stichjahr für die schweizerische Arbeiterschaft: Im Oktober wurde auf Initiative des Berner Gewerkschafters Albert Steck die Sozialdemokratische Partei der Schweiz gegründet. Zwei frühere Anläufe in den Jahren 1870 und 1880 waren mißglückt. Ich nehme an, man stand auch dieser Gründung vorerst skeptisch gegenüber, vor allem den erklärten Zielen der SPS: schrittweise Verstaatlichung von Handel und Verkehrswesen, von Landwirtschaft und Gewerbe!

Eine weitere Gründung dieses Jahres: die Aluminiumhütte von Neuhausen im Kanton Schaffhausen, und auch hier wird die Bedeutung erst im Rückblick sichtbar. Das Werk wendet ein eben entdecktes Verfahren an, das mit Elektrolyse arbeitet, also beträchtliche Mengen Strom braucht. Die Firmengründer nutzen zur Stromerzeugung den in Rheinfallnähe besonders stürmisch fließenden Rhein: einer der ersten schweizerischen Betriebe mit eigenem Kraftwerk! Daß Leichtmetall und Elektrizität im kommenden Jahrhundert zu Konstanten der technologischen Entwicklung werden, darüber legt man sich wohl selbst in der Firmenleitung noch keine Rechenschaft ab. Trotzdem ist »Neuhausen« so etwas wie ein Gutschein für die Zukunft des Landes!

Und wie stehen in diesem Jahr die Aktien im waldigen Kemptthal, wie steht es mit Julius Maggi? Ich rekapituliere: Vor zwei Jahren hat Maggi die neuentwickelte Suppenwürze im eigenwilligen Stielfläschchen auf den Markt gebracht und sich von Frank Wedekind die Werbetexte dazu schreiben lassen. Knapp ein Jahr alt ist die Zweigstelle in Singen, ein paar Schritte jenseits der deutschen Grenze, und dort füllen seither ein halbes Dutzend Arbeiterinnen täglich die in Kanistern gelieferte Brühe ab, im »Gütterlihüüsli«. Aber die Umsatzkurve für das Suppenelixier steigt nur schwach an. Und bei den Leguminosepräparaten sieht es noch bedenklicher aus: 1300 Zentner setzt man 1888 ab, nicht einmal die Hälfte der prognostizierten Menge. Die nahrhaften Suppen und Breie haben zwar ihre Liebhaberinnen gefunden, unter gutbürgerlichen Köchinnen, nur: das eigentliche Zielpublikum, die Proletarierscharen, sie lassen sich bitten. Und Fridolin Schuler, die Gemeinnützige Gesellschaft? Ihre Unterstützung ist mehr als halbherzig geworden; gerade in diesem Jahr bringt sie eine neue Aufklärungsbroschüre heraus, und hier werden »Milch und Käse als Volksnahrungsmittel« propagiert – eine Enttäuschung! Unterdessen geht man bei Maggi so weit, die Erbs- und Linsenpräparate für die Ernährung von Zuchthäuslern und »Pensionären von geistlichen und weltlichen Erziehungsanstalten« anzupreisen. Spital- und Anstaltsküchen werden angeschrieben, als Stellen, wo man »die möglichst billige Beschaffung des Nahrungsbedarfes anstreben müsse«! Die Leguminosen müssen weiter auch mithelfen, den Firmennamen unter die Leute zu bringen. Im Januar 1888 beispielsweise meldet die Zeitung »Bote von Uster«, Maggi habe der kleinen St. Galler Gemeinde Libingen einen Sack seiner Erbsprodukte »zur Verteilung an ärmere Leute« übersenden lassen.

Übertreibt man hier gar? Stockt der Absatz, weil die Legu-Mehle allzu sehr nach Armeleutekost riechen, das Sozialhilfearoma allzu kräftig durchdrückt? Beim Firmengründer jedenfalls ungebrochene Zuversicht: Man habe nun »die kostspieligsten Erfahrungen« gemacht und »alle Vorbedingungen erfüllt, um auch ein Geschäft daraus zu machen«. Dies in einem Schreiben Maggis an die Kommanditäre, und unter diesen Teilhabern findet sich niemand Geringerer als Bundesrat Emil Welti, der Schwiegersohn des verstorbenen Eisenbahnkönigs Alfred Escher. Daß Welti mit immerhin 200 000 Franken beteiligt ist, erweckt Vertrauen, bringt neue Teilhaber; jedenfalls steigt das Gesellschaftskapital praktisch Jahr für Jahr, beträgt zu Ende 1888 eine runde Million!

Spätere Firmenchronisten werden feststellen, daß die Jahre 1886–89 trotz flauen Geschäftsgangs für die Zukunft der Firma entscheidend sind. Obwohl man der Gemeinnützigen Gesellschaft getreulich die vierteljährlichen Berichte über den Leguminosenabsatz liefert, setzt man jetzt ganz offensichtlich auf Fertigsuppen, erweitert in diesen Jahren die Palette von sechs auf zweiundzwanzig Produkte. Pröbelt weiter an der Zusammensetzung der Würze herum, gründet Niederlassungen in Paris, London, Berlin: Expansion auf Zusehen hin!

Wie fruchtbar sich diese Neugierde auswirkt, wie vorurteilslos man in Kemptthal alles Neue prüft, das zeigt mir ein kurzer Briefwechsel zwischen Maggi und August Rübel; offenbar hat dieser zuversichtlichste aller Aktionäre Zeitungsberichte über »ein neues Reizmittel« gelesen, das man in Kemptthal vielleicht ins Programm einbauen kann. Die Kolanuß, so wurde an der Medizinischen Akademie in Paris erläutert, befähigt den Menschen zu »langen Märschen ohne jede Ermüdung«; angeblich haben einige Offiziere der französischen Armee die 72 Kilometer zwischen Laval und Rennes in 15 Stunden zurückgelegt, wobei sie sich mit Kolapulver stärkten. Und angeblich plant die französische Armeeleitung, »diesen Stoff in die Ernährung des Soldaten beim Marsche und im Felde« einzuführen.

Maggi besorgt offensichtlich einige Kolanüsse, denn Rübel legt ein Urteil ab: Das Parfüm »ist sehr gut, wie Nelken, und der Geschmack wie Zimt«. Ich nehme an, er hat seine Musternuß wie eine Muskatnuß zu Gewürzpulver zerrieben; jedenfalls behauptet der Brief, das Aroma sei »auf Fleisch kaum schmeckbar«. Dachte man in Kemptthal also daran, die flüssige Suppenwürze mit Kolaextrakt zu verstärken? Oder hielt man alle Möglichkeiten offen, war allenfalls gar eine Maggi-Limonade auf Kolabasis denkbar?

Natürlich schlage ich nach, wie und wann die Karriere von Coca-Cola begonnen hat. Gegründet wurde das US-Unternehmen gleichen Namens im Jahre 1892, also zwei Jahre nach dem Briefwechsel Rübel–Maggi. Trotzdem hätte es in Kemptthal nicht zur Weltpremiere gereicht. Das braune Getränk wurde in Atlanta schon seit Mitte der achtziger Jahre in kleinen Quantitäten hergestellt, damals übrigens noch angereichert mit dem Extrakt von Kolablättern: Kokain! Es war die Erfindung eines Apothekers namens Pemberton, und bereits bestand auch der mit Schnörkeln verzierte Namenszug, den Pembertons Buchhalter in einer Mußestunde hingepinselt hatte: eine *trademark* wie Maggis Kreuzstern!

Der weltweit verbreitete Softdrink von den Ufern der Kempt – er ist nur eine weit entfernte Möglichkeit. Immerhin sollte sich Julius Maggi später intensiv mit Getränken beschäftigen, dies ab 1900 in Paris, beim Aufbau der Société laitière Maggi. Hier handelte es sich um die Versorgung einer Weltstadt mit Milch: meine Spekulation also nicht allzu weit hergeholt!

Seit 1888 arbeitet »Maggi's Fabrik von Nahrungsmitteln« mit einem Gesellschaftskapital von einer runden Million: erste Erweiterungsbauten, Neueinstellungen. Trotz des Erfolges der Speisewürze verbleibt man aber in den roten Zahlen; anscheinend experimentiert Maggi weiter, entwickelt laufend neue Produkte. Im April 1889 trifft ein erzürnter Brief von Mentor und Teilhaber Georg Stoll ein: Das Unternehmen sei dem Kollaps nahe, weil durch die ewige Pröbelei »Geld und Material verwirtschaftet werde«. Man fröne in Kemptthal »einer Experimentiersucht, die mit wahrer Leidenschaft darauf erpicht ist, ohne Unterlaß neue Produkte zu erzeugen«. Während die Konkurrenten im Lande, etwa Nestlé in Vevey oder die Trockenmilchfabrik in Cham, »ihre Tätigkeit auf eine kleine Anzahl guter Artikel konzentrieren und dabei prosperieren«, vernachlässige der Firmenleiter das »laufende Geschäft«, vergrabe sich im Labor; das müsse »mit Nothwendigkeit zum Ruin führen«.

Auch Maggis Antwort ist erhalten geblieben – konziliant und gleichzeitig selbstbewußt: Ihm wäre ebenfalls nichts lieber als die Konzentration auf wenige Spezialitäten; im Suppengeschäft aber heiße es eine breite Palette anbieten. Und gleich anschließend der Sprung nach vorn: Man könne jetzt ohne Bedenken zur Gründung einer Aktiengesellschaft schreiten; in Kürze werde er entsprechende Exposés unterbreiten.

Offenbar wirkte so viel Optimismus ansteckend: 1890 Gründung einer Aktiengesellschaft mit einem Kapital von anderthalb Millionen; die Einleger erhöhten ihren Einsatz also nochmals kräftig. Aber schon der erste Jahresbericht brachte eine »rohe Überraschung«, nämlich Verluste von einer halben Million! Ein »Rekonstruktionsplan« brachte neues Geld; schließlich, ab 1892, steigen die Einkünfte. Der Umsatz überstieg die Millionengrenze, erstmals ein bescheidener Gewinn von Fr. 50 000.–!

Augenschein im Firmenarchiv über das so barsch getadelte Produktesortiment nach dieser ersten Phase. Ich staune über die Vielfalt von Packungen, die man im Verlauf des ersten Jahrzehnts entwickelt hat. Für jedes neue Erzeugnis mußte erst die entsprechende Hülle gefunden werden. Suppen kommen beispielsweise als Rollen in den Verkauf – in kräftiges Papier gewickelt, die Rolle zu sechs Tabletten, und auch diese sind jeweils in Papier gewickelt, gehen einzeln über den Ladentisch: zehn Rappen »für zwei Portionen vorzüglicher Suppe«. Diese Rollen gibt es in sechsunddreißig verschiedenen Farben, denn Maggi bietet jetzt gekörnte Suppen und gebundene Gemüsesuppen an, ebenso Creme- und Röstsuppen, und hier gibt es zahlreiche Unterarten: die Erbs-, die Erbsmus- und die Erbswurstsuppe sowie die Grünerbskräutersuppe zum Beispiel, oder dann Erbsen mit Sago, Erbsen mit Reis oder Reis mit Julienne. Weiter »Pikante Suppen«, bei denen die Rolle aufs Anderthalbfache zu stehen kommt, also auf neunzig Rappen: Feinschmeckerangebote wie Mockturtle, Londonderry- oder Krebssuppe.

Getrocknete Bohnen oder Suppengemüse kommen in länglichen Papierbeuteln in den Handel; Bouillon gibt es in Kapseln, bleistiftdicken Kartonhüllen mit Paraffinüberzug, und die enthalten zwei Röhrchen mit Extrakt, aus denen sich eine Fleischbrühe (fett) oder eine Kraftbrühe (entfettet, extra stark) herstellen läßt. Die »Büchse à 10 Kapseln« kommt zu Fr. 1.50 in den Handel; auch hier mußte Maggi ein ansprechendes Design finden: das ausgehende 19. Jahrhundert als Pionierära für Verpackungsspezialisten! Tomatensauce gibt es in der Form handtellergroßer Tabletten, die einzeln eingewickelt verkauft werden. (»Tablette zerreiben, mit etwas warmem Wasser glatt anteigen und soviel kochendes Wasser einrühren, als es braucht, um eine Sauce von der gewünschten Seimigkeit zu erhalten.«)

Weiter gibt es granulierte Bouillon im runden Fläschchen, dann granulierte Bouillon als Würfel, verpackt in festes Papier, und schließlich das berühmte Viereckfläschchen mit dem kaminförmigen Hals, Maggis »Bouillon-Extract« aus dem Jahre 1886, komplett mit dem erwähnten »Würzesparer«, dem Dosierausguß. Ein Patent für eine solche Packung gab es natürlich noch nicht, ich nehme aber an, daß Maggi selbst beim Entwurf mitzeichnete. So wie beim Kreuzstern erinnern auch hier die Proportionen an den Tüftler und Pröbler, den selbsternannten Designer!

Die Konkurrenz übernahm das Fläschchen samt Dosierhals übrigens mit geradezu schamloser Unverfrorenheit; in Teutebergs »Geschichte der Fleischbrühe« finde ich dutzendweise Imitationen durch Firmen wie Knorr oder Graf. Daß sich die Form der Würzflasche bis heute nicht geändert hat, trägt ihr immerhin einen Platz unter den »Dauerbrennern« ein, den »Dingen, die perfekt auf die Welt kamen«: Maggis braunes Fläschchen Seite an Seite mit dem Einmachglas, dem Reißverschluß und der Coca-Cola-Flasche...

Zu Beginn der neunziger Jahre war die Belegschaft kräftig angewachsen. Unter den weit über hundert Beschäftigten waren sehr viele Frauen, Mädchen aus den umliegenden Dörfern. Wie sah die tägliche Arbeit in einer Suppenfabrik aus? Hierzu finde ich Berichte von Augenzeugen, Augenzeuginnen: eine Hilfsarbeiterin aus Kemptthal, Beschreibungen aus der Filiale in Singen, wo man zu Ende des Jahrhunderts vom Abfüllen der Würze zur Produktion von Trockensuppen überging. Weiter haben sich Fotografien aus den 1890er Jahren erhalten; ich beginne mit der Gemüserüsterei.

Die älteste Aufnahme zeigt um die dreißig Frauen in einer nüchternen Halle, Seite an Seite sitzend beim Schälen von Kartoffeln. Die meisten haben eine Schürze aus grobem Sackstoff umgebunden. Die Schalen landen im Schoß, die geschälten Kartoffeln in regelmäßig aufgereihten Holzkisten; daneben identische Kisten mit noch zu schälenden Kartoffeln. Ich entdecke weiter eine Aufseherin und einen Aufseher; zwischen den Reihen ein Halbwüchsiger mit einer Schubkarre: wohl der Sammeltransport für die Schalen. Rein mechanisch gesehen gibt es hier keinen Unterschied zur Arbeit in der häuslichen Küche; das bestätigen mir auch die Augenzeugen: »In der Gemüserüsterei werden durch Arbeiter zuerst die gröbsten Reinigungsarbeiten an den Gemüsen besorgt. Hilfsarbeiterinnen schaben und zerkleinern dann die verschiedenen Gemüsesorten wie Kartoffeln, Kerbeln, Lauch, Petersilie [...], Wirz und Blumenkohl.«

Arbeiterinnen beim Präparieren von Kohl und Wirsing finde ich auf einem weiteren Bild, das einige Jahre später aufgenommen wurde; die Holzkisten für Abfall und Gemüse sind hier durchs Band weg mit dem Namenszug »Maggi« versehen. »Man saß auf Kisten, später bekam man noch Säcke zum Draufsitzen. Seite an Seite putzten wir das Gemüse. Zur Verfügung standen lediglich ein Messer und ein Brett. Je nach Geschick hatte man seine Kiste Gemüse schnell geputzt und verlesen. Die Vorarbeiterin konnte schon an den Abfallkisten erkennen, wie schnell gearbeitet wurde.«

Maschinen kamen erst in einem zweiten Stadium zum Einsatz. Sie wurden »mit Transmissionsriemen betrieben, und man mußte sich vorsehen, nicht an den Riemen hängen zu bleiben«. Und hier wurde das Gemüse weiter zerkleinert, gedörrt oder vorgekocht, es folgte die Mischung in großen Mulden – auch hier Handarbeit! –, schließlich wurde »in großen Maschinen der fertige Suppenstoff zu Würfeln gepreßt«.

Handarbeit hingegen wieder beim Portionieren und Verpacken des Brühwürfels: »Die teigartige Masse wurde auf ein Holzbrett aufgewalzt, dann in einem Ofen getrocknet bzw. gebacken und danach von Hand zu Würfeln geschnitten. Das Einwickeln in ein zugeschnittenes fettdichtes Pergamentpapier sowie das Umlegen eines bedruckten, dünnen, faltschachtelähnlichen Zuschnitts bzw. einer Banderole erfolgte ebenfalls von Hand.« Durch alle Hallen zog der durchdringende Geruch nach Bouillon und geröstetem Gemüse, vor allem aber das Liebstöckelaroma der Suppenwürze: »Auch wenn man die Kleidung gewechselt und sich gewaschen hatte, wurde man den Geruch einfach nicht los. Man stank regelrecht.«

»Den alten Zopf verscheuchen«: Gaslicht

Eine grundsätzliche Frage: Wie beleuchtete man einen Fabriksaal an einem düsteren Wintermorgen? Auf einem der beiden Fotos mit den Gemüseputzerinnen sind deutlich Glühlampen zu sehen. Wie ich lese, führte Maggi das elektrische Licht aber erst 1895 ein: Wie hatte man die Säle vorher beleuchtet? Betrieb Maggi eine eigene Gasanlage? Und wie stand es überhaupt mit dem künstlichen Licht für öffentliche Zwecke – gab es beispielsweise Gaslaternen in einem Dorf wie Kemptthal?

Hier stellen sich auf Anhieb Bilder ein: gußeiserne Kandelaber mit schön verzierten Laternenkästen, und die verbreiten ein angenehm sanftes, leicht bläuliches Licht. Oder schmiedeeiserne Halter an Hauswänden, mit allerei Schnörkelwerk, die die Laterne über der Gassenmitte festmachen, oder Gasbrenner an der reich tapezierten Wand des Salons, mit schmucken Glasschirmen, allerhand geätzten Ornamenten. Die Vorstellung »Gaslicht« also ein Klischee, vor allem aus Filmen, die im Viktorianischen England spielen: daneben tragen aber auch Bildbände über die Belle Époque durchaus Titel wie »Europa im Gaslicht«. Der Begriff evoziert nicht nur Gemütliches: Neben die Bilder von Capes und Zylindern, von Palmwedeln und Kutschen auf Kopfsteinpflaster drängt sich die Vorstellung von kahlen Fabriksälen unter öden Gaslampen, das Licht grünlich-ungesund.

Ich habe vorab eine Anzahl Lokalchroniken konsultiert, um die Chronologie in den Griff zu bekommen: Wann wurde in der Schweiz Straßenlicht, wann die Gasbeleuchtungstechnik eingeführt? Gibt es eine einheitliche Abfolge, wechselt man erst vom Petrol- zum Gaslicht und dann, irgendwann zu Beginn des zwanzigsten Jahrhunderts, zum elektrischen Licht?

Und hier läßt sich – leider – so ziemlich alles anführen, jedenfalls für das schweizerische Mittelland und die Voralpen. Das Zürcher Landstädtchen

Dielsdorf zum Beispiel beleuchtete die Straßen seit den 1860er Jahren mit einem Dutzend Petrollaternen und stellte zur Jahrhundertwende auf Gaslicht um – dies vor allem, weil ein privater Unternehmer für den eigenen Betrieb eine Azetylengasanlage hatte bauen lassen und günstig überschüssiges Gas anbot. Der Chronist berichtet hier anschaulich, wie sich der Laternenanzünder abends auf die Runde machte, ausgerüstet mit einer mannshohen Stange, deren Ende mit einem Haken und einer brennenden Kerze ausgerüstet war. Mit dem Haken öffnete er den am Fuß der eigentlichen Laterne angebrachten Schieber, mit der Kerze entzündete er den Docht, »was bei starkem Wind oder Regen ein Kunststück war und von den Kindern geziemend bestaunt wurde«. Zum Auslöschen – meist nachts um zehn Uhr – diente ein Blasrohr.

Meiringen, am Fuß des Brünigs gelegen und entsprechend mit viel Wasserkraft gesegnet, wechselte direkt vom Petrol- zum elektrischen Licht. Hier ließ die Gemeinde bereits 1889 eine Kleinturbine samt Kleingenerator installieren und gab den Bürgern Lichtstrom ab; wer eine sechzehnkerzige Glühlampe betrieb, bezahlte eine Jahrespauschale von achtzehn Franken.

Für manche mittelgroße Gemeinden stellte sich die Frage nach der öffentlichen Beleuchtung überhaupt erst in den 1870er Jahren. Bis dahin begnügte man sich damit, daß »bei nächtlichem Brandunglück sämtliche 3 Laternen zum Anzünden bereit« stünden – so in Liestal, immerhin Kantonshauptort von Baselland. Hier hatten Private für eine rudimentäre Beleuchtung von drei Laternen gesorgt; die Gemeinde übernahm bloß eine »halbe Lampe«, was sie jährlich 32 Franken kostete. In Glarus, einem weiteren Kantonshauptort, klagten Einheimische wie Besucher über die »Krähwinkelillumination« und die »dunklen, schmutzigen Straßen«; hier ging man nach dem verheerenden Brand von 1861 zur großzügig angelegten Gasbeleuchtung über.

1874 führte die Zürcher Seegemeinde Wädenswil die Gasbeleuchtung ein; im gleichen Jahr bestellten die Gemeindeväter von Affoltern am Albis – einem Bezirkshauptort – die ersten Straßenlaternen mit Petrolbetrieb, dies zu 70 Franken pro Stück (»ein steinerner Sockel ist mit der eisernen Säule inbegriffen«). Der entsprechende Aufruf führte an, der neue Postkurs habe bedeutenden Mehrverkehr gebracht. Man könne den Fahrgästen der Postkutschen nicht länger zumuten, im Dunkeln aus- oder umzusteigen, und auch die Bauern sollten ihre Milch nicht mehr im Finstern zur Sennhütte bringen müssen.

Für kleinere Gemeinden spielte die Art der Beleuchtungstechnik also nicht die Hauptrolle. Wichtig war beim Eintritt ins letzte Viertel des

Jahrhunderts das Prinzip der öffentlichen Beleuchtung als solches – an vielen Orten ein bedeutungsvoller Schritt! Es galt, einen »Lampisten« anzustellen, der Unterhalt sowie Anzünden und Löschen übernahm, und dieser Mann mußte mit einem Anzündrohr, einem Löschrohr und einer Ölkanne ausgerüstet werden. Hier handelte es sich bestenfalls um eine Achtelstelle, die mit einem Jahreslohn um die hundert Franken abgegolten wurde. Aber auch der Brennstoff und die Reparaturen schlugen zu Buch: zweihundert Franken jährlich für das Neolin, ein Erdölderivat, kleinere Glaser- und Spenglerrechnungen: für viele Gemeindebudgets eine spürbare Belastung.

An vielen Orten also nur zögernder Übergang zur Straßenbeleuchtung; man begnügte sich mit Straßenlicht zwischen Einbruch der Dämmerung und halb zehn oder zehn Uhr nachts, »mondhelle Nächte ausgenommen«. Oder man schränkte die Beleuchtung auf das Winterhalbjahr zwischen Mitte September und Mitte April ein. Der »Lampist« oder »Laternier« übernahm aber fürs ganze Jahr eine Art Katastrophenwarndienst, war vertraglich verpflichtet, »bei Brandsunglück, Waffennoth o. ä. ohne Zeitverlust die dem Unglücksorte zunächst befindlichen Laternen anzuzünden«.

Wie hell gaben diese zehn oder zwanzig Lampen, die sich die mittelgroße Gemeinde leistete? In einem Buch über die künstliche Helligkeit im 19. Jahrhundert stellt Wolfgang Schivelbusch die gebräuchlichen Modelle vor, zeigt die raffinierte Konstruktion von Öl- oder Petrollampen auf: Die *réverbères* wiesen mitunter zwei und mehrere Dochte auf, dazu Reflektoren, im Gebrauch war ein halbkugelförmiger Spiegel über der Lampe, der das Licht auf die Straße zurückwarf. Trotzdem ließ sich selbst eine kleinere Ortschaft mit diesem Mindestangebot nur punktuell erleuchten; die Lampen waren denn auch meist plaziert an Kreuzungen, vor Gaststätten, an den Wechselstellen der Pferdepost.

Ich will mich hier aber vor allem mit der Umstellung auf Gaslicht beschäftigen, und hier fällt der erste große Schub auf den Beginn »meiner« Epoche. Das läßt sich ablesen an der Anzahl von »Gasanstalten«, also Gasfabriken. Hier ist zwischen 1860 und 1880 ein Zuwachs von rund 20 auf gut 70 Etablissements zu verzeichnen; dies die Zahlen für die ganze Schweiz. Sie schließen allerdings Kleinanlagen wie die Fabrik von Dielsdorf mit ein; die verschiedenen Methoden erlaubten es, Leucht- oder Kochgas praktisch für den Heimbedarf herzustellen.

Und hier spielte die Nähe zu einer größeren Stadt eine gewichtige Rolle. Daß beispielsweise Basel seit der Jahrhundertmitte Gas für die Straßenbeleuchtung einsetzte, wirkte für die Liestaler als mächtiger Ansporn. Und als man 1873 eine »Aktiengesellschaft zur Betreibung eines Gaswerks« gründete, war das Kapital von Fr. 35 000.– innerhalb weniger Stunden überzeichnet. In Wädenswil ging die Initiative von einem Seidenfabrikanten aus, der mit begeisterten Anhängern aus dem Männerturnverein eine entsprechende AG gründete. Hier wie dort kamen die Bauarbeiten erstaunlich rasch voran; in der Zürichseegemeinde entstand ein komplettes Gaswerk mit Gasometer, Ofenhaus, Verwaltungsgebäude und Leitungsnetz von sechs Kilometern Länge zwischen Mai und September 1874! Hier wie dort nutzte man die neue Technologie, um die Straßenbeleuchtung auf einen Schlag zu vervielfachen; kurioserweise eröffneten beide Gemeinden die neue Ära mit 72 Straßenlaternen.

Und daß man sich mit der Gastechnologie in einer neuen Epoche wähnte, das zeigen die Berichte über die Eröffnungsfeierlichkeiten. In Liestal berichteten Festredner vom »Jubel von Groß und Klein«. Die Gemeinde sei in »eine neue Epoche eingetreten. Das neue Licht zündet in alle Winkel und wird hoffentlich dazu beitragen, daß alle Schäden wie z. B. privilegiert scheinende Verkehrshemmnisse verschwinden werden.«

Daß das Gaslicht »den alten Zopf verscheucht«, das hoffte man auch in Wädenswil. Hier hatte eine Einsprache mißtrauischer Anwohner den Bau der »Gasanstalt« hinausgezögert. Man hätte das Bassin für den Gasometer gerne irgendwo am Dorfrand gesehen: Was geschah, wenn sich hier eine undichte Stelle zeigte, das Gas ausfloß, ins Grundwasser gelangte? Nach einem richterlichen Termin wurde die Einsprache zurückgezogen. Die Bevölkerung wurde aufgefordert, für den Gasanschluß zu »subscribiren«. Wer sich jetzt anmeldete, bekam die private Zuleitung gratis; wer den Zug verpaßte, mußte später »die Anbohrung des öffentlichen Netzes« selbst berappen.

Und diese Subskriptionsfrist lief Ende Februar ab: kaum zwei Monate Zeit für die Bürgerinnen und Bürger, sich zur neuen Technologie eine Meinung zu bilden! Immerhin statteten die Betreiber einen Raum »neben der Bäckerei des Hrn. Gut« zum Informationsbüro aus, und hier konnten die »tit. Gasabonnenten jede gewünschte Auskunft« erhalten: vormittags zwischen neun und elf Uhr!

Erstaunlicherweise war die erforderliche Flammenzahl von 800 in wenigen Wochen erreicht. Noch erstaunlicher, wie gesehen, das Bautempo. Obwohl rund sechs Kilometer Leitungen zu verlegen waren, blockierte das Bauteam die einzelnen Straßenabschnitte nie länger als zwei, drei Tage. Mitte Juni testete man die Grube für den größeren Gasometer: Die Feuerwehr füllte ihn ganz einfach mit Wasser, stellte kein Leck fest! Darauf lieferte die Maschinenfabrik Sulzer aus Winterthur die Gasöfen und die Rohrleitungen, und drei Monate später brannten die genannten 72 Straßenlaternen sowie Gasflammen in 76 Haushaltungen und Fabriken; die Flammenzahl lag bereits weit über tausend.

Auch hier Eröffnungsfeiern mit Toasts, die der Zukunft der Seegemeinde galten. Dem horrenden Innovationstempo zum Trotz blieb man offensichtlich gelassen, betrachtete die technologische Umstellung eher als Auftakt. Als nächstes würde der Bahnanschluß kommen, dann ein eigenes Gymnasium, eine zentral gesteuerte Wasserversorgung. Zu Beginn der Wintersaison kündigte die Gasanstalt den Verkauf von »Coaks« an, dies zu einem Zentnerpreis von Fr. 3.–, der bar zu erlegen sei; »kleinere Mengen werden nicht abgegeben«.

Auf die Zielstrebigkeit, auf das unglaubliche Tempo, in dem eine solche tief einschneidende Neuerung durchgeführt wurde, komme ich später noch zu sprechen. Vorerst interessiert mich eine andere Frage: Was wußten die Wädenswiler(innen), die Liestaler(innen) über diesen Brennstoff? Was bewog sie, zu »subscribiren« auf unsichtbare Energie, die jederzeit abrufbar war durch ein weitverzweigtes Röhrensystem? War es die an vielen Orten gleichzeitig erstellte Wasserversorgung, die Analogie zum Leitungswasser, die sie derart gelassen auf das Experiment eingehen ließ? Energie wie Flüssigkeit wurden ja zentral gespeichert und blieben unsichtbar bis zum Moment des Verbrauchs: Man beschäftigte sich erst mit ihnen, wenn man den aus der Zimmerwand ragenden Hahn aufdrehte. Oder hatte das Bahnwesen die Bevölkerung offen gemacht für die Neuerung – das Schienennetz, das seit einem Vierteljahrhundert das Mittelland überzog? Denn auch hier fand man schließlich eine komplizierte zentrale Maschinerie mit sich verzweigenden Ausläufern, auch hier wurde eine Leistung – nämlich Mobilität – angeboten, um die sich bis dahin jeder einzelne selbst hatte bemühen müssen.

Und was fing diese halbländliche Bevölkerung an mit einem wuchtig-unheimlichen Bauwerk wie dem Gasometer? Dieses trommelförmige Ungetüm kannte man bestenfalls von einem Kalenderholzschnitt her, assoziierte sein eisernes Massenwerk mit den Fabrikdschungeln Englands, mit Schlackhalden und rauchgeschwängerter Luft. Daß die selbstverschuldete Dämmerung im englischen Kohlepott nach ganzen Reihen von Lichtern rief, nach künstlicher Helle aus Dutzenden von Brennern, das leuchtete ein.

Aber Gaswerke, Gasometer zwischen den Weiden und Weinbergen des Mittellandes? Gasleitungen unter dem Kopfsteinpflaster von Seldwyla?

Die Stadt Zürich hatte unter den größeren Schweizer Städten am längsten gezögert mit der Umstellung auf Gaslicht. Bern und die Westschweizer Städte waren in den 1840er Jahren vorangegangen; erst nach der Jahrhundertmitte wagte die Limmatstadt den großen Schritt. Als gelte es, diesen Rückstand wettzumachen, erschienen hier die ersten ausführlichen »Instructionen« und Anleitungen. 1855 publizierte der Ingenieur Hans Weiss seine »Kurze Darstellung der Gasbeleuchtung«, eine Art Handbuch für den interessierten Laien von einst.

Ich versuche mich einzulesen, präge mir erst das Grundsätzliche ein. Dieser transportable, speicherbare, steuerbare und unsichtbare Brennstoff entsteht, wenn man Steinkohle entgast, eigentlich ein zweites Mal »verkohlt«, wobei raucharme Kokse zurückbleiben, die als ausgezeichnetes Heizmaterial dienen können.

Die ersten Versuche, diesen Brennstoff kommerziell auszuwerten, fallen in die Zeit um 1800. Damals brannte in Manchester bereits ein »Gasapparat«, der tausend Flammen speiste. In Paris bemühte sich ein gewisser Philippe Lebon um die Einführung der Gasbeleuchtung. Lebon war aber seiner Zeit offenbar allzu weit voraus, verlor sein ganzes Vermögen und nahm sich 1802 das Leben; Weiss schildert anschaulich, wie »der entseelte Leichnam [...] auf den elysäischen Feldern von Kugeln durchbohrt gefunden« worden sei.

Die Gaspioniere Londons zeigten mehr Durchhaltekraft, vor allem finanzieller Art: In einzelnen Bezirken gab man das Gas gratis ab, um die Einführung zu erleichtern. Eine parlamentarische Kommission machte erschwerende Auflagen, um die »so sehr gefürchteten Explosionen, die vergiftenden Eigenschaften des Leuchtgases« einzudämmen; beispielsweise durften Gasometer nicht mehr als 5000 Kubikfuß fassen und mußten eingemauert werden. Trotzdem waren um 1815 die Plätze, Straßen und Brücken der britischen Hauptstadt bereits mit Gaslaternen erleuchtet. In den nächsten drei Jahrzehnten eroberte das Steinkohlegas die ganzen Britischen Inseln, zum Zeitpunkt von Weiss' Resümee zählte man sage und schreibe 775 Gaswerke, die jährlich 9 Milliarden Kubikfuß produzierten: über 2 Milliarden Kubikmeter. Und wie beim Bahnbau zog Frankreich als erstes Land auf dem Kontinent nach; Deutschland und Österreich folgten mit einigem Rückstand.

Das Gaswerk war viel mehr als bloß wirtschaftliche Neuerung, das Gaswerk war auch ein handfestes Politikum. Wohin kamen beispielsweise die Gasometer zu stehen? Lewis Mumfords »Die Stadt« beschreibt eindrücklich, wie die riesigen Gasbehälter ein Quartier sozial entwerteten; hier durchzog der Geruch von entweichendem Gas die Straße; hier drängten sich die Ausgestoßenen, die Entrechteten zusammen.

Natürlich erleichterte die neue Beleuchtung die Kontrolle gerade über solch »unruhige Elemente«, indem sie dunkle Gassen erhellte. Andererseits zeigte das Revolutionsjahr 1848, beispielsweise in Wien, wie verwundbar das Establishment durch die neue Technologie wurde. Aufständische stürmten als erstes die Werke, so wie bei heutigen Revolutionen Fernseh- und Radiostudios zuerst besetzt werden. Man zerstörte die Leitungen, ließ das ausströmende Gas in riesigen Flammen lodern.

Aber weiter im Text des Weissschen Handbuches: Woher kam eigentlich die Steinkohle, der Rohstoff der Gaswerke? In Lausanne, so lese ich, brauchte man einheimische Kohle aus Pandex. Die gab zwar nur etwas mehr als halb so viel Gas ab wie echte Spitzenkohle, Bogheadkohle aus England beispielsweise; hier rechnete man mit über 618 Kubikfuß pro Halbzentner, und dieses Gas war dem einheimischen an Leuchtkraft erst noch weit überlegen.

Ich habe bereits, etwas sorglos, von der »Entgasung« der Steinkohle gesprochen. Was das Gaswerk durchführte, war genaugenommen eine thermische Spaltung: Aus einer Tonne Kohle gewann man rund dreihundert Kubikmeter Gas. Zurück blieb eine Dreivierteltonne Koks, die man weiter zum Heizen verfeuern konnte, weiter etwa ein halber Zentner Teer und Rückstände in kleineren Portionen; Weiss nennt hier »schweflichte Säure« und »brenzlichte Öle«.

Und aus dem Teer konnte man weitere Stoffe herstellen – Kreosot zum Beispiel oder Paraffin, eine Art Leuchtgas in fester Form, das »mit schöner weißer Flamme ohne den geringsten Rauch oder Geruch« brannte: die Steinkohle also eine Art Basismaterial, das eine ganze Produktepalette hergab. Aber entgasen ließ sich eigentlich alles; in Basel zum Beispiel hatte man auf Holzgas gesetzt. Das hatte den Vorteil, daß man ausreichend Rohstoff im eigenen Land fand, auch konnte man durchaus minderwertiges Holz verwenden: »100 Pfund abgenutzte Eisenbahnschwellen gaben 343 englische Kubikfuß vortreffliches Leuchtgas.« Torf lieferte ein vorzügliches Gas, ebenso Kalkseife, auch Suinter genannt, also die Öl- und Talgrückstände aus den Färbereien. Und Gas gewann man aus Harz, aus alten Lumpen, nur daß sich hier überall keine Rückstände bildeten, die man weiterverwerten konnte.

Überhaupt scheint Weiss dieser Verwertungsaspekt noch näher zu liegen als die neue Art von Energieverteilung. Wer Gas gebrauchte, nützte den Grundstoff Kohle bis ins letzte, statt wie bisher Energie »in Form von Dampf, Rauch und Ruß durch den Schornstein« zu jagen. Er beleuchtete seine Stube mit Gas, heizte sie mit Koks, bedeckte den Vorplatz mit Teer und hatte erst noch eine Menge anderer Produkte übrig – überlistete also gleichsam das Feuer. Diese sensationelle Erfindung müsse aber »dem Minderbemittelten und Armen« zugute kommen, deshalb plädiert Weiss für »großartigen Gaskonsum«, denn so ließen sich die Preise auf ein Minimum senken: der Mehrkonsum als soziale Tat!

Ich will später auf Kosten und Preise zu sprechen kommen, gehe hier zuerst auf die Technologie des Gaswerks ein: Wie produzierte man Gas? Und hier schildert Weiss anschaulich, wie die Steinkohle in sogenannte Retorten geschaufelt wird, die man sich vorstellen muß als torpedoähnliche Zylinder von zwei Metern Länge. Und diese Retorten, aus Ton oder Eisen bestehend, werden auf rund tausend Grad erhitzt, jedenfalls auf »eine bei Tageslicht sichtbare Kirschrothglühhitze«. Im Ofenhaus haben vielleicht ein oder zwei Dutzend dieser Torpedos Platz, und jedes wird aufgeladen mit einem halben Zentner Steinkohle. Die Fugen der Einfüllöffnung verstreicht man mit einer Art Kitt, und bricht man diese Tür nach etwa fünf Stunden auf, so findet man rotglühenden Koks vor.

Das Steinkohlegas selbst ist längst »abgezogen«, und zwar mit Hilfe eines Abzugsrohrs, das aus dem »Hals« der Retorte ragt; die Retorten selbst, ob aus Ton oder Eisen, müssen alle paar Monate ersetzt werden.

Und dieses Gas gelangt in die »Vorlage«, also ein zur Hälfte mit Wasser gefülltes Rohr, passiert dabei durch dieses Wasser, und hier lösen sich bereits eine ganze Anzahl unerwünschter Bestandteile, etwa Teer und Ammoniak, gelangen dank einer Spezialvorrichtung in die Teerzisterne.

Damit ist das Gas freilich noch keineswegs konsumfertig; mit Hilfe des Kondensators und des Reinigungsapparates scheidet man weitere gelöste Bestandteile aus. Schließlich »wäscht« man das Gas in einem eisernen Behälter mit Siebboden und Rührvorrichtung; hier wird vor allem Schwefelwasserstoff frei. Ganz zum Schluß strömt das Gas durch übereinander angeordnete, mit gebranntem Kalk bestreute Siebböden, wobei nochmals Kohlensäure gebannt wird, und jetzt kann endgültig von »reinem« oder »sauberem« Gas die Rede sein.

Für die Beschreibung des Gasometers gibt sich Weiss ausgesprochen Mühe; für den Laien ist dieser hochaufragende, von Verstrebungen eingerahmte Silo das eindrücklichste Symbol der neuen Technologie. Was nur schwer eingeht: Diese massige Glocke, dieser oben geschlossene Zylinder aus zwei Zoll dicken Eisenplatten – er schwimmt, ist eingetaucht in einen wassergefüllten Behälter, ein gemauertes oder ebenfalls aus Eisen gegossenes Bassin. Zwischen der gasgefüllten Glocke und dem Bassinrand ein Zwischenraum von wenigen Zentimetern; trotzdem könnte die Glocke schwanken, muß also gestützt werden durch rundum angeordnete Eisenpfosten; ausgesprochen hohe Glocken hängt man zudem an einer Kette auf. Durch das Wasser des Bassins hindurch führen eine Zu- und eine Ableitungsröhre ins Glockeninnere. Strömt frisch produziertes Gas ein, ohne daß welches abfließt, so hebt sich die Glocke; im Winter muß man zudem mit heißen Dämpfen verhindern, daß das Wasser gefriert. Was der Laie zu sehen bekommt, ist die genietete, trommelförmige und geteerte, von einem Eisengerüst umgebene Glocke: ein furchteinflößendes, von bitter riechenden Schwaden ausströmenden Gases umgebenes Monument, ein gigantischer Detonationskörper. Man hat Berichte von Explosionen in Frankreich und England gelesen, bei denen der zolldicke Eisenmantel in Stücke riß, die Umgebung mit einem Hagel von Granatsplittern übersäte.

Ich lese weiter von Gasuhr und Regulator, die an den Gasometer anschließen, dann vom Verteilnetz, der Zehnzollröhre, die als Hauptleitung die gesamte Produktion zum Verbraucher bringt. Man verlegt sie einen Meter tief unter die Straßenoberfläche, ein Röhrenstück ins andere, wobei »die Theile durch Bleiverschmutzung und Einkeilen von getheertem Werg luftdicht verbunden« werden. Und diese Röhren müssen durchwegs eine leichte Neigung aufweisen, da sich auch jetzt noch unerwünschte »Dämpfe« kondensieren. An den jeweils tiefsten Stellen baut man Behälter ein, in denen sich das Kondensat sammelt; es wird von Zeit zu Zeit abgepumpt.

Die Hauptröhre von fast einem Fuß Durchmesser erlaubt einen Stundendurchfluß von 1300 Kubikmetern. Damit kann man 10 000 Brenner speisen: großstädtische Verhältnisse! Für schweizerische Verhältnisse am angemessensten sind wohl Vierzollröhren mit genügend Power für etwa 1600 Flammen, und von diesem Hauptstrang zweigen die im Durchmesser immer bescheidener werdenden Nebenleitungen ab. Die individuelle Hauszuleitung ist noch einen halben bis einen ganzen Zentimeter dick, damit speist man vier bis acht Flammen. Auch dieser Privatstrang ist aus Eisen; Weiss warnt vor den offenbar gebräuchlichen Bleiröhren, denn diese

»schmelzen bei Feuersbrünsten bald ab und sind sogar schon von Ratten durchfressen worden«.

Weiss warnt auch davor, mit dem Gaswerk einen Pauschalvertrag abzuschließen, bei dem man pro Flamme und Jahr bezahlt. Für seriöse Verhältnisse muß eine Gasuhr her, die den privaten Verbrauch mißt! Ich überspringe den ausführlichen Beschrieb des »Compteurs«, bei dem das bezogene Gas durch zwei wassergefüllte Zylinder strömt, dabei eine Trommel dreht und damit das Zeigerwerk bewegt; Weiss rät dem Hausvater übrigens zum Führen eines Gasbuchs. Nur wer monatlich den »Stand des Compteurs« abliest und einträgt und den geschuldeten Betrag gleich ausrechnet, ist gefeit vor Überraschungen bei der Schlußabrechnung. Denn so kontrolliert er gleich das Funktionieren der Gasuhr, die bei mangelnder Wartung austrocknet und phantastische Lieferungen anzuzeigen beginnt. Größere Diskrepanzen können auch bedeuten, daß die Qualität des gelieferten Gases abgenommen hat; hier gilt es »rechtzeitig zu reclamiren«!

Selbstverständlich hängt der Gasverbrauch eng zusammen mit dem verwendeten Brennermodell, und hier gibt es als Volksmodell den sogenannten Strahlbrenner: einfach zu warten, weil hier das Gas senkrecht durch eine einzige Öffnung dringt und eine kerzenähnliche Flamme bildet, trotzdem von allen Angeboten das am wenigsten ökonomische, weil das Gas aus Sauerstoffmangel nur unvollständig verbrennt – untrügliches Indiz dafür sind die »geschwärzten Zimmerdecken über der Flamme«!

Um das Verrußen zu verhindern, möglichst viel Sauerstoff zur Flamme gelangen zu lassen, hat man sich ingeniöse Lösungen ausgedacht. Ich lese vom Fledermausbrenner, vom Flach- und Schnittbrenner, weiter vom Fischschwanz- oder Manchesterbrenner; gemeint ist hier meist die Form der Flamme, die dank sinnreich angeordneter Minigasströme einem Blatt, einem Schmetterling oder eben einem Fischschwanz gleicht. Die effizienteste aller Lösungen aber, der Argandbrenner, nimmt ein Brennprinzip auf, das der Genfer Aimé Argand bereits um 1800 für die Öllampe entwickelte, das später auf die Petrollampe übertragen wurde und sich jetzt auch beim Gasbrenner bewährt. Hier mündet die Zuleitung in einen horizontalen, hohlen Metallring, und dieser Ring trägt kreisförmig angeordnete Löcher, zwischen zehn und vierzig an der Zahl. Entzündet man das Gas, bildet sich eine einzige, zusammenhängende Flamme, die von einem inneren und einem äußeren Sauerstoffstrom gespeist wird. Dank des doppelten Luftzugs verbrennt das Gas praktisch vollständig; die Leuchtwirkung wird (wie auch bei den anderen Modellen) meist noch verstärkt durch einen Lampenschirm, durch Glaskugeln, Spiegel. Hier lebt also der schlauchförmige

Docht weiter, den Argand entwickelte; erst zu Ende des Jahrhunderts wird der Wiener Chemiker Carl Auer von Welsbach mit seinem Gasglühstrumpf eine ähnlich radikale Lösung finden.

K urz nach der Eröffnung, im Jahre 1886, verarbeitete das Wädenswiler Gaswerk bereits 300 Tonnen Kohle, die man aus dem Saarland einführte, hatte also einen jährlichen Ausstoß von 90 000 Kubikmetern. Im gleichen Jahr bezogen die Bewohner der Kantonshauptstadt Glarus über 200 000 Kubikmeter; hier hatte das Gaswerk seine Produktion in kürzester Zeit verdreifacht!

Heißt das, daß sich die neue Energie auf Anhieb durchsetzte, war die Gasbeleuchtung ein Bombenerfolg? Hier möchte ich zuerst mehr wissen über den privaten Bedarf und die Kosten im Haushaltungsbudget: Wieviel war man bereit einzusetzen für den Komfortzuwachs, für das Licht auf Schalterdrehung?

Ich beginne wieder mit den Angaben von Weiss, eines offensichtlich haushälterisch gesinnten Mannes: Als sparsamste Privatlampe nennt er den kleinen Argandbrenner mit zehn Löchern. Hier muß der Verbraucher mit drei Kubikfuß pro Stunde rechnen: rund 80 Liter! Doppelt- bis dreimal soviel schluckt eine Straßenlaterne; eine mittlere Flamme, die einen Flur oder eine Werkstätte erhellt, verbraucht rund 120 Liter. Die Kubikmeterpreise (umgerechnet von Weiss' Kubikfußpreis) schwanken beträchtlich: In Lausanne rund 40, in Genf etwa 50 Rappen; in Glarus berechnet man den Kubikmeter kurz nach der Eröffnung mit 56,5 Rappen. Auch wenn mit zunehmendem Konsum die Preise etwas sanken, fielen sie dennoch ins Gewicht: rund 4 Rappen Betriebskosten für die Lichtstunde bei der günstigen Argandlampe!

Was bedeutete das für die monatliche oder jährliche Gasrechnung? Weiss stellt den jährlichen Lichtbedarf mit merkwürdiger Präzision bei 1486 Stunden fest, geht dabei von Konsumenten aus, die bis zehn Uhr abends auf künstlichem Licht bestehen. Trotzdem komme man erfahrungsgemäß mit einem Jahresschnitt von etwa 900 Gasstunden pro Brenner aus. Somit verbraucht der Privatnutzer rund 90 Kubikmeter pro Flamme und Jahr: eine Gasrechnung von 40 Franken schon für einen einzigen Brenner!

Ich kann diese etwas konfuse Rechnung drehen und wenden, wie ich will: Für den Arbeiter im Gaswerk selbst, der mit einem Tageslohn von Fr. 2.50 auskommen muß, bleibt die Gasflamme ein Luxus. Mehr als einen einzigen Anschluß leistete sich wohl auch die Familie mit mittlerem Einkommen kaum. Weiss sieht hier klar, bedauert ebenfalls, daß die Gasanstalt ihr Produkt nicht billiger abgibt. Für die öffentliche Beleuchtung sind die Preise nur halb so hoch: Dem beständigsten Abnehmer verrechnet man kaum die Gestehungskosten. Somit muß der Unternehmer »seinen Profit auf dem Gasverbrauch der Privaten suchen«. Der Konsument kann sich nicht anders schützen, als indem er sich auf die Sparflamme beschränkt, sich von der Neuerung nicht verlocken läßt: »Erfreut über das schöne Licht öffnet der Unerfahrene den Hahn so weit er kann, und findet sich dann arg getäuscht, wenn es an die Abrechnung geht«...

Das »schöne« Licht, das »neue« Licht – wie sah es aus, wie hell gab diese Flamme? Weiss behauptet, das neue Licht sei »im Prinzip« sechzehnmal stärker als das herkömmliche Talg- oder Wachslicht: »Es würden 16 Kerzen erforderlich sein, um in gegebener Zeit so viel Licht zu verbreiten, wie die Gasflamme selbst.« Das klingt etwas vage, da es nichts aussagt über die Vergleichsgrößen, dazu denn doch übertrieben; Lichthistoriker Schivelbusch nennt eine Relation von 1:6 bis 1:10, die mir besser einleuchtet. Indes genügt mir eigentlich als Vorstellung: Ein Gasbrenner mit Glasschirm reicht aus, um einen mittelgroßen Raum gleichmäßig zu erhellen.

Weitere Anhaltspunkte liefern mir Weiss' Angaben zur Straßenbeleuchtung. Die Gaslaterne verbraucht etwa doppelt soviel Brennstoff wie die Zimmerlampe, hat also eine entsprechend größere Flamme. Und hier rät Weiss zu einem Abstand von 80 Fuß von Laterne zu Laterne – rund 25 Meter! –, dies jedenfalls für wichtige Straßenzüge. Bei Nebenstraßen darf man schon mal auf 150 Fuß gehen; bei kurzen und engen Gassen sind mindestens zwei Lichter einzusetzen. Und an Hauswänden befestigte Laternen haben drei Fuß Abstand zum Gebäude einzuhalten; Höhe über dem Straßenpflaster mindestens 10 Fuß!

Im Vergleich zum Öl- oder Petrollicht schneidet das Gaslicht auch in Sachen Konstanz besser ab; gerühmt wird immer wieder die »Gleichmäßigkeit der Leuchtkraft«. Dafür fehlen dem neuen Licht gewisse Teile des Farbspektrums, jedenfalls glaubt man das allgemein: Gaslicht hat »mehr rothe und gelbe Strahlen« als Tageslicht oder Öllichter. Das macht die Netzhaut gegen diese Strahlen unempfindlich; um so gereizter reagiert sie natürlich auf das seltener gewordene Blau. Man tut also gut daran, einen blauen Schirm vor das Licht zu stellen; rote Lampenschirme dagegen sind reines Augengift. Manche Handwerker haben sich offenbar angewöhnt, eine »mit Wasser angefüllte Glaskugel« vor dem Brenner zu plazieren.

Weiss heißt auch diese Maßnahme gut, rät allerdings dazu, die Flüssigkeit blaßblau zu färben, vielleicht mit einer »Mischung von Ultramarin und Berlinerblau«.

Reizvoll weiter, daß sich die Gasflamme manipulieren ließ, auch seitwärts brannte, die spielerischen Schmetterlingsformen imitierte, von denen die Namen der Brenner zeugen. Umgekehrt verschlang der Brenner viel Sauerstoff – dies einer der Nachteile des Gaslichts, auf die ich noch zurückkomme. Besonders in größeren Sälen mit vielen Lichtern wurde es meist sehr schnell sehr heiß, fehlte bald der Sauerstoff, so daß man ohne Ventilation nicht auskam. Diese wiederum wirkte so unangenehm, daß man die Lampe vom Raum abschloß, so daß sie ihre eigene Zirkulation hatte, beispielsweise die Deckenbeleuchtung für große Versammlungsräume unter Milchglas legte, also eigentliche Lichtdecken schuf, *plafonds lumineux*.

Weiter störte, daß sich oberhalb des Brenners Verbrennungsrückstände ablagerten: Schwefel- und Ammoniakschichten auf Gemälden, auf Tapeten und Vorhängen. Im eigentlichen Salon war Gaslicht also kaum gebräuchlich. Hier griff man auf die älteren Beleuchtungsarten zurück oder stellte auf elektrisches Licht um, das auf Anhieb für »fein« befunden wurde.

Galt Gaslicht als proletarisch, als vulgär? Haftete ihm seine Herkunft an, erinnerte es an rußige Gasometer, an Arbeiterquartiere mit zerlumpten Kindern? Oder hatte Gaslicht seinen eigenen Glamour? Jedenfalls zirkulierten Reiseführer mit Titeln wie *Paris au gaz* oder *New York au gaz*. Gemeint war natürlich das Nachtleben: Gaslicht gab, so steht zu lesen, erstmals die Möglichkeit, ganze Straßenzüge als Vergnügungsviertel zu kennzeichnen, durch demonstrative Lichtverschwendung. Mit Öl- oder Petrollampen kam man über ein weiches Schimmerlicht nicht hinaus; Glitzer-Glamour war erst möglich mit der Gaslampe!

So verstehe ich jedenfalls die Erinnerungen eines Pariser *viveurs*, die Walter Benjamin zitiert: »*Le gaz a remplacé l'huile, l'or a détrôné la boiserie, le billard a bloqué le domino et le trictrac; où l'on n' entendait que le vol des mouches, on écoute les mélodies de Verdi ou d'Aubert!*« Statt ländlichen Fliegenbrummens also die neusten Schlager, Billardtische unter grell leuchtenden Flammen, ein von wahren Gasblumen umkränzes Comptoir, in dem eine aufgetakelte Comptoirdame sitzt. Sogar öffentliche Monumente werden hier mit Gas beleuchtet; der gleiche Lebemann zitiert jedenfalls einen Brunnen mit einer Marmorstatue, deren Haupt eine »leuchtende Aura krönt«.

Wohngeschichten: vom Ausfüllen des Innenraums

Bis zur Jahrhundertwende wohnten die Maggis in Kemptthal, ab etwa 1895 im sogenannten Schlößli, einem fünfgeschossigen Mammutbau am Rande des Fabrikgeländes. Dieses Backsteinungetüm erhielt zwar durch Treppengiebel und türmchenartige Kamine einen vage aristokratischen Anstrich, aber dieser Eindruck wurde verwässert durch unerwartete Zutaten. So hatte Maggi im Erdgeschoß einen großen Gutsbetrieb untergebracht, darüber lagen einige Fabrikationsräume, wiederum darüber befand sich der Wohntrakt. Vollends zum Kuriosum wurde dieser Mehrzweckzwitter, als Maggi nach dem Eidgenössischen Schützenfest von Winterthur den hölzernen Schießstand aufkaufte und diesen langgestreckten, kasernenartigen Bau vor dem »Schlößli« aufpflanzen ließ. Das romantische Holztürmchen über der zentralen Freitreppe, die ganze heimatlich-patriotisch wirkende Silhouette – sie nahmen sich um so deplazierter aus, als Maggi die Schützenstände zu Rinderkojen ausbauen ließ. Der Schießstand als Kuhstall, das vaterländisch umwehte Requisit eidgenössischen Wehrwillens als Obdach für sechzig Vieheinheiten – über diese Umnutzung rümpften wohl nicht nur verärgerte Kranzschützen die Nase!

Es gibt Fotos, die dieses Idyll festhalten: Viehherden mitten im Fabrikgelände! Leider geht aus ihnen nicht hervor, daß Maggis Architekt August Dietz den umfunktionierten Schützenstand rundum mit Brunnen zum Tränken des Viehs versah und drei mächtige Miststöcke in symmetrischer Anordnung gruppierte, dies alles unter den edel aufstrebenden Treppengiebeln des »Schlößli«!

Nach dem Schützenstandcoup ließ Maggi den Architekten ein Wohn- und Schlafhaus für Arbeiter entwerfen; hier sollten bis zu 200 Fabrikangehörige Unterkunft finden. Die Pläne haben sich erhalten; sie zeigen ein langgestrecktes Gebäude mit symmetrisch angeordneten Achterzellen, die von einem durchgehenden zentralen Korridor aus erschlossen wurden. Aber diese Wohn- und Schlafmaschine erinnerte mit dem krönenden Türmchen und der zentralen Freitreppe derart aufdringlich an den umfunktionierten Schützenstand, daß hier wohl empörte Stimmen laut wurden; jedenfalls wurde Maggis Arbeiterzuchthaus auf Fabrikgelände nie errichtet.

Ich werde auf Maggis Konzept einer selbsterhaltenden Gemeinschaft rund um die Suppen- und Würzefabrik noch zurückkommen. Es sah neben eigentlichen Wohnmaschinen eine abgestufte Palette von Einheitshäusern vor. Für die Familien der Führungskräfte waren Villen vorgesehen; zwei davon, die Villa Homberg und die Villa Hofmann, wurden zwischen 1896 und 1900 gebaut. Daneben gab es Musterpläne für Angestelltenwohnhäuser, schmucke Bauten für eine oder zwei Familien, von Gärten umgeben, schließlich einfache Wohnhäuser für Arbeiter, zu ganzen Kolonien vereinigt; zu Maggis Lebzeiten wurde nichts von all dem in die Realität umgesetzt, auch danach gab es kaum Ansätze zu einer durchdachten Siedlungspolitik.

Daß Arbeiterfamilien eine menschenwürdige Unterkunft zustand – dieses Problem wurde schon eine Generation früher erkannt, wenn auch nicht gelöst. Im allgemeinen errichteten die Unternehmer neben ihren Fabriken sogenannte Kosthäuser: Wohnkasernen mit wenig Komfort, aufgeteilt in Wohnungen für einzelne Familien, daneben aber auch Schlafsäle, mitunter Einzelzellen.

Ich habe die heute trist anmutende Kosthauswelt beschrieben in meinem Buch »Gründung der Gegenwart« und möchte hier nur um ein paar Berichte ergänzen, die mir Details liefern zu Möblierung, Atmosphäre: Wie lebte es sich im Proletarier-, im Angestelltenheim von damals? Ich beginne in der Küche, wieder einmal. Die Küche wies im Durchschnitt die höchste Raumtemperatur aller Zimmer auf, dies dank des Kochherds; die Küche war zudem meist der einzige Raum, in dem sich Wasser fand. In verschiedenen Lebensbeschreibungen finde ich die mit Wasser gefüllte *Gelte* aus Kupfer erwähnt, eine Wanne, zu der auch ein kupferner Schöpflöffel, das *Gätzi,* gehörte. Daneben standen hölzerne Wasserwannen, meist für Brauchwasser; gefüllt wurden sie, indem man Wasser vom Brunnen heraufbuckelte; viele Häuser verfügten auch über eigene Brunnen. Diese Arbeit des Wasserschleppens übernahmen vielfach die Kinder; hatte die Hausfrau ein paar Rappen übrig, so ließ sie sich von einem Gelegenheitsarbeiter helfen: »In einer Tanse trug er den Frauen das Wasser in die Küchen, meistens in einem kupfernen Kessel, bis in die obersten Stockwerke«.

Mehrere Berichte beschreiben den Anschluß an die Wasserversorgung; ich verstehe nun auch meine Unsicherheit in bezug auf Wasserhähne, Ausgußbecken: Gerade in den 1880er und 1890er Jahren installierte man in vielen Gemeinden ein zentrales Leitungsnetz, änderten sich die Verhältnisse rapide. Die Zürcher Oberländerin Hermine Knapp freute sich um 1890 über den Umzug in »eine so große und schöne Wohnung in der Fabrik«, betonte speziell: »Das Wasser war in der Küche.«

Ob mit oder ohne Fließwasser – eine Wohnung mit eigener Küche stellte für Angehörige der Arbeiterschicht bereits hohen Komfort dar. In vielen Fällen trat man einen Raum an »Schlafgänger« ab: Untermieter. Und ebenso häufig war man bei Tisch nicht unter sich, nahm »Kostgänger« auf, die, gegen ein bescheidenes Entgelt, werktags oder während der ganzen Woche an den Mahlzeiten teilnahmen. Wo die betriebseigenen Kosthäuser nicht ausreichten, brachte man die Belegschaft in notdürftig ausgebauten Liegenschaften unter. Der ländliche Textilarbeiter Jakob Kreis verbringt einen Teil seiner Jugend »in einem langen alten Gebäude mit 5–6 Wohnungen, die alle von armen Arbeiterfamilien besetzt waren«. Später zieht die Familie in »eine Wohnung in einem halbverfallenen alten Hause, die wir zudem noch mit einer zweifelhaften Familie teilen mußten«. Hier wie dort fand sich Ungeziefer; ich lese von Wanzen, von Flöhen, die sich vor allem einnisteten in den mit Laub gefüllten Säcken, auf die man sich zum Schlafen legte.

Die für uns selbstverständlich gewordene Vorstellung der Wohnung als klar begrenzter Lebensraum für die Familie, mit Räumen, denen je eine Hauptfunktion zukommt – sie galt um 1890 nur für einen kleinen Teil der sozialen Unterschicht. Wohnverhältnisse, in denen der Arbeiter Jakob Kreis, die Arbeiterin Hermine Knapp aufwuchsen, glichen viel eher denjenigen heutiger Asylantenunterkünfte: mehrfache Belegung und Nutzung der einzelnen Räume, Küche und Abort von mehreren Partien genutzt, entsprechend unscharf auch die Begrenzung der Familie nach außen.

Ich habe im Abschnitt über die Gasversorgung bereits die Beleuchtung der Innenräume abgehandelt, werde im Kapitel über die Elektrizität noch auf sie zu sprechen kommen. Beides wirkt sich noch in »unserem« Zeitraum auf die Wohnverhältnisse der Unterschicht aus, wenn auch nur zögernd. Der technologische Rückstand in den Kosthäusern und »Buden« gegenüber dem bürgerlichen Standard ist beträchtlich. Entsprechend häufig lese ich von Unschlitt- oder Öllämpchen als einziger Lichtquelle; in dieser Umgebung gilt bereits die Einführung des Petrollichts als Sensation. Als Knabe schleicht sich Jakob Kreis jeweils »des Abends vor die Fenster, um die außergewöhnliche Helle in den betreffenden Wohnräumen zu bewundern, und doch waren es eigentlich nur Lämpchen, wie man sie später höchstens für Hausgänge und Aborte verwendete«. Aber auch Haushalte, in denen man Petrollampen angeschafft hatte, verwendeten weiterhin Öllampen, die mit Rapssamenöl gespeist wurden, dazu Unschlittkerzen.

Bei all diesen Beschreibungen haben wir es mit ärmlichen, schäbigen Verhältnissen zu tun. Wie wohnte beispielsweise eine kleinbürgerliche Familie in städtischer oder halbstädtischer Umgebung? Hier haben sich einige sehr detaillierte Schilderungen erhalten; ich beginne mit der Stube eines Sigristen, der Fridolin Schuler in seinen Erinnerungen viel Platz gewährt: offenbar ein besonders gemütlicher Wohnraum! Er wird dominiert von einem Kachelofen, um den sich eine Bank zieht, der Lieblingsplatz des kleinen Fridolin. Entlang der gesamten Fensterfront zieht sich ebenfalls eine Sitzbank, der sogenannte Sitzkasten: in älteren Wohnräumen also nur wenige Stühle, die Sitzgelegenheiten vielmehr eingebaut. Und das muß sich auf die Art der Geselligkeit, des Gemeinschaftsgefühls ausgewirkt haben. Wer nebeneinander auf einer Bank sitzt, teilt sich anders mit, als wenn er seinen individuellen Platz wählt, die Blickrichtung nach Belieben ändert.

Beim städtischen Kleinbürgertum hatte sich im letzten Jahrhundertdrittel der zentrale Tisch, komplett mit Stühlen, durchgesetzt. Der spätere Kaufmann Theophil Spörry betont in seinen Erinnerungen sogar ausdrücklich, die von ihm geschilderten Umstände dürften für diese Schicht »so ziemlich allgemein gültig gewesen sein«. Da stand in der Stubenmitte »ein großer runder Tisch, darum herum, oder in die verschiedenen Ecken verteilt, die Brettlisessel. Längs der einen Wand stand das Kanapee mit Holzrahmen, und gegenüber die mit gehäkelter weißer Decke belegte Kommode«, weiter fanden sich an Möbeln eine Chiffoniere, also ein Kleiderschrank, dazu eine Standuhr und ein Blumentisch: »Alle Möbel waren aus Nußbaumholz.«

Ich habe die unzähligen Papierblumen, Muscheln, Trockensträuße und ausgestopften Tiere in der Wohnstube der Spörrys ausgespart; sie verstärken noch den Grundton dieser Schilderung. Im Kosthaus, in den improvisierten Arbeiterbuden ist man froh, wenn die wenigen Möbel nicht wegen Wurmfraß auseinanderfallen. Wichtigster Aspekt des Wohnens ist die Tatsache, ein Dach über dem Kopf zu haben; entsprechend fehlen Beschreibungen wie diejenige Spörrys in den proletarischen Lebensläufen fast völlig. Erst in der »nächsthöheren« Schicht erlebt man eine Stube als gestaltetes Interieur, bilden die Möbel ein Ensemble (alles aus Nußbaumholz)! Im Falle der Spörrys beschränkt sich dieser Gestaltungswille noch weitgehend auf die Stube; im Nebenraum schlafen die Kinder auf Laubsäcken, bedeckt man den Fußboden mit zusammengenähten Stoffresten.

Nicht nur die Möbel, auch die Accessoires, die Schmuckelemente haben ihren festen Platz in der guten Stube: Standuhr auf der Kommode, Porzellanfigur auf der Standuhr, Spiegel gegenüber Kanapee, Birkenzweig hinter Spiegel und Maiskolben in der Fensternische. Ebenso der Vogelkäfig mit dem lebenden Zeisig, ebenso die ausgestopfte Krähe, das Schreibset mit Tintenfaß und Siegellackstange. »Vielleicht«, so sagt Spörry, »würde ich mich weniger deutlich an diese Einzelheiten erinnern, wenn deren Standort und Anordnung in unserer Stube nicht immer so sakrosankt gewesen wäre!«

Nun ließe sich mit Leichtigkeit schreiben: Für die Spörrys und ihresgleichen wurde das Wohnen zum gestalteten, zum inszenierten Akt. Und dazu würde passen, daß die gute Stube ihre eigene Duftmarke erhielt. Sie wurde regelmäßig parfümiert durch Abbrennen eines wohlriechenden »Rauchzäpflis«. Aber ich will hier nicht hinaus auf eine Soziologie des Wohnens, gebe bloß zu bedenken, daß sich die Ausstattung der Kleinbürgerstube offensichtlich am Wohnstil der Großbürger orientierte. Das Wohnangebot der Fabrikantenvilla mit ihren für einzelne Bedürfnisse gebauten Räumen und Möbeln – es wurde in den Stuben der Spörrys gleichsam komprimiert und reduziert: Topfpflanzen statt Wintergarten, Vogelkäfig statt Voliere, Musikdose statt Konzertflügel, Schreibset statt Sekretär. Und an den Wänden statt der Ölgemälde gerahmte Holzstiche oder Lithographien, die man illustrierten Zeitungen entnommen hatte: der »Gartenlaube«, der »Leipziger Illustrierten Zeitung«, vielleicht auch dem einzigen Schweizer Blatt dieser Art, das *L'illustration nationale Suisse* hieß und in Genf erschien.

Bisher kamen Adjektive wie »halbstädtisch« und »halbländlich« gleichwertig zum Einsatz, vor allem wenn es um Wohnverhältnisse ging. Daß es hier Übergangszonen gab, Grauzonen und Einsprengsel – das läßt sich nachvollziehen an der Wohnbiographie der bereits einige Male genannten

Verena Conzett-Knecht. Diese bemerkenswerte Frau – Proletarierkind, Gattin eines Sozialistenführers, Druckereiunternehmerin – hat nicht nur eine Jugend der Ausbeutung und der Unterernährung überlebt, der Blutarmut und der Überarbeitung. Sie hat diese Welt der Enge und des Miefs in ihrer Lebensgeschichte geschildert, mit eindrücklichem Sprachvermögen: plastisch, kraß, aber ohne den anklagenden Grundton, den ich in so vielen ähnlichen Schilderungen angetroffen habe.

Das Mädchen wächst auf in den mittelalterlichen Gassen der Innenstadt, im Gestank der »Ehgräben«. Diese kaum meterbreiten Gassen zwischen den Häusern nehmen sämtliche Abfälle der angrenzenden Bauten auf, darunter die Fäkalien der Aborterker; auf ihrem Grund eine oft metertiefe Masse, die nur alle paar Monate entsorgt wird. Aber selbst dieser ekelerregende Morast hat für die Kinder seine Faszination; sie schauen »stundenlang den mächtigen Ratten zu, die im Graben ihr Unwesen trieben«, bauen mit Besenstielen Brücken über der stinkenden Mauerschlucht. Wohnen kann man in diesen Räumen bloß, weil Verenas Mutter sie regelmäßig und ausgiebig räuchert: »Jeden Morgen ging meine Mutter mit einer Schaufel voll glühender Kohlen, darauf Wacholderbeeren lagen, mehrere Male durch sämtliche Räume, um die stinkige, muffige Luft zu vertreiben.«

Damit verglichen erscheint Verena die Wohnung, die man ein paar Jahre später bezieht, geradezu paradiesisch: helles Sonnenlicht in der ganzen Stube, und durch das Fenster geht der Blick auf »grünumsponnene Häuschen in kleinen Gärten«. Zwar wohnt man auch hier, im Rennwegquartier, in der historischen Kernstadt mit ihren engen Gassen, hat aber eine sogenannte Hinterwohnung ergattert, die auf die eingeschlossenen Grünflächen führt; ein Glücksfall! Eine Mitschülerin Verenas, die ein paar Häuser weiter wohnt, betreut den familieneigenen Obstgarten mit Hühnerhof: ländliche Einsprengsel mitten in den Häusergevierten der Stadt.

Der nächste Umzug bringt, gemessen an der Lebensqualität, einen Rückschlag. Zwar mietet man ein eigenes Häuschen, das aber schwer zugänglich auf einem Vororthügel liegt. Hier gibt der günstige Mietzins den Ausschlag: Vater Knecht ist erblindet, hat seine Stellung ohne jegliche Abfindung verloren; die Familienmitglieder nehmen einen einstündigen Arbeitsweg und ein verwahrlostes Obdach in Kauf, um einige Franken Miete einzusparen. Auch dieser Vorteil geht verloren, wie die Hausbesitzerin, eine fromme Witwe, ohne Vorwarnung den Mietzins kräftig erhöht – und dies im Augenblick, da Familienvater Knecht zu einem längeren Spitalaufenthalt eingeliefert wird!

Nach dem Tode des Vaters ziehen Verena und ihre Mutter zur inzwischen verheirateten Schwester in die Innenstadt: vier Erwachsene und mehrere Kinder in einer durchschnittlichen Mietwohnung! Aber trotz Raumnot gestaltet sich das Zusammenleben »friedlich und schön«; Verena wird dieses Zuhause erst verlassen, als sie sich im Herbst 1883 mit Conrad Conzett verheiratet, einem Bündner Journalisten und Arbeiterführer.

»Genre« und »Salon«: die gemalte Episode

Der Wandschmuck in der bürgerlichen Wohnung, die gerahmten Holztische, die man den illustrierten Publikumszeitschriften entnahm – sie führen uns geradewegs zum zeitgenössischen Kunstgeschmack, zur Schweizer Kunstszene der Belle Époque. Auch der Abschnitt über Herd und Küche hat uns bereits zusammengebracht mit kaum bekannten Malern, mit Gemälden wie Benjamin Vautiers »Der Vetter« oder Rodolphe-Auguste Bachelins »Ländlicher Küche«. Diese Werke mußten uns vorab faktische Informationen liefern, sind damit für mich aber noch keineswegs weggestellt. Wer waren diese Künstler, an welches Publikum richteten sie sich mit ihren »sprechenden« Interieurs? Und welcher Art war diese Malkunst, die gleichsam eine kleine Geschichte mitlieferte?

Ich beginne wieder mit Benjamin Vautiers rußiger Bauernküche aus dem Schwarzwald – einem Gemälde, das 1888 entstand. Sein Titel, »Der Vetter«, bringt mich erstmals dazu, die Figurengruppe vor dem Herd genauer zu studieren: Da bietet ein Bauernjunge, barfuß und in schmieriger Hose, einem piekfein gekleideten Gleichaltrigen einen Apfel an. Der leicht weinerliche Gesichtsausdruck des Piekfeinen läßt ahnen, daß ihm die ganze Situation nicht geheuer ist. Seine ebenso schick gekleidete Mutter redet beschwichtigend auf ihn ein; rundum verfolgen Eltern und Geschwister des Burschen mit den Äpfeln die Szene, die einen gerührt, die anderen spöttisch. Beim »Vetter«, soviel wird klar, handelt es sich um den städtisch gekleideten kleinen Besucher; die Szene schildert ein Familientreffen, bei dem Stadt und Land aufeinanderprallen.

Was für eine Art Malerei ist das, die dem Betrachter mit Hilfe des Titels eine Eselsbrücke zum Dargestellten baut, ihn gleichsam mit ins Bild hineinzieht? Und wie kommt ein Waadtländer aus Morges dazu, seine Themen im

Schwarzwald zu suchen? Wie ich aus einer Kurzbiographie erfahre, hat Vautier nämlich Hunderte solcher ländlicher Szenen abgeliefert und sich damit eine riesige Anhängerschaft erworben. Vor allem in Deutschland rühmt man ihm nach, er verbinde »französischen Esprit mit der lautersten deutschen Sentimentalität«; nach seinem Tod im Jahre 1898 veranstaltet die Berliner Galerie Mittler eine Retrospektive mit mehr als zweihundert Gemälden und Zeichnungen: ein Publikumsliebling, ein Maler fürs Volk.

Von einer Erfolgskarriere dieses Kalibers ließen Vautiers erste Schritte kaum etwas ahnen. Der Sohn eines Schuldirektors, 1829 geboren, mußte sich erst in Genf als Emailmaler durchschlagen, kam anschließend nur mit Mühe an der Düsseldorfer Akademie unter, wo man seine Werkproben als »französischen Firlefanz« bezeichnete: Er müsse nochmals ganz von vorn beginnen. Vautier war Linkshänder, im Umgang schüchtern und schon als junger Mann von Rheumatismus geplagt; tagelanges Malen im Freien kam also nicht in Frage!

Als Eleve im Atelier des Düsseldorfer Genremalers Rudolf Jordan fand er schließlich Ermutigung, ebenso erste Käufer, und als er sich 1858 mit der Düsseldorferin Bertha Euler verheiratete, hatte er sich bereits einen kleinen Anhängerkreis geschaffen. Leicht humoristisch gefärbte, rührende Szenen mit Titeln wie »Der Eintritt des neuen Schülers« brachten die ersten Anfragen von Verlegern aus München und Berlin, die seine Bilder als Holzstiche reproduzierten (auch der »Eintritt« zeigte übrigens einen verschüchterten, von der Mutter getrösteten Buben).

In den folgenden vier Jahrzehnten brachte Vautier mit unglaublicher Regelmäßigkeit und zu stetig steigenden Preisen ländliche und kleinbürgerliche Szenen auf den Markt; pro Jahr lieferte er seinen Galeristen fünf Gemälde ab. Nicht nur, daß er seinen Ausstoß mit der Präzision eines Waadtländer Uhrmachers kontrollierte. Auch sein Atelier galt als Muster sorgfältiger Planung und methodischer Effizienz. Als Vorlage dienende Trachten und Kleider hingen systematisch geordnet in den Schränken, daneben ebenso säuberlich klassifiziert Gegenstände aller Art: das Arsenal eines Bühnenbildners mit seinen Kostümen und Requisiten!

Und entsprechend sorgfältig bereitete sich Vautier auf seine einzelnen Sujets vor, mit ausgedehnten Reisen durch Schwarzwald und Elsaß, von denen er Hunderte von Skizzen mit nach Hause brachte. Dieses Rohmaterial wurde zu Figurengruppen zusammengefaßt, die Vautier zeichnend immer neu umstellte, wie ein Regisseur probend, bis der einleuchtendste Effekt gefunden war. Vom »Vetter« habe ich eine Anzahl solcher Einzelstudien vor mir – reizende Bleistiftskizzen, die beide Cousins in mehreren

Versionen zeigen, nach heutigem Geschmack viel eher goutierbar als die gemalte Version mit ihren etwas süßlichen Farben. Wie ich lese, bewahrte Vautier Skizzen und Entwürfe ebenso sorgfältig auf wie seine Requisiten und Kostüme, hielt Tausende von zeichnerischen Versatzstücken in seinen Schubladen für neue Kompositionen bereit: die aufs äußerste getriebene künstlerische Ökonomie!

Die Zeitgenossen stießen sich keineswegs an den methodisch berechneten Effekten dieser Idyllenfabrik *à la vaudoise*. Im Gegenteil werteten Kritiker einen Maler durchaus auch nach seiner Begabung, sich rührende oder pikante Situationen auszudenken. Wenn Vautier wieder »einen besonders glänzenden Treffer« gelandet hatte, war damit vor allem der Sinngehalt, der anekdotische Kern des Bildes gemeint. Daneben wurde freilich auch die technische Ausführung bewertet, wurden Genauigkeitspunkte verteilt, beim »Vetter« beispielsweise war »jede einzelne Gestalt sozusagen der Natur nachgeschrieben« und strahlte »Anmut, Liebreiz und Schalkhaftigkeit aus«. Besonders hielt man Vautier zugute, daß man seinen Figuren auf den ersten Blick »Rolle, Beruf und Charakter« ansehe: keine Zweifel, wer der schüchterne und wer der spottlustige Vetter ist, keine Zweifel bei schmunzelnden Onkeln, geizigen Bauern, verliebten Dorfschönen.

Die Gemütslage von Vautiers Werken, der Umfang seiner Themenpalette läßt sich bereits aus den Titeln seiner Gemälde ablesen. »Toast auf die Braut«, »Beim Dorfbarbier«, »Erste Tanzstunde«, »Eine Tanzpause« zeigen, daß der Waadtländer vor allem die rührend-heitere Seite des ländlichen Alltags anvisierte. Auffallend gut vertreten sind Gemälde, die eine leicht genierliche Situation darstellen: das piekfeine Stadtbübchen in der Dorfküche, der erste Tag in der neuen Klasse, daneben »Der abgewiesene Verehrer«, »Der verlegene Besucher«, »Ein Heiratsantrag«. Offensichtlich hatte Vautier hier eine Marktlücke gefunden. Das Publikum litt mit den verlegenen Freiern, den schüchternen Muttersöhnchen mit ihren verknoteten Fingern und fühlte sich ihnen gleichzeitig überlegen – ein Kunstgriff, der in vielem an die liebenswerten Sonderlinge, die schnurrigen Käuze des eine Generation älteren Carl Spitzweg erinnert.

Gemäldetitel wie »Da kommt er!«, »Ohne Genehmigung des Künstlers« bescherten dem Publikum dagegen einen wohligen Aha-Effekt; in »Genehmigung« beispielsweise pinseln zwei Bauernmädchen an der Leinwand weiter, die der Künstler unbeaufsichtigt hat stehenlassen. Ein Titel wie »Verlassen!« machte sich unverhohlen lustig über pathetische Gemälde mit schluchzenden Bräuten; Vautier zeigte hier einen Jungen und eine Ziege in einem Badezimmer.

Wäre die Genremalerei demnach diejenige Kunstgattung, die scheinbar undramatische Augenblicke des Alltags festhält und den Betrachter einlädt, die kleine Geschichte zu rekonstruieren, welche die auf der Leinwand zusammengeführten Figuren verbindet? Und wie verhält sie sich zur Salonmalerei? Ist Albert Anker, an den mich Vautier schon wegen der frappanten Übereinstimmung mancher Szenen (ländliche Ziviltrauung, schlafende Kinder im Heu, Kinderbegräbnis) erinnert, nun ebenfalls ein Genremaler? Oder bewahrt ihn davor sein Verzicht auf Pointen im »Vetter«-Stil, auf populäre Schmunzeleffekte?

Bei den zünftigen Kunsthistorikern finde ich nicht eben viel zum Thema »Genremalerei«. Sie nehme sich vor, das Alltagsleben in Ausschnitten festzuhalten, lese ich bei Adolf Reinle. Sie verfalle aber, vor allem in der Zeit nach 1850, der Gefahr des Anekdotischen und der Sentimentalität. Im besten Fall gleicht der Genremaler dem Heimatdichter à la Rosegger: gefühlvoll, verniedlichend, oberflächlich auch bei tragischen Themen. Über Vautier ein sehr bedingtes Lob: Er sei etwas weniger süßlich als seine deutschen Kollegen, bringe etwas Spritzig-Westschweizerisches in die Zipfelkappenstuben, daneben aber Stichworte wie »allzugroße virtuose Glätte«. Offenbar stecken zur Genrezeit die Schweizer Maler ihre Regionen ab: Anker beansprucht das Bernbiet, ein gewisser Ritz das Wallis, ein Emil Rittmeyer die Ostschweiz. Der Maler ist zugleich »Darsteller eines eigenständigen Volksteils«; jeder Landesgegend ihren Porträtisten!

All dies klingt zu kursorisch, zu feinsinnig-ästhetisch; kein Wort über die ungeheure Popularität dieser Kunstgattung, über ihre Reproduzierbarkeit, über die Rolle der Fotografie, die ja als Helferin wie als Konkurrentin auftrat. Die Kamera nahm beispielsweise Vautiers Bilder auf und half sie weiterverbreiten; jede Fotografie einer Alltagsszene zeigte aber auch, wie weit noch die sorgfältigst gepinselte Küchenszene von der »Wirklichkeit« entfernt war.

Auch eine längere Abhandlung über das »Genre« bringt mir nicht viel außer steilen Floskeln; angeblich »versuchte die Kunst sich mit Stimulantien aufzupeitschen«, als sie um 1850 das anekdotische Element aufnahm. Nach dem Ersten Weltkrieg war die erzählende Malerei völlig abgemeldet, und zwar bei Kritik wie Publikum; Idyllen wie der »Vetter«, um 1900 noch gefeiert, galten schon 1920 als »Kunst zweiten Ranges« – bestenfalls!

Ein Ausstellungskatalog des Wallraf-Richartz-Museums stellt das Genrebild neben das historische Gemälde. Gemeinsam ist beiden das epischerzählende Moment; der Maler hält einen bestimmten Augenblick fest: epochemachend im einen Fall, nur privat bedeutungsvoll im anderen. Hier finde ich wenigstens einen inhaltlichen Raster. Je nach thematischem Umfeld wird nach bäuerlichem und bürgerlichem Genre unterschieden, daneben gibt es das religiöse Genre mit Wallfahrtsszenen und betenden Pilgern, das exotische Genre (tamburinschwingende Tarantellatänzerin) und das sozialkritische Genre – meist Menschen an der Arbeit. Zeigt der Maler Fest oder Alltag der sozialen Oberschicht, spricht man von Salonmalerei. In praktisch allen Fällen wollen diese Bilder unterhalten, und zwar mit Hilfe der eingebauten Geschichte oder Pointe. Hier gibt es nun aber Abstufungen in der Direktheit, mit der die Maler an die Gefühle des Betrachters appellieren. Ein Publikumsliebling wie Eduard Grützner, der sich auf behäbige Mönche spezialisiert, die im Klosterkeller Wein degustieren, besetzt das eine Ende der Skala, häuft Klischee auf Klischee: rote Nasen, glänzende Bäcklein. Auf der anderen Seite der fast schon dokumentarische Realismus, mit dem ein Wilhelm Leibl eine Taglöhnerküche festhält; »mein« Benjamin Vautier hier irgendwo dazwischen.

Ich wage mich, gleichsam auf Widerruf, zu einer Gattungsbezeichnung vor. »Episodischer Realismus« scheint mir das Wesentliche dieser Art von Malen festzuhalten und auch noch Marginales wie die schmunzelnden Mönche mit einzuschließen; »Episode« kann auf eine Pointe hinauslaufen oder bloß den stimmungsvollen Augenblick meinen. Ich notiere mir weiter, daß das Verhältnis von Vorder- und Hintergrund eine wichtige Rolle spielt. Offenbar lebt das Genre vom Gleichgewicht zwischen charakteristischem Milieu und der Dynamik in der dargestellten Gruppe; beide bedingen sich gegenseitig. Nie handelt es sich um namentlich bekannte Personen wie bei Porträts oder historischen Gemälden. Das Genre ist anonym, der sichtbar gemachte Fall »weist auf andere Fälle hin«.

Nun gehörte Vautier einer bemerkenswert schöpferischen Generation an; manche Historiker sprechen von einer wahren Talentexplosion. In den Jahren 1827 bis 1831 kamen neben Vautier ein halbes Dutzend Schweizer Maler zur Welt, die sich zumindest im Lande selbst einen bedeutenden Namen machten: die Landschaftsmaler Robert Zünd und François Bocion, ebenso der Walliser Raphael Ritz sowie Rudolf Koller, Ernst Stückelberg und Albert Anker, die alle im weitesten Sinn zur Gattung des Genres gehören, schließlich Arnold Böcklin und Frank Buchser, beide mit internationaler Reputation schon zu Lebzeiten.

Ich greife mir hier den unscheinbarsten Namen heraus, denjenigen von Raphael Ritz; schon darum, weil eines seiner Hauptwerke im Jahre 1888 entstand, so wie Vautiers »Vetter«. Bevor ich aber auf die »Rhonekorrektion« zu sprechen komme, das Nötigste an biographischen Angaben: Ritz wurde 1829 in Brig geboren, als Sohn eines bekannten Porträtisten. Der Malerberuf lag also in der Familie, wovon schon der wenig gebräuchliche Vorname zeugt. Und wie Vautier zog Ritz in den 1850er Jahren nach Düsseldorf, wählte sich ebenfalls das Atelier Jordan zur Ausbildungsstätte. Nur daß die ersten Erfolge hier länger auf sich warten ließen: Ritz »streckte« seine Studienzeit, indem er am Essen sparte, beispielsweise die Mittagsmahlzeit bis fünf Uhr nachmittags hinauszögerte, nur selten eine Künstlerkneipe aufsuchte, weil ihm selbst das Bier zu teuer war. Blieb etwas Geld für Geselligkeit, so zeigte sich der schmalbrüstige, kleingewachsene Walliser aber als begabter Alleinunterhalter, beispielsweise mit der Imitation eines Klaviervirtuosen. Er betrat mit großen Schritten eine imaginäre Bühne, schleuderte fiktive Handschuhe ins Publikum und strich die Künstlermähne zurecht, setzte sich dann vor einen gewöhnlichen Tisch, den er mit schwungvollen Gesten bearbeitete.

Wie bei Vautier brachten bestimmte thematische Einfälle die ersten großen Erfolge. Die 1870 entstandenen »Ingenieure im Gebirge« zeigten einen Trupp städtisch gekleideter Vermesser in einer nebelverhangenen Felsenlandschaft. Die Gegenüberstellung von bedrohlicher Natur und kühnem Technikertrupp schlug beim Publikum dermaßen ein, daß Ritz über ein Dutzend Bestellungen für das gleiche Gemälde erhielt und mehrere deutsche Verlage die Rechte auf die Wiedergabe als Holzstich anforderten. Die kleine Gebirgsszene hätte Ritz auf Jahre hinaus Arbeit verschafft; er begnügte sich wohlweislich mit zwei weiteren Versionen, die in einigen Details vom Vorbild abwichen.

Ritz hakte lieber mit weiteren Varianten des Themas nach. Hintereinander malte er einen Geologen, einen Botaniker und einen Zoologen im Gebirge, wobei er die Wissenschafter etwas aufdringlich mit den entsprechenden Requisiten ausstattete. Auch diese Szenen wurden vielfach im Holzstichverfahren nachgedruckt, das ganze Dreierpaket erhielt an der Landesausstellung von 1883 einen prominenten Platz. Damit aber hatte Ritz, der seine Skizzen im Freien mit Öl auf Kartons warf, seine spezielle Formel gefunden: »Das schweizerische landschaftliche idyllische Genre ist mein Liebling«, hielt er in einem Brief an den Vater selbstbewußt fest.

Was haben die biwakierenden Ingenieure, die bergsteigenden Botaniker mit Vautiers Barbierstuben zu tun? Auf den ersten Blick fehlt hier die kokette Herausforderung an den Betrachter, sich in ein psychologisches Spannungsgefüge einzufühlen; fröstelnde Vermesser sind nun einmal fröstelnde Vermesser. Und trotzdem dominiert auch hier der »Einfall«, soll der Galeriebesucher eine Episode nachvollziehen: Wie würde ich als Städter in diesen nebligen Felsen zurechtkommen? Was haben sich wohl Hirtenbube und weltfremder Wissenschafter zu sagen?

1888, wie gesagt, malte Raphael Ritz seine noch heute populäre »Rhonekorrektion« – eher noch: malte er sie fertig. Nachdem die Walliser Regierung bei ihm ein Gemälde bestellt hatte, das den Kampf der Bevölkerung gegen die feindliche Natur verdeutlichen würde, wählte Ritz eine Großbaustelle unweit von Raron aus. Hier entstand in den 1880er Jahren ein System von Dämmen und Kanälen, mit denen die Regierung den regelmäßig wiederkehrenden Überschwemmungen der Rhone beizukommen suchte. Ritz beging die Baustelle Dutzende von Malen mit den Ingenieuren des Kantons, bereitete sich mit Hunderten von Skizzen auf sein Gemälde vor. In einigen seiner Figuren porträtierte er die verantwortlichen Politiker und Techniker – einen Nationalrat von Roten, einen Großrat Schröter, die er auf dem Wehrdamm postierte; die Hauptrolle aber kam der Bevölkerung von Raron zu, und zwar »weil diese kleine Gemeinde zuerst den mutigen Schritt tat«, das aufwendige Projekt auf eigenem Gemeindegebiet anzupacken. In diesem Sinne war die »Rhonekorrektion« ein »nationales« Gemälde, verkörperte sie Solidarität und Selbsthilfe in einer feindlichen Umwelt.

Was immerhin zu bedenken steht: daß Ritz seinen Standpunkt durchaus auch wegen der malerischen Kirche am Abhang wählte, vielleicht gar wegen der ebenso malerischen, im Nebel verschwimmenden Pyramide des Torrenthorns, dessen Silhouette eindeutig an das Matterhorn erinnerte. Das Gemälde selbst entstand im Atelier in Sitten, das Ritz im Jahre 1875 bezogen hatte. Für die eigentliche Ausführung brauchte der Meister Ruhe und Isolation – und helles Tageslicht. Ritz war überzeugt, daß künstliches Licht oder »trüb-regnerisches Wetter das Kolorit beeinflusse«. Das war ein heikler Punkt. Immer wieder hatten Kritiker den Walliser seiner angeblich dumpfen Farbwahl wegen getadelt, die er sich in Jordans Atelier angeeignet habe, ja geradezu behauptet, die Ritzschen Bergszenen ertränken in der »braunen Brühe der Düsseldorfer«!

Für den heutigen Betrachter der »Rhonekorrektion« am eindrücklichsten: die an Fotografien erinnernde Wirklichkeitstreue, mit der die Großbaustelle eingefangen ist. Nicht nur, daß Schubkarren, Schaufeln und schmutzverdreckte Stiefel bis zum letzten Sohlennagel »wirklich« erscheinen – auch die Anordnung der Figurengruppen erinnert in ihrer Zufälligkeit an einen Schnappschuß. Zwei der Porträtierten scheinen den Betrachter zu fixieren: Arbeiter, die vom Klick des Auslösers überrascht worden sind.

Diesen Trick finde ich erwähnt in einem Aufsatz von Manuel Gasser, der sich mit der Salonmalerei auseinandersetzt, aber auch das Verhältnis der um 1860 aufkommenden Fotografie zur Malerei untersucht – ein Thema, das die bildenden Künstler der Zeit wie kein anderes beschäftigte. Den Effekt mit der »ertappten« Person im Hintergrund, so lese ich, hatten die Maler den Fotos von Straßenszenen abgeschaut, auf denen sich immer jemand fand, der in die Linse starrte. Es gab noch eine Anzahl weiterer Tricks, mit denen Maler die Unbestechlichkeit der Fotokamera suggerierten: zum Beispiel Personen, die scheinbar dem Mann hinter der Kamera Grimassen schnitten, weiter Hunde, die einen Mann mit Stativ anzubellen schienen – und damit einen direkten Bezug zwischen dargestellter Szene und Betrachter schufen.

Ich fasse weiter aus Gassers Aufsatz zusammen: Genremaler verwiesen die Fotografie auf die Ränge, indem sie möglichst bewegte Szenen darstellten, die bei den langen Belichtungszeiten von damals der Kamera unerreichbar blieben. Nur der Mann mit dem Pinsel konnte sich fächelnde Damen, galoppierende Pferde oder schaufelnde Männer vornehmen – und dies selbstverständlich in Farbe! Genremaler wichen auch mit Vorliebe in dunkle Innenräume aus, die der Fotograf nur mit viel Aufwand ausleuchten konnte. Und selbst die um 1860 aufkommende Historienmalerei schien dem neuen Medium den Meister zeigen zu wollen: Nur der schöpferische Künstler konnte einen Blick zurück in die Vergangenheit tun!

Umgekehrt veränderte der Fotoapparat natürlich auch die Sehweise der Maler. So wie seine Linse Unwichtiges und Wichtiges mit gleicher Schärfe registrierte, trennte der Genrekünstler sein Sujet jetzt nicht mehr in Hintergrund und Vordergrund, verwendete vielmehr ebensoviel Sorgfalt auf Möbel, auf Kleiderstoffe oder auf Teppichmuster wie auf die Gesichter der »handelnden« Personen. In gewissem Sinn prägte die Unbestechlichkeit der Linse das Stilideal des Künstlers; gefragt waren Genauigkeit, Lebensnähe, Unmittelbarkeit. Und damit war auch ein neues Themenumfeld umrissen – der Genremaler wählte Szenen aus dem Alltag, zeigte die Welt angeblich ohne Schminke. Paradoxerweise hatte er im Rennen gegen den Fotografen einmal mehr die Nase vorn. Nicht nur, daß er dank des Vorteils der Farbe mehr Wirklichkeitsnähe erzielte. Er konnte seine Figuren unmerklich so gruppieren, ihren Ausdruck so einfärben, daß seine Leinwand eine kleine Geschichte erzählte, der täuschend imitierten Realität eine Pointe abgewann. Der Fotograf, der im Gebirge auf das Zusammentreffen von Botaniker und Hirtenbub hoffte oder in der Bauernküche auf eine putzige Szene lauerte, konnte warten, bis er schwarz war im Gesicht…

Gasser entdeckt weiter eine seltsam verdrehte Dialektik des Abbildens: Maler wollen es in Genauigkeit und Unmittelbarkeit dem Fotografen gleichtun, mit ihrer Illusionskunst gleichsam beweisen, daß für die neue Erfindung kein Bedarf herrsche. Der Fotograf läßt umgekehrt den Vorwurf des seelenlosen Technikers nicht auf sich sitzen und weist sich mit streng komponierten Porträts, stimmungsvollen Landschaften usw. als Künstler aus – ein Endlosduell, das an den Wettlauf von Igel und Hase erinnert.

Weiter finde ich eine einleuchtende Erklärung für die Gattung »Salon«: Zeigte der Genremaler das *Highlife* der großbürgerlichen Welt mit ihren Pferderennen, Diners oder Bällen, hieß das Resultat Salonbild. Daß viele dieser Gemälde im »Salon« ausgestellt wurden, vor allem an der jährlichen Werkschau der Société des artistes français, gab dem Wort eine weitere Bedeutungskomponente. Und daß manche von ihnen wieder in Salons zu hängen kamen, deren Alltag sie gleichsam komprimierten, fächert den Begriff weiter auf: eine schillernde Sache!

Für den »fotografischen Stil«, der um 1880 die europäische Genremalerei prägt (scheinbar zufällige Anordnung der Figuren, der Linse abgeguckte Tiefenschärfe ohne »thematische« Trennung in Hinter- und Vordergrund, Szene aus dem Alltag), gibt es in der Schweizer Malerei nur wenige Beispiele. Auch Ritz' Baustelle an der Rhone verwechselt in der Schwarzweißreproduktion niemand mit einer alten Fotografie, so wie mir dies bei vielen von Gasser gezeigten Beispielen passiert ist.

Dem fotografischen Ideal am nächsten kommt ein Riesengemälde des Genfers Charles Giron: *Les deux sœurs*. Das vier auf sechseinhalb Meter messende Gemälde zeigt eine Pariser Straßenszene mit Kutschen, Hunden, fliegenden Händlern und auf seidene Kutschenpolster hingegossenen Kokotten; selbstverständlich fehlt auch ein Arbeiter mit geschultertem Pickel nicht. Girons Biograph Léandre Vaillat behauptet mit leicht abbittendem Ton, der damals gefragte anekdotische Kern vermöge den Charme des Gemäldes nicht zu zerstören, jenes *parfum tendre,* das an die Heldinnen Guy de Maupassants erinnere. Trotzdem habe Giron bei Natur- und Landschaftsszenen eine glücklichere Hand bewiesen; daß der Genfer viele Jahre nach den »Schwestern« das Urnerseefresko im Berner Nationalratssaal malte, die in unzähligen TV-Nachrichtensendungen auftauchende »Wiege der Eidgenossenschaft«, paßt Vaillat ungleich besser.

Ein zweites Mal falle ich beinahe herein bei der Schwarzweißreproduktion eines Gemäldes von Vautier; es zeigt einen älteren Touristen im Gebirge, der mit zwei einheimischen Mädchen scherzt. Auch hier hat Vautier den episodischen Kern – das Aufeinanderprallen zweier Welten – mit so viel scheinbarer Willkür ausgestattet, daß ich erst an einen Schnappschuß glaube, mich dann aber von der allzu »malerischen« Lichtführung eines Besseren belehren lasse.

Dies nebenbei: Vor wenigen Jahren verkaufte das Berner Kunstmuseum Girons »Schwestern« an einen privaten Kunsthändler. Das gleiche passierte mit dem reizenden Vautier, den das Zürcher Kunsthaus abstieß: Schleuderverkäufe von Konservatoren, deren Kunstbegriff sich mit kleinbürgerlicher Ängstlichkeit am Zeitgeist orientiert, historische Perspektiven aus dem Auge verliert: eine Blamage!

Zwei letzte Nachträge zum Thema Fotografie; es geht um vorzeitige Todesanzeigen. »Von heute an ist die Malerei tot!« rief angeblich der französische Maler Paul Delaroche aus, als er seine erste Daguerreotypie sah. Das war in den 1840er Jahren; im Jahre 1902 äußerte sich der Schweizer Salonmaler Albert von Keller in ähnlicher Absicht: Werde erst einmal die Farbfotografie erfunden, so könnten die bildenden Künstler zusammenpacken, »dann sind wir Maler gewesen«.

Kodak und Agfa brachten die ersten Farbrollfilme in den dreißiger Jahren auf den Markt – etwa zur Zeit, in der Salvador Dalì seine ersten großen Themen entwickelte und Georges Braque *Le Duo* malte.

Ich habe mich mit Ritz und Vautier nun einmal im Jahre 1888 angesiedelt – was gab es damals Neues auf der Kunstszene, was malten beispielsweise ihre Altersgenossen in diesem Stichjahr?

Einen ungewöhnlichen Beitrag leistet da der Tiermaler Rudolf Koller, dessen dramatische »Gotthardpost« bereits ein enthusiastisches Publikum gefunden hat. 1888 legt er »Alte Erinnerungen« vor. Ein Bauer in Pluderhose pflügt mit Ochse und Pferd einen Acker, wobei sich das Pferd soeben losgerissen hat und über eine Hecke setzt. Den entscheidenden Tip, die Eselsbrücke, liefert auch hier wieder der Bildtitel. Eine im Hintergrund vorüberpreschende Jagdgesellschaft weckte im vermeintlichen Ackergaul – nun ja, eben »Alte Erinnerungen«. Das erklärt das plötzliche Ungestüm des einstigen Jagdpferdes; Koller übernimmt also das Nanu-Prinzip des Genrebildes für eine Tierszene.

Um einiges raffinierter gehen da Kollers jüngere Kolleginnen und Kollegen vor. Aus dem Jahre 1888 habe ich gleich zwei größere Atelierszenen vor mir, beide von Frauen gemalt. Die Wahlgenferin Marguerite Massip zeigt in *Un vendredi à l'atelier* sich selbst vor der Staffelei, umringt von bewundernden Freundinnen. Weitere Freundinnen unterhalten sich beim Teetrinken und beim Klavierspielen; ein einziger männlicher Besucher drängelt sich verschämt in einer Ecke beim Piano.

Das ist nun nicht mehr krasse Gedankenmalerei mit flüchtenden Ackergäulen, sondern eine sanft abgetönte Randszene des Genres: Atelierstimmung, die eine milde Sehnsucht danach weckt, sich zu dieser vergoldeten Boheme zu setzen. Nur daß Massip den einzigen freien Sessel mit Zylinder, Reitpeitsche und Handschuhen des diskreten Herrn belegt hat: Für mehr als einen männlichen Bewunderer ist hier nicht Platz!

Und das gilt in noch stärkerem Maß für das Gemälde *Les amies – Effet en contre-jour,* ebenfalls 1888 entstanden. Auch hier setzt sich die Malerin selbst ins Bild. Am Fenster, im weißen Künstlerinnenkittel, die Malerin Louise-Cathérine Breslau selbst – eine erstaunliche Frau, auf deren Karriere ich gleich zu sprechen kommen werde! Ihre »Studie im Gegenlicht« verzichtet weitgehend auf Nanu-Effekte, zeigt ganz einfach eine Malerin, die in einer Schaffenspause der Freundin aus einem Buch vorliest. Natürlich wird der Betrachter auch hier eingeladen, sich über den Anlaß ein paar Gedanken zu machen, vielleicht gar über die vorgelesene Buchstelle zu spekulieren. Ein paar dezent plazierte Pinsel lassen die Note »Atelier« anklingen, das Kätzchen steuert Niedliches bei. Mindestens ebenso schwer wiegt aber die technische Aufgabe, die sich Breslau gestellt hat: den Gegenlichteffekt mit dem sanften Schimmer zusätzlicher Lichtquellen zu versöhnen, eine schwerelose Feierabendstimmung einzufangen, in der man zwanglos einen Gedichtband hervorkramt und ein paar Lieblingszeilen nachlauscht. Das erkannte auch die zeitgenössische Kritik, die von einem »technischen Wagestück erster Güte« sprach; ein etwas unbeholfener Rezensent der ersten Stunde erkannte gar »den Strahl genialer Auffassung der Wirklichkeit«, der die Zweierszene zu einem »ernsthaften Kunstwerke« mache.

Wer war diese etwas herb wirkende Frau mit dem sanft klingenden Namen, die bereits mit vierundzwanzig Jahren die großen Salons in London und Paris mit Bildern beschickte und als Dreißigjährige eine ganze Sammlung von Goldmedaillen aufzuweisen hatte – dem künstlerischen Leistungsnachweis, mit dem die Salonjury von einst ihre Lieblinge auszeichnete? Louise-Cathérine Breslau wurde 1856 in Zürich geboren, wuchs hier als Halbwaise auf. Ihr Vater, ein aus München berufener Chirurg, hatte sich bei der Operation eines mit einer ansteckenden Krankheit behafteten Patienten einen winzigen Schnitt zugefügt und sich tödlich infiziert; er starb mit siebenunddreißig Jahren.

Auch das Mädchen Louise-Cathérine war, wie ich lese, für Infektionen anfällig, verbrachte als kränkliches Kind ganze Winter im geschlossenen Zimmer, begann hier zu zeichnen, zu malen, und das setzte sie fort in der Klosterschule am Bodensee, in der sie die Mutter schließlich unterbrachte. Eine nonnenhafte Aura, ein Zug von Askese und Selbstquälerei scheint sie selbst in Paris umgeben zu haben. In den 1870er Jahren schreibt sie sich nämlich an der Académie Julian ein, wird in diesem stickigen, unter heißen Blechdächern gelegenen Atelier zu einer Art Vorzeigeschülerin. Ihre Skizzen werden öfter »nach unten« gebracht – die höchste Auszeichnung in diesem Zirkel. Ein Stockwerk tiefer sitzen nämlich die männlichen Schüler der Académie, und Ausbildungsleiter Robert Fleury nimmt mitunter die Gelegenheit wahr, die Saumseligen unter ihnen mit dem gelungenen Werk einer der bespöttelten Mitschülerinnen anzuspornen.

Vielbewundert und -bestaunt unter diesen: die junge, schwerreiche und schöne Marie Bashkirtsew, eine russische Adlige, vier Jahre jünger als Louise-Cathérine. Dieses etwas schwermütige Playgirl läßt sich noch im Atelier von einem schwarzen Bedienten heiße Schokolade hinterhertragen, erhält am Mittag von der privaten Kammerzofe ein reichhaltiges Essen serviert, erkennt dabei aber das Talent Breslaus uneingeschränkt an. Es entspinnt sich eine Art Haßliebe zwischen den beiden auffallendsten Schülerinnen Fleurys, nicht ohne erotische Komponente: Bisweilen zieht sich die junge Aristokratin vor der Mitschülerin aus, prahlt mit ihren üppigen Formen. Die Breslau, offenbar wenig beeindruckt, tadelt den dicken Hintern der Gräfin, bekommt dafür in Maries Tagebuch eins ausgewischt: »Die Breslau ist mager, mißgestaltet und schon sehr mitgenommen von der Zeit. Sie hat zwar einen interessanten Kopf, aber gar keine Grazie, sondern etwas durchaus Männliches im Aussehen«...

Während sich die Bashkirtsew mit ihrem offen-frivolen, mitunter überschwenglichen Tagebuch das einzige Denkmal setzt (sie stirbt mit vierundzwanzig an Tuberkulose), schließt Louise-Cathérine die Académie mit einem Fanfarenstoß ab: 1881 Salon-Goldmedaille für *Les amies,* eine Studie, die das Gegenlicht-Porträt in vielen Zügen vorausnimmt! Sie setzt sich in der Folge unaufdringlich als Porträtistin in Szene, malt beispielsweise die Tochter des *Figaro*-Herausgebers Rodays, schafft sich überhaupt einen Ruf als einfühlsame Interpretin von Frauen- und Kindergesichtern, wird gelobt für die »zugleich zurückhaltende und eindringliche Stimmung der Intimität« ihrer Innenszenen.

Une ambiance d'intimité discrète et pénétrante war auch das Stichwort für den privaten Alltag Breslaus. Aus der Entstehungszeit von »Gegenlicht« haben sich einige biographische Details erhalten – wie richtete sich eine unabhängige junge Zürcher Künstlerin in der Weltstadt Paris ein?

Die erste Devise hieß Sparen; Louise-Cathérine Breslau teilte ihre enge Dreizimmerwohnung am Faubourg Saint-Honoré – und die Miete – vorerst mit einer Winterthurer Kunstschülerin namens Louise Schäppi. Etwas später zog die Freundin und spätere Biographin Madeleine Zillhardt mit ein; mehrere Sommer lang rückte man nochmals zusammen, um einer weiteren Kunstschülerin Platz zu machen, der irischen Malerin und Kunsthistorikerin Sarah Purser, die später als eine der ersten Frauen Europas in Dublin ein Museum leiten sollte.

Hauptthema bei den abendlichen Runden der jungen Frauen war selbstverständlich die Kunst und hier wiederum die Stellung, die der Frau zukam: Man strebte nach dem »Beweis dafür, daß es eine wahrhaft weibliche Kunst gibt, und daß diese Kunst stark sein kann«.

An diesen Diskussionen nahmen durchaus auch Männer teil. Für ihr viel gelobtes Interieur *Le thé de cinq heures,* das 1883 entstand, hatte Breslau für ein ganzes Jahr ein Atelier gemietet. Hier lernte sie den kauzigen Karikaturisten Jean-Louis Forain kennen, einen als unzugänglich verschrienen bissigen Zyniker, der indes zum guten Freund und Förderer wurde. Häufig zu Besuch kam auch Edgar Degas, ein ebenso wohlmeinender Kritiker, der für neue Porträtaufträge sorgte.

Zwischenhinein hatte Breslau immer wieder einmal genug von den zarten Pastelltönen, malte beispielsweise eine verhärmte Straßenhändlerin »mit vom Leben verwüsteten Gesicht«, wandte sich aber bald wieder den feinsinnigen Atelier- und Fünfuhrteeszenen zu, die sich ungleich besser verkauften.

»Gegenlicht« war nicht nur ein kommerzieller Erfolg; es brachte Breslau auch ihr erstes künstlerisches Pied-à-terre. Über dem wiederum eigens gemieteten Atelier hauste nämlich, zusammen mit unzähligen Katzen, ein alter Maler mit dem romanhaft klingenden Namen Gingembre. Eines Morgens fanden ihn die Hausbesitzer tot auf dem Fußboden liegend, von miauenden Katzen umgeben. Breslau richtete sich im frei gewordenen Atelier ein, malte es in hellen Blautönen aus und schaffte sich in den folgenden Jahrzehnten eine solide künstlerische Existenz. Für die Kunstgeschichte gilt Louise-Cathérine Breslau als Französin; daran änderte auch nicht viel, daß sie 1891 ins Zürcher Bürgerrecht aufgenommen wurde.

Zurück noch einmal zum Genrebild; am äußeren Rand gehörte ja auch *A contre-jour* noch zu dieser Kategorie. Hier gab es nun Grenzen, die man nicht ungestraft überschritt. Louise-Cathérine Breslau zum Beispiel übernahm in ihrem Freundinnenporträt allzu bereitwillig die zufällige Raumverteilung des Schnappschusses – dies jedenfalls die Meinung eines besonders rabiaten Kritikers. Daß sie praktisch die ganze rechte Bildhälfte »leer« ließ, nur mit einigen Pinseln als auffälligsten Requisiten nutzte, brachte beim ersten schweizerischen Salon von Bern im Jahre 1890 diesen Mann so in Rage, daß er geradezu von »fanatischem Realismus« wetterte: »Es fehlt im Bilde deshalb auch jede Vision, jeder ideale Hauch. Eine Komposition existiert nicht, zufällig saßen die zwei Personen samt der Katze in der linken Ecke, während der Raum rechts nichts enthielt als den Topf mit den Pinseln und eine rothe Wachskerze. Also wird diese Situation wörtlich so dargestellt, denn der Grundsatz der malerischen und geistigen Erfüllung des Raumes ist der neuen Mode unbekannt oder wird als ›idealer Unsinn‹ verpönt.«

Das hört sich für heutige Ohren ziemlich unbedarft an, war für die damalige Tageskritik aber gedankliche Höchstleistung. Für Zeitungsrezensionen begnügten sich viele Kritiker damit, den Inhalt der Bilder nachzuerzählen. Sie zeigten regelrecht, daß sie die dargestellte Situation mit ihren Feinheiten richtig verstanden hatten, kauten freilich auch den Angesprochenen vor, was sie demnächst beim Galeriebesuch zu empfinden hatten. Solche Nacherzählungen gab es auch von Breslaus Freundinnenporträt; hier zählte ein Bewunderer beispielsweise auf, was ihm besonders gefiel: »... der erhabene Luxus einer einzelnen Blume auf dem Fenstersims; der Austausch der Gedanken, die eine kämpferisch noch in der Muße, die andere, die sich der Süßigkeit der Bewunderung und des Vertrauens hingibt«.

Das ist zwar bereits wieder kunstkritische A-Liga. Wie sich eine handfeste Bildbesprechung anhörte, das zeige ich lieber anhand meines ersten

Beispiels, des Vetternbesuchs. Hier heißt das Gemälde übrigens verdeutlichend »Der Vetter aus der Großstadt«, und Vautiers kleine Szene mit dem Apfelangebot wird wie folgt kommentiert: »Der junge Städter aber fürchtet sich vor allen fremden Gesichtern, denn er hat gelernt, ›die Danaer zu fürchten, auch wenn sie Geschenke bringen‹. Er zieht sich in die Nähe der Mutter zurück, und trotz seiner guten Kleidung macht sein Benehmen gegenüber dem seines offen dreinschauenden Vetters vom Lande einen ungünstigen Eindruck.«

Über so viel krampfhaftem Bemühen, Vautiers Schmunzeltonart aufzunehmen, vergesse ich übrigens beinahe, mir die darüberstehende Reproduktion anzusehen, merke erst zufällig, daß Vautier die Bauernstube radikal ummöbliert hat. Statt des offenen Herdes beispielsweise, der mich überhaupt auf dieses Bild brachte, eine Art Wandbett mit gezogenen Vorhängen: Neben seinen fünf jährlichen Gemälden mühte sich der Waadtländer Meister also auch noch ab, Versionen von bereits gemalten Werken zu pinseln!

Ich bin noch nicht ganz fertig auf meinem Rundgang durch das Jahr 1888. In diesem Sommer entstand auch ein Gemälde, das auf den ersten Blick wenig zu tun hat mit Breslaus Pastellinterieurs: William Röthlisbergers *Barquiers déchargeant des pierres*. Die Freiluftszene zeigt einen kräftigen Arbeiter mit Schubkarren; er bringt einen mächtigen Steinquader von einer improvisierten Anlegestelle ans Ufer. Und dieses selbst, der Standpunkt des Betrachters, bleibt unsichtbar. Also ein Bildausschnitt, den die zeitgenössische Kritik als *cadrage quasi photographique* empfand: auch hier wieder das Bestreben, einen scheinbar zufälligen, willkürlich bestimmten Ausschnitt der Wirklichkeit einzufangen. Und zu diesem Schnappschußeffekt trägt weiter bei, daß die Zeit eine wichtige Rolle spielt, der Arbeiter offensichtlich so schnell wie möglich vom gebrechlichen Steg aufs Festland zu gelangen sucht. Das Publikum hält stellvertretend für ihn den Atem an – auch dies ein Genrekniff!

Zum Maler Röthlisberger: Er kam 1862 zur Welt, war also sechs Jahre jünger als Breslau, studierte trotzdem vier Jahre mit ihr zusammen an der Académie Julian, eben in jener unteren Männeretage, in der die Skizzen von Breslau als Ansporn herumgezeigt wurden. Röthlisberger, verwaister Sohn eines reichen Fabrikanten, betrieb seine Studien aber eher mit der Nonchalance des Gentlemanmalers. Seine Mutter, mit der zusammen er in einer riesigen Villa bei Thielle aufwuchs, engagierte die angesehensten Maler der

Gegend als Hauslehrer. Unter ihnen zum Beispiel Rodolphe-Auguste Bachelin, auch er ein alter Bekannter, ein Genremaler mit Vorliebe für militärische Themen; von ihm stammt die Bauernküche mit den schäkernden, kartoffelschälenden Soldaten.

Aber selbst Röthlisberger, ein ausgesprochener Freilufttyp, der viel Zeit mit Jagen und Angeln verbrachte, malte seine *Barquiers* nicht eigentlich vor Ort. Wie ich lese, hielt er Motive und Eindrücke mit Öl auf kleinen Kartonstücken fest, setzte diese *pochades,* die er zu Hunderten sammelte, später zu großen Kompositionen zusammen: auch diese lichtdurchflutete, gleißende Uferszene also eine Atelierproduktion!

Hier wenigstens der Hinweis auf einen Zeitgenossen, der konsequent »nach der Natur« malte: der Genfer Auguste Baud-Bovy, der in den 1880er Jahren seine Liebe zu den Berner Oberländer Alpen entdeckte und hier bei Frost und Nebel seine Eindrücke festhielt. »Er unternahm«, lese ich in einem Nachruf, »was keiner vor ihm versucht hatte: nämlich im Freien auf eine 3.20 Meter lange und 2.50 Meter hohe Leinwand zu malen, welche man wie ein Segel mit Tauen befestigen mußte. Er malte dicht neben dem Abgrund, auf einer Leiter.«

Baud-Bovy, der mit frostklammen Fingern seine Farben auf eine flatternde Leinwand aufzutragen versuchte, starb 1899, kaum fünfzig Jahre alt, angeblich an den Folgen »der gewaltigen Strapazen«, der kühnen »Unvorsichtigkeit in der Lebensweise«: ein Opfer der Pleinairmalerei!

Bemerkenswert im Falle Baud-Bovys: Die Berner Oberländer Bauern, die dem Künstler beim Aufspannen seiner flatternden Leinwände zur Hand gehen, sind nicht nur seine Modelle, sondern bisweilen auch enge Freunde. Sie helfen dem Maler bei der Suche nach landschaftlichen oder brauchtümlichen Motiven, beraten ihn über Wetterlage und Routenwahl, bilden schließlich, nach Baud-Bovys frühem Tod, den Leichenzug, der ihn zum Friedhof begleitet. In diesem Sinne ist der Genfer tatsächlich ein »Volksmaler«, wie ein Nachruf rühmt. Er malt Sujets aus dem Volksleben, und dies unter den Augen der Einheimischen, die ihn kritisieren oder belobigen, jedenfalls eine gewisse Aufsichtsfunktion ausüben.

Das gilt in womöglich noch stärkerem Ausmaß für den zweitletzten Maler, den ich in dieser Galerie vorstellen will, für Eugène Burnand. Er ist Westschweizer wie Baud-Bovy, dabei in Themenwahl und Technik um einiges vielseitiger, flexibler: ein Multitalent. Von Burnand stammt eine Serie spätromantischer Holzstiche zur einer Waadtländer Sagensammlung, er illustriert aber auch biblische und historische Themen, malt die Hirten Südfrankreichs wie die Bauern des Jura, stellt – so ein Kritiker – »der Welt und ihrer Glätte das gesunde Leben der Camargue-Hirten und der rauhen Bewohner unserer Schweizerberge« gegenüber. Ein Gemälde aus dem Waadtländer Dorfleben, das eine bemannte Feuerspritze in rasender Fahrt hinter galoppierenden Pferden zeigt, wird zu einem Lieblingsbild der Romands. Vergleichen läßt sich diese *Pompe à feu de village allant à l'incendie* nur noch mit der ebenso rasanten, ebenso dynamischen »Gotthardpost« Rudolf Kollers: ein Bild, das in der zeitgenössischen Deutschschweiz als Nonplusultra effektvoller Stimmungsmalerei gilt.

So berühmt macht diese ländliche Feuerwehr, 1879 entstanden, den damals 29jährigen Burnand, daß sein Atelier im Waadtländer Bauerndorf Sepey eine Art Ausflugsziel wird. An schönen Sonntagen bricht die Bevölkerung der Region zu einem Besuch *chez l'artiste* auf, zu Fuß oder im Wagen, so daß die Wiesen rund um den stattlichen Bauernhof schon von weitem an eine Touristenattraktion erinnern: kreuz und quer parkierte Kutschen, das Gras übersät mit Butterbrotpapier und Orangenschalen. In der umgebauten Scheune, die als Atelier dient, drängeln sich »Scharen von Bauern«, wie ich lese. Ja, »die Schulkinder und Gesangsvereine der Nachbarschaft kamen, um davor vaterländische Lieder zum besten zu geben«!

Am populärsten werden diese patriotischen Wochenendkunstreisen, als bekannt wird, daß Burnand sich das Thema »Flucht Karls des Kühnen nach der Schlacht von Nancy« vorgenommen hat. An diesem über drei Meter breiten Kolossalgemälde arbeitet Burnand, stets korrekt gekleidet mit Weste, Krawatte und Jackett, während des Frühlings und Sommers des Jahres 1895. Flucht und Tod des Burgunderherzogs, die für das damalige Geschichtsverständnis den blutigen Schlußpunkt setzten unter eine lebensgefährliche Phase der Eidgenossenschaft, haben offensichtlich auch vierhundert Jahre später nichts von ihrer Dramatik verloren. Burnands Bild des gehetzten Herzogs, der mit flackerndem Blick dem unausweichlichen Ende zu entrinnen versucht, begleitet von ebenso hilflosen Getreuen, entsteht praktisch unter den Augen der Öffentlichkeit, unter dem kritischen Blick der Neugierigen, die sich in der Atelierscheune drängeln, zu den harmonischen Klängen vaterländischer Lieder, die durchs Scheunentor dringen: ein Stück Geschichte, das manche Züge einer Kollektivvision trägt!

Hier will ich die Karriere eines womöglich noch erfolgreicheren, noch enthusiastischer bejubelten Malers wenigstens skizzieren: Albert von Keller, Sohn einer Zürcher Patrizierin, 1844 im appenzellischen Gais geboren. Heutige Kunstlexika gönnen ihm bestenfalls ein paar Zeilen. Um so schwieriger ist die Vorstellung, daß die Münchner High-Society diesen Mann in den 1880er Jahren geradezu abgöttisch verehrte, ihm seine kleinformatigen Bilder für x-tausend Mark von der Staffelei weg abkaufte, für die Verbindung »von Grazie und Leidenschaft« schwärmte, die seine Porträts und Interieurs auszeichnete.

Neugierige Bewunderer, die sich im Atelier drängelten, waren im Falle Kellers freilich undenkbar. Dafür zeigten die Zeitgenossen zu viel Respekt. Hier war ein Maler, der »das Aussehen des Weltmannes und die glühende Seele des Künstlers« zu verbinden wußte und der Umgebung die »glatte Maske des Lebemannes« präsentierte. Kein Publikumsliebling zum Anfassen also; wer in die weitläufige Fünfzimmerwohnung an der Maximilianstraße zum Diner geladen war, wußte diese Auszeichnung zu schätzen, versank in bewunderndes Schweigen, wenn der Meister sich an einen seiner beiden Bechsteinflügel setzte und mit vollendeter Virtuosität eine Chopin-Sonate erklingen ließ, mit beneidenswerter Leichtigkeit eine in Französisch begonnene Konversation auf englisch weiterführte und in tadellosem Deutsch, ohne jeden Schweizer Akzent, resümierte: ein Talentbündel, ein Alleskönner, der vor allem in Gesellschaft schöner Frauen zu absoluter Bestform auflief!

Wer war dieser polyglotte Schweizer, der nach eigener Auskunft durchaus auch daran dachte, eine Laufbahn als Ingenieur einzuschlagen und tatsächlich schon als Zwanzigjähriger eine neuartige Drehbank konstruierte und patentieren ließ? Für das Biographische halte ich mich an eine Lebensbeschreibung des Churer Sammlers Oskar A. Müller, der seit Jahrzehnten alles Erreichbare über seinen Landsmann zusammengetragen hat, weiter ein reichhaltiges Portefeuille mit Kellers Zeichnungen herausgab und sogar die Münchner Inneneinrichtung des Malers rekonstruierte; dies, indem er aus dem Nachlaß Schränke und Nippsachen zusammenkaufte und das Mobiliar anhand von Kellers Gemälden identifizierte – zahlreiche Interieurs aus den 1880er Jahren zeigen die eigene Wohnung an der Maximilianstraße!

Ich kann Müller die jahrzehntelange Besessenheit nachfühlen: Die Biographie des Malers liest sich wie einer der zeitgenössischen Salonromane, zu denen Kellers mondäne Zeitgenossen die Illustrationen lieferten! Bereits die Geburt ist von Skandalen umwoben: Mutter Caroline Keller stammte aus einer reichen Zürcher Familie, die sich mit dem quasiadligen Prädikat »Keller zum Steinbock« schmückte, heiratete als Neunzehnjährige den aus ebenso angesehener Familie stammenden Kaufmann Martin Bodmer. 1842 reichte sie zum Schrecken der beidseitigen Verwandtschaft die Scheidung ein und überließ die sieben bisher geborenen Kinder kurzerhand dem Ehemann!

»Unser« Albert Keller kam zwei Jahre später zur Welt, und zwar im Molkenkurort Gais. Hierher hatte man sich offensichtlich aus Diskretionsgründen zurückgezogen; über Kellers Vater fehlen weitere Angaben. Ein Bruder namens Friedrich Ludwig stand der jetzt 37jährigen Caroline trotz Skandal zur Seite, half bei der Liquidation der ausgedehnten väterlichen Landgüter und beim Umzug nach Nürnberg; später ließen sich Mutter und Sohn in München nieder und erhielten die deutsche Staatsbürgerschaft. Eine Daguerreotypie aus dem Jahre 1850 zeigt eine früh gealterte Caroline mit ausgesprochen verhärmten Zügen: Das Haltungwahren angesichts des Skandals hat offensichtlich Substanz gekostet!

Geld war im Überfluß da; Albert hatte als Zehnjähriger seinen eigenen Zeichenlehrer, daneben allgemeinen Privatunterricht, machte ein glänzendes Abitur und faßte vorerst eine Karriere als Jurist ins Auge; der hilfreiche Onkel Friedrich war Rechtsdozent in Berlin. Dann aber entschied sich Albert für die Ausbildung zum Maler in München, absolvierte den Grundkurs im Eiltempo. Überhaupt scheint er sich alle Kunstfertigkeiten mit links anzueignen, so das Klavierspiel, so die Kenntnisse in Latein und Griechisch, in Französisch, Italienisch und Englisch.

Geradezu nonchalant, gentlemanlike lernte Keller auch die feineren Nuancen der Gesellschaftsmalerei meistern. Schon nach wenigen Monaten der Ausbildung teilte er das Atelier mit seinem Lehrer, und das war immerhin der Münchner Kunstdoyen Arthur Freiherr von Ramberg: gefeierter Historienmaler, Professor an der Akademie. Hier verkehrte Keller auf Du und Du mit weiteren umjubelten Malergrößen wie Makart, Lenbach und Leibl, unterhielt die wesentlich älteren Herren mit seinem Klavierspiel, setzte sich scheinbar zufällig und gelegentlich hinter die Staffelei und schaffte an der Münchner Kunstausstellung von 1873 den Durchbruch mit einem Gemälde, das er schlicht mit »Chopin« betitelte.

Das Bild zeigt eine klavierspielende Dame mit ihrer lauschenden Freundin. Ebenso wichtig wie die Protagonistinnen war die reiche Ambiance, waren die Schnörkel von Mobiliar, Nippsachen und Kerzenständern, die zusammen mit den kostbaren Damenroben eine Welt des Überflusses und der Schönheit evozierten. Erst in dieser Umgebung, so deutete die Szene an, kam die Musik Chopins richtig zum Klingen; am besten war sie aufgehoben im besinnlichen Beieinander zweier schöner Damen. Das war aber auch die einzige Pointe, die sich der Szene abgewinnen ließ. Bisher hatte sich Keller mit Themen wie »Lauschende Kammerzofe« den Publikumserwartungen angepaßt – also mit »Studien, denen irgendein Histörchen zugrundeliegt, quasi Illustrationen zu ungedruckten Texten«. Daß Keller in »Chopin« auf den Nanu-Effekt beim Beschauer verzichtete, rechneten ihm einige Kritiker hoch an. »Das sind Empfindungen, die mit der Scholle unter den Füßen nichts zu thun haben!« lobte ein Rezensent. Es war klar, worauf er anspielte: auf die ländlichen und kleinbürgerlichen Verhältnisse, in denen die meisten Genremaler ihre putzigen Szenen suchten. Ebenso klar war, daß ein Maler von Stil auf grobe Aha-Effekte verzichtete, wenn er die Welt der Reichen und Superreichen malte. In diesen Kreisen reichte eine hingetupfte Anspielung aus, ließ man das Hauptthema fast wortlos anklingen, so wie dies der Bildtitel »Chopin« tat. Noch Jahrzehnte später lobte ein Kunsthistoriker, Keller habe »das Münchner Genrebild endgültig vom Motiv befreit«...

Das ist natürlich Unsinn: für Außenstehende enthielt ein Kellersches Salonbild so viel episodische Motive wie ein ganzes Heft der heutigen Regenbogenpresse. Keller selbst löste das Problem relativ einfach. In den Anfangsjahren betitelte er ein Bild, das eine träumerisch blickende Frau mit einem Brief auf dem Schoß zeigte, noch mit »Erinnerungen«, später wählte er für entsprechende Szenen am liebsten unverfängliche Titel wie »Im Salon« oder »Déjeuner«.

Für das Chopin-Gemälde häuften sich die Anfragen. Keller hätte mit Leichtigkeit ein Dutzend Kopien oder mehr verkaufen können, begnügte sich aber mit zwei weiteren Versionen, ganz wie Raphael Ritz, der beim Erfolg seiner »Gebirgsingenieure« ähnliche Zurückhaltung gezeigt hatte. Und ohnehin: Man war auf Honorare nicht angewiesen, lebte seit 1870 an der Maximilianstraße in der geräumigen Wohnung im ersten Stockwerk, Mutter und Sohn.

Caroline, die eigenwillige Zürcher Patriziertochter, starb kurz nach dem Erfolg von »Chopin«. Wie ich lese, hatte sie seit der Geburt Alberts jeden Kontakt zu Zürich (und ihren weiteren sieben Kindern) vermieden, auch Keller selbst traf sich offenbar nie mit seinen Halbgeschwistern.

1877 dann eine weitere Episode wie aus einem Salonroman: Keller lernt in Kitzbühel die bildschöne 19jährige Irene von Eichthal kennen, Tochter eines führenden Münchner Bankiers. Wie vorauszusehen, verweigert der schwerreiche Baron seine Einwilligung, deshalb gemeinsame Flucht der

Liebenden nach London, man nimmt die Flitterwochen schon mal vorweg. Schließlich zähneknirschendes Nachgeben des Bankiers, großzügige Mitgift an Irene und Überschreiben einer Jahresrente von 6000 Mark, letzteres gerade noch rechtzeitig: 1880 stirbt der Baron.

Das ist bewußt salopp zusammengefaßt; ich hege den Verdacht, daß sich für die Kellers die Grenzen zwischen Salontagträumen und realer Existenz des öfteren verwischten. In den folgenden dreißig Jahren porträtierte Keller seine schöne Gattin immer und immer wieder; erhalten haben sich rund sechzig Porträts, bis hin zu »Irene auf dem Totenbett« aus dem Jahre 1907. Irene stand Modell in Roben aus Satin und Tüllwolken; Irene verträumt am Fenster; Irene bei einer Tasse Tee mit Mimi von Ramberg, der Tochter des Erfolgsmalers; Irene mit Freundin vor einer japanischen Puppe; Irene mit Bubi im Kinderzimmer und als Gastgeberin im Großen Salon.

Denn mit Vorliebe hielten Kellers Salonbilder die eigene Umgebung fest, das liebevoll eingerichtete Fünfzimmerappartement im Stadtzentrum. Keller machte die eigene Wohnung zum Spiegel seiner Kunst, hängte durchaus auch eben entstandene Gemälde an die Wand, die er in der nächsten Salonszene dann getreulich mitmalte. Verschiedentlich porträtierte er sich auch selber inmitten dieser aus Plüsch und ehrwürdiger Antikenbronze so merkwürdig komponierten Welt, als feschen Gesellschafter, der sich angeregt der schönen Tischnachbarin zuneigt, dem Betrachter das scharfgeschnittene Profil präsentierend – ein ausgesprochen gutaussehender Mann, ganz nach dem Geschmack der Wilhelminischen Ära: blitzende Augen, schneidig.

Wer sich ein halbes Dutzend von Kellers vielfach reproduzierten Gemälden genau ansah, kannte sich bald in der Künstlerwohnung an der Maximilianstraße aus. Hier stand das schwarze Buffet mit den großen Bronzeschüsseln, hier die japanische Puppe, hier der bronzene Tänzer aus Pompeji. Bezeichnenderweise trug ein kurz nach der Verheiratung entstandenes Porträt Irenes mit zwei Pudeln die launige Inschrift *Tout ce qu'il nous faut*. Mit der schönen Irene, mit dem 1884 geborenen hübschen Sohn Balthasar (den man je nach Bedarf in Mädchenkleider steckte), mit dem reich dekorierten Großen und Kleinen Salon war Keller tatsächlich auf Jahre hinaus bedient, was stimmungsvoll-schmucke Interieurs betraf. Falls die Inspiration trotzdem einmal ausblieb, stand auch im Atelier an der Kaulbachstraße ein Bechsteinflügel bereit. Ein weiteres Atelier an der Theresienstraße diente der Präsentation größerer Gemälde und als eine Art Privatgalerie; trotz des Ausstellungserfolgs von »Chopin« beteiligte sich Keller nämlich nur selten an den internationalen »Salons«. Seine meist kleinformatigen

Werke wurden, so lese ich, bei diesen Galaveranstaltungen »von ihren massiven Gegnern erdrückt«.

Um die Jahrhundertwende erhielt Keller das Recht auf das Adelsprädikat »von«; zusammen mit einer ganzen Anzahl weiterer Orden machte diese Auszeichnung aus dem unehelich geborenen Schweizer einen der meistdekorierten Maler Deutschlands. Eine Zeitschriftenreportage aus dem Jahre 1904 zeigte den Sechzigjährigen auf der Höhe seines Ruhms; dezent graumeliert, mit etwas scharfen Gesichtszügen sitzt er mit der unverändert schönen Irene am Eßtisch des Salons, inmitten der aus unzähligen Gemälden bekannten Nippes und Möbel; im Hintergrund der zwanzigjährige Sohn Balthasar in schneidiger Leutnantsuniform.

Das Idyll brach nach beinahe dreißig Jahren brutal auseinander: Sohn Balthasar, Offizier bei einem Artillerieregiment, brachte sich beim Hantieren mit dem Revolver eine Schußwunde bei und starb wenig später. Gattin Irene verfiel in eine Depression, verbrachte die folgenden elf Monate größtenteils in Kliniken, mußte mit unzähligen Morphiumspritzen sediert werden, starb im Februar 1907, noch keine fünfzig Jahre alt; Keller malte und skizzierte die Bettlägerige in ihren letzten Tagen.

Bezeichnenderweise machte Keller aus dem Sterbezimmer so etwas wie ein Museum für Irene. Bis zu seinem eigenen Tod im Jahre 1920 bewahrte er hier Hunderte von Souvenirs an die schöne Bankierstochter auf: Dutzende von Fächern, Parfümflaschen und Spiegeln. Fotoalben, weitere Erinnerungsbilder und zu Souvenirs gebundene Haarlocken kamen seltsamerweise unter die seidene Decke des Sterbebettes zu liegen. An der Wand hingen lebensgroße Porträts der Gattin, in den Kleiderschränken ihre schönsten Roben und Blusen: ein morbides, ins Absurde gekehrtes Festhalten am *Tout ce qu'il nous faut* von einst. Und auf gespenstische Weise erinnert dieses Nippesmausoleum erst noch an die Werkstatt des wackeren Benjamin Vautier, an seine sauber geordneten Trachten und Handwerksutensilien!

Als spüre er selbst die Gefahr drohender Seichtheit, die bei so viel anmutig-steifem Geplauder im Großen und Kleinen Salon lauerte, baute Keller schon früh eine zweite Themenwelt auf. In dieser etwas vage umrissenen Domäne herrschten mystische und biblische Motive vor: mit dem Tod ringende Hexen auf dem Scheiterhaufen, ein Jesus bei der Auferweckung des Jairus-Töchterchens, daneben durchaus auch ein Urteil des Paris. Bei den Salonbildern konnte Keller höchstens einmal eine entblößte weibliche Schulter zeigen. Nackte Menschen, vor allem nackte Frauen, erlaubte erst diese neue Themenwelt. Der weibliche Akt lieferte gleichsam den Kontrapunkt zu den malerisch drapierten, sich fächelnden Modellen im Salonatelier. Und Keller ging denn auch mit dem gleichen Gusto zur Sache, den er gegenüber den dutzendfach gefalteten, plissierten und gekräuselten Textilien bewies. Seine Frauenakte strahlen eine geradezu betäubende Sinnlichkeit aus, die sich seltsam abhebt von der pastellen abgetönten Erotik beim eleganten Fünfuhrtee. Die von teuren Stoffen umknisterten Gesellschaftsdamen gaben mit Puderdose und wedelndem Fächer zu verstehen, wie verhaßt ihnen jede Art von Transpiration, von körperlicher Absonderung war. Die mit der Lizenz der Mythologie versehenen Frauengestalten hatten da keine Probleme. Keller malte sie mit Vorliebe als dralle Vollweiber mit ausladenden Hüften und prallen Brüsten, verlieh sogar der eben vom Scheintod auferstehenden Jairus-Tochter einen Hauch bleichen Sex-Appeals.

Besonders dick trug Keller aber auf beim Thema Hexenverbrennung. Das von Müller publizierte Skizzenbuch beweist, wie der Maler das sich am Pfahl oder Kreuz windende Opfer in unzähligen Bleistiftentwürfen festhielt. Gesucht war diejenige Stellung, die Busen und Schenkel im rötlichen Schein der Flammen am plastischsten zur Geltung brachte. Die um 1890 entstandenen vier oder fünf Gemälde zu diesem Thema lösen die morbide Fragestellung jedesmal anders. In ihrer Plastizität besonders eindrücklich ist eine Variante, die alle möglichen Parallelen zum Kreuzestod Christi nachzieht. Statt eines ausgemergelten Märtyrers läßt Keller nun aber einen drallen Frauenkörper sich am Kreuz winden. Die von Schweiß schimmernden Schenkel, die erigierten Brustwarzen mochte ein Physiologe auf das prasselnde Feuer zurückführen; für seine anderen männlichen Zeitgenossen hatte Keller eine Pin-up-Figur geschaffen, mit der er die Themenkreise Sexualität, christlicher Opfertod und Hexenverfolgung auf bedenklichste Weise vermischte.

Die sich windende Frau, die Folterqualen oder Liebeswonnen evoziert, der männlichen Aggression hilflos gefesselt preisgegeben – solche Visionen schockten das weltstädtische Publikum offenbar kaum; jedenfalls berichten weder die 1912 erschienene »offizielle« Biographie Hans Rosenhagens noch Müllers Bücher von einem entsprechenden Skandal. Ungleich viel mehr Aufsehen erregte da schon die Tätigkeit der Münchner Psychologischen Gesellschaft, und hier zeichnete Keller seit dem Gründungsjahr (1886) als eifriges Mitglied. Was in diesem Kreis betrieben wurde, waren vor allem parapsychologische Experimente: Levitationen, Apporte, dann auch rätselhafte Materialisationen. Dabei bildeten sich offenbar aus einer Art Plasma, das von einem streng kontrollierten Medium abgesondert wurde, allerlei Gliedmassen und Köpfe von angeblich Verstorbenen; einige dieser Erscheinungen wurden sogar fotografisch festgehalten. Als führender Kopf in diesem Zirkel galt Albert Freiherr von Schrenck-Notzing, ein aus Oldenburg stammender Arzt, der sich eingehend mit Hypnose beschäftigt hatte (daß bereits der Name des Versuchsleiters an knarrende Dielen und mährische Geisterseher erinnerte, trug wohl bei zur etwas gruslingen Aura, mit dem der Münchner Klatsch seine Experimente umgab). Keller zeigte sich vor allem fasziniert von Schrenck-Notzings Starmedium Eusapia Paladino, deren bloßer Name ebenfalls an allerlei lichtscheue Zauberkünste denken ließ. Er skizzierte das strenge Matronengesicht der Neapolitanerin mehrmals, zeigte sich vor allem begeistert von ihrer Ausdrucksvielfalt. Während der Séancen fand er bei ihr »die richtigen, passenden Gesichtsausdrücke [...], um Freude und Trauer, Schmerz und Lust« festzuhalten: Extreme des Gefühls, die er im alltäglichen Leben offenbar vermißte. Die Trance, in die Schrenck-Notzings Medien während der Sitzungen verfielen, war für Keller so etwas wie neutrale Ekstase, ein Blindzustand, den er in Bildern wie »Auferweckung«, »Die Somnambule«, »Hexenschlaf« auf immer neue Weise einfärbte.

Albert von Keller starb 1920, gut anderthalb Jahrzehnte nach dem Tod von Sohn und Gattin. Die Gemälde dieser letzten Ära nahmen zahlreiche Anleihen beim Expressionismus auf: flammende, gewollt mißtönige Farben, maskenhafte Gesichter, plakativ aufgelöste Hintergründe. Für einmal verpaßte dieser sonst so agile Mann aber den Anschluß: kaum mehr Verkäufe, die wenigen aus der Belle Époque verbliebenen Kunden verlangten nach den alten Pastelltönen...

Wenige Jahre vor seinem Tod nahm Keller einen Grundriß seiner Wohnung an der Maximilianstraße 8 auf – ein erschreckendes Dokument! Die Skizze, die selbst noch den Standort des Telefonanschlusses und des Grammophontischchens festhält, notiert die Position des gesamten Mobiliars: Bechsteinflügel im Großen Salon, Tisch, Buffet und Diwan im Speisezimmer, weiter Betten, Bidet und Toilettentisch im ehelichen Schlafzimmer. Selbst die korrekte Lage der Paravents im Großen und Kleinen Salon ist festgehalten – genau so, wie sie unzählige Interieurs seit »Chopin« zeigten. In den fünfzig Jahren zwischen 1870 und 1920 hatte sich Kellers Innenraum zur gespenstischen Staffage verkrustet, zum verschnörkelten Gefängnis eines Mannes, der zwischen Abbild und Vorbild nicht mehr zu unterscheiden wußte.

Zurück noch einmal zu den Salons der zweiten Art, die ich in diesem Text jeweils in Anführungszeichen gesetzt habe. Keller, so habe ich erwähnt, mied diese jährlichen Kunstausstellungen, weil hier seine eigenen Bilder nicht zur Geltung kamen; die Konkurrenz legte Großformate vor, schockte mit teuren, protzigen Rahmen.

Nicht nur die Maler dezenter Interieurs schauten dem jährlichen Salon von Paris oder München voller Bedenken entgegen. Der gesamte Austragungsmodus dieses zweifelhaften Wettbewerbs bevorzugte das Grell-Effektvolle, benachteiligte nuanciertere Leistungen. Nicht nur, daß die Aussteller oft Quantität vor Qualität stellten und viel zu viele Beiträge akzeptierten: Im Pariser Louvre hingen um die 5000, in München immer noch 3500 Bilder Rahmen an Rahmen, die Wände vollständig verdeckend! Vielfach war auch die Beleuchtung so schlecht, daß nur schreiende Farben Aufmerksamkeit erregten. Wer hier teilnahm, setzte sich einer Lotterie aus, wie bereits ein zeitgenössischer Salonkritiker tadelt. »Was die Künstler zum Ausstellen veranlaßt, ist vor allem die Aussicht auf Geldgewinn, der Wunsch, um jeden Preis Aufsehen zu erregen und vielleicht das Glück zu haben, durch ein excentrisches Thema eine Wirkung zu erzielen, die einen Verkauf sichert.«

Auch Zulassung und Jurierung spielten sich in einer Grauzone der Vetternwirtschaft und Bestechung ab. Daß die Jury einer unbekannten und unscheinbaren Debütantin wie der Zürcherin Louise-Cathérine Breslau eine Goldmedaille zusprach – solche Gesten bildeten doch eher die Ausnahme. Daß eine Künstlerin oder ein Künstler sich vielleicht daran stieß, daß ihre oder seine Arbeit nach einem naturgemäß starren Punktesystem beurteilt würde, daß diese allenfalls eine Medaille zugesprochen erhielt, als handelte es sich um einen neuen Generator, eine eben entwickelte Zigarrenmarke an einer Landesausstellung – auch dies wurde kaum bedacht.

Kunst hatte sich dem Publikum zu stellen; das galt auch für die erste gesamtschweizerische Kunstausstellung, die 1890 in Bern stattfand. Hier ärgerten sich Besucher wie Urheber gleichermaßen darüber, daß die drei oder vier Werke, die der einzelne einreichen durfte, oft weit entfernt voneinander aufgehängt wurden. Ja, manche Gemälde wechselten über Nacht den Standort, fanden sich im Treppenhaus wieder statt wie vorher im zentralen Salon: Je nach Publikumsgunst teilten die Ausstellungsleiter günstige und weniger günstige Plätze zu.

Die 1890er Schau brachte im übrigen den Durchbruch von Ferdinand Hodler, einem 37jährigen Berner. Hodler, vor allem in Genf tätig, hatte bis dahin mit patriotisch inspirierten Gemälden Anerkennung gefunden.

»Schwingerumzug« und »Turnerbankett« feierten den Gemeinsinn im Vereinsleben; »Modernes Rütli« zeigte kernige Schützen, die sich vor der Staffage einer Festhalle die Hände schüttelten. Mit dem Beitrag von 1890 ließ Hodler diese Art von krustigem Männerpathos ein für allemal hinter sich zurück. Sein Gemälde »Die Nacht« zeigte eine Gruppe hingelagerter Schlafender, in ihrer Mitte den Künstler selbst, und dieser starrt fassungslos vor Entsetzen auf eine schwarzverhüllte Figur, die auf seinem Unterleib kniet, ihm den Atem raubt.

Diese geniale Kombination ländlicher Vorstellungen vom »Doggeli«, das als eine Art Nachtmahr Schlafende bedrängte, mit einer zeitlos-klassischen Erynnienfigur, dazu die in ihrer Einsamkeit bedrückende und rätselhafte Schläferlandschaft – all dies traf eine zentrale Stelle der kollektiven Ängste und Erwartungen. »Die Nacht« war mit ihrer erdhaften Allegorik ebenso weit entfernt von Hodlers eigenen Werken im Schwinger- und Schützengeschmack wie vom Rest der rund 600 Beiträge an diesem ersten »Schweizer« Salon. Ein Teil der Kritiker erkannte diese Ausnahmestellung denn auch sofort. Zwar wurde »Die Nacht« nicht zu einer Genfer Werkschau des gleichen Jahres zugelassen, da sich in der Schläferrunde unübersehbar auch Liebespaare fanden, also beieinanderliegende, nur leicht bekleidete junge Männer und Frauen! Am Pariser Salon aber erregte das Gemälde viel Aufsehen; Hodlers internationale Karriere hatte begonnen.

Der »Salon« war demnach nicht bloß ein Jahrmarkt der Eitelkeiten, eine geschmacklose Monsterschau für effekthascherische Zeitgeistpinsler; hier wurden durchaus auch Impulse weitergegeben, fanden Erneuerer ein Forum. Das gilt besonders für den Münchner Salon des Jahres 1869 – dem ersten übrigens, in dem Albert von Keller vertreten war. Hier zeigte der Jurassier Gustave Courbet seine »Steinklopfer«: eine schmucklos gemalte Szene aus der Arbeitswelt, die die Münchner erschütterte, als habe man ihnen leibhaftige, schwitzende Arbeiter vor die Nase gestellt. Wilhelm Leibl, ein ehemaliger Schlosser aus Köln, der ähnlich »realistische« Wirkungen anstrebte, war so begeistert von Courbets unpathetischer Hommage an die Arbeitswelt, daß er den Ausstellungssaal mit den »Steinklopfern« während des ganzen Salons kaum je verließ (umgekehrt zeigte sich Courbet so beeindruckt von Leibls »Porträt der Frau Gedon«, daß er Leibls Bekanntschaft suchte: der Beginn einer deutsch-französischen Künstlerfreundschaft, die angesichts des kurz später ausbrechenden Kriegs zwischen den beiden Nationen um so anrührender wirkt).

Wilhelm Leibl hat, beeindruckt von Courbets entschlossener Nüchternheit, mehrmals Arbeiter in der Wohnstube gemalt – und in der Küche. Das bringt mich zurück in einem – zugegebenermaßen weit geschlagenen – Bogen zu Edouard Kaiser, zum Neuenburger Maler, der die Krautstiele putzende Hausfrau auf der Leinwand festhielt. War auch dieser Kaiser ein »programmatischer« Maler, hielt er bewußt die schäbige und ärmliche Welt der Proletarier fest, als Provokation: So leben wir, die arbeitende Mehrheit?

Aber dieses Kapitel soll nicht zu einer Ehrenrettung werden für eine – kunsthistorisch gesehen – »zweite Garnitur« unter den Schweizer Malern des letzten Jahrhundertviertels. Es will auch keinerlei Vollständigkeit anstreben oder die zünftige Kunstgeschichte imitieren mit ihren Nachweisen von Einflüssen, ihren Stil- und Gattungsbegriffen, ihren nach Perioden unterteilten Lebensläufen einzelner Künstler.

Darum bloß noch der Hinweis auf einige Werke, die ich versuchsweise dem Episodischen Realismus zuweise. Félix Vallotton beispielsweise hat 1892 eine Krankenbettszene gemalt, *La malade*, mit unübertrefflicher fotografischer Genauigkeit: Will dieser Schnappschuß zweier junger Frauen eine Geschichte erzählen? Etwa zur gleichen Zeit entstanden Viktor Toblers Gasthausszene mit dem Titel »Heitere Nachrichten« und Caspar Ritters »Appenzeller Stickerinnen«: Auch hier wurden Innenräume bis zum letzten Detail registriert. Imitierten diese Künstler, bewußt oder unbewußt, die »unbestechliche« Kamera, die keinerlei künstlerische Wahl traf zwischen wichtig und unwichtig? Und schließlich Hans Bachmanns »Die Vesper« mit dem Brotrinde tunkenden Familienvater, Max Buris Umtrunk nach dem Begräbnis: Auch hier verringerte der Maler, so scheint mir, die herkömmliche Distanz zur Gruppe. Und zwar tat er dies in der Art eines Fotoreporters, der ungebeten und ohne Warnung in die Szene platzt, noch nicht mal mit einem »Alle herschauen, bitteschön!« auf sich aufmerksam macht...

Demokratische Energie: die Elektrizität

Eines meiner Lieblingsfotos aus Maggis Familienalbum zeigt den Firmengründer auf einem Ausflug mit seiner vierköpfigen Kinderschar. Leider nicht mit im Bild ist Gattin Louise, die wohl für den Schnappschuß zeichnet. Auf das Datum läßt sich rückschließen anhand des Alters der Kinder. Sohn Julius Heinrich, Harry gerufen, ist 1890 geboren – der Dreikäsehoch rechts im Bild, der von der älteren Schwester Huckepack getragen wird. Und das ist wohl die 1880 geborene Sophie Elisabeth, ein vielleicht 14jähriges Mädchen, links von ihr Louise Beatrice, Jahrgang 1888, ganz links dann Louise Bertha, die Zweitälteste. Der Ausflug mit Hund fällt also wohl ins Jahr 1894. Firmenchef Maggi zählt somit 48 Jahre, rückt gegen die Fünfzig.

Und dieses Alter hatte vor einem Jahrhundert einen ganz anderen Stellenwert als heute. Ein Fünfzigjähriger galt als gestandener Mann, mit sechzig begann das Greisenalter. Um so erstaunlicher der jugendliche Eindruck, den der Firmenchef erweckt: Hut ins Genick geschoben, die Daumen lässig in die Taschen des Jacketts gehängt, der Blick erwartungsvoll auf einen unsichtbaren Ankömmling gerichtet. Diesem Mann nehme ich die Neugierde, die Aufgeschlossenheit für alle Veränderungen sofort ab; Maggi war wie erwähnt einer der ersten Skifahrer, Automobilisten, Hobbyfotografen der Gegend. Ungewohnt bei einem solchen Porträt der offene Hemdkragen, das Fehlen der Krawatte. Das enggeschnittene Jackett trägt Maggi zwar zugeknöpft. Dafür wird deutlich: keinerlei Bauchansatz und ebenso keinerlei Hinweis auf das Doppelkinn, das spätere Porträts zeigen werden. Dieser Endvierziger, das glaube ich dem »bestellten« Biographen Hans-Rudolf Schmid, hielt sich fit mit Rudern und Radfahren, hatte sich seit der Geburt von Sohn Harry übrigens auch das Rauchen abgewöhnt, obwohl unter ausgesprochenen Qualen.

Der bevorstehende runde Geburtstag – er erklärt mindestens zum Teil auch die ausgeprägte Geschäftigkeit der folgenden Jahre. Bis 1896 ließ Maggi nicht nur die Fabrik um- und ausbauen, er gründete auch neue Auslandsfilialen, baute den Betrieb mit der Einführung von Elektrizität und Krankenversicherung für die Belegschaft nach innen aus. Und dieser Zwischenspurt wirkt um so energischer, als der Jahresbericht erst seit zwei, drei Jahren schwarze Zahlen aufweist.

Ich verstehe mich aber, wie erwähnt, nicht als Firmenchronist, begnüge mich hier mit dem Hinweis auf die zahlreichen Neubauten, die um 1895 rund um den unscheinbaren Bahnhof an der Kempt entstanden. Eine Aufnahme aus diesem Jahr zeigt den erwähnten Backsteinbau, der hart an der Bahnlinie in die Höhe wächst: das sogenannte Gutsgebäude oder »Schlößli«. Dahinter erhebt sich eine ebenfalls neue Reihe einstöckiger Bauten mit Sheddächern. Und die Landstraße, die bisher mitten durch das Fabrikareal führte, wird nun umgeleitet, vom Bahnhof direkt den Hang hochgezogen; auch hier ein Foto, das Straßenarbeiter bei den abschließenden Verrichtungen zeigt.

Entlang dieser neuen Straße entstand eine schmucke Villa mit Türmchen: zwei standesgemäße Wohnungen für Direktionsmitglieder, wie ein Firmenprospekt, zusammengestellt für die Pariser Weltausstellung von 1900, meldet. Was dieser Prospekt aber besonders hervorhebt, ebenso wie die ersten größeren zeitgenössischen Presseartikel, das ist der firmeneigene Gutsbetrieb. Diese Musterfarm entsteht seit 1893 und macht Maggi – oder vielmehr seine Firma – zum größten Gutsbesitzer des Landes: 400 Hektaren, vier Quadratkilometer, kommen bis zum Jahrhundertende zusammen!

Ich begnüge mich auch hier mit einem Abriß: Maggi kaufte ganz einfach die Güter der umliegenden Bauern auf; diese waren angeblich »nicht zu bewegen, Gemüse in großen Mengen anzupflanzen«, traten dafür als Arbeiter in die Kemptthaler Fabrik ein, vielfach zusammen mit ihren Ehefrauen. »Die Maggi« nahm den Anbau von Frischgemüse selbst in die Hand; der erwähnte Prospekt zeigt bis zum Horizont reichende Felder mit Blumenkohl, Lauch, Bohnen: amerikanische Verhältnisse! Zum Ackerland kamen Weiden für das betriebseigene Vieh; die »Maggiherde« umfaßte bald fünfhundert Haupt, und ihre Kühe trugen zum Firmennamen eine Ordnungszahl, hießen also beispielsweise »Maggi 2250«! Damit die Jungtiere gesömmert werden konnten, kaufte man Weiden im Jura und im Zürcher Oberland hinzu, ebenso wie ein stattliches Ferienhaus auf dem Schwyzer Stoos: Hier konnten leitende Angestellte für wenig Geld den Sommerurlaub verbringen.

Eigene Gemüseplantagen, eigene Rinderherden: Zu diesem Traum von Selbstgenügsamkeit kam das Projekt eines firmeneigenen Dorfes. Maggi hatte auch in der benachbarten Gemeinde Grafstal große zusammenhängende Grundstücke aufgekauft, ließ hier in großem Stil Reihenhäuser und Miethäuser für Angestellte und Arbeiter projektieren: ein Ministädtchen mitten in Maggiland, das indes nur in Ansätzen zustande kam. Zum Architekten hatte man den Zürcher Stardozenten Karl Moser, den Erbauer der neuen Universität, ausersehen. Moser lieferte zwar erste Pläne, wurde dann aber durch andere Arbeiten aufgehalten. Ab 1900 hatte Maggi den Schwerpunkt seiner Arbeit nach Paris verlegt und kümmerte sich nur noch vorübergehend um seine Mustersiedlung: Ende des Traumes vom proletarischen Eden, von der wiedererstandenen Phalansterie!

Autarkie, Selbstgenügsamkeit, die den frühsozialistischen Phalangisten für ihre Mustersiedlungen vorschwebten – im Energiebereich waren sie um 1895 Wirklichkeit geworden. Zusammen mit den neuen Hauptgebäuden hatte Maggi in diesem Jahr ein großangelegtes Kesselhaus errichten lassen, und hier trieben Dampfmotoren die neuesten Generatoren an. In kürzester Zeit stellte man Mühlen und Röstofen auf Elektrobetrieb um, beleuchtete man Fabriksäle und nahe gelegene Wohnhäuser elektrisch.

Die firmeneigene Chronik stellt fest, damit rangiere Kemptthal unter den ersten schweizerischen Betrieben, die zur Elektrizität übergingen – zur Energie der Zukunft, die das an Wasserkräften reiche Land von Kohleimporten unabhängig machen würde. Was hat es mit dieser Behauptung auf sich? Wie stand es in der Schweiz der 1890er Jahre um die »weiße Kohle«?

Schon 1879 hatte Edison die Glühlampe patentieren lassen. Nach jahrelanger Suche war der *Wizard of Menlo Park* auf das passende Kohlenmaterial für den Glühfaden gestoßen, hatte er die geeignete Methode gefunden, ein Vakuum im Innern einer Birne aus dünnem Glas zu erzeugen. Die Lichtketten und Lichtgirlanden, die damit möglich wurden, stellten die große Sensation der ersten elektrizitätstechnischen Weltausstellung dar, dies in Paris im Jahre 1881. Und diese neue Lichtquelle löste einen Elektroboom aus, der in den knappen zwei Jahrzehnten bis zum Jahrhundertende gewaltige Veränderungen brachte, nicht zuletzt auch in der Schweiz. Am Ende dieses Zeitabschnitts zählte das Alpenland 112 Elektrizitätswerke mit einer Gesamtleistung von rund 80 000 Kilowatt, dazu weit über sechshundert kleinere Einzelanlagen. Und das bedeutete: Hunderte von Druckleitungen, Staubecken, Flußwehren, dazu ein Netz von Freileitungen, das große Teile des Mittellandes überspannte. In wenigen Jahren veränderte sich das Landschaftsbild so drastisch wie nie zuvor, nicht zu reden von den Veränderungen, die der neue Energieträger für den häuslichen Alltag, für Produktion, Transport und industrielle Abläufe mit sich brachte; damit verglichen hatte die Gastechnologie höchstens Auftaktfunktion.

Über das Ausmaß dieser Veränderungen gibt mir ein Standardwerk des Elektropioniers Walter Wyssling Auskunft – ein 600seitiger Band, der Buch führt über die technologische Entwicklung und ihre Anwendung vom ersten handbetriebenen Dynamo bis zu den Staudämmen des Zweiten Weltkriegs: eine gigantische Schweizer Elektrochronik! Ich kenne den Namen Wyssling bereits aus der Geschichte des Werks »Waldhalde«: ein um 1890 entstandenes Proto-E-Werk am oberen Zürichsee.

Auf den Bau von »Waldhalde« komme ich gleich zurück; zuerst aber ein Blick auf die Laufbahn dieses erstaunlichen Mannes, der gleichsam Adoleszenz, Pubertät und Mannesalter mit der neuen Technologie teilte, auf eindrücklichste Weise ihre Theorie und Praxis zu verschmelzen wußte: für viele Deutschschweizer *Mr. Electricity* persönlich!

Wyssling wurde 1862 in Zürich geboren. Als Verwalter der Strafanstalt Oetenbach kümmerte sich Wysslings Vater um die handwerkliche Beschäftigung der Sträflinge, und dabei zeigte bereits der Primarschüler Walter so viel technisches Interesse, daß ihm der Vater eine kleine Werkstätte einrichtete: ein Minilabor auf dem Dachboden des Zuchthauses! Die Familie lebte in kleinbürgerlichen Verhältnissen, so daß an ein Ingenieurstudium kaum zu denken war. Schließlich entschied man sich, den begabten Sohn in eine Schlosserlehre zu stecken – eine drastische Lösung für den kurzsichtigen und schmächtigen Jungen, der unter den 65 Wochenstunden fast zusammenbrach. Noch während der Lehrzeit starb der Vater, und dieser Schlag setzte neue Energien frei: Der Siebzehnjährige schrieb sich für einen Vorkurs am Polytechnikum ein, finanzierte das anschließende Studium mit Auftragsarbeiten als Stenograph – auch die Kurzschrift eine Leidenschaft, die der offenbar vielseitige und aufgeschlossene Zuchthausaufseher seinem Sohn vererbt hatte.

Mit 22 gab Wyssling bereits Physikstunden am Gymnasium, wechselte vom Lehrfach aber bald zur Zürcher Telefongesellschaft, für die er eigene Dynamomaschinen entwickelte. In den Fachzeitschriften erschienen die ersten Abhandlungen Wysslings; vielen Zürchern galt der kleingewachsene, etwas pummelige Ingenieur als leibhaftiger Gegenpart zum großen New Yorker Zauberer Edison. 1888 holte ihn die Schweizerische Lokomotiven- und Maschinenfabrik nach Winterthur, als Konstrukteur für Gleichstromgeneratoren, aber schon drei Jahre später warben ihn die Stadtzürcher Behörden als Bauleiter für das erste Flußkraftwerk im Letten an.

Dieses Projekt wurde energisch durchgezogen; schon 1893 nimmt Wyssling jedenfalls einen neuen Auftrag an. Ein paar Industrielle der Zürichseegemeinde Wädenswil engagieren ihn für den Bau eines Elektrizitätswerks in einer wilden, unberührten Gegend nahe der Zuger Grenze: das Werk »Waldhalde« an der Sihl. Wyssling soll das Unternehmen nach dem Bauabschluß auch persönlich leiten. Und tatsächlich bestimmt der Auftrag sein weiteres Leben. Er läßt sich mit seiner jungen Familie in der halbstädtischen, dynamischen Gemeinde nieder, schafft sich hier seinen Freundeskreis. Neben den genannten Industriellen gehört dazu Hermann Müller-Thurgau, ein Biologe und Agronom, der die Kreuzung der Reben Riesling und Sylvaner entwickelte. Seit 1895 lehrt Wyssling an der Eidgenössischen Technischen Hochschule in Zürich. Wie ich lese, gilt er als Dozent ohne jede Eitelkeit, als Mann, dem es um die Sache geht. Er stattet seinen Haushalt mit einem elektrischen Bügeleisen, später mit einem elektrischen Kochherd aus, hält zusammen mit seiner Gattin und den Studenten die Leistungen dieser neuartigen Geräte fest, führt Buch über Koch- und Bügelzeit: ein Denker mit Sinn für praktische Bedürfnisse.

Eine Fotografie aus dieser Zeit zeigt ihn als Armeeoffizier mit gemütlichem Hängebauch und leicht ergrautem Bürstenhaar. Dazu ein amüsierter Gesichtsausdruck, der sich zu mokieren scheint über den obligaten martialischen Schleppsäbel und die klobige Pistolentasche: ein Zivilist in Verkleidung, dabei aber, wie ich lese, ein tüchtiger Reiter.

Ausgedehnte Ausritte waren ein Muß beim Projekt Waldhalde, das der 31jährige Allrounder im Frühling 1893 übernahm. Diesem E-Werk möchte ich mich hier zuwenden: Das Unternehmen an der Sihl stellt für mich eine Art Pilotprojekt des ersten Elektrobooms dar, paradigmatisch in vielen Einzelheiten. Begonnen hatte es mit dem Besuch zweier Wädenswiler Unternehmer an der Pariser Weltausstellung. Die Brüder Walter und Jakob Treichler führten eine gutgehende Wollfabrik auf einer Talschulter oberhalb des Sees (ich betreibe hier übrigens keine Familienchronik: die beiden sind höchstens weitläufig verwandt mit mir!). Das Weltausstellungsjahr fiel zusammen mit einer Teuerungswelle, die sich auch auf die Kohlenpreise auswirkte; das Brüderpaar achtete besonders auf andere Energieformen, zeigte sich nach der Rückkehr begeistert von den Möglichkeiten der Elektrotechnik: So etwas mußte sich auch in ihrer Heimat verwirklichen lassen!

In der Gemeinde selbst fanden sich keine geeigneten Bachläufe, hingegen machte man bald einen günstigen Abschnitt aus bei der etwa zehn Kilometer entfernten Sihl, einem Gebirgsfluß, der in den Schwyzer Voralpen entspringt, nach der Kantonsgrenze ein grabenartiges, wildes Tal durchfließt, und dieses Tal trennt die Seitenmoränen des Zürichsees vom Höhronenmassiv: ein eigenartiger und urtümlicher Einschnitt, eine Art Niemandsland zwischen der Zentralschweiz und dem Hügelland des Zürichbiets. In der südlichsten Zürcher Gemeinde Hütten führte eine Brücke über die Sihl, und hier begann eine Flußpartie mit kräftigem Gefälle, auf der keinerlei Wasserrechte lasteten. Die Waldhalde, ein Steilhang in der Gemeinde Schönenberg, lag rund fünf Kilometer weiter flußabwärts, dazwischen ein Gefälle von etwa siebzig Metern. Und dieses Gefälle ließ sich am besten nutzen, wenn man Sihlwasser zur Krete oberhalb des Steilhangs brachte, es von dort in einer steilen Rohrleitung wieder zum Flußbett zurückführte. Am Flußufer würde ein Turbinenhaus die Wasserkraft umwandeln und sie an Generatoren weitergeben.

Dies das Projekt, das die beiden Unternehmer nur wenige Monate nach ihrer Rückkehr in ihrem Konzessionsgesuch skizzierten. Es sah ein Flußwehr bei der Hüttener Brücke vor, weiter einen Stollen von zweieinhalb Kilometern Länge, und der führte das Wasser zur Krete oberhalb der Waldhalde, verlor dabei kaum zwei Gefällemeter. Hier brauchte man ein Reservoir, das Unregelmäßigkeiten im Wasserstand des Gebirgsflusses ausglich. Im Nebentälchen des Teufenbachs würde ein Erddamm das Wasser stauen, und an seinem Fuß sollte die Druckleitung beginnen, einen halben Kilometer lang, steil abfallend.

Die Konzession mußte erdauert werden; es lagen Einsprachen vor, etwa von den Behörden der Nachbarkantone Schwyz und Zug. Der Verlauf des Stollens machte manchen Anwohnern Sorge. Er führte in die Schichten unterhalb des Hüttensees, und über den Wasserhaushalt dieses lieblichen Moränensees wußte niemand so recht Bescheid, fest stand lediglich, daß er keinen sichtbaren Abfluß hatte.

Man änderte das Stollenprojekt, baute einen Knick ein, der das gefährdete Gebiet vermeiden half. Im März 1892 lag die Konzession vor. Aber: Wie finanzierte man ein Kraftwerk? Welche Rendite hatte man zu erwarten? Wer würde den Strom kaufen?

Ich mache mir diese Sorgen gleichsam im Rückblick, argumentiere stellvertretend für ein Publikum, das noch kaum etwas wußte von der neuen Energie und ihren Möglichkeiten. Tatsache ist aber, daß die Finanzierung des »Wasser- und Elektrizitätswerkes an der Sihl« überhaupt keine Probleme bot. Die ganzseitigen Inserate, die zur Zeichnung aufforderten, wurden viel zu breit gestreut; schon wenige Tage nach ihrem Erscheinen waren zweitausend Aktien zu fünfhundert Franken weg. Natürlich war der Initiantenkreis in der Zwischenzeit gewachsen; zu den Strompionieren gehörten jetzt auch der Wädenswiler Textilunternehmer Gessner, ebenso der Gemeindepräsident und spätere Bundesrat Robert Haab, weiter der Thalwiler Textilfabrikant Julius Schwarzenbach. Waldhalde sollte seinen Strom bis in diese untere Seegemeinde liefern, überhaupt als erstes Schweizer Kraftwerk eine ganze Anzahl von Gemeinden versorgen!

Die Kosten wuchsen schließlich auf über anderthalb Millionen an – kein Problem, es wurden Obligationen ausgegeben. Die Bauarbeiten begannen im Herbst 1893 mit dem Stollen, einem zementverkleideten, ausgewachsenen Tunnel, der das Profil eines Eisenbahntunnels aufwies, bloß bescheidenere Maße hatte: Der Querschnitt betrug zweieinhalb Quadratmeter. Wyssling hat den Bau des Sihlwerks später in einer Broschüre beschrieben; Schwerpunkt aller Arbeiten ist für ihn der 2,2 Kilometer lange Stollen. Dies um so mehr, als der Vortrieb durch Wassereinbrüche aufgehalten wird (Wyssling spricht von »der Entleerung großer Wassersäcke im Berginnern«); dank eines Kälteeinbruchs kann man aber nach kurzer Pause weiterarbeiten. An Ort und Stelle sind auch eine ganze Anzahl Fotos entstanden; eines davon zeigt den Stolleneingang: gut mannshoch, wie ein Arbeiter mit Schubkarre bezeugt. Wie ich lese, baut man ein Schmalspurgleis für den Abtransport des Aushubs ein, und dieses Gleis läßt man nach Inbetriebnahme für Inspektionsarbeiten stehen.

Die Fotos zeigen auch den Bauplatz im Tal des Tiefenbachs; hier galt es ja, einen Erddamm anzulegen von immerhin fünfzehn Metern Höhe und über sechzig Metern Breite an der Basis: auch hier Männer mit Schubkarren und kleine Rollkarren auf Schienen, keinerlei Erdbewegungsmaschinen. Das geht auch aus Wysslings Bericht hervor: Für den Kernteil des Dammes habe man jeweils eine zwanzig Zentimeter dicke Schicht aufgetragen »und mit Stößeln auf etwa die halbe Dicke zusammengestampft«, dann den Damm mit »gewöhnlicher Schüttung« in Richtung Sihl erweitert. Kommt hinzu die Böschung nach der Wasserseite, wo man eine drei Meter dicke Schicht mit Kalkmilchdichtung ausführte, kommt hinzu die eigentliche Aushubarbeit für den Weiher, der schließlich 250 000 Kubikmeter faßte: Alle diese Erdmassen bewegte man von Hand, Schaufel für Schaufel, und dies meist bei strömendem Regen!

So wie der Stollen war auch das Reservoir mehrere Wochen vor dem eingeplanten Termin beendet. Dieser Stauweiher war um so dringlicher, als das 1892 verliehene Wasserrecht rigoros auf einer genügenden Restwassermenge bestand. Sank der Wasserstand der Sihl unter vier Kubikmeter pro Sekunde, so mußte »beim Turbinenhaus ebenso viel Wasser abfließen, als oben in den Weiher einfließt«: also kein Wasserhorten in trockenen Zeiten! Kurioserweise galt diese Regelung aber nur für die Wochentage. Am Wochenende durfte die Gesellschaft ihren Weiher randvoll stauen, verteilte dann von Montag bis Freitag diese Wasserkonserve ratenweise auf die Stunden des Spitzenbedarfs!

Wyssling beschreibt ausführlich den Bau des Wehrs bei der Hüttener Brücke; hier wie beim Bau der Talsperre stand meist ein Team von sechzig Mann im Einsatz. Ebenfalls auf Sommer 1895 wurde das Maschinenhaus beendet, das hart ans Sihlufer zu stehen kam, gleichsam mit einem Bein im Wasser stand. Ich beschränke mich hier auf die Beschreibung der Rohrleitung, die vom Dammfuß zur Sihl führte. Sie bestand aus sieben Meter langen Rohrschüssen aus Siemens-Martin-Flußeisenblech, und diese Rohrstücke von anderthalb Meter Durchmesser wurden mit Pferden von der Seegemeinde Richterswil her hochgeschleppt, meist acht- oder zehnspännig: eine Arbeit von mehreren Wochen! Über die ersten 700 Meter verlief die Leitung, aufgestützt auf Betonsockel, praktisch horizontal, ging bei der Waldhalde in ein Steilstück von 112 Metern über, und hier wurde nun das erarbeitete Gefälle »eingezogen«: ein Höhenunterschied von 69 Metern! Wyssling versah den Kippunkt vor dem Beginn der eigentlichen Druckleitung mit einer Art Kamin, einem zwanzig Meter hohen Schacht, der hydraulische Stöße auffangen sollte, und diesen Schacht zeigt eine frühe Fotografie der Waldhalde: ein nietenverstärkter, eiserner Kamin mitten zwischen den Fichten des Sihlhanges.

Natürlich konzentriert sich Wysslings Bericht auf den elektrischen Teil der Anlage. Ich fasse hier zusammen: Das Druckwasser trieb fünf Turbinen an, die je 400 Pferdestärken lieferten, und diese PS wurden von drei BBC-Zweiphasengeneratoren umgewandelt in elektrische Energie. Waldhalde gab Motoren- und Lichtstrom noch gesondert ab; je nach Bedarf konnten die Generatoren wahlweise an die entsprechenden Sammelschienen geschaltet werden.

Bevor ich zum Verteilnetz komme: Was war diese installierte Leistung von 2000 PS wert, wie verhielt sie sich zu derjenigen anderer Werke? Wyssling hat eine beinahe vollständige chronologische Liste der frühen E-Werke angelegt. Vom 1882 eröffneten Pionierwerk in Lausanne an gezählt, kommt Waldhalde übrigens an sechzigster Stelle, übertrifft aber alle Vorgänger bei weitem. Hier finden sich Fliegengewichte, deren Turbinen 100, ja 50 Pferdestärken liefern: Waldhalde also ein Mammutprojekt, auch im Vergleich zum genannten Stadtzürcher Flußkraftwerk Letten, dessen Turbinen sich mit 900 PS begnügen. Extrastatus gilt auch für die elektrische Leistung. Für das Jahr 1895 nennt Wyssling 230 kW als durchschnittliche Leistung der Schweizer E-Werke; Waldhalde mit seinen rund 1400 kW also gleich einige Klassen darüber.

Wie brachte man nun diese Energie vom wilden Süden des Kantons zum Abnehmer? Wyssling nennt insgesamt zwölf Gemeinden, die beliefert werden müssen; das bereits genannte Thalwil liegt immerhin 18 Kilometer entfernt. Das bedeutet: über 250 Kilometer Draht müssen allein für die Primärleitungen verlegt werden, an rund 1000 Stangen. Und beinahe noch einmal soviel Draht, dazu weitere 1300 Stangen, für die Sekundärleitungen. Transformatorenstationen müssen gebaut werden, die Stromleitungen kreuzen sich mit dem Telegraphen- und dem Telefonnetz, was zusätzliche Probleme aufgibt. Und trotzdem kann man den Waldhalde-Betrieb im November 1895 aufnehmen; Wysslings Statistik nach dem ersten Betriebsjahr ergibt, daß der Strom aus dem waldigen Tal rund 7000 Glühlampen und 30 größere und ebenso viele kleine Elektromotoren betreibt.

Ich will auf einige dieser Fragen noch eingehen – auf die Strommasten beispielsweise oder auf die Verteilung und Kosten der Anschlüsse, interessiere mich aber vor allem für diese erste Schalterdrehung, für den Elektro-Take-off: Wurde dergleichen gefeiert? Durchschnitt man seidene Bänder, spielte dabei die Blasmusik?

Daß der elektrische Strom mehr bedeutete als nur einfach eine weitere Energiequelle, das hatte bereits der Projektbeschrieb für Waldhalde klargemacht. Die Leitungsdrähte des Stromnetzes, das garantierten die Unternehmer, würden ohne Parteilichkeit zu den »subscribirten« Gemeinden führen; der Strom würde »ein einigendes Band um unsere schönen Dörfer schlingen«, der Goethe-Devise »Mehr Licht!« Nachdruck verschaffen. Elektrizität hatte mit Solidarität zu tun, mit dem Ausebnen von sozialem Gefälle: Glitzernde Glühlampen sollten nicht länger das »Vorrecht eleganter Hotels« bleiben, sondern »Einzug in kleine, bescheidene Dörfer« halten! Und: Die neue Kraftquelle hatte mit dem bevorstehenden Jahrhundert zu tun, mit epochalen Veränderungen – vor allem für die Schweiz, die unter den Zollschikanen der Nachbarn gelitten hatte, immer noch unverhältnismäßig teure Kohle einkaufen mußte. Mit der Energie aus den Bergen aber wird »dem Reich des Dampfes zu Grabe geläutet, und es wird das zwanzigste Jahrhundert seine Herrschaft mit der Elektrizität eröffnen«!

Hier freilich heiße es aufpassen: Vor allem dürfen Wasserkraft und Stromproduktion nicht »in die Hände von Spekulanten gelangen und so der Allgemeinheit entzogen werden«. Diesen Fehler hat man beim Bahnbau gemacht: »Der Dampf war von Anfang an ein Großhans und hat nur den Großen gedient.« Wer also nicht will, daß auf die Eisenbahnbarone die »Elektrofürsten« folgen, der bleibt auf der Hut, sorgt dafür, daß kantonale und nationale Behörden entsprechende Konzessionsgesuche nur dort honorieren, wo ihr Projekt der Allgemeinheit dient. Kurz, wenn es gelingt, das »Reich des Dampfes und die damit zusammenhängende Weltanschauung« zu liquidieren, so läutet die Elektrizität eine Zeitenwende ein, wird sie das kommende Jahrhundert prägen.

Im November drei Jahre später dann also die große Premiere in Wädenswil. Die Straßenbeleuchtung war noch nicht ganz umgerüstet, aber man hatte die populären Gaststätten »Engel« und »Florhof« angeschlossen, das Schulhaus Eidmatt und einige Wohnhäuser – selbstverständlich auch Wysslings Wohnung und diejenige von Gemeindepräsident Haab. Hunderte von Wädenswilern bestaunten zum ersten Mal eine brennende Glühlampe, lobten die Gleichmäßigkeit der Flamme, die Leuchtkraft, vor allem aber die Tatsache, daß hier nichts qualmte, nichts rußte, nichts stank: Das neue Licht war sauber, klar, vernünftig, entsprach der Demokratie, dem reinlichen staatsbürgerlichen Denken!

Passenderweise war es denn auch der Turnverein, der sich im Theatersaal des »Engel« erstmals im Schein der neuen Lampen produzierte. Die gemeinschaftlichen Übungen an Reck und Barren wirkten wie eine Parallele zur Maschinendynamik, zu den gezähmten, geordneten Kräften, dank deren die neue Lichtquelle leuchtete; die Turnerpyramide war ein Sinnbild für das komplexe Ineinanderspiel von Kraft und Bewegung, das im neuen Medium Elektrizität gipfelte.

Und noch ausdrücklicher kam diese Symbolik zur Sprache im Festspiel »Zum Licht«, einige Wochen später uraufgeführt auf ebendieser Bühne. Bestellt hatte es das »Elektrizitätswerk a. d. Sihl«, das im Programmheft auch für die Beleuchtungseffekte zeichnete. Als Autor hatte man einen jungen Mann namens Jakob Christoph Heer verpflichtet. Heer war Redaktor bei der »Neuen Zürcher Zeitung« und unterbrach für das Festspiel seine

Arbeit an einem Walliser Bergroman; nur wenige Jahre später übrigens sollte sich dieses Buch, »An heiligen Wassern«, als absoluter Publikumsschlager entpuppen und den Grundstein zu Heers kometenhafter Karriere legen.

Die Uraufführung des Festspiels findet statt am 1. März 1896. Wie ich lese, hat man ein Zürcher Salonorchester kommen lassen, und nach den einleitenden Klängen dieser »bewährten Künstler« gibt der Vorhang eine Szenerie am Vierwaldstättersee preis. Hier beklagt sich als Genius loci zuerst einmal der Berggeist über die mörderischen Sitten der Ureinwohner:

> *Seht her! – In heißer Zornesröte*
> *Erheben sie das Beil zum Streit,*
> *Daß Bruder jäh den Bruder töte,*
> *Gibt ihnen Mord das Weggeleit…*

Aber bevor der Berggeist die unbotmäßigen Untertanen mit Feuersbrunst und Steinschlag vernichtet, taucht Helvetia auf, ein »Kind vom Stamm der Nornen«. Sie entpuppt sich als Beschützerin der Bergbewohner und bezaubert auch den rauhen Widersacher; dieser verspricht, sich der Einwohner anzunehmen.

Die zweite Szene bringt ein Wiedersehen der beiden nach rund zweitausend Jahren. Die Bergbewohner sind gerade dabei, auf dem Rütli ihre Einigkeit zu beschwören; es marschieren auf »drei Jungfrauen, die Urkantone repräsentierend, hierauf Gesang des Männerchors Eintracht: *Der Schwur im Rütli*«. Berggeist und Helvetia preisen einmütig den »Stern, der aus dem Rütli stieg«, kommentieren in einer dritten Szene ebenso einmütig den Tod Winkelrieds. Die vierte Szene bringt sie ans Winzerfest von Vevey, und hier beklagt Helvetia, daß diese fröhlichen Waadtländer von den Bernern unterjocht werden, ahnt bereits die Strafe, die in der fünften Szene über das Ancien régime hereinbricht: Eroberung durch französische Truppen (»*du weichst, alt Bern, vor Galliens Fahnen*«). Dann eine fröhliche Marktszene, mit der der neuerrichtete Bundesstaat abgefeiert wird, und bereits ist man am Ende des 19. Jahrhunderts angelangt, hat noch einiges nachzuholen:

> *Die neue Zeit bricht an,*
> *Und rascher rollt die Welt auf ihrer Bahn,*
> *Was die Jahrhunderte versäumt,*
> *Auf ihrem Wege still verträumt,*
> *Das bringe uns das neue ein,*
> *Und sonnig klingt's wie ein Gedicht:*
> *Empor ins Licht! Empor ins Licht!*

Nach dieser Beschwörung durch den Berggeist zeigt ein »Lichtballett« Galvani und Gattin beim Experimentieren. Der Berggeist preist dazu die technischen Errungenschaften der Gegenwart, Bergbahnen und Telefon; selbst Helvetia freut sich jetzt auf das elektrische Licht:

> *Neugierig bin ich selbst zur Frist,*
> *Wie schön die neue Flamme ist,*
> *Was aus den lieben Murmelbächen*
> *Für sonnenbeschwingte Geister sprechen.*

Und jetzt darf der Berggeist Elektra beschwören, die »schimmernde Tochter des Lichts«. Es folgt der Aufmarsch der Damen vom Töchterchor mit hellstrahlenden Glühlampen; die Vertreterinnen von Funke, Öl- und Gaslicht treten in den Hintergrund. Helvetia spendet der Erfindungskraft des Volkes ausdrücklich ihren Segen, preist nochmals die Kraft des Schweizerkreuzes, und während dieser Schlußworte erglüht hinter ihr ein elektrisches Kreuz. Heers letzte Bühnenanweisung läßt den Chor um die Fahne knien und das Lied »Oh mein Heimatland« anstimmen, »während Helvetia im Strahl des elektrischen Lichtes die Hand segnend ausstreckt.«

Ich habe bewußt ausführlich zitiert, gerade weil es sich hier um ein Auftragswerk handelt: Autor J. C. Heer trug dick auf für diesen patriotischen Anlaß, arbeitete dadurch die Konturen deutlich heraus. Daß man den elektrischen Strom mit geradezu religiöser Inbrunst feierte, ist beispielsweise auch für die Gemeinde Uster im Zürcher Oberland bezeugt. Hier weihte man wenige Monate nach Wädenswil ein mit Gasmotoren betriebenes E-Werk ein. Auch hier kam ein Festspiel zur Aufführung, und an dessen Ende mußte die Glühlampe gar als »Symbol des ewigen Lichtes« herhalten, das alle vorangegangenen Epochen überstrahlte.

Daß dieses so körperlose, nicht rußende und nicht rauchende Licht die

Zeitgenossen auf ganz andere Weise ergriff als beispielsweise die Petrollampe, das zeigen auch nüchterne Berichte von ersten Vorführungen. Ein Journalist im Zürcher Städtchen Bülach lobte nach einer Demonstration vom März 1891 die Benutzerfreundlichkeit des neuen Lichtes: »Kein Reinigen, kein Gläser-Verheien, kein Öl-Verschlurzen, keine Feuersgefahr, kein Gestank.« Man könne »die Lampen wie Petroleum-Lampen höher oder tiefer hängen, dieselben versetzen, ohne im Laufe eines Jahres andere Mühe mit denselben zu haben als anzünden und ablöschen. Beides geschieht mittels Drehen eines Hahns vorne am Brenner.«

Dieses Drehen vermittelte offenbar auch Allmachtgefühle, beispielsweise wenn jemand die Straßenbeleuchtung von einer Zentrale aus bediente: »Er dreht den Hahn, und es wird Licht – er dreht ihn wieder, und in Nacht und Dunkel liegt die Erde.«

Es ließe sich nun mit Leichtigkeit schreiben vom Numinosen, das das neue Licht ausstrahlte (und das noch verstärkt wurde durch die Tatsache, daß das Stromkabel tödliche Schläge austeilte: eine Bundeslade!), von den Allmachtgefühlen seiner Produzenten, von der Ehrfurcht, die man Kraftwerken, Leitungen, selbst Transformatorenhäuschen entgegenbrachte. Wie bei vielen Äußerungen der Mentalität läßt sich aber auch hier nichts statistisch belegen. Ich begnüge mich also mit der Verallgemeinerung, daß das elektrische Licht die Phantasie vieler Zeitgenossen anregte – wahrscheinlich nachhaltiger und stärker, als dies die Einführung des Gaslichts getan hatte.

Zurück zu den praktischen Problemen der Protostromära: Wie verteilte man die neue Energie? Wie verrechnete man dem Kunden die Kosten, wie entschädigte man ihn für die häufigen Unterbrechungen? Denn samstags und sonntags stellten die frühen E-Werke den Betrieb ohne weiteres ein, um Reparaturen vorzunehmen, auch fiel nach einem Gewitter die Versorgung oft für mehrere Tage aus.

Viele Gemeinden hielten es mit dem Zürichseedorf Richterswil. Hier schloß man sich zwar dem Sihlwerk an, indem man fünfzig Privatlampen »buchte«, auch die Straßenbeleuchtung umrüstete, dabei aber »für einen eventuellen Stromausfall die Petrollampen aufbewahrte«.

Ebenso finde ich hier einige Preisangaben. 45 Franken kostete beispielsweise der Jahresbedarf an Strom für eine »durchnächtige« Straßenlaterne, dies im Gegensatz zu den 25 Franken, mit denen eine »halbnächtige«, also bis Mitternacht betriebene, Laterne zu Buch schlug. Die »Lichtmiete« für eine Privatlampe (16 Kerzen) belief sich auf 22 Franken. Private »abonnierten« sich also auf die Stromlieferung, was nicht hieß, daß man seine Glühbirne Tag und Nacht brennen lassen konnte. In vielen Fällen wurde Lichtstrom nämlich erst nach Fabrikschluß ins Netz eingespeist; tagsüber lieferte das Werk Motorenstrom. Anschlußwillige Gemeinden mußten eine Mindestabnahme von 50 oder 100 Privatlampen garantieren, in manchen Fällen auch das Transformatorenhaus selbst erstellen – so die Mittellandgemeinde Trimbach, die sich 1898 beim EW Olten-Aarburg mit 19 Straßen- und 13 Schulhauslaternen anmeldete. Individuelle Stromzähler kamen erst um die Jahrhundertwende auf, und auch hier unterschied man noch zwischen Kraft- und Lichtstrompreisen: 40 Rappen für die Kilowattstunde bei der Beleuchtung, dagegen bloß 5 bis 10 Rappen beim Motorenstrom!

Anschlußwillige Gemeinden ließen häufig einen sachkundigen Referenten kommen, der die Grundbegriffe der Elektrizitätslehre erläuterte. Hier kamen die Impulse vielfach aus Kreisen, die um das Volkswohl besorgt waren. Stromversorgung und sozialer Fortschritt waren eng verknüpfte Begriffe; schon der Lichthistoriker Schivelbusch hält fest, daß keinerlei Widerspruch damit verknüpft war, wenn sich der leitende Ingenieur eines Elektrounternehmens zum Sozialismus bekannte!

In der appenzellischen Gemeinde Rehetobel war es die Lesegesellschaft, die mit Unterstützung des Dorfpfarrers einen Professor Hess aus St. Gallen engagierte (Honorar: Fr. 30.–). Dieser Fachmann legte erst die Vor- und Nachteile von Azetylengas dar sowie von Leuchtgas aus Steinkohle, das dank des Auerstrumpfes wieder konkurrenzfähig geworden war. Die Zukunft aber gehöre dem elektrischen Licht, das nur unwesentlich teurer sei. Da der einzige Anbieter, das Kubelwerk, aber auf dem enormen Mindestabsatz von 16 000 Kerzen beharrte (was 1000 Privatlampen entsprach), verzögerte sich der Anschluß; erst 1905 leuchteten in der malerischen Berggemeinde die ersten Glühlampen auf...

Im bereits genannten Affoltern war es die Gemeinnützige Gesellschaft, unterstützt ebenfalls vom Pfarrer sowie von einer Gruppe Gewerbetreibender, die einen Referenten kommen ließ. Hier erläuterte ein Professor Weilenmann aus Zürich vor rund 400 Zuhörern das Wesen der neuen Energie im Saal der »Krone«. Die Lokalzeitung verhieß »Experimente großen Stils«; tatsächlich demonstrierte Weilenmann einen 0,75-PS-Elektromotor, mit dessen Hilfe »Herr Wagner Dubs eine Radnabe in 10 Minuten und Herr Dreher Äberli einen Erdäpfelstößer in 15 Minuten anfertigte«.

Begriffe wie Erdäpfelstößer waren dem Publikum in Affoltern und anderswo vertraut. Daneben aber brachte die neue Technologie eine Flut nie gehörter Ausdrücke, konfrontierte den Laien mit Fachvokabeln, die in ihrer aggressiven Nüchternheit durchaus auch bedrohlich wirken konnten: eine eigentliche Elektrosprache. Wer ein Maschinenhaus beschrieb, sprach von Rohrschüssen, von Einlaufkanälen und Turbinengeschossen. Die Druckleitung führte das Betriebswasser herbei, dieses wurde dosiert mit hydraulisch betätigten Keilschiebern, und erst dieser Keilschieber gab den Weg zu den Leitradschaufeln frei: je nach Platzverhältnissen hatte man vertikalachsige Grenzturbinen gewählt oder solche mit radialer Beaufschlagung. Gezählt wurden die Jahrpferde und die Leitradzellen, die Schluckfähigkeit der Turbinen und die Minutenumdrehungen bei Vollausbau: ein eigenartig sperriges Deutsch, das zwischen Beamten- und Militärsprache zu schwanken schien und Nichtbeteiligte rigoros auschloß.

Und das galt erst recht für die elektrischen Anlagen selbst; hier gab es Spannungsregulatoren und Glockenisolatoren, Blitzschütze, Voltmeter und Erdplatten. Einzeln bewickelte Pole bildeten das Magnetrad, Kraftstromerreger speisten feststehende Anker im Zweiphasensystem, dies neben einer Schalterstelle mit Lichtstromsammelschiene: Wortbildungen, in denen Nebenbedeutungen mitschwangen wie unerwünschte Wirrströme, die es zu isolieren galt; eine Art metallener Lyrik, die immer zu gedanklichen Tangenten verlockte, zu monströsen Veranschaulichungen. Daß die Zuhörer in der »Krone« und anderswo sich solchen Bildern überließen, daß die Fachsprache zumindest mithalf, den Mythos »Elektrizität« zu festigen, steht zu bedenken.

Zurück zum Werk Waldhalde und zum Herbst 1895: Wie verteilte man nun den Strom aus der wilden Sihlschlucht? Die relativ hohe Generatorspannung erlaubte ja eine Übertragungsdistanz von rund zwanzig Kilometern, und in diesem Radius lag die Industriegemeinde Thalwil mit der Seidenfabrik des Mitfinanciers Schwarzenbach. Überhaupt versorgte man als erstes Schweizer Werk mehr als eine Gemeinde, nämlich neun Zürcher Ortschaften am linken Seeufer und das zugerische Menzingen. Es gab hier also Pionierlösungen, technische Premieren!

Bis Schönenberg führten 8 Kupferdrähte, »welche vermittelst Ölisolatoren an Stangen befestigt sind«, die ganze Waldhalde-Produktion, und dort fand »eine Trennung statt, indem 4 Drähte nach Wädenswil, 4 Drähte nach Horgen abgezweigt werden«. Das klingt äußerst einfach; in Wirklichkeit mußten hier Dutzende von unvertrauten Problemen gelöst werden. So gab es in der Schweiz praktisch keine Überlandleitungen; die Drähte von Telefon und Telegraph wurden meist entlang der Landstraßen und der Bahnlinien gespannt. Es gab keine gesetzlichen Grundlagen, keine Enteignungsmöglichkeiten; die Gesellschaft mußte mit jedem Grundbesitzer einzeln über die Aufstellung von Masten verhandeln. Wysslings Elektrochronik schildert hier anschaulich die Mentalität der Mittellandbauern: Meist zeigte man skeptisches Wohlwollen, handelte sich für das Durchführrecht beispielsweise einen elektrischen Anschluß ein oder schloß eine Vereinbarung »auf Zusehen« hin; Wyssling erinnert sich »an Tausende von Abkommen für 10 Jahre«. In anderen Fällen ließen sich die Bauern für jede Stange fünf Franken bezahlen und betrachteten die Sache als erledigt. Und Wyssling weiter: »Freilich gab es auch Ausnahmen, die bedeutende Verzögerungen und Kosten verursachten. Da waren teils Widerstände abergläubischen Ursprungs, wie etwa, daß die nahe einer Molkerei vorbeigehende Leitung durch ihre hohe elektrische Ladung die Milch sauer werden lasse oder daß die Leitung den Blitz auf die Gebäude ziehe (in denen man aber gleichwohl elektrisches Licht, vorab in den Stall, wünschte!); daneben ging aber auch die grundsätzliche und stolze Einstellung, seinen Grundbesitz durchaus grundlastfrei zu halten.«

Die »Luftleitungen« oder Überlandleitungen waren den Telegraphenleitungen nachempfunden; meist verwendete man Holzmasten aus Fichte, die mit Kupfervitriol imprägniert worden waren. Im Tessin kamen auch »gemeinhin krumme Kastanienbäume« zum Einsatz, die indes nicht imprägniert zu werden brauchten. Die Stangen verrammte man ganz einfach mit Steinen in den Boden; die versuchsweise eingeführte Einbetonierung wurde »wegen raschen Faulens der Stangen bald wieder fallen gelassen«. Im allgemeinen rechnete man um die zwanzig Stangen auf den Leitungskilometer, hielt also einen Normabstand von fünfzig Metern ein. Bei den Isolatoren gab man sich wenig Mühe, unauffällig zu bleiben; im allgemeinen kamen weithin sichtbare weiße Porzellanköpfe zum Einsatz. Die Akzeptanz bei der Bevölkerung war aber auch hier erstaunlich; tatsächlich begrüßte man Kupferdraht und Transformatorenstationen in manchen Dörfern ausdrücklich – als äußeres Zeichen des Fortschritts! Ich stoße nur auf einen einzigen Leserbrief vom März 1895, zu welchem Zeitpunkt in Wädenswil die ersten »Luftleitungen« installiert wurden. Die Drähte, so wird hier moniert, seien nicht nur unschön, sondern sie könnten auch Bauhandwerkern, Dachdeckern und Feuerwehrleuten gefährlich werden; ob denn wirklich nicht auch eine unterirdische Führung denkbar sei?

Die Tarife für Lichtstrom habe ich nur kurz gestreift, möchte hier nachtragen, daß man bei den Jahresabonnements von drei Klassen ausging und Lampen von 10, 16 und 25 Kerzenstärken anbot (ca. 30, 50 und 75 Watt). Am billigsten kam eine Glühlampe von 10 Kerzenstärken in einem Kontor oder Fabriksaal zu stehen, die nur in den Randstunden der Arbeitszeit gebraucht wurde. Am teuersten war die 25-Kerzen-Lampe für die Wohnstube; ich habe mir als Extrempreise 13 beziehungsweise 36 Franken notiert. In den Anfangsjahren wurde Strom nur bis elf Uhr abends abgegeben; hielt ein Gastwirt für einen Tanzanlaß länger offen, so mußte er sich »mit selbst anzuschaffenden Accumulatoren behelfen«. Ein privater »Wattstundenzähler« wurde nur auf Verlangen montiert, und hier kostete die Hektowattstunde um die 6 Rappen. Bei der häufig genannten 16-Kerzen-Birne, dem Normlicht von etwa 50 heutigen Watt, kostete die Brennstunde mithin 3 Rappen.

Anderswo finde ich einige Angaben zu den Erschließungskosten, dies in einer Offerte der Badener Brown, Boveri & Co.: Eine zweidrähtige Hochspannungsleitung von 4,5 Kilometern Länge kommt samt 150 Isolatoren auf Fr. 840.– zu stehen (»nicht inbegriffen sind ca. 75 Stangen zum Tragen der Leitung«). Die individuelle Hauszuleitung kostet Fr. 12.50 pro Glühlampe, ein Elektromotor von einer Pferdestärke ca. Fr. 2000.–, und hier muß der Betreiber eine Jahresstrompauschale von Fr. 280.– einsetzen. Alle diese Zahlen sagen nicht viel aus ohne Vergleichsgrößen; ich halte hier wenigstens die gängigen Tageslöhne um 1890 fest: Fr. 2.50 bis Fr. 4.00 für Fabrikarbeiter(innen); rund Fr. 5.00 für Vorarbeiter/Aufseher.

Wyssling führte im eigenen Heim das Bügeleisen und den Elektrokochherd ein. Im gewöhnlichen Haushalt begnügte man sich aber vorerst mit dem elektrischen Licht, und dies bis über die Jahrhundertwende hinaus: Es gab keine Steckdosen. Elektroinstallationen wurden vielfach besorgt von den Herstellerfirmen der Generatoren. Offenbar dauerte es mehrere Jahre, bis die »Sonnerie-Monteure«, die nur mit Hausklingeln und Dienstbotenglocken Erfahrung hatten, auf Starkstrominstallationen umstellten: ein Vakuum beim lokalen Know-how, das mit dem stürmischen Ausbau der E-Werke zu tun hatte.

Haus- und Fabrikinstallationen wurden nach heutigen Begriffen erstaunlich sorglos durchgeführt; bei Wyssling lese ich von blanken Kupferdrähten, die der Zimmerdecke entlangführten und an denen man unmittelbar die einzelnen Lampen anschloß. An exponierten Stellen deckte ein

Schutzanstrich die Blankdrähte; Isolierhüllen und -rohre kamen erst in den späten neunziger Jahren auf. Erd- und Kurzschlüsse waren an der Tagesordnung, da man Schmelzsicherungen nach Gutdünken einsetzte, oft auch nur Bleidrähte mit Schrauben an die Ösen des Leitungsdrahtes klemmte.

Tücken wiesen auch die ersten Kleinschalter auf. Hier waren Zwischenstellungen möglich: Drehte man nicht kräftig genug, so kam es zu Funkenbildung und Kurzschlüssen. Erst um 1900 setzte sich der Momentschalter durch, bei dem eingebaute Federn das kontaktschließende Element in die Endstellung zwangen.

Und die Lampen, die eigentlichen Leuchtkörper? Auf ihre Formen und Farben komme ich noch zu sprechen; vorerst nur soviel: Die neue Lichtquelle stellte in Fabriken und Büros gegenüber dem Petrol- oder Gaslicht einen solch eindrücklichen Fortschritt dar, »daß die einfachsten Anordnungen die Gebraucher befriedigten« – so jedenfalls Wyssling. Man begnügte sich mit der blanken Glühbirne, die mit der Fassung an ihrer eigenen Zuleitung hing, stülpte allenfalls einen Blech- oder Emailschirm darüber. Aber auch schmucke Wohnhäuser prangten im Glanz »vieler leuchtender Glühlampen«: Man demonstrierte augenfällig, wie viele »Lichtmieten« man sich leistete. Viele Bürger, die vorher mit Gas beleuchtet hatten, bestanden auf kombinierten Lampen, bei denen man von einer Technik auf die andere umschalten konnte, und zwar aus vorerst noch berechtigtem »Mißtrauen in die Sicherheit der Stromlieferung«. Offenbar verschwanden diese Zwitterleuchter aber rasch. Bald haperte es mit der Isolierung zwischen Stromzufuhr und Gasleitung, bald strömte Gas aus; mitunter gab es auch Lecks auf beiden Seiten.

Gas vs. Strom

Löste der elektrische Strom also das Gas ab? Hier heißt es vorsichtig sein. Vor allem gab es keinerlei *clean break;* die beiden Technologien existierten längere Zeit Seite an Seite, ohne daß sich der Ausgang des Rennens klar abgezeichnet hätte. Zu diesem Nebeneinander finde ich einen Aufsatz des Technikhistorikers Hans-Joachim Braun. Für Braun illustriert die Alternative »Gas oder Strom?« auf geradezu klassische Weise die These, daß beim Auftauchen neuer und zukunftsträchtiger Technologien die alte, überwunden geglaubte Technologie noch einmal einen Perfektionsschub durchmacht. Braun führt die Ablösung des Segelschiffs durch den Dampfer an; hier wird um die Jahrhundertmitte der Segler noch einmal zur ernstzunehmenden Konkurrenz, weil die Ingenieure Elemente der Steamerkonstruktion übernehmen, beispielsweise Eisen und Stahl verwenden. Ähnlich zögert sich die Umstellung von direkter Nutzung der Wasserkraft zur Dampfmaschine hinaus, weil die Turbine das Wasserrad von einst ersetzt und einen höheren Wirkungsgrad erzielt. In solchen Fällen – so Braun – tendieren Historiker und Ökonomen zur Technologie, die sich später durchsetzen wird; die technologische Überlappungszone, die Ära des Nebeneinander kommt zu kurz. Das Lesepublikum bekommt also die (falsche) »Vorstellung von abrupten und dramatischen Diskontinuitäten in der ökonomisch-technischen Entwicklung« suggeriert, verliert den Blick für die Grauzonen des technologischen Remis.

Deutschland erlebt den Siegeszug der Gastechnik früher als die Schweiz, etwa ums Jahr 1860: Innerhalb eines Jahrzehnts steigt die Anzahl der Gasfabriken von 35 auf 211. Eine Trendwende zeichnet sich aber bereits im Dezember 1881 ab. Der Brand des Wiener Ringtheaters, der fast vierhundert Menschenleben fordert, geht nachweisbar zurück auf eine falsche Zündung bei der (gasgespeisten) Beleuchtung; die Aktien der Gasgesellschaften fallen drastisch.

Die späten achtziger Jahre – wir haben es gesehen – bringen den Aufschwung der Elektrotechnik, und der übertrifft auch in Deutschland den seinerzeitigen Gasboom noch an Intensität. Um 1888 zählt Braun 16 Elektrizitätswerke, sechs Jahre später produziert man bereits in 139 größeren und kleineren deutschen Werken eigenen Strom. Daß mit der Vakuumglühlampe ein nahezu perfekter Lichtkörper bereitsteht, erklärt den Erfolg nur zum Teil; als ebenso wichtig erweist sich, daß der neue Energieträger Motoren speist und das Problem des innerstädtischen Verkehrs lösen hilft: elektrische Straßenbahnen! Kommt hinzu, daß agile Bevölkerungsgruppen auf die Karte »Strom« setzen, so Hoteliers und Besitzer großer Läden. Man will seine Hausfassade im besten Licht präsentieren; man will Schaufenster, deren magischer Glanz die Passanten zum Stehenbleiben zwingt.

Und dieser energischen Lobby schließen sich die Fabrikanten und die Bankiers an. Ähnlich wie der Zürcher Modezar Henneberg mögen auch die Dortmunder Unternehmer nicht warten, bis ein öffentliches Stromnetz entsteht: Im dynamischen Dortmund stehen schon 1891 über 30 private Stromanlagen in Betrieb, die zusammen rund 9000 Glühlampen speisen!

1896 wird in Zürich die »Bank für electrische Unternehmungen« gegründet. Man hat erkannt, daß die neue Technologie als gewaltiger wirtschaftlicher Multiplikator wirkt, der Finanzbedarf entsprechend steil ansteigt. Wer ein E-Werk betreibt, braucht Generatoren und Turbinen, braucht Röhren für Zuleitungen. Dadurch steigt der Strombedarf bei den Maschinenfabriken, bei denen er seine Bestellungen aufgibt. Stromproduzent und Maschinenhersteller schaukeln sich also gegenseitig hoch; die zeitgenössische Presse spricht mit respektvollem Hohn von »industrieller Wechselreiterei«!

Kurz vor Jahrhundertende scheint der technologische Match entschieden: Die Niederlage der Gasindustrie ist höchstens noch eine Frage der Zeit! Ausgerechnet jetzt aber erobert eine Neuerung den Markt, die das Spiel wieder kippen läßt. Beim Gasglühstrumpf, den der Wiener Chemiker Carl Auer von Welsbach entwickelt hat, wird die Gasflamme auf geniale Art neu eingesetzt. Sie dient jetzt nicht mehr als Lichtquelle, vielmehr bringt sie ein nicht brennbares Material zur Weißglut, und dieses Licht wird wiederum mit Hilfe von Spiegeln und Schirmen verteilt und verändert. Auer war bei der Suche nach einer geeigneten Legierung auf sogenannte Seltene Erden wie Thorium und Cerium gestoßen. Sein Leuchtstrumpf bestand aus textilem Gewebe, das mit den Nitraten dieser Stoffe getränkt wurde. Die Hitze der Gasflamme brachte die Salze dieser Spezialfüllung zum Leuchten, und dieser grünlich glühende Strumpf schlug in Sachen Leuchtkraft auch die stärkste elektrische Lampe!

Hinzu kam, daß der Auerstrumpf nur ein Fünftel der bisher benötigten Gasmenge verbrauchte, die Gasrechnung also auf einen Bruchteil reduzierte. Braun nennt eine Anzahl deutscher Städte, deren Verwaltungen von der bereits installierten elektrischen Beleuchtung wieder auf Gaslicht umstiegen und Auerbrenner installierten, so etwa Chemnitz. Im Jahrzehnt 1895 bis 1905 stieg der Absatz des Wunderstrumpfs um phänomenale 1300 Prozent; es wurden sogar neue Gaswerke eröffnet.

In Liestal, wo man 1892 für die öffentliche Beleuchtung auf Glühlampen umgestellt hatte, diskutierte man schon nach wenigen Jahren über die Rückkehr zum Gas: auch hier der Gassparstrumpf als Alternative! Im zürcherischen Affoltern liebäugelte man bereits nach acht Jahren Gaslicht mit dem Umsteigen auf Elektrizität, ließ sich dann aber vom Argument des Gaslieferanten überzeugen: »Sie würden den Unterschied in der Helle bei elektrischem Glühlicht bald genug gewahr werden.«

Die Frage »Strom oder Gas?« brachte im Jahre 1896 gleichsam eine Podiumsdiskussion, eine schriftliche Debatte der führenden Fachblätter: Die Auersche Erfindung hatte die Gegensätze zugespitzt. Braun nennt als Gegner vor allem das »Journal für Straßenbeleuchtung« und die »Elektrotechnische Zeitschrift«. Laut seiner Zusammenfassung brachte die Debatte eine Art Remis. In der Kostenfrage holten sich die Gasfabrikanten wertvolle Punkte: Eine Auerflamme war im Verbrauch (und bei gleicher Lichtentwicklung) fünf- bis sechsmal billiger als die Kohlenfadenlampe. Die Anlagekosten für ein Gaswerk machten noch nicht einmal die Hälfte der Investitionen für ein E-Werk aus. Zudem konnte man den Energieträger lagern: Die Gasometer als kostenausgleichende Vorratskammern, gegen die der in Akkumulatoren gespeicherte Gleichstrom rein quantitativ keine Chance hatte. Gaslicht war dem menschlichen Auge bekömmlicher, dies dank seines »Reichtums an gelben und grünen Strahlen«, daneben schnitt das elektrische Glühlicht mit seiner »Vielzahl roter Strahlen« schlecht ab.

Die Elektrolobby konterte: Vor allem sei ihr Beleuchtungssystem benutzerfreundlicher, komfortabler, und auch bei einer Vielzahl von Glühlampen erhitze sich der Raum nicht unnötig. Die stets drohende Explosions- und Vergiftungsgefahr falle beim Elektrostrom weg (dagegen erstaunlicherweise kein Hinweis auf die Gefahr eines elektrischen Schlages!), auch verschlechtere sich die Luft nicht wie beim Sauerstofffresser Gaslicht…

Kurioserweise brachte Auer, der mit seinem Glühstrumpf das Rennen nochmals lanciert hatte, die endgültige Entscheidung. Nach jahrelangen

Experimenten gelang es ihm, den Kohlefaden der Edisonschen Glühlampe durch einen Metallfaden zu ersetzen. Um 1910 ging die Osramlampe in Serienproduktion. Und da sie ihrerseits den Stromverbrauch um 75 Prozent senkte, zählte der Kostenvorteil des Glühstrumpfes nicht mehr.

Drei Nachträge zum technologischen Duell Gas–Strom: Bereits 1899 sagte der amerikanische Soziologe Pjotr Kropotkin den Ausgang voraus, dies im Werk *Fields, Factories and Workshops*. Das elektrische Prinzip wird siegen, weil man Strom dank der Transformation über große Entfernungen transportieren kann. Damit bleibt die Industrie rein räumlich unabhängig von den Kohlerevieren; eine dezentralisierte Industrie aber hat dem »klassischen« Kohlepottmoloch Dynamik und Flexibilität voraus.

Dieser Ausgang wird sichtbar in den erwähnten Gemeindechroniken, wenn auch in nüchterner Aufzählung: Liestal wechselt nach 18 Jahren öffentlicher Gasbeleuchtung zum Strom, Wädenswil bleibt dem Gaslicht 21 Jahre lang treu, Affoltern bloß 14 Jahre. Dazwischen aber Mischphasen, Übergangsphasen, wo die Bezüger zwischen den Angeboten schwanken. Die Liestaler Kirche bekommt 1895 eine Elektrobeleuchtung, die man kurz nach der Jahrhundertwende mit fünf Gaslampen ergänzt. Der geplante Einbau eines Elektromotors in die Orgel scheitert, weil das Netz ausgerechnet am Sonntag häufig ausgeschaltet wird – wegen Reparaturen. Bei der Sekundarschule hat man sich für Gasbeleuchtung entschieden, aber wie man ihr fünfzigjähriges Bestehen feiern will, sitzen die Besucher fast eine Stunde lang im Dunkeln; die Gasleitungen sind eingefroren...

Schon das Weisssche Handbuch diskutiert die Gefahren von Leuchtgas. Das Explosionsrisiko wird mit wenigen Sätzen abgetan: In den Gasfabriken selbst komme es äußerst selten zu Detonationen, und auch dann würden sie »den Konsumenten in keinerlei Weise unmittelbar schädigen«. Trete Gas in gefährlichen Mengen zu Hause oder in der Werkstatt aus, so merke dies der Kunde am »eigenthümlichen üblen Geruch«. Trete er trotzdem mit brennender Kerze in einen solchen Raum, so zeuge dies »von der größten Unwissenheit oder Fahrlässigkeit«: Explosionsopfer sind selber schuld. Daß Gas zu Vergiftungen führt, mag Weiss gar nicht abstreiten. »Das Leuchtgas ist für sich nicht athembar«, gesteht sein Handbuch zu.

Bereits rund ums Steinkohlengas und seine Gefahren also Argumentationskapriolen und Sprachregelungen, die am Grundsatzproblem vorbeikurven. Daß sich diese Rhetorik seither nicht verfeinert hat, zeigen mir die Inserate der AKW-Lobby...

1 Ein Stadtquartier aus Villen und Wohnschlössern: das um 1890 entstandene Rigiviertel in Zürich-Oberstraß als feudales Dorf in Hanglage.

2 Mit Turm und doppelgeschossiger Loggia evoziert die »Villa Sumatra« mediterrane Grazie – der letzte Zürcher Wohnsitz des Suppenfabrikanten Julius Maggi.

3 Industrielandschaft mit sakralen Untertönen: Glasgemälde der Suppenfabrik in Kemptthal.

4 Der Kreuzstern, Maggis Emblem für Fleiß und Erfolg, als Motiv einer »maurischen« Zimmerdecke.

5 Jedes der 23 Zimmer der »Villa Sumatra« soll einen bestimmten Epochenstil verkörpern: Summa der historischen Architekturimagination um die Jahrhundertwende.

6 Detail aus dem »Sumatra«-Garten. Unter der während Jahren ausgebauten Anlage befinden sich zwei riesige unterirdische Gewölbe.

7 Vom Schüler Julius Maggi ...

8 ... zum Hospitanten in Basler Studentenkreisen.

9 Der junge Unternehmer: Maggi um 1880, zur Zeit der ersten Leguminose-Präparate.

10 Brautzeit: Maggi und Louise Müller, Pfarrerstochter aus Seebach, grüßen als Verlobte.

11 Sonntagsausflug um 1894; Tochter Louise trägt den vierjährigen Harry, den designierten Firmenerben, Huckepack.

12 Der erfolgreiche Unternehmer: »offizielles« Poträt aus der Zeit des Pariser Aufbaus (1907).

13 Vorläufer der Fertigsuppe: Maggis Leguminosemehl (kochfertig präparierte gemahlene Hülsenfrüchte) kam als billiges und eiweißreiches Nahrungsmittel zu Anfang 1885 auf den Markt.

14 Konkurrenz zur Fleischbrühe: Die flüssige Suppen- und Speisewürze aus Pflanzenextrakt machte den Namen der Firma am Flüßchen Kempt weltweit bekannt.

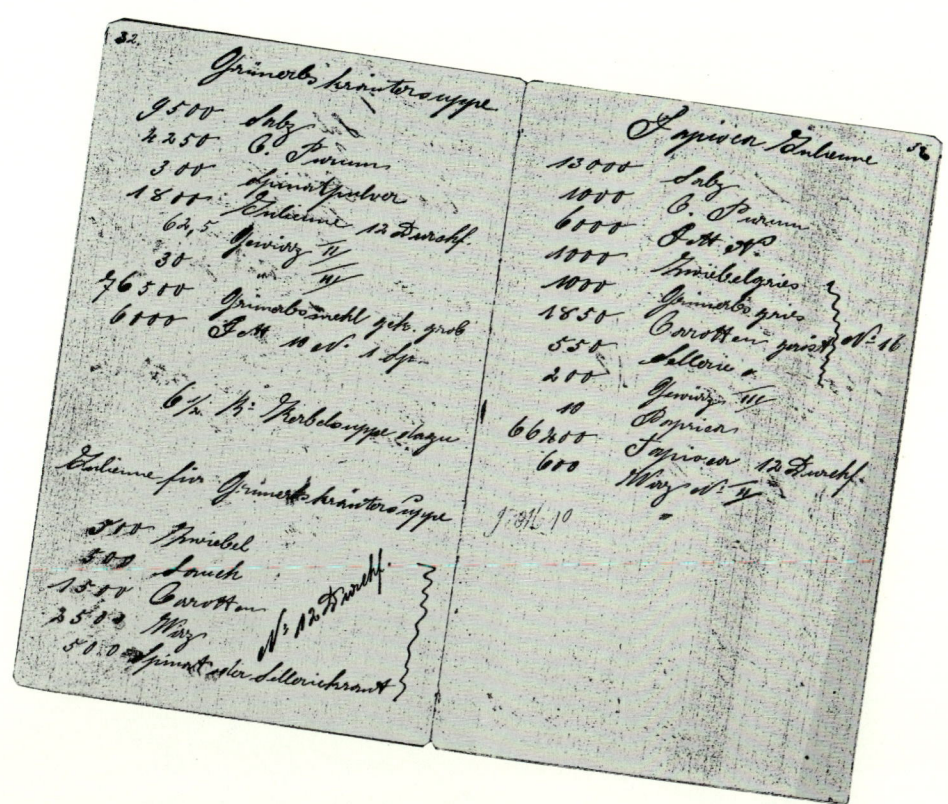

15 Suppenrezepte aus der Pionierphase; die Trockenmischungen verkürzten die Kochzeit auf rund ein Drittel des bisherigen Aufwands.

16 Um 1890 faßt die Firma auch international Fuß: Anzeige aus *L'illustration* (Paris).

17 Gemüserüsterei in Kemptthal um 1890. »Zur Verfügung standen lediglich ein Messer und ein Brett.
Je nach Geschick hatte man seine Kiste Gemüse schnell geputzt und verlesen.
Die Vorarbeiterin konnte schon an den Abfallkisten erkennen, wie schnell gearbeitet wurde.«

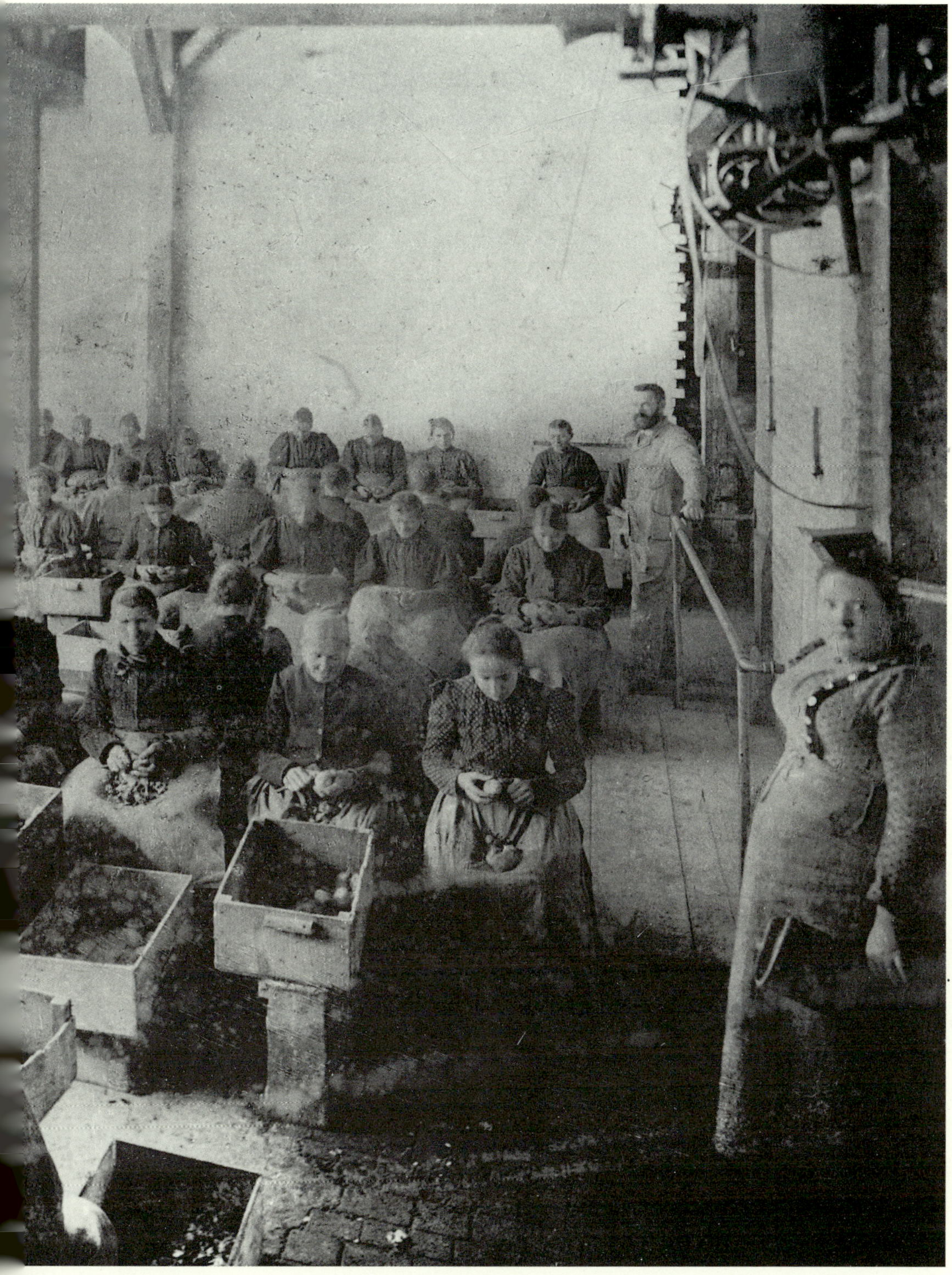

18 »Beinahe schon amerikanische Verhältnisse«: Kohlernte auf einer der weitläufigen Gemüseplantagen rund um Kemptthal.

19 Eine Lieferung Sellerie trifft auf dem Fabrikgelände ein. Im Hintergrund der Treppengiebel des »Schlößli«.

20 Das Fabrikareal kurz vor der Jahrhundertwende: eigene Bahnstation, Villen für leitende Angestellte.

21 Stark stilisierte Fabrikansicht auf französischer Preisliste 1898: vorweggenommene Zukunft.

22 Der Elektrotüftler: »Waldhalde«-Erbauer Walter Wyssling.

23 Der Arbeiterfreund: Fabrikarzt Fridolin Schuler.

24 Fabrikant und Weltmann: Rodolphe Lindt.

25 Salonmaler und Weltmann: Albert von Keller.

26 Die Arbeiterführerin: Verena Conzett-Knecht.

27 Der Festspielpoet: Arnold Ott.

28 Die Friedenskämpferin: Bertha von Suttner.

29 Die Elegische: Isabelle Kaiser.

30 Großbüros der Verwaltung in Kemptthal (1905): Stehpulte, Kontobücher und eine einsame Schreibmaschine Marke »Oliver« im Erdgeschoß.

31 Weibliche Bürokräfte sind vor allem mit Ablegen und Archivieren beschäftigt (rechte Bildhälfte); links leitende Beamte mit ganzen Stempelbatterien und Telefon (Obergeschoß).

32 Kassenvorraum im Erdgeschoß. Das Schreiben im Stehen führte angeblich »zu einer schwungvolleren Handschrift«, entsprechend sorgfältig wurde die Schreibstellung austariert.

Underwood Schreibmaschine.

Vollständig sichtbare Schrift ohne Heben des Wagens.

Jeder Remington-Schreiber kann mit der Underwood sofort schreiben und ohne Gegenleistung 25% mehr leisten als mit den **blinden** Maschinen.

Prospekte gratis durch die Generalvertretung

(K 28 Z)

J. G. Muggli, Zürich.

Garantie: 3 Jahre.

„OLIVER"
die beste Schreibmaschine der Welt!

Unter allen auf den Markt gebrachten Schreibmaschinen besitzt die «Oliver» folgende Vorzüge: einfache Bauart, elegante Ausstattung, unverwüstliche Dauerhaftigkeit, neueste, von allen Systemen vollständig abweichende Konstruktion, **sichtbare** Schrift sofort nach Typenabdruck. — Die Oliver Schreibmaschine vereinigt in sich alle Erfahrungen, die seit 20 Jahren auf dem Gebiete der Schreibmaschinen-Mechanik erzielt wurden, und da nur das beste Material zur Verwendung kommt und die Handhabung sehr einfach ist, so darf man behaupten, dass die «Oliver» Schreibmaschine somit zu dem Vollendetsten gehört, was die moderne Technik geleistet, und der thatsächlich überraschende Erfolg, den die «Oliver» auf ihrem Siegeszug durch die Welt in so kurzer Zeit errungen, beweist eher wie alles andere ihre Vorzüglichkeit.

Probezeit: 8 Tage.

Billwiller & Kradolfer

Telephon 2899.   General-Vertretung für die Schweiz.   Telephon 2899.

ZÜRICH   Clausiusstrasse   ZÜRICH

Blickensderfer Nr. 5
▶ praktischste Klaviatur-Schreibmaschine ◀

Mässiger Preis
Complete Tastatur
Sichtbare Schrift
Bequeme Handhabung
Gute Vervielfältigung

Fr. 250

Preis
complet mit Kasten

Kein Farbband
Auswechselbare Schrift
Grösste Dauerhaftigkeit
Geringer Umfang
Gewicht 3 Kilo

An Leistungsfähigkeit und Schönheit der Schrift den teuersten Systemen mindestens ebenbürtig und an Handlichkeit allen bedeutend überlegen.

Generalvertreter: **Hans Häderli**, Selnaustrasse 52, **Zürich.**

—— Prospekte gratis und franko. ——   (H 2657 Z)

33–35 Schreibmaschinenanzeigen aus den Jahren 1897/98; der Preis für eine schwere Kanzleimaschine entsprach drei Monatsgehältern eines Angestellten.

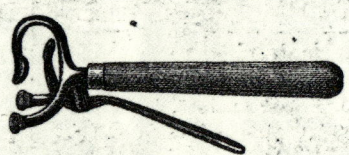

36 Inserat für Küchengerät 1889; der mit Kacheln verkleidete »Sparherd« mit Messingumrandung und Kochplatten gilt als fortschrittlichste Lösung.

37 Bürgerliche Musterküche um die Jahrhundertwende. Musterinventare nennen bis zu 400 Ausrüstungsgegenstände (ohne Eßgeschirr und -besteck).

38 Spargelschälender Hausvater in Genfer Arbeiterküche: Die Küche ist Wohn-, Arbeits- und Aufenthaltsraum (Gemälde Léon Delachaux, 1886).

39 Ländliche Westschweizer Küche mit offenem Feuer (Gemälde Rodolphe-Auguste Bachelin, um 1880). Bratenspieß und Schöpflöffel haben Signalfunktion (s. a. Nrn. 41/42).

40 Arbeiterküche im Westschweizer Jura (Gemälde Edouard Kaiser, 1894): Krautstiele und Kartoffeln als Standardmenü.

41 Bäuerliche Küche, wahrscheinlich im Schwarzwald (Gemälde Benjamin Vautier, 1888). Die Genreszene (»Der Vetter«) spielt bewußt mit dem Gegensatz ländlich-städtisch.

42 Gutbürgerliche Küche in Malters LU. Fotografie um 1900.

43 Der Herd als Energiezentrum liefert heißes Waschwasser, Wärme für das Bügeleisen und zum Kochen.

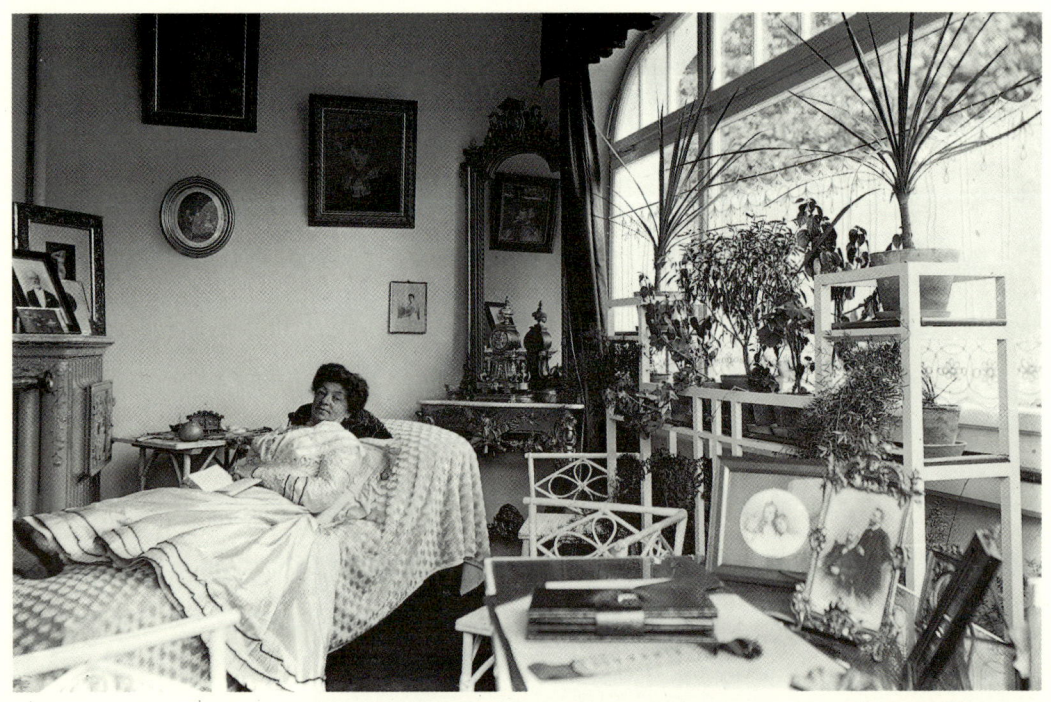

44 Innenraum als gestaltetes Interieur: Damensalon in großbürgerlicher Villa in Zürich-Hottingen.

45 Innenraum als Wohn-, Eß- und Arbeitszelle: Heimarbeiterfamilie beim Baumwollezupfen am Eßtisch.

46 Episodischer Realismus mit ländlicher Thematik: Raphael Ritz' »Rhonekorrektion« (1888) zeigt Einwohner von Raron VS bei Verbauungsarbeiten, ...

47 ... während Benjamin Vautiers »Galanter Professor« (1885) Tourist und einheimische Jugend einander gegenüberstellt.

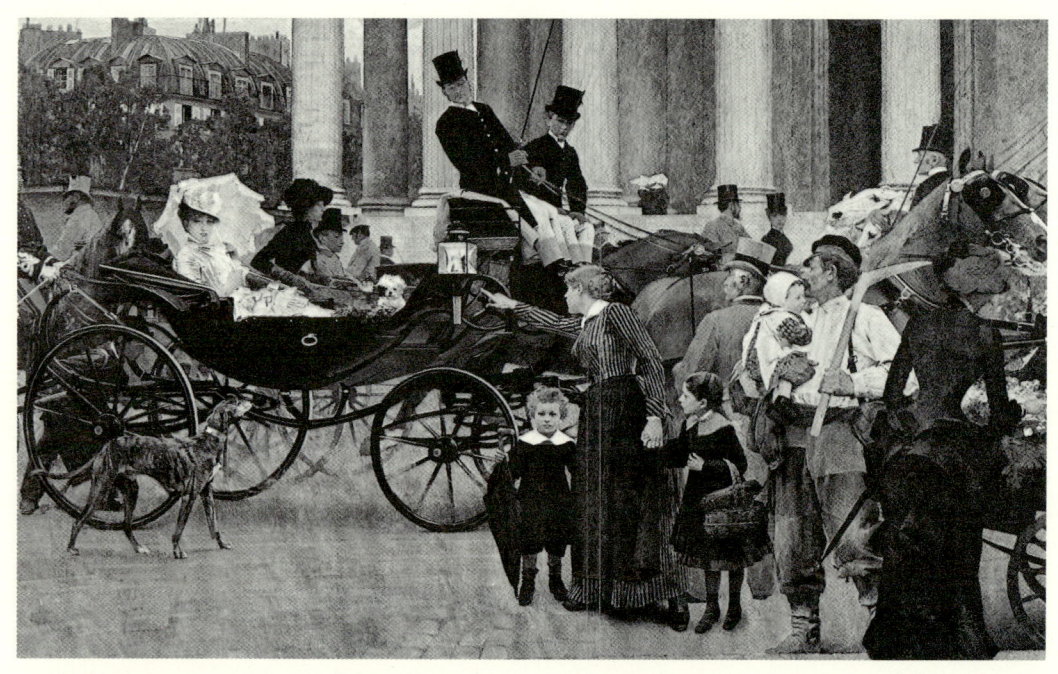

48 Salonrealismus städtischer Prägung: »sprechende« Pariser Straßenszene des Genfers Charles Giron (*Les deux sœurs*, 1883) ...

49 ... und elegante Genfer Bohème beim Nachmittagstee im Atelier (Marguerite Massip: *Un vendredi à l'atelier*, 1888).

50 Startzeichen für eine erfolgreiche Karriere: die Atelierszene »Gegenlicht« der Zürcherin Louise-Cathérine Breslau (1888).

51 Arbeiter am Neuenburgersee: Reportagebild im Salonstil des Westschweizer Malers William Röthlisberger.

52 Lieblingsmaler der Münchner Gesellschaft: Albert von Keller pendelte zwischen mondänen Interieurs
(»Mittag«, 1882)...

53 ... und Frauenakten aus dem Umkreis einer
makaber-schwülstigen Privatmythologie
(»Im Mondschein«, 1882).

54 »Lampist« oder Laternenanzünder mit Sohn in Rapperswil SG: Von der Straßenbeleuchtung mit Petrol wechselten viele Gemeinden...

55 ... in den 1870er Jahren zur zentral gesteuerten Gasbeleuchtung über: Gasometer in Wädenswil ZH.

56 Bauarbeiten für das erste gemeindeüberschreitende Elektrizitätswerk der Schweiz: Bau von Wehr und Stolleneingang bei der Hüttener Sihlbrücke (1893).

57 Wasserreserve oberhalb des Kraftwerks: der durch einen Erddamm geschaffene Teufenbachweiher; rechts der gemauerte Überlauf.

58 Mit Pferden hochgeschleppt: Rohrstücke aus Flußeisenblech für die Druckleitung. Am Horizont der Druckkamin zum Auffangen hydraulischer Stöße.

59 Maschinenhaus am einsamen Sihlufer, 1895 eröffnet: mit 1400 kW leistungsfähigstes Kraftwerk seiner Zeit.

60 Chalet in der Weltstadt: Schweizer Treffpunkt an der Pariser *Universelle* 1900.

61 Dank Zahnrad- und Seilbahnen Luxushotels an bester Aussichtslage: »Schloß Gütsch« bei Luzern.

62 Speisesäle wie Kathedralen: Die Table d'hôte des Interlakener »Viktoria« faßte über dreihundert Gäste.

63–66 Blick in die Zukunft: Die Sammelbilder zur Schokopackung sehen die Jahrtausendwende als Schauplatz technischer Vervollkommnung. Mobilität triumphiert.

67 Alptraumhafte Zukunft: Albert Weltis Radierung macht aus dem Start ins 20. Jahrhundert einen Triumphzug von Leichtsinn und Machtgier.

Proto-E-Werk: vor Ort

Daß Waldhalde heute noch in Betrieb steht, das geht bereits aus den Recherchen hervor, beispielsweise aus einer Jubiläumsschrift der Zürcher Elektrizitätswerke, herausgegeben nach einer Totalerneuerung der Jahre 1965/66. Hier finden sich auch die Fotografien der einstigen Bauarbeiten, liebevoll reproduziert, mit einem Text, der durchblicken läßt, daß man die Anlage wohl eher aus Pietätsgründen beibehielt. Waldhalde also eine historische Kuriosität, elektrotechnisches Eozän, von der Produktion her belanglos?

Ich nehme den Postbus nach Hütten, an einem frostigschönen Dezembertag. Dank der Kälte hat sich der erste Schnee seit mehr als einer Woche halten können. Die Anfahrt zum südlichsten Dorf des Kantons also eine Fahrt durch gleißende Schneehänge; wo immer Hanglage und Neigungswinkel es erlauben, sind Kinder mit Schlitten unterwegs: viel Gejohle, selten Lachen. Das Panorama von der Hüttener Poststelle aus dann wahrhaft grandios: weißglitzernde Sonnenhänge, auch die Alpenkette zuckrigweiß, fichtendunkel nur der Schattenhang des Höhronen. Die Sonntagsstimmung auf den Hängen wirkt ansteckend, überhaupt hat der erste Schnee dieses Jahres viel Aufatmen gebracht, viel kaum eingestandene Erleichterung: der Klimaschock verdrängt, die Treibhausszenarien damit.

Am Dorfende finde ich die Fahrstraße hinunter zur Sihl. Einmal mehr wird mir bewußt, wie bescheiden der Felsriegel ist, der diesen Bergfluß auf Kurs hält, an die Höhronenflanke bannt: eine prekäre Hangspur, wie sie ein Skifahrer zieht, der krampfhaft den Talski belastet. An der schwächsten Stelle halten knapp zehn Höhenmeter die Sihl davon zurück, ganz einfach abzufließen in die Mulde des Zürichsees; erst auf der Höhe der Waldhalde wird sie sich ein eindeutiges Tal herausgeschliffen haben.

Ich stoße auf das Wehr, die Einlaufstellen zum Stollen, und dies wenige Meter unterhalb der Brücke. Im Vergleich zu den Fotos, die ich im Hinterkopf trage, ist es nicht wiederzuerkennen. Statt des sanften, einen Meter hohen Überfalls von einst jetzt eine Stufe von mindestens fünf Metern Höhe. Den Abfluß in den Stollen verdeckt ein Betonbau, an die Baumeister des Jahres 1895 erinnert nur die Hangwand aus schönen Bruchsteinquadern. Der Einlaufkanal wird abgetrennt wiederum durch eine Betonwand, und über dieser schleusenartigen Kammer hängt ein Rollenzug mit einem Laufkran: zum Heraushieven angeschwemmter Baumstämme?

Eine Bronzetafel an der Betonwand erinnert an den Erstbau und die Erneuerung von 1966. Die gesamte Anlage sei jetzt »automatisiert und ferngesteuert«; überhaupt scheint der Bronzetext die fünf Meter Überfallhöhe, den imposanten Rückstau, die Einlaßschleuse gegen die alte Anlage der Pioniere auszuspielen: So wird das gemacht, so packt man das heutzutage an!

Gleich geblieben ist aber das Dröhnen der Wassermassen, die schon damals unter dem Fußweg durchgeleitet wurden; ein dumpfes, hohles Vibrieren unter den Fußsohlen. An die Hangmauer schließt sich ein Haussockel, und auch das Wehrwärterhaus wurde Jahrzehnte später dazugebaut. Das Haus wirkt bewohnt; vielleicht Nachfahren des Wehrwärters? Unter dem Weg, unter dem Haus dröhnt das Wasser, unterwegs zwischen Einlaufrechen und Stollenmund. Wie wohnt es sich über drei Kubikmetern Wasser pro Sekunde, über dreitausend dröhnenden Sekundenlitern? Gibt es Wasserstrahlen, ein Wasserschwerefeld, schützt man sich mit Kupferteppichen, mit einem Drahtkäfig zum Ableiten?

Ich mache mich auf den langen Weg zur Waldhalde: mehr als vier Kilometer, wenn ich mich ans Sihlufer halten kann. Der Fluß zu meiner Linken, rechts der steil ansteigende Riegel, bewaldet; mir kommen die »Wassersäcke« in den Sinn, auf die man beim Stollenaufbau stieß. Was geschah, wenn man sie aufstach, auslaufen ließ? Blieben Höhlen zurück, Lufttaschen? Oder senkte sich die Erde über ihnen: plötzliche Krater im Waldhang?

Die Sonne hält sich gerade noch über dem Grat im Süden, läßt Eiskristalle glitzern; der Wanderweg bis jetzt menschenleer. Nach hundert Metern weiß ich, warum: eine Holzbarrikade mit Hinweisschild, Sperrung wegen Bauarbeiten. Ich klettere über die Bretter, marschiere weiter, nur mäßig beeindruckt. Die Sihl zu meiner Linken zeigt ein geräumiges Bett, übersät mit rundgeschliffenen Felsbrocken unter glitzernden Schneemützen, unter dünnen Eisdecken murmelndes Wasser: Restwassermengen. Ein

Nachmittag im vergangenen Sommer kommt mir in den Sinn; wir suchten mit den Kindern im Flußbett nach Steinen, in ebendiesem Flußabschnitt. Damals Empörung über das geizig zugeteilte Sihlwasser; daß mehr als die Hälfte der Sihl neben uns durch den Berg floß, wußten wir nicht.

Ich habe schon einen ansehnlichen Teil vom Gefälle verbraucht, mit dem die Pioniere rechneten. Die Sihl schlägt hier immer weiter nach links aus, entfernt sich vom Stollen. Empfanden die Waldhalde-Unternehmer je Zweifel an ihrem Vorhaben? Wurde ihnen die Ungeheuerlichkeit bewußt, daß sie hier einen Gebirgsfluß amputierten, ihn zur Hälfte durch einen Tunnel schickten, ihm einen Umweg über einen Weiher aufzwangen, den es noch gar nicht gab? Oder, umgekehrt argumentiert: Wie groß mußte ihr Enthusiasmus für die neue Energie sein, daß sie sich auf soviel Unberechenbares einließen? Ich stelle mir vor: hitzige Diskussionen im Wädenswiler »Engel«, im »Frohsinn«: Und was, wenn der Stollen einbricht? Wenn der Weiherdamm nicht hält?

Nach einem Kilometer dann die angekündigte Baustelle; ein kaum metertiefer schmaler Graben, in dem ein Kabel verlegt wird, ein vereinsamter Bulldozer mitten auf dem Waldweg, zwischen den Bäumen. Die Sperrung erweist sich als völlig unnötig, auch ein gehbehinderter Rentner kann sich hier gefahrlos durchschlängeln. Bloß kein Risiko, wird man sich im zuständigen Amt gesagt haben; in meinen Waldhalde-Unterlagen dagegen keinerlei Hinweis auf Sicherheitsbelange; damals wird man sich von Tag zu Tag entschieden haben.

Verlegt wird übrigens eine Neoprenleitung der Wasserversorgung; ein winziger Bruchteil des Stollenwassers wird hier unter den Füßen des Wanderers durchströmen. Bei der Finsterseebrücke bricht der Uferweg ab. Auch hier steht eine Barrikade der Wasserwerke samt Warnschild, daneben der Kompressor eines Preßluftbohrers, Modell Macon-Meudon MM 121, und dieses verhaßteste aller Baugeräte nimmt sich auf dem fichtennadelbestreuten Waldweg besonders hassenswert aus.

Die Staatsstraße Schönenberg–Menzingen, so steht es in Wysslings Baubericht, mußte »mit einem Syphon untertunnelt« werden. Der Weiher liegt demnach irgendwo rechts über mir. Ich folge der Straße, radiere in Gedanken den Asphaltbelag weg und ersetze die Betonbrücke durch eine Holzkonstruktion. Wenn ich an die Fotos mit den blitzenden Turbinen im ersten Waldhalde-Maschinenhaus denke, so kommen mir die damaligen Verkehrsverhältnisse merkwürdig rückständig vor: Wo keine Bahnlinie durchführte, war man eindeutig benachteiligt. Die schweren Röhren aus Flußeisenblech mußten auf Straßen angeschleppt werden, die im besten Fall eine

Kiesdecke trugen. Und für das Maschinenhaus am Fluß mußte man wegen der steilen Zufahrtsstraße auf die geplanten schweren Turbinen verzichten, wählte statt dessen fünf leichtere Maschinen. War um 1895 die Verkehrstechnik hinter dem Maschinenbau zurückgeblieben, klaffte da ein Abstand zwischen zwei Technologien?

Ich muß der Asphaltstraße ein ganzes Stück weit folgen. Immer wieder kommen mir Autos mit Ausflüglerfamilien entgegen. Jüngere Familien fast durchwegs im bulligen Geländefahrzeug, nur daß die Väter am Steuer keinerlei Allradabenteuerlichkeit austrahlen, ihre mit groben Pneus ausgestatteten Komfort-Jeeps im Zehn-nach-zehn-Griff kutschieren, die Stirne angestrengt in Runzeln gelegt.

Links zweigt die Zufahrtsstraße zur Waldhalde ab. An einem Baum angeschlagen ein Plakat im A4-Format, es wirbt für einen Abend mit Festwirtschaft und Orchester »The Flamingos« vom 14. Juli, müßte eigentlich längst vergilbt sein. Daneben der gelbe Rhombus, der den Wanderweg kennzeichnet, sich neben dem sauber asphaltierten Sträßchen eigenartig deplaziert ausnimmt.

Das E-Werk kündet sich schon um mehrere Kurven herum mit durchdringendem Summen an. Der Anblick nach der letzten Kurve enttäuscht mich eher. Man hat dem einstigen Maschinenhaus ein moderneres Gebäude vor die Nase gesetzt, eine Transformatorenstation dazugebaut. Weg ist der Hauch wilder Waldeinsamkeit, den die alten Bilder ausströmen! Nur die Druckleitung am Abhang rechts wirkt so verwegen und unerwartet wie eh und je.

Ich finde auch am neuen Motorenhaus eine Bronzetafel. Wie ich lese, hat man die fünf alten Turbinen durch eine einzige Francis-Turbine von 3670 PS Leistung ersetzt und für diese Superturbine ein eigenes Haus erbaut; auch hier wieder der Hinweis auf Vollautomatisierung und Fernsteuerung. Das neue Motorenhaus scheint mir unnötig groß, wie schon die Wehranlagen. Wurde hier unnötig geklotzt, machten sich hier Sicherheitsmargen selbständig?

Das alte Motorenhaus wirkt daneben sehr zierlich, die beiden Maschinistenwohnungen über dem einstigen Maschinensaal ausgesprochen gemütlich. Das Haus steht auf einem Sockel aus Bruchsteinquadern, eine Mauer aus Bruchsteinquadern zieht sich auch dem Waldhang entlang, faßt den Rücklaufkanal ein. Auf technische Probleme reagierte man damals, indem man erst mal eine schmucke Mauer aus Rustikaquadern baute, das Ganze rein räumlich einfaßte. Und diese Mauer war für die Ewigkeit gebaut, jahrhundertsolide. Auch hier haben die alten Steine seit 1895 dem Strudel des Rücklaufkanals standgehalten; die Sihl ist unterhalb dieser Rückgabestelle übrigens merklich kräftiger, läßt ihre Muskeln spielen.

Von der Transformatorenstation aus führen drei Kabel weg: offenbar die Ausbeute an Strom, der Beitrag des Sihlabschnitts Hüttenbrücke–Waldhalde. Ich weiß nicht, wieviel Strom eine Francis-Turbine von 3670 PS erzeugen hilft, habe aber den Verdacht, es könne nicht allzuviel sein; die geltenden Maßstäbe zeigt mir die Starkstromleitung, die hoch über unseren Köpfen hinwegführt, vom Miniwerk am Sihlhang kaum Notiz nimmt.

Kernstück der ganzen Anlage ist für mich aber die Druckleitung, dieses gigantische Rohrstück aus Flußeisenblech zwischen den Bäumen des Abhangs: ein Futteral für einen Wasserfall! In dieser Röhre wird die in Masse und Schwerkraft lauernde Energie freigesetzt und gerichtet, schließlich von einer Turbine eingefangen, im Generator umgesetzt in ein anderes Medium, per Draht weiterspediert...

Ich nehme das Treppchen in Angriff, das die Druckleitung begleitet, wundere mich, daß man hier auf ein Warnschild verzichtet hat; die Kletterei hier ist um einiges gefährlicher als die Baustelle im Wald. Aus einigen Metern Höhe bekommt Waldhalde bereits einen leicht traulichen Schimmer. Zu viele Einzelheiten erinnern ans Klischee der klappernden Mühle am rauschenden Bach: einsames Waldtal, dunkle Fichten, plätscherndes Wasser. Natürlich stört das durchdringende Summen, aber auch das verliert sich beim Weiterklettern.

Ich fasse die Röhre an: kaltfeuchte Vibrationen, ein Summen im Innern, ähnlich dem Generatorensummen. Wenn in der Anlage von einst eine Turbine ausgeschaltet wurde, gab es Expansionsstöße, eine Art Muskelkrampf in der Druckleitung, und der wurde aufgefangen vom Expansionsschacht oben auf dem Knickpunkt. Beim Weiterklettern kommt dieser Schacht in mein Gesichtsfeld oder eigentlich sein Nachfolger; man hat den eisernen Kamin ersetzt durch einen siloähnlichen Bau. Die Röhren aus Flußeisenblech sind wohl ebenso ausgewechselt worden im Laufe der fast hundert Jahre. Aber auch die neue Blechwand neben mir fühlt sich bröcklig an: Rostschuppen, winzige Flechten.

Vom Knickpunkt aus schaue ich zurück. Die sechzig Höhenmeter sind verteilt auf etwa hundert Röhrenmeter: kein besonders imposanter Anblick, auf dem Holmenkollen-Sprungturm habe ich mich schwindliger gefühlt, seinerzeit, war froh, als ich mit meiner Touristengruppe den Abstieg antreten durfte.

Aus Wysslings Baubericht weiß ich, daß hier die paar hundert Meter unterirdischer Flachstrecke beginnen, die zum Weiher führen, stapfe über ein verschneites Feld, entlang einer Telefonleitung. Über dieses Feld führten einst die ersten Strommasten, parallel zu diesen Drähten. Sonst wird der Schneehang nicht viel anders ausgesehen haben, als man die Rohrstücke hier einzeln hochschleppte, im sechs- und achtspännigen Fuhrwerk. Die Bauernhöfe oben am Hang schon damals behäbig, altväterisch; hinzugekommen sind seither einzig ein paar Getreidesilos: der Durchschnittsertrag pro Betrieb in den letzten hundert Jahren verfünffacht oder versechsfacht! Ich kreuze die Übungspiste, die sich zwei Bauernmädchen angelegt haben, frage eines der Mädchen, das mit gekreuzten Skiern steckengeblieben ist, nach dem Weiher, obwohl ich die allgemeine Richtung kenne. Aber erst wie sie auf die kleine Treppe jenseits der Staatsstraße deutet, realisiere ich, daß ich den Erddamm vor mir habe: eine verschneite Horizontale, unauffällig eingebettet in die geschwungenen Linien der Landschaft.

Ich steige die verschneiten Stufen empor zur Dammkrone; für diese Seite der Böschung begnügte man sich mit »gewöhnlicher Schüttung«, auf der Gegenseite dann aber die Kalkmilchdichtung, die gestampften Erdschichten; von all dem natürlich nichts sichtbar. Der Weiher läßt kaum an eine künstliche Anlage denken, trotz der Talsperre, trotz des Überlaufs am Ostzipfel, bei dem ich jetzt ankomme. Auch hier hat man mit einer modernen Installation ergänzt, einem Auslaufrechen samt Betonbau, und auch hier weist ein Schild auf die »Vollautomatisierung« hin: fast schon peinlich der stete Hinweis, daß man für diese Anlage keine Menschenkraft einsetzen will, von Stolleneinlauf über Ausgleichsbecken, Druckleitung und Stromerzeugung alles aus der Ferne steuert! Am Nordostzipfel des Weihers stoße ich auf den Stollenausfluß, sehe endlich Wysslings hufeisenförmig ummantelten Tunnel, wenn auch halbwegs unter Wasser: Ende der Rundtour! Vom Tunnel führt ein schmaler, schon gemauerter Kanal zum eigentlichen Weiher, daneben ein Schild, das vor dem Baden im Teufenbachweiher warnt: Gefahr wegen der steilen Ufer, des schlammigen Weiherbodens! Vor dem Schuppen beim Stollenmund steht ein älterer Mann; ich frage ihn nach dem Wasserstand: Ob sich denn hier wie bei gewöhnlichen Stauseen der Pegel jeweils drastisch verändere, Schlammränder rundum sichtbar würden?

Der Rentner ist begeistert, über Waldhalde erzählen zu dürfen. Er kommt hier oft hoch, sonntags und werktags, hat schon miterlebt, wie der Weiher abgelassen wurde, durfte auch mit in den Stollen, hat sogar den ganzen Weg zurückgelegt, im Berginnern, bis zur Hüttenerbrücke. Und ausgebaggert haben sie damals praktisch den ganzen Weiherboden, eine Schlammschicht von über einem Meter mußte weggeräumt werden! Ich höre zu, etwas scheinheilig, muß schließlich erklären, was mich denn so interessiert an dieser Anlage. Jaja, meint der Rentner, da wüßten nicht mehr viele Bescheid, ein ganzes kleines Kraftwerk im Sihltal, das würde auch niemand erwarten, so etwas suche man sonst in den Bergen.

Ich gehe weiter Richtung Schönenberg, denke dabei an den unsportlichen Wyssling, der seine Inspektionstour jeweils hoch zu Roß absolvierte, werde ausgerechnet jetzt überholt von einer kleinen Reitergruppe, drei junge Mädchen auf Ponys, Hufeknirschen im gefrorenen Schnee.

La vie électrique: Lebensgefühl

Wenn ich Lichtstrom und Kraftstrom gleichberechtigt nebeneinanderstelle, der Glühlampe und dem Elektromotor Hauptrollen zuweise im packenden Drama »Elektrifizierung« – entspricht das der Auffassung der Zeitgenossen? Was zählte für sie mehr: die Glühbirne im Kuhstall, die frühmorgens beim Melken Licht gab? Oder der 0,75-PS-Motor, der mithalf, einen Kartoffelstößer in 10 Minuten zu schnitzen?

Vieles spricht dafür, daß die Aussicht auf eine bequeme, saubere und billige Lichtquelle den Ausschlag gab für den Siegeszug der Elektrizität. Die Zeitungsberichte, die ich konsultiert habe, die Gemeindechroniken – hier überall wird die erste Stromleitung in Zusammenhang gebracht mit Straßenlampen und Hausbeleuchtung. Im übertragenen Sinn wird daraus Helle, Wärme, Freundlichkeit und Sauberkeit. Besonders oft betont wird der Aspekt der Hygiene. Das neue Licht wird empfohlen für Metzgereien und für Gasthäuser, »wo viele Menschen beieinander sitzen«: eine eigenartige Zusammenstellung! Hier garantierte die Glühlampe wohl so etwas wie Keimfreiheit, lieferte jedenfalls nicht noch Ruß und zusätzliche Wärme.

Der Energiebedarf der Industrie nahm sich daneben weit weniger glamourös aus; gerade Waldhalde zeigt aber, daß man ohne das Interesse des Thalwiler Textilfabrikanten kaum so große Dimensionen angestrebt hätte. Im ersten Stadium hatte man noch an eine Turbine von 50 PS gedacht. Jetzt war man bei der 40fachen Leistung angelangt, konnte Strom für 5000 Glühlampen abgeben und hatte immer noch 800 PS für Motoren übrig. Kurz: Für die angeschlossenen Gemeinden war »auf lange Zeit hinaus« gesorgt.

Was man 1895 nicht wissen konnte: daß das nächste halbe Jahrzehnt einen Ausbreitungsschub der Elektrizität brachte, der beinahe überfallartige

Züge hatte. Bis zum Jahrhundertende entstanden die ersten großen Überlandleitungen, wuchsen die ersten Versorgungsinseln zusammen. Bei der Eröffnung von Waldhalde gab es noch kaum »Überlandwerke«, also Kraftzentren, die eine ganze Region bedienten. Entsprechend nennt Wyssling höchstens 800 Kilometer an Hochspannungsleitungen für das ganze Land. Fünf Jahre später waren daraus um die 2000 Kilometer geworden – das entsprach rund 45 000 Strommasten! Hinzu kamen ebenso viele Leitungskilometer für Niederspannungsleitungen, auch hier wieder um die 40 000 Masten: Innerhalb kürzester Zeit hatte man die Äcker und Wiesen von Mittelland und Voralpen gespickt mit imprägnierten Fichtenstämmen, von denen zwei, drei Kupferdrähte baumelten. Telegraphen- und Telefondrähte hatten sich noch an die Landstraßen und die Bahnlinien gehalten; jetzt zogen die Kupferdrähte ungewöhnliche Diagonalen in die Landschaft, führten das Auge in unvertraute Richtungen.

An der Pariser Weltausstellung des Jahres 1900 konnte sich die Schweiz bereits als Elektronation ersten Ranges profilieren; im *Salon d'honneur d'Electricité* standen Bilder und Modelle, die Lage und Größe der helvetischen Kraftwerke zeigten. Daß die Freileitungen für Hoch- und Niederspannung total je etwa 2000 Kilometer maßen, bewies zudem, daß die neue Energie auf große Gebiete verteilt wurde: also keine industriellen Ballungen, keine Vernachlässigung einzelner Regionen.

Das erste Schweizer Kraftwerk datiert wie erwähnt vom Jahr 1882. Da bis zur zweiten Anlage nochmals vier Jahre verstrichen, entstanden die 145 Kraftwerke, die Wyssling für das Jahr 1900 auflistet, in knapp anderthalb Jahrzehnten: ein imposantes Tempo! Wyssling legt auch eine Schätzung für die jährliche Gesamtproduktion vor: ungefähr 100 Millionen Kilowattstunden. Das ergab einen Pro-Kopf-Jahresverbrauch von 53 kWh – ein Klacks im Verhältnis zum heutigen Stromkonsum (7200 kWh pro Einwohner). Im Europa des Jahres 1900 aber erregte diese Zahl Aufsehen: Das Alpenland hatte die Fin-de-siècle-Müdigkeit mit einem Elektroschock vertrieben!

Ich will hier kein weiteres Zahlenmaterial anhäufen, bloß noch auf eine weitere erstaunliche Entwicklung hinweisen: Von Beginn an hatte man in dieser Beschleunigungsphase die neue Energie für Straßen- und Vorortsbahnen genutzt; Wyssling nennt hier zwei Dutzend Strecken, die zwischen 1887 und 1900 auf Strombetrieb umstellten oder von Beginn an mit Elektrizität operierten.

Auch hier zeigten sich die Westschweizer am innovationsfreudigsten. Schon 1887 verkehrte zwischen Vevey und Montreux die erste elektrische Straßenbahn des Landes. Ein frühes Foto zeigt mir, daß dieses Urtram geradezu aufdringlich behängt wurde mit Reklameplakaten: eine bunte Jahrmarktkuriosität, die vorn für Suchard-Kakao, links und rechts für Peter-Milchschokolade Marke »Gala« warb. Gab es eine geheime Entsprechung zwischen der Schokolade und diesem neuen, mit unsichtbarer und unhörbarer Energie bewegten Verkehrsmittel? Oder eignete sich die Tramway ganz allgemein als Affichefläche für Konsumgüter? Lebensmittelplakate finde ich nämlich auch auf Fotos der ersten Zürcher Trams aus dem Jahre 1893. Und hier, in der Limmatstadt, ist das Tempo besonders rasant: vor einem Dutzend Jahren hat man die Pferdebahn eingeführt, ersetzt sie jetzt bereits durch das Elektrotram, selbst wenn man die ersten Generatoren noch mit Dampfmaschinen betreiben muß.

Dieses Tempo hat bestimmt auch zu tun mit der Eingemeindung von einem Dutzend umliegender Ortschaften, die aus Zürich mit einem Schlag die bevölkerungsreichste Stadt des Landes machte; die neuen Dimensionen verlangen nach neuen Verkehrsmitteln.

Verflechtung in der Horizontalen: Das brachte die neue Technologie ganz allgemein, ob nun mit Schmalspurbahn oder mit dem Netz von Stromleitungen. Das ist keine Selbstverständlichkeit; für die Beleuchtung beispielsweise gab es durchaus Projekte, die von der Vertikalen ausgingen, riesige Leuchttürme propagierten. Die Weltausstellung von Philadelphia (1876) sollte einen tausend Fuß hohen Turm aus Schmiedeeisen bringen, und nachts würde eine elektrische Bogenlampe auf der Turmspitze die Umgebung taghell beleuchten. Auch der Eiffelturm, erbaut aufs Weltausstellungs- und Jubiläumsjahr 1889 hin, war ursprünglich als Träger eines Superleuchtbogens gedacht, der einem ganzen Pariser Quartier die Nacht zum Tage machen würde.

Die einzigen, die mit dem Lichtteppich ernst machten, waren die Amerikaner. Der schmiedeeiserne Sonnenturm von Philadelphia ließ sich zwar nicht realisieren, aber ein paar Jahre später wurde in Detroit das erste »vertikale« Beleuchtungssystem Wirklichkeit. Statt die Häuser einzeln mit Lichtstrom zu versehen, richtete man über hundert gigantische Laternenmasten auf: deren Bogenlampen überfluteten das gesamte Stadtgebiet mit Licht, und zwar auch Außenbezirke, »in denen es bis dahin keine einzige Gaslaterne gegeben hatte«.

Das Detroiter System wurde nach ein paar Jahren aufgegeben: die Expansion in der Vertikalen hatte ihre Grenzen. Das zeigt schon die umständliche Beschreibung des Aufzugssystems im geplanten Lichtturm zu Philadelphia, die den Lesern des »Anzeigers vom Zürichsee« wohl spanisch vorkam. Wer den Turm nämlich nicht zu Fuß ersteigen wolle, so hieß es hier, der könne sich »im Innern auf die Treppen setzen, deren vier angebracht sind, von welchen jede 125 Menschen befördern kann, und welche in drei Minuten oben sind«.

Handwerker stellten vor die Gasflamme einen Behälter mit blaugefärbtem Wasser, um das angebliche Blaudefizit auszugleichen – gab es beim Elektrolicht ähnliche Maßnahmen? Und welche Eigenschaften hatte das neue Licht überhaupt?

Hier finde ich ausgesprochen widersprüchliche Informationen; der Zeitgenosse wußte wohl kaum, wem er nun Glauben schenken mußte. Ein Augenarzt mit Namen Dr. Hamppe behauptete schlichtweg, das Glühlampenlicht erhöhe ganz bedeutend die Sehschärfe, und dies selbst gegenüber dem Tageslicht. Nehme man für dieses den Faktor 1 an, so gelte für die Glühlampe Faktor 1.2, gar 1.5. Dagegen sinke die Sehschärfe »bei Gaslicht auf 0.5 bis 0.7«! Elektrisches Licht steigere auch die Unterscheidungsfähigkeit für sämtliche Farben; beispielsweise wird »der Sinn für die Empfindung von Gelb verdoppelt, ja verdreifacht«.

Umgekehrt wurde man entschieden davor gewarnt, je in die »nackte« Glühlampe zu blicken. Und hier zitierte man Fälle von Unberatenen, die bei einer Sonnenfinsternis ohne Schutzglas operiert hatten und seither einen eingebrannten schwarzen Fleck in der Pupille trugen. Ganz ähnlich erging es Unvorsichtigen, die durchs Schlüsselloch einen Blick in einen elektrisch beleuchteten Saal wagten! Und wer an einem Akkumulator vorbeiging, mit dem man einen elektrischen Viehzaun speiste, der mußte um seine Taschenuhr bangen: Die elektrischen Ströme ließen sie langsamer oder schneller laufen oder ruinierten sie ganz!

Alles Unsinn, behaupteten wiederum andere: wer zu Hause elektrisch beleuchtete, der kräftigte seine Gesundheit, aß mit größerem Appetit und schlief besser. Es gab Statistiken, die bewiesen, daß Stromkonsumenten weniger häufig zum Arzt gingen, seltener bei der Arbeit fehlten...

Offenbar druckten die Zeitungen geradezu gierig alles, was mit der neuen Energie zusammenhing, und dies weit über die Pionierjahre hinaus: das Stichwort Elektrizität als Garant für Schlagzeilen! Viel Leserappeal hatten Berichte über Versuche, bei denen man das Wachstum von Pflanzen oder das Gedeihen von Tieren elektrisch beeinflußte. Und spöttisch oder respektvoll kommentierte man die neue Elektroschmuckmode – die leuchtenden Krawattennadeln oder Broschen, die von versteckt getragenen Batterien gespeist wurden. In den Spitälern – auch dies ein Zeitungsbericht –

praktizierte man jetzt die Elektrochirurgie: also Schlagzeilen über elektrische Amputationen und ähnliches! Im Jahre 1890 richtete man in den USA den ersten Verbrecher mit einem Stromstoß hin; der elektrische Stuhl als Zeitungsstoff war geboren. Und Connaisseurs der Kochkunst entsetzten sich über die neue *cuisine à l'électricité*. Gemeint waren hier keineswegs die heute gebräuchlichen Kochplatten, vielmehr ein Versuch, bei dem man die ganze Pfanne unter Strom setzte und auf diese Weise ein Ragout zum Kochen brachte. Selbst Kuchen wollte der Erfinder dieser Methode zustande gebracht haben – sie seien hervorragend gelungen, nur leider mit einem gewissen *goût d'électricité* behaftet!

Das Gegenstück zu diesem elektrischen Zapfengeschmack war die kosmetische Wirkung einer starken elektrischen Glühlampe. Als das Lausanner Theater »Lumen« sein Foyer mit einer Edisonlampe zu beleuchten begann, beklagten sich modebewußte Besucherinnen über das harsche Licht, »das die Züge verhärtet und den Teint erblassen läßt«, überhaupt alle Gesichter mit »kadaverartiger Blässe« überziehe: »Selbst der bezauberndste Teint hält diesem Licht nicht stand.«

Toutes les jolies femmes de Lausanne protestent contre la lampe électrique; viele Informationen über die Einführung der Elektrizität in dieser Stadt liefert mir eine kürzlich erschienene Dissertation von Monique Savoy. Lausanne hat mich fasziniert, seit ich für dieses Kapitel zu recherchieren begonnen habe. Hier baute man 1882 das erste Kraftwerk der Schweiz – ein Jahr nach der bahnbrechenden Ausstellung in Paris, bei der Edisons Erfindungen ja erstmals diesseits des Atlantiks präsentiert wurden. Auch Savoy betont die Scharnierfunktion dieser großen Elektroschau; hier habe man »endlich das Reich der Science-fiction verlassen, um in die Domäne der praktischen Verwirklichung überzutreten«.

Und weiter wird mir bei dieser Lektüre bewußt, welche ungeheure propagandistische Rolle Ausstellungen aller Art für die neue Energie zukam. Zehn Jahre nach Paris war Frankfurt an der Reihe, und hier demonstrierte die Badener Firma Brown & Boveri erstmals, wie man Starkstrom 170 Kilometer weit verschicken konnte: ein Aha-Erlebnis! Und gleichzeitig feierte man in der Schweiz das 600jährige Bestehen des Landes – wiederum Anlaß für die Hauptstadt Bern, auf elektrische Straßenbeleuchtung umzusteigen! Vier Jahre später dann eine Landesausstellung in Genf, und auch hier kam nichts anderes in Frage, als das Gelände mit den neuen Lichtquellen zu erleuchten. Solche Ausstellungen bildeten also eine Serie mächtiger Impulse, stellten Examenssituationen bereit, bei welchen man vor der Mitwelt zu bestehen hatte!

Bei der Eröffnung von Waldhalde hatte man in Wädenswil einen Aspekt besonders betont: Die elektrische Beleuchtung solle nicht länger den exklusiven Hotels, dem Fremdenverkehr überhaupt vorbehalten bleiben! Auch dazu finde ich in der Chronik von Monique Savoy Erstaunliches: die erste permanente Lichtstromanlage baute Hotelier Johannes Badrutt, der zu Weihnachten 1878 erstmals Hotelhalle, Speisesaal und Küche seines »Engadiner Kulm« in St. Moritz mit elektrischen Lichtbogen beleuchtete. Hoteliers an der Touristenküste des Genfersees zogen nach, dann die Nobelhotels von Luzern, von Davos und von Leukerbad, wobei man zumindest im Gebirge von den zahlreichen Wasserfällen profitierte: natürliche, aber noch ungefaßte Energielieferanten!

Gleichzeitig prägt das Wort Elektrizität ein Begriffsfeld, das mit Geschwindigkeit, Beschleunigung und Zukunft zu tun hat. Die neue Energie würde, so hoffte man, eine neue Art von Industrie bringen: Fabriken ohne rauchende Schlote, minimale Arbeitszeiten von zwei Stunden täglich! »Die Vorstellungen von Modernität und Elektrifikation«, schreibt Savoy, »scheinen vollständig zu verschmelzen.« Das Aufbrechen der gewohnten Raum-Zeit-Relationen, die ungeahnten Möglichkeiten weltweiter Kommunikation – all dies ließ Journalisten vom »elektrischen Zeitgeist« schwärmen: das 20. Jahrhundert brachte *la vie électrique,* das Leben in anderen Dimensionen! Denn nicht nur Raum und Zeit hatten sich verändert, auch die Kraft war mobil geworden, ließ sich von Kontinent zu Kontinent verschicken. Hatten nicht die Ausstellungsveranstalter von Chicago eine elektrisch betriebene Gondel nach Venedig versandt, als Dank für die eleganten venezianischen Gondeln im Park der Weltausstellung? Und hatte man nicht die Akkumulatoren dieses Bootes mit Strom aus dem Niagara-Kraftwerk aufgeladen? So daß »die Kraft des Niagara-Falles auf den Kanälen Venedigs die Gondel bewegt«: zwei Weltklischees im Doppelpack!

Und hier ein weiterer Blick über die Grenze: Wie erlebte man in Österreich die Umstellung auf die elektrische Beleuchtung, wie veränderte sie dort den Alltag? Ich habe mindestens zwei gute Gründe für diesen Ausflug ins Nachbarland. Da ist erst einmal eine in Wien erschienene, ausführliche Sammlung von Lebensberichten zu ebendiesem Thema, während die Hinweise in den hiesigen Autobiographien merkwürdig spärlich bleiben. Gerade der Blick über den Zaun erlaubt mir aber, diese paar Stellen wenigstens zu gewichten, zu verifizieren. Im übrigen wichen die ersten Erfahrungen wohl nicht wesentlich voneinander ab, beruhten vielfach auf ähnlichen Voraussetzungen: Österreich war wie die Schweiz ein gebirgiges Agrarland mit wachsender Industrie.

Zum Beispiel erfahre ich einiges über die Erleichterung, mit der man die Petrollampe zur Seite stellte, aus den Erinnerungen des Zürcher Kaufmanns Heiri Gysler – eine fast schon kabarettreife Nummer, von der ich freilich nicht weiß, wie nah sie an der Realität ist. Da sind die Tücken beim Reinigen des verrußten Lampenglases, und dieser dünnwandige Zylinder zerbrach bei der geringsten Unvorsichtigkeit, mußte trotzdem fast täglich geputzt werden, wenn man nicht die Hälfte der Leuchtkraft verlieren wollte. Aber auch wenn die sauber geputzte und frisch mit Brennstoff gefüllte Lampe über dem Stubentisch hing, regnete es plötzlich Scherben. Man hatte die Flamme zu hoch gestellt, dem Glas zu viel Hitze zugemutet; also schnell ein Gang zum Krämer, um noch vor Ladenschluß einen neuen Zylinder zu bekommen!

Und hier finde ich nun eine Menge analoger Schilderungen im Wiener Sammelband mit dem Titel »Als das Licht kam«, übrigens entstanden nach einem Aufruf im Rundfunk: eine einleuchtende Methode, mit der bis heute eine stattliche Reihe von Bänden zusammenkam über Themen wie Dienstbotendasein, Erziehungsmethoden, Hebammenalltag.

Immer Ärger mit der Petrolfunzel, davon weiß auch die ältere Steirer oder Kärntner Hörerschaft ein Klagelied zu singen. Ich finde Details in über einem Dutzend dieser Berichte: das ölige, rußige, viel zu dünne Glas, die stete Mühsal beim Reinigen dieses Zylinders mit Zeitungspapier und Eßlöffel, der allgegenwärtige Petrolgestank, aber auch die immerwährende Angst vor einer Feuersbrunst: Floß brennendes Petrol aus, so stand ein Zimmer im Nu in Flammen. Kinder wurden nicht einmal in die Nähe der Lampe gelassen; das Nachtlicht kam nur auf die Marmorplatte des Nachttisches zu stehen. In manchen Berichten erscheint die Petrollampe als eine Art Zeitbombe, der man sich zum Reinigen nur in spezieller Schutzkleidung näherte, mit Kopftuch und Ärmelschürze, wobei der Tisch fingerdick mit Zeitungspapier abgedeckt wurde. Nach dem Putzen schrubbte man sich viertelstundenlang die Hände, kriegte trotzdem die Fingernägel nicht sauber: ein teuer erkaufter Fortschritt.

Denn nicht nur die Hände, auch die Grundnahrungsmittel rochen penetrant nach Petrol, das erfahre ich wiederum aus einem hiesigen Bericht, vom Zürichsee. In vielen Krämerläden lagen »Butter, Schnupftabak, Käse, Petroleum und Brot in allerbequemster Nähe beieinander«.

Wer elektrischen Anschluß erhielt, der hatte »das Licht bekommen« – dieser Ausdruck galt in Österreich von Beginn weg. Die erste Glühbirne wurde »mit Freudentränen« begrüßt; vielfach versammelten sich Gemeinderat und Schulklassen, wenn die erste Anlage eingeweiht wurde. Lehrer rezitierten Gedichte, Schulkinder trugen Zeichnungen mit bisherigen Beleuchtungsmethoden, vom Kienspan über Talgkerze und Öllampe bis zur verhaßten Petrollampe. Zwar galt elektrische Beleuchtung als teuer – vor allem darum, weil viele Bauern die Zuleitungskosten selbst übernehmen mußten. Man beschränkte sich deshalb auf eine oder zwei Glühbirnen, und dieses Detail finde ich bestätigt in den bereits zitierten Schweizer Gemeinden. Im zürcherischen Richterswil und in Affoltern »subscribiren« 1895 der Dorfpfarrer zwei, der Dorflehrer eine Lampe »von 16 Kerzenstärken«!

Diese eine Glühbirne wurde so plaziert, daß sie womöglich Licht abgab für mehr als ein Zimmer. Vor allem verzichtete man auf Vorhänge am Fenster, damit Licht herausdrang auf den Platz vor dem Haus. Das neue Licht wurde als »kalt, aber bequem« empfunden, und vielfach lese ich, daß man sich regelrecht geblendet fühlte beim ersten Schalterdrehen. Ähnlich erging es den Städtern, wenn die öffentliche Beleuchtung elektrifiziert wurde, ein ganzer Straßenzug mit einemmal in Licht getaucht erschien: Ausrufe des Entzückens überall, wie sie heute vielleicht ertönen, wenn vier Wochen vor Weihnachten eine besonders aufwendige Festbeleuchtung eingeschaltet wird.

Wer nicht auf die plötzliche Lichtflut vorbereitet war, erschrak oft gewaltig. Eine Wienerin erinnert sich an ein armes Mädchen aus der Nachbarschaft, das in der vornehmen Stadtwohnung zu Besuch war und vom unvermittelten Angehen der Stubenlampe in panische Angst versetzt wurde, am ganzen Leib zu zittern begann. Sowohl beim Gas- wie beim Petrollicht mußte ja eine kleine Lichtquelle erst aufgedreht werden – ein sanfterer Einstieg, den die heutigen Sparglühlampen wieder nachvollziehen helfen.

Die Glühbirnenstunde, wie gesagt, war teurer als der Stundenverbrauch der Petrollampe. Deshalb »leistete« man sich oft nur eine begrenzte Betriebsdauer, sparte das Elektrolicht beispielsweise für festliche Anlässe auf. Oder man schaltete im Laufe des Feierabends von Strom auf Petrol um und sparte so einige Groschen. Wenn der Strom nichts kostete, sah alles wieder anders aus: Vor allem in ländlichen Gegenden war das heimliche Abzapfen von öffentlichen Leitungen gang und gäbe.

Die abenteuerlichen Klemmen, die man dabei verwendete, hatten wohl auch zu tun mit dem Mangel an Wissen rund um den Strom. Bauernburschen leisteten sich den Spaß, eine Menschenkette zu bilden, wobei der vorderste ein Stück Draht in die Steckdose einführte und ahnungslose Teilnehmer plötzlich von Stromstößen gerüttelt wurden. Daß der Strom der Schwerkraft nicht unterlag, war für viele unvorstellbar. Wenn eine Passantin Kabelenden lose baumeln sah, stupfte sie den Monteur: »Aber der Strom läuft euch ja aus!« – Szenen, wie sie sich bestimmt auch diesseits der Grenze abspielten. Oder: ungläubiges Kopfschütteln, wenn eine Fernleitung über einen Berg geführt werden sollte. »Dahinauf rinnt der Strom nie im Leben!« behauptete eine Bäuerin, als sie die Vorbereitungen zum Bau sah. Umgekehrt wunderte man sich, wie schnell der Strom die Distanzen überwand: »Teufel, ist der schon da!« fluchte beispielsweise der Bauer, der eben einen fehlerhaften Anschluß verbrochen hatte und einen Stromstoß spürte, sobald er den Schalter drehte...

Mit Strom trieb man die Würmer aus dem Boden, mit Strom betrieb man die neue Seilwinde, die den Weg ins Tal ersparte. Elektrisches Licht war gesundheitsfördernd, enthielt so etwas wie Vitamine, aber elektrische Leitungen zogen den Blitz an – Erfahrungen und Vorurteile, die auf beiden Seiten der Grenze galten. Und so gesehen überwand der Strom diese Grenze noch vor den internationalen Starkstromleitungen, konnte der Strom von Beginn weg als übernationales, multinationales Medium gelten.

Die Sammlung mit den Augenzeugenberichten erschien übrigens 1986 – zum Jubiläum »100 Jahre Strom in Österreich«. Das Datum läßt mich stutzen, weist merkwürdig viel Verspätung auf zur elektrotechnischen Weltausstellung in Paris. Die fiel ins Jahr 1881 und machte Edisons Glühlampen und Dynamos auf einen Schlag populär; im nächsten Jahr wurde beispielsweise das Lausanner E-Werk eröffnet. Sollten sich die Österreicher getäuscht haben?

Und tatsächlich finde ich einen Beleg fürs Vorarlbergische: 1881, also noch im Jahr der Ausstellung, »erstrahlte in Kennelbach als erstem Ort der österreichisch-ungarischen Monarchie elektrisches Licht«. Wie ich lese, hatte ein Unternehmer namens Fritz Schindler einen Dynamo praktisch von Paris mit nach Hause gebracht und ihn mit dem Wasser seines Fabrikkanals angetrieben; das Jubiläumsdatum käme also fünf Jahre früher zu liegen!

Nun liegt freilich Kennelbach im äußersten Westen unseres Nachbarlandes, und der genannte Fritz Schindler kam aus dem Kanton Glarus, war also Ausländer: wohl Gründe genug, eine etwas zentraler gelegene, eine nationalere Premiere zu suchen! Ich nehme mir hingegen vor, den Spuren dieses Elektropioniers nachzugehen: wie ich im gleichen Eintrag lese, hat Schindler nämlich auch das erste österreichische Bügeleisen gebaut, überhaupt die weltweit erste elektrische Küche entworfen, und »diese elektrische Küche bahnte der Haushaltsmechanisierung des 20. Jahrhunderts den Weg«!

Fin-de-siècle-Endspurt

Höchste Zeit, daß wir uns wieder in Kemptthal umsehen. Wie wirkte sich die Elektrifizierung von 1895 aus, die uns zu diesem ausgedehnten Abstecher verleitet hat? Und wie stand es mit Maggis hochgemuten Plänen, nach all den Jahren des Pröbelns nun »auch ein Geschäft zu machen«?

Tatsächlich war man um die Mitte des Jahrzehnts endgültig bei den schwarzen Zahlen gelandet, war »die Zeit der Unruhe und des Säens vorbei«, durften die Unternehmer daran gehen, »die Früchte ihrer Arbeit, Sorgen und Opfer einzubringen«. So formuliert der ansonsten ausgesprochen nüchterne Firmenchronist Müller; selbst diesem Rechnungsprüfer schwindelt offenbar rückblickend ob dem unternehmerischen Abgrund, an dessen Rand Maggi einige Jahre lang gestanden hat.

Umsätze und Erträge steigen nun von Jahr zu Jahr um etwa 40 Prozent; Ende 1896 beispielsweise hat man für rund 4 Millionen verkauft und einen Gewinn von fast Fr. 450 000.- eingestrichen. Die Dividenden steigen auf 7, dann auf 8 Prozent; Erhöhungen des Aktienkapitals bieten keinerlei Probleme. Es steigt in diesem Jahr auf 5,3 Millionen an, klettert innerhalb der nächsten zwei Jahre gar auf 8 Millionen, und entsprechend wächst der Umsatz. Maggi läßt sich, »für seine Rechte als Erfinder«, nun auch mit 1 Prozent daran beteiligen, bezieht daneben sein Gehalt als Generaldirektor, hat als Aktieninhaber natürlich auch Anteil am Gewinn.

Der Bauboom um 1895 hat also nichts mehr mit wagemutigem Unternehmertum zu tun, sondern entspringt kühlem Kalkül. Steigen die Umsätze weiter an, so warnt der Verwaltungsrat, seien dem »die gegenwärtigen Produktionsmittel nicht gewachsen«: Es heißt die Gunst der Stunde nutzen. Absoluter Sortimentleader ist nach wie vor die Suppenwürze; in ihrem Gefolge steigt aber auch der Absatz der Suppenbeutel und Bouillonkapseln.

Maggi selbst macht das in einer Ansprache über das Würzemarketing dem Verwaltungsrat klar: »Wir dürfen uns nicht täuschen: Es handelt sich um unsere Existenz.«

Zu dramatischen Formulierungen wie dieser gab es zwar keinen äußeren Anlaß. Gerade in Deutschland, das Maggi zum zukünftigen Hauptabsatzgebiet erklärt hatte, wurde die Würzflasche zum durchschlagenden Erfolg – und dies trotz mächtiger Konkurrenten wie Knorr oder Liebig.

Vertreter dieser Firmen waren es wohl auch, die Ende 1898 eine zollpolitische Schikane anregten: In einer Art Nacht-und-Nebel-Entscheid wurde der Einfuhrzoll auf die Würzelieferungen nach Singen brüsk angehoben. Statt 20 Mark pro Zentner verlangte die badische Zolldirektion nun plötzlich 60 Mark. Entsprechend stiegen die Gestehungskosten für die Würzfläschchen, die nun nicht mehr im »Gütterhüsli«, sondern in einer einstigen Werkstatt abgefüllt wurden.

Bis jetzt hatte es sich bei sämtlichen Auslandvertretungen Maggis um Auslieferungs- und Propagandastellen gehandelt, hatte man ausschließlich in Kemptthal produziert, und dies nicht zuletzt, um das Geheimnis des Würzerezeptes zu wahren. Die Landankäufe, die fabrikeigenen Plantagen, auf denen gleich hektarweise Lauch oder Sellerie wuchsen – auch sie dienten dazu, die Zahl möglicher Werkspione zu verringern, die benötigten Würzekomponenten *en famille* bereitzustellen. Jetzt aber, nach dem Coup der badischen Zollverwaltung, war die Stoßrichtung klar: Man würde in Deutschland produzieren und verkaufen, man würde diesen riesigen Markt gleichsam in die Zange nehmen: die Fabrik im äußersten Süden des Landes, das Hauptquartier in Berlin.

An beiden Orten war Maggi bereits mit kleineren Etablissements vertreten. Das Tempo, in dem diese beiden Betriebe zwischen 1898 und 1900 ausgebaut wurden, war geradezu explosiv, und dies auch für heutige Begriffe: Unter Maggi wurde die Würfel- und Würzebranche zur Wachstumsindustrie erster Güte!

Beispielsweise Singen; hier fanden Abfüllen, Verpacken und Versand noch 1897 in einem etwas schäbigen Fachwerkbau statt, wurden versandfertige Fläschchen in einem Zelt bereitgehalten, transportierte man die Ware auf einem winzigen Handwagen von einem Versandposten zum anderen: ein nach Liebstöckel riechendes Industrieidyll! Drei Jahre später standen – auf dem benachbarten »Bilger-Gut« – bereits ein zweistöckiges Fabrikations- und ein Versandgebäude, dazu ein Lagerschuppen für Flaschen.

Nur wenige Tage nach dem Zollbeschluß hatte Maggi eine 50-PS-Dampfmaschine und einen Generator zur Stromerzeugung installieren lassen; als man am 2. Januar 1899 mit der deutschen Würzeproduktion begann, geschah dies im Schein der Glühlampen. Bis im März des Jahres waren die Arbeiten zur Infrastruktur abgeschlossen: Bau eines Kesselhauses und eines 37 Meter hohen Schornsteins, Verlegen von Wasser- und Dampfleitungen. Aus den zwei Dutzend Betriebsangehörigen wurde eine Belegschaft von etwa 150 Personen, vorwiegend Frauen, dies innerhalb weniger Monate.

Ähnlich explosiv wuchs die Berliner Vertretung, die am 2. Januar 1899 Maggis persönliches Glückwunschtelegramm aus Singen erhielt. Hier hatte man seit Januar 1897 von einer bescheidenen Zweizimmerwohnung samt dazugehörigem Pferdestall aus gearbeitet: drei Magaziner und Bürolisten, dazu drei Vertreter. Im Stall wurden die Retourflaschen gewaschen, bevor man sie nach Singen zurückschickte; von hier aus brachen die Reisenden zu Kundenbesuchen in Nord- und Ostdeutschland auf. Zwei Jahre später waren die Umsätze derart steil angestiegen, daß das Maggi-Hauptquartier in Berlin zwei Stockwerke eines Fabrikgebäudes beanspruchte, zu Ende des Jahrhunderts zählte man 164 »Bürobeamte« und Reisende.

Angeblich hatte man mit dem ersten Erweiterungsschub 40 Herren und eine Dame aus Kemptthal nach Berlin verpflanzt, um den Preußen zu zeigen, wo es langging – wohl eine Firmenlegende! Tatsache ist, daß die rigide Bürodisziplin an der Bülowstraße selbst preußische Arbeitsgewohnheiten in den Schatten stellte, die Großbüros mit ihren langen Reihen von Stehpulten an die Ordnung eines Kasernenhofs erinnerten. Die Arbeit wurde praktisch auf Kommando begonnen und auf Kommando beendet; fünf Minuten nach Büroschluß hatten alle das Pult zu räumen. Selbstverständlich auch Pünktlichkeitskontrolle am Morgen: »Wer nicht mit dem Glockenschlag arbeitend an seinem Stehpult war, war 1 Minute später dem zuständigen Abteilungsdirektor gemeldet, er mußte sich nach seiner Ankunft entschuldigen und den Grund seiner Verspätung angeben.« Selbstverständlich war jede private Unterhaltung verboten; geraucht wurde nur während der Überstunden, die man zum Bilanzieren einschaltete.

Eigenartigerweise führten Laufbänder den Pultreihen entlang, auf die man die Akten zum Transport legte – eine Neuerung, die im Kempttaler Mutterhaus noch nicht erprobt worden war. Zum Fließbandcharakter dieser Methode paßte, daß die jeweiligen Sachbearbeiter die zu bearbeitenden Akten mit Uhrstempeln markierten: »Trat beim Durchlauf der Papiere irgendeine Verzögerung ein, so war sofort festzustellen, wer dies verschuldet hatte.«

Bürokratie also als Herrschaft der Akten über die Aktenbearbeiter – diese ausgesprochen menschenfeindliche Berliner Lösung erstaunt um so mehr, als wenigstens das Mutterhaus in Kemptthal als sozial aufgeschlossene Firma galt. Maggi unterstützte beispielsweise eine betriebsinterne Konsumgenossenschaft, subventionierte die auf dem Fabrikareal errichteten Verkaufslokale: verbilligte Lebensmittel für die Belegschaft! Ab 1895 wurde der Beitritt zur betriebsinternen Kranken- und Vorsorgekasse obligatorisch. Bereits erwähnt habe ich die (zwar nur zum kleinsten Teil realisierten) Firmensiedlungen in Kemptthal und im nahen Grafstal, daneben kümmerte sich Maggi intensiv um das Betriebsklima: *Corporation-as-Community*-Praktiken fast hundert Jahre vor der Erfindung dieses Begriffs!

Der firmeninterne Schachklub, der Radfahrerverein, an dessen Ausflügen der Chef persönlich teilnahm, die flatternde Klubfahne in der Hand – sie wurden durchaus auch bespöttelt, kritisiert. Der Winterthurer »Landbote« machte sich lustig über die Gründung einer fabrikeigenen Musikkapelle im Frühjahr 1896. Maggi reagierte mit einem geharnischten Leserbrief, in dem er die eigene Mitwirkung herunterspielte. Es hätten wohl »verschiedene musikalisch veranlagte Angestellte einen Orchesterverein gegründet«; der sarkastisch gehaltene Bericht des »Landbote«-Korrespondenten aber sei geeignet, sein »Etablissement [...] gewissermaßen zu diskreditieren«.

Es wurde weiter behauptet, Maggi bemühe sich nur so intensiv um die Loyalität seiner Mitarbeiter, um einem möglichen Verrat des Fabrikationsgeheimnisses für seine Suppenwürze zuvorzukommen. Tatsächlich finde ich Anstellungsverträge, die großes Gewicht auf die Geheimhaltungsklausel legen; die Angst vor dem Verlust des Geheimrezepts war auch mitten in dieser Erfolgsphase noch riesengroß.

Und sie war durchaus berechtigt, wie sich im Jahre 1897 zeigte. Damals brachte die am Bodensee domizilierte »Conservenfabrik Friedrichshafen« unter dem Namen Gusto eine flüssige Speisewürze auf den Markt, die dem Originalprodukt in qualitativer Hinsicht bedenklich nahe kam. Ob hier Betriebsspionage im Spiel war, läßt sich kaum beweisen – immerhin verfügten die Friedrichshafener in der Person eines Dr. Schleich über einen Betriebschemiker, der die Zauberformel durchaus im eigenen Labor knacken konnte! Der Maggi-Verwaltungsrat löste das Problem auf typisch radikale Art: die »Conservenfabrik« wurde schlicht aufgekauft. Dr. Schleich, der findige Betriebstechniker mit dem ominös klingenden Namen, wurde nach Kemptthal transferiert; dabei wurde man sich einmal mehr bewußt, daß man hier während zwölf Jahren Würze fabriziert hatte, ohne auf einen betriebseigenen Chemiker zählen zu können.

Ich überspringe hier die Gründung eines Fabrikationsbetriebs in Paris, die Vorbereitungen für eine österreichische Filiale in Bregenz. Sie fallen in die Zeit vor der Jahrhundertwende: Gab es hier so etwas wie einen Fin-de-siècle-Endspurt, rüsteten sich die Schweizer Unternehmer bewußt oder halbbewußt auf das neue Jahrhundert? Eine ähnliche Häufung läßt sich nämlich auch konstatieren in der Schokoladenbranche, der ich den folgenden Exkurs widmen will. Auch hier Betriebserweiterungen und Bau ganzer Betriebe rund um das magische Datum, auch hier eine geradezu unheimliche Beschleunigung auf das Jahrhundertende hin.

Ich habe spekuliert über den möglichen Einfluß des »runden« oder 50. Geburtstags auf Maggis Entscheidungen. Durchaus denkbar, daß vier Jahre später die »runde« Jahrzahl ebenfalls zu radikalen Entschlüssen führte, und dies im geschäftlichen wie im privaten Bereich. Zu Beginn des Weltausstellungsjahres 1900 zog Maggi nämlich nach Paris, ließ sich am Quai Voltaire Nr. 7 in einer herrschaftlichen Wohnung nieder. Bis zum Ende der *Universelle* zog die Familie nach; dann aber keine gemeinsame Rückkehr: Maggi ließ sich vom Verwaltungsrat als neuer Leiter der Compagnie Maggi in Paris einsetzen.

Bedeutete das die Trennung von der Familie, hatten sich die Ehepartner auseinandergelebt? Um einen endgültigen Bruch kann es sich kaum handeln – in die folgenden Jahre fiel, wie gesehen, der Ausbau der Villa Sumatra in Zürich zum stilgeschichtlichen Kuriosum. Maggi pendelte also zwischen Seine und Limmat hin und her, kümmerte sich auch um Kemptthaler und Singener Belange; beim Singener Streik von 1907 beispielsweise trat er als erfolgreicher Vermittler auf.

Süße Droge aus den Alpen: die Schokoladebranche

Es gibt in der Nahrungsmittelbranche eine Laufbahn, die derjenigen von Julius Maggi in vielerlei Hinsicht gleicht: diejenige des Zürcher Schokoladefabrikanten Rudolf Sprüngli. Zwar war Sprüngli, 1816 geboren, ein gutes Vierteljahrhundert älter. In seinem Fall dauerte die Versuchsphase erheblich länger – ab 1870, nach über zwanzigjähriger Anlaufzeit, Produktion im industriellen Rahmen, und auch hier wurde wie bei Maggi in einer umgebauten Mühle fabriziert. Ein zweiter Expansionsschub fiel bei beiden Firmen in die neunziger Jahre. Und hier wie dort spielte ein aus bedrängten Verhältnissen stammender Vater eine wichtige Rolle – im Vermitteln von Familiensinn, von Clandenken, aber auch im Vermitteln eines eisernen Arbeitsethos. Hier wie dort schwang zudem ein soziales Sendungsbewußtsein mit; Sprüngli strebte nichts Geringeres an, als mit Hilfe seiner Schokoladegetränke »der unseligen, entsittlichenden und entnervenden Schnapswirthschaft« in den Proletarierfamilien ein Ende zu bereiten.

Bekennerhafte Charakterzüge also, die aber im persönlichen Gesamtbild nicht weiter auffielen. Auf der Höhe seines Erfolgs war Sprüngli eine imposante Unternehmerfigur mit buschigem, eisgrauem Haar und jovialem Gesichtsausdruck; ich lese in diesem Gesicht weiter von einer gehörigen Portion Geschäftssinn und viel Menschenkenntnis. Die etwas lärmige Geselligkeit in den Versammlungen der Schiffleutezunft, der Sprüngli ein Leben lang angehörte – dieser reichlich derbe Zürcher Gewerblerfrohsinn vertrug sich für ihn durchaus mit dem christlichen Patriarchentum des Gründervaters. Wie schon sein eigener Vater, der Konditor David Sprüngli, setzte Rudolf die Devise »Mit Gott« über sein Hauptbuch; der Geschäftstag begann mit einem gemeinsamen Gebet.

Die beiden Söhne ließ Sprüngli erst als Mittvierziger an den Entscheidungen über die Firmenzukunft teilhaben. Ein 1891 entstandenes Gruppenbild – es wurde wohl bestellt auf Sprünglis 75. Geburtstag hin – zeigt den Jubilar am Gartentisch, zwischen den beiden Söhnen sitzend, Selbstbewußtsein und Skepsis im Blick, die Hand auf der Tischfläche zur Faust geballt – eine eindeutige Herr-im-Haus-Geste. Und neben dieser kaufmännischen Saftwurzel spielen die Söhne nur eine flankierende Rolle – zwei bleiche, hagere, dezent dreinblickende Herren, wie erwähnt bereits in fortgeschrittenem Alter. Gattin Elisabeth Sprüngli ihrerseits erscheint als schemenhaftes Wesen im Bildhintergrund, verschämt aus dem Fenster blickend, versteckt wie im Vexierbild, diskrete Beobachterin in einer Männerwelt.

Die Patriarchenpose, die auf dem Tischblatt aufgepflanzten Fäuste, die imposanten Unternehmerprofile – sie gehören natürlich auch zu unserem Bilderkanon der Gründerzeit. So und nicht anders haben Pioniere unserer Wirtschaft auszusehen: würdige Greise in Denkmalpose, im Kreis der Söhne und Enkel. Über die Veteranen im Rauschebart, die *vieillards à la barbe fleurie*, hat sich schon Aymon de Mestral lustig gemacht, der Biograph von Schokoladepionier Daniel Peter. Seine These: Die Nachrufe, die Würdigungen von Firmengründern zeigen meist Herren im fortgeschrittenen Alter, »reif für den Verwaltungsrat«. Bilder aus der eigentlichen Pionierzeit, den jugendlich-kämpferischen Jahren, bleiben dagegen Mangelware.

Schon deswegen möchte ich hier zurückblenden auf die unternehmerischen Anfänge Rudolf Sprünglis. Wie kam der Sohn eines Zürcher Konditor-Confiseurs dazu, sich auf die Kakao- und Schokoladebranche zu spezialisieren – und damit auf einen Rohstoff, der erst über Tausende von Kilometern hinweg importiert werden mußte? Gab es im Falle Sprünglis so etwas wie eine persönliche Affinität zur braunen Paste, hatte sie womöglich zu tun mit seiner Gesellenzeit im Ausland? Über das Wann und Wo dieser Lehrjahre finden sich keine weiteren Angaben; fest steht, daß Sprüngli 1845, mit knapp dreißig Jahren, auf einer Etage der väterlichen Confiserie mit der Herstellung von Trink- und Eßschokolade begann: Mahlen, Mischen und Verfeinern, das meiste in Handarbeit.

Aber Zeit und Ort waren günstig; vor allem die Zürcher Seidenindustrie erlebte um die Jahrhundertmitte einen kräftigen Aufschwung. Das machte Mehrwert frei für Luxus der harmloseren Sorte: Gebäck mit Schokoladeüberzug, eine Tasse heißer Schokolade in der eleganten Atmosphäre eines Erfrischungsraums (auf die eigentümliche Affinität zwischen schweizerischer Seidenindustrie und Schokoladefabrikation will ich noch zurückkommen).

Nach kaum zwei Jahren brauchte Sprüngli mehr Platz für seine Manufaktur, bezog eine ehemalige Hammerschmiede in der Seegemeinde Horgen, fünfzehn Kilometer von der Hauptstadt entfernt – ein Weg, den der Juniorchef mehrmals in der Woche zu Fuß zurücklegte. Hier, im Schleifetobel, gab es genügend Wasserkraft zum Betrieb einfacher Reibwalzen; entsprechend stieg die Produktion an: bis zu zehn Mitarbeiter. Die *Fabrique de chocolats*, die immer noch unter dem Firmensiegel von Vater David Sprüngli lief, wurde dem Publikum als »für unsere Gegend neuer Industriezweig« ans Herz gelegt, dies per Zeitungsannonce; man möge die Firma doch »durch gefällige Abnahme ihrer Produkte unterstützen«.

Ich brauche den Aufstieg des abgelegenen Etablissements nicht Schritt für Schritt nachzuvollziehen, gebe hier bloß zu bedenken: Für die Verarbeitung des Rohmaterials gab es damals keinerlei Standardmaschinen auf dem Markt. Die Sprünglis mußten die entsprechenden Einrichtungen aus den Apparaturen der Müllerei selbst weiterentwickeln.

Der Rohstoff – das waren die getrockneten und fermentierten Kakaobohnen, und sie bezog man in Fünfzigkilosäcken vorab aus den holländischen Häfen: Flußtransport bis Basel, ab hier Fracht per Fuhrwerk, später per Bahn nach Zürich und weiter in die abgelegene Horgener Schlucht. Bei diesem Rohstoff handelte es sich durchwegs um grobes Material; erst wurden einmal Nägel und Steine entfernt. Dann der erste Arbeitsgang, das Rösten, bei dem sich das eigentliche Kakaoaroma entwickelte; die unbehandelte Bohne war von bitterem, nichtssagendem Geschmack. Darauf Entfernen der Schalen mit Hilfe eines Walzenstuhls, anschließend Trennen von Schale und Kern mit Rüttelsieben, Gebläsen, dann erst Zerkleinern der Bohnen, eventuell Mischen einzelner Sorten, schließlich das Mahlen mit Hilfe hintereinandergeschalteter Walzenpaare, und daraus resultierte eine dickflüssige Masse, bereits appetitlich anzuschauen, im Geschmack aber immer noch erzbitter. Im folgenden Zumischen von Zucker im Melangeur, auch Beifügen von Aromen, vor allem von Vanille: Für alle diese Schritte mußten entsprechende Maschinen gefunden, entwickelt werden.

Wie diese erste industriell gefertigte Schokolade der Deutschschweiz schmeckte, das haben Spezialisten vor einigen Jahren beschrieben. Kurioserweise erhielten sich einige Täfelchen aus der Horgener Produktion von 1853 bis in unsere Tage, und hier handelte es sich um eine Speziallieferung für eine großbürgerliche Zürcher Hochzeit. Die Braut hatte zartsinnig einige der Schokoladeplätzchen noch in der festlichen Verpackung beiseite gelegt. 111 Jahre später übermachten die Nachfahren das Brautgeschenk aus Seldwyla dem Labor der Firma Lindt & Sprüngli. Das Urteil der Fachleute von heute: Es handle sich um eine eher bitter schmeckende Spezialität, in der Konsistenz rauh und sandig, also niedriger Feinheitsgrad. Immerhin, die Protoschoko aus dem Jahre 1853 ist durchaus genießbar.

Die unzähligen Verarbeitungsstufen bei der Umwandlung der bitteren Bohne, die strenge Kontrolle von Geschmacksnuancen bei jedem neuen Schritt: Brauchte es in dieser Branche einen besonderen Unternehmertyp, gab es ein spezielles Charakterprofil für Schokoladehersteller?

Ein Wesenszug, den ich in fast allen Fabrikantenlebensläufen der Branche hervorgehoben finde: »eiserner« Fleiß und Tüchtigkeit. Mit diesen Eigenschaften hatte bereits Senior David Sprüngli, der Confiseur, den Aufstieg quer durch mehrere soziale Schichten geschafft. Und noch sein Enkel sollte sich an die Parole halten: Als David Rudolf Sprüngli, Chocolatier der dritten Generation, 1944 mit 93 Jahren im Sterben lag, notierten die Hinterbliebenen als letzte Worte: »*Jetz isch glaubi verby mit Schaffe.*« Daniel Peter, den ich als Pionier der Milchschokolade noch vorstellen will, wurde geradezu als *saint du travail* bezeichnet: Heiliger der Arbeit. Und Henri Nestlé soll bei seinen Experimenten zur Milchkonservierung während Tagen auf jeden Schlaf verzichtet haben.

»*Schaffe*«, Arbeiten bis zur Selbstaufgabe, bis an den Rand des Todes – lag hier das Erfolgsgeheimnis einer Branche, die bittere mandelförmige Bohnen aus dem subtropischen Klimagürtel importierte und sie einer unerbittlichen Veredlung unterzog? Und schmückte sie deswegen ihre Wickelpapiere mit phantastischen Wappen, mit heraldischen Löwen und Schwertern? »Fleiß adelt« – war dies die geheime Maxime, der die Schokoalchemisten folgten?

Es gilt hier einiges nachzutragen: die Konditorei zum Beispiel, welche die Sprünglis um 1860 am Zürcher Paradeplatz eröffneten. Hier hatte Seiden-Zürich, hatten die Fabrikantengattinnen der Stadt den ersten Erfrischungsraum; keine Taverne, kein Wirtshaus, keine Bierhalle und kein rauchiges Literatencafé, sondern ein elegantes Etablissement. Hier durfte Frau Direktor ohne Zögern einsprechen, auch unbegleitet, durfte hier an einer Tasse heißer Schokolade nippen, am Marmortischchen sitzend, und in der Zwischenzeit wurden ein paar süße Kleinigkeiten für sie eingepackt. Die Schokolade war es, die einen Hauch von Glamour verlieh, die etwas unbedenklichen Luxus verschaffte – und dies mehrere Jahre bevor der Seiden- und

Bankenboulevard Zürichs als »Bahnhofstraße« zu seiner späteren Bedeutung fand. Und ziemlich genau zehn Jahre bevor der gegenüber errichtete Hauptbau der »Creditanstalt« als führende Bank des Landes gelten würde...

Den gleichen Riecher für einen günstigen Standort hat Rudolf Sprüngli nochmals im Jahre 1870 bewiesen: Die Platzwahl für die Verlegung der Horgener Fabrik in die Stadt war geradezu ein Geniestreich. Der Umzug aus Horgen nach der Werdmühle kam einige Jahre nach dem Tod des zähen Seniors David Sprüngli. Rudolf, nun auch schon 54 Jahre alt, rechnete vor allem mit einem: Kaum zweihundert Meter von der Werdmühle entfernt begann man im gleichen Jahr mit dem Bau eines stattlichen Bahnhofs. Weshalb weit finanzkräftigere Zürcher Fabrikanten das zukunftsträchtige Areal am Sihlkanal »verschliefen«, bleibt ein Rätsel – Tatsache ist, daß Sprüngli die erweiterte Produktion mitten im Geschäftszentrum der wachsenden Stadt aufnahm, ein paar Schritte von den Gleisen entfernt.

Zielstrebigkeit, Weitsicht – Sprüngli zeigte sie auch bei der Ausbildung der beiden Söhne. So wie der junge Maggi absolvierten beide mehrjährige *Stages* im Ausland, und zwar in den führenden Häusern von Wien, Berlin, Frankfurt. Hier wurde bewußt auf die Zukunft eingespurt: Der ältere Sohn, Rudolf junior, war bestimmt für die Übernahme der *Fabrique aux chocolats*; David Sprüngli, der jüngere, sollte später die Galakonditorei an der Bahnhofstraße führen.

Damit aber ließ sich Rudolf senior Zeit, wie bereits erwähnt. Die Juniorchefs, beide Infanterieoffiziere im Hauptmannsgrad, beide aktive Zünfter, standen bereits weit in den Vierzigerjahren, als Sprüngli 1892 die definitive Teilung durchführte. Die ersten zwanzig Jahre im weitläufigen Areal am Sihlkanal aber standen eindeutig unter der Ägide des Seniors.

Es gibt geradezu idyllische Aquarelle von diesem Schokohauptquartier im Herzen Zürichs. Wohnhäuser in Pseudorenaissance und Fabriken mit Hochkamin standen Seite an Seite, daneben ein etwas unwirklicher Park mit Springbrunnen und Gartenlaube: Versuchte man hier, die Nüchternheit des Fabrikationsbetriebs herrschaftlich zu verbrämen?

Allzu effizient kann es nicht zugegangen sein in diesem halbländlichen Areal mit den verstreut liegenden ehemaligen Mühlen und Schmieden – kein Vergleich jedenfalls zu Maggis Betrieb an der Kempt, dessen Bauten den Arbeitsablauf widerspiegelten. Sprüngli stellte in den frühen Jahren ausschließlich männliche Arbeitskräfte ein; das erste weibliche Hilfspersonal wird ab 1881 verzeichnet. Hier handelte es sich vorab um Mädchen zwischen 15 und 18 Jahren, die unter der persönlichen Obhut von Firmenchefin Elisabeth Sprüngli standen: Noch hielten sich die Ideale des christlichen Familienbetriebs, der fürsorglichen Aufsicht von Lehrmeister und Meistersfrau.

Dem stand nun aber der systematische Aufbau nach innen entgegen. Obwohl ein Fabrikkanal Primärenergie lieferte, ließ Sprüngli schon in den ersten Jahren eine Dampfmaschine installieren, also ein Dampfhaus samt Hochkamin, und dies im Zentrum der Stadt! Die erste 25-PS-Maschine verteilte die Antriebskraft über Riemenbänder in die Hallen. In wenigen Jahren kamen Kühl- und Wärmeanlagen hinzu, ebenso mechanische Aufzüge. Nach dem ersten Dutzend Jahren am neuen Standort zählte man eine rund 80köpfige Belegschaft: Chocolatiers, Mechaniker, Fuhrleute, Reisende. Die weiblichen Arbeitskräfte wurden beim Verlesen der Kakaobohnen und als Wicklerinnen eingesetzt, also bei der Verpackung; etwa zehn »Reisende« sorgten für den Vertrieb der Produkte.

Vom Familienbetrieb hatte man sich eindeutig entfernt; davon zeugen nicht zuletzt die Lohnlisten, die sich erhalten haben. Hinter den Namen der Arbeitnehmer finden sich nun häufig Eintragungen wie »fortgejagt wegen Blaumachens«, »durchgebrannt mit Vorschuß«, ebenso »mit Geld durchgebrannt«.

Zu diesem Zeitpunkt, im Jahre 1883, zog Rudolf Sprüngli eine Art Fazit des eigenen Betriebs und der Schokoladebranche im allgemeinen: ein äußerst aufschlußreiches Dokument. Den Anlaß gab die Schweizerische Landesausstellung des gleichen Jahres, eine Gewerbe- und Leistungsschau auf dem Areal hinter dem soeben fertiggebauten Bahnhof. Auch dieser Treffpunkt lag also praktisch vor der Haustür der Sprünglis – ein Vorteil, den sie nutzten. Denn der Sprüngli-Pavillon, der mitten in eine der Maschinenhallen zu stehen kam, wurde zum ausgesprochenen Publikumsrenner: Zwischen gedrechselten Stellwänden und gerafften Gardinen, die sich unter der Stahlkonstruktion des Hallendachs seltsam genug ausnahmen, nippte man an einer Tasse heißer Schokoloade, machte sich mit dem Sortiment an Süßigkeiten vertraut.

Sprünglis persönliches Fazit, von dem ich sprach – er zog es als Berichterstatter der Gruppe »Nahrungs- und Genußmittel«, also in offiziellem Auftrag. Die Branche, so faßte er zusammen, sei jetzt in der Lage, einwandfreie Kakaoprodukte in allen Preisklassen anzubieten. Und das bedeute vor allem, daß sich auch Arbeiterfamilien die neuen Getränke leisten könnten. Dadurch werde Gott sei Dank die billige Mixtur aus Zuckerwasser und aromatisiertem Alkohol verdrängt – eine »elende Mischung, welche in kaum glaublicher Menge als Nahrungsmittel dient«. Man habe dieses Horrorgebräu selbst an Kinder verabreicht, was unfehlbar »zu schleichendem Siechthum und Cretinismus« führen müsse. Da gebe es nur ein Mittel: Mit Kakaoprodukten als »anerkannt gesundem und kräftigendem Nahrungsmittel« verbessere man die Ernährung und damit die Gesundheit im Proletariat: der Kakao als soziales Elixier!

Sprüngli liefert auch sehr interessante Zahlen über seinen Fabrikationszweig: 1882 hat man landesweit fast 1000 Tonnen Kakaobohnen importiert und über 400 Tonnen Fertigprodukte exportiert. Damit hat man beide Posten innerhalb von zehn Jahren verdoppelt. Und das Geheimnis dieses Aufwärtstrends? Automation statt Handarbeit, die Entwicklung zahlreicher »Hülfsmaschinen« in den letzten Jahren. Mit ihnen ließen sich Ausstauben, Sortieren, Rösten und Brechen der Bohnen weit effizienter und kostengünstiger bewerkstelligen als früher – ebenso das Reiben und Mischen, das Enthülsen und das Formieren. Viele Fabrikanten hätten die dazu nötigen Maschinen selbst entwickelt, hielten eigene »Constructions- und Reparaturwerkstätten« im Betrieb.

Ich komme noch zurück auf die offensichtlich branchenspezifische Neigung zum mechanischen Tüfteln, zur Kunst der Improvisation mit Maschinen und Apparaten. In diesem Kapitel nun aber ein Einblick in die Korrespondenz der »Technischen Direktion« der Firma. Diese Instanz würde heute wohl »Abteilung für Produkteentwicklung« heißen: Womit beschäftigte man sich in den 1880er Jahren bei Sprüngli, wie brachte man sein Produkt auf den Markt? Woher bezog man den Rohstoff?

Die Briefe, die ich in einem Kopierbuch vor mir habe, nennen Import-Export-Firmen vor allem in London, in Genua und Amsterdam, die größere und kleinere Posten Kakao anbieten. Und dies vor allem aus der Karibik: Qualitäten mit exotisch klingenden Namen wie Machala, Guayaquil oder San Tomé. Die Exportfirma Albisser in London, so lese ich, bietet Kakao aus Surinam in Säcken an, aber auch Kakaobutter in Fäßchen; besonders häufig wird korrespondiert mit der Mattschappij voor Uitvoeren Commissiehandel in Amsterdam. Viele Lieferungen kommen auf dem Wasserweg aus Holland an, dem »klassischen« Kakaozentrum.

Das Kopienbuch hält aber auch die Korrespondenz des »technischen

Direktors« Carl Georg Bernhard fest: offenbar ein vielseitiger Mann. Denn dieser Bernhard entwickelt nicht nur neue Produkte wie den *Saccharin-Cacao* für Diabetiker oder *C. G. Bernhard's Eichel-Cacao*, eine Mischung aus stark entöltem Kakaopulver und gemahlenem Eichelextrakt. Er kümmert sich auch um Propagandistisches, holt Empfehlungen bei Kinderärzten oder Kantonschemikern ein und wacht persönlich darüber, daß große und kleine Ausstellungen mit den Produkten der Firma beschickt werden. Also Korrespondenz über den Versand von leeren Dosen und Musterbüchsen an eine medizinische Ausstellung in Berlin, reger Briefwechsel über Kakaodosen, die an der groß aufgezogenen Pariser Weltausstellung des Jahres 1889 das Zürcher Haus vertreten.

Daneben wird viel Wert gelegt auf »punktuelle« Empfehlungen, auf prestigeträchtige Abnehmer. Luzern, dem man »wegen dem enormen Fremdenverkehr« eine gewisse Leaderfunktion zuspricht, wird beispielsweise zum Testmarkt für den entölten Saccharinkakao: Muster gehen an Ärzte und Apotheker, vor allem an Luzerns »Englische Apotheke«. Selbst auf eine Art Hoflieferantenstellung wird spekuliert: Man geht den Leibarzt des russischen Zaren an, der gerade in Luzern weilt, weiter ein Schreiben an den Hofarzt Dr. Bramann, der über den deutschen Kronprinzen (und zukünftigen Kaiser Wilhelm II.) wacht. Von den übersandten Büchsen mit zuckerfreiem Kakao hofft man, sie würden sich »für die Ernährung des hohen Patienten als hilfsvoll erweisen«.

Daneben viel Korrespondenz um Patentierungsfragen – soll man beispielsweise den Eichelkakao, den zuckerfreien Kakao in den Nachbarländern patentrechtlich schützen? Und wie kommt man den Nachahmern im eigenen Land zuvor? Verläßt man sich hier am besten auf eine imposante Verpackung mit sattem, »glacirtem« Papier, wie das Bernhard in einem Schreiben vorschlägt? Und soll diese Packung zudem die Unterschriften Sprünglis und des Kantonschemikers tragen, fälschungssicher eingeprägt neben dem Firmenstempel?

Es geht hier klar um den Markenartikel und seinen Schutz – ein Problem, das in der Schweiz der 1880er Jahre brisant wird. Maggis Wunderwürze, wir erinnern uns, wurde unter den Schutz des »Kreuzsterns« gestellt; Henri Nestlé entwickelte für sein Kindermehl ein ähnliches Firmenzeichen, das Vogelnest mit fütternder Vogelmutter. Gab es, außerhalb des patentrechtlichen Schutzes für bestimmte Produktionsformeln, noch andere Möglichkeiten, die Käuferschaft auf das eigene Produkt zu verpflichten?

Henri Nestlé – der Name erinnert an die ausgedehnte Kakaoindustrie in der Westschweiz. Neben Firmen wie Suchard oder Cailler waren die Sprünglis bloß zweite Generation, die Romands waren hier einen großen Schritt voraus. Eigentlicher Schokodoyen, eine veritable Ahnherrenfigur, war ein Waadtländer namens François-Louis Cailler. Dieser Mann hatte sich um 1810 in Turin vertraut gemacht mit dem Rohstoff Kakao, und zwar bei Maestro Caffarel, dem führenden Confiseur der Stadt. 1819 gründete er die erste Schokolademanufaktur der Schweiz, und zwar in Corsier, einem Vorort von Vevey (dieses Städtchen am Genfersee wird in der Schweizer Schokosaga immer wieder auftauchen, als Zentrum neuer Impulse: In Vevey machten Nestlé und Daniel Peter ihre bahnbrechenden Erfindungen).

Cailler machte sich als erster daran, einzelne Schritte des Veredlungsprozesses zu mechanisieren; er entwarf eine Steinwalze, die er mit der Wasserkraft eines Flüßchens betrieb. Überhaupt spielen Waadtländer Flüsse wie die Veveyse und die Louve eine wichtige Rolle in der Schweizer Schokoladefabrikation der Gründerzeit, wie das Waadtland insgesamt: mit fast einem Dutzend Betrieben war es um 1880 das Zentrum der »braunen Industrie«.

Die Ahnentafel läßt auf Cailler einen weiteren Romand folgen, den Neuenburger Philippe Suchard. Nur wenige Jahre nach Cailler, nämlich 1826, eröffnete der abenteuerlustige, umtriebige Suchard eine kleine Fabrik, dies in Serrières unweit der Kantonshauptstadt Neuenburg. Auch Suchard entwarf eigenhändig Maschinen zum Kneten und Rühren der Schokomasse; nach einigen Jahren lieferte sein Betrieb täglich 25 bis 30 Kilogramm vom »feinsten Caraca-Cacao«.

Diese sichere Einkommensquelle war Suchard wohl zu bieder; er wurde die treibende Kraft im Joint-venture einiger Neuenburger Geschäftsleute, die sich für die Dampfschiffahrt auf dem ausgedehnten Neuenburgersee einsetzten. Er selbst überwachte die Bestellung und Lieferung eines modernen Dampfschiffes aus England, das auf den Namen *L'industriel* getauft wurde. Und er pilotierte während Jahren diesen Dampfer eigenhändig (und täglich) vom einen Ende des Sees zum anderen, verkaufte unter den Passagieren selbstverständlich die Schokolade eigener Fabrikation.

All dies in den 1840er Jahren, die den Schokoladekapitän aber immer noch nicht ausgelastet sahen. Suchard rief auch eine eigenständige Neuenburger Seidenindustrie ins Leben, ließ in Fabriknähe dreitausend Maulbeerbäume pflanzen und überwachte die Auswahl der geeigneten Sorte von Seidenraupen. Neben den Rührwerken und Walzen seiner Schokoladefabrik standen nun Spinn- und Webstühle für die selbstproduzierte Seide, und 1844 konnte Suchard stolz das erste hausgemachte Seidenfoulard vorweisen. Er übermachte es feierlich der (damals noch) fürstlich-preußischen Regierung des Zwitterkantons, die es ihrerseits dem preußischen Königshof in Berlin übersandte. In Berlin war man bereits vertraut mit Neuenburger Produkten: Eine Anzahl Berliner Straßen waren gepflästert mit Asphalt aus den Minen des neuenburgischen Val-de-Travers. Führender Kopf der Société, die hier den Abbau betrieb: selbstverständlich Philippe Suchard!

Die gekrönten Häupter des preußischen Hofes waren eher Abnehmer von Süßigkeiten aus Neuenburg. Preußenkönig Friedrich Wilhelm III. zum Beispiel schwärmte für Suchard-Schokolade, starb angeblich mit einem Plätzchen Caraca im Mund – vielleicht eine Legende, die immerhin verdeutlicht, daß sich die Firma an der Serrières über die Landesgrenzen hinaus Geltung verschaffte. Suchard erhielt Medaillen an den Pariser Weltausstellungen, steigerte die Produktion von Jahr zu Jahr. 1883, im Jahre von Sprünglis Bestandsaufnahme, war Serrières landesweit führend, zeichnete für die Hälfte der Gesamtproduktion und beschäftigte etwa die Hälfte der rund 500 Chocolatiers im Lande.

Die Galerie der Schokoladepioniere ist noch längst nicht abgeschritten. Diese sympathische Branche zog offensichtlich eine ganze Reihe von wendigen und vielseitig begabten Persönlichkeiten an (daß Philippe Suchard noch mit 75 Jahren eine Weltreise antrat, die er sorgfältig plante und in fünf Monaten abspulte, später im Buch *Le tour du monde en grande vitesse* beschrieb, scheint mir bezeichnend: In diesem Gewerbe wurden die Dinge eingehend vorbereitet und dann *en grande vitesse* verwirklicht).

Zähes Experimentieren: Hier ist das Stichwort gegeben für Henri Nestlé, einen Altersgenossen von Rudolf Sprüngli. Nestlé experimentierte erst mit einer Beleuchtungstechnik, die auf der Vergasung von Petrol beruhte, darauf wandte sich dieser eher unscheinbare und wenig geschäftstüchtige Waadtländer dem Konservieren von Frischmilch zu. Das in Vevey – wo sonst? – entwickelte Verfahren diente als Grundlage für Nestlés Kindermehl oder *farine lactée* – ein Trockenextrakt, der bloß noch mit Wasser angerührt zu werden brauchte. Die ersten Erfolge kamen in den 1860er Jahren; Kinderspitäler in ganz Europa, später auch in den Vereinigten Staaten bestellten die neue Säuglingsnahrung kistenweise.

Das neu entwickelte Milchkondensat war Grundlage für die Experimente eines weiteren Schokoladetüftlers. Wir haben Daniel Peter bereits flüchtig kennengelernt: als *saint du travail*, als Workaholic der Gründerzeit. Kurioserweise begann Peter, dessen hageres, bleiches Gesicht tatsächlich an christliche Askese denken ließ, wie Nestlé in der Beleuchtungsbranche, nämlich mit einer kleinen Kerzenfabrik. Nach der Heirat mit Fanny Cailler – einer Tochter des Fabrikanten – sattelte aber auch er um, entwickelte den Ehrgeiz, als erster die Kakaomasse mit Milch zu verfeinern: einem der wenigen Grundstoffe, welche das Land im Überfluß produzierte. Bis dahin waren alle derartigen Versuche gescheitert. Die Öle des Kakaokerns, Kakaobutter genannt, vertrugen sich nicht mit den Milchfetten: Mischungen wurden ranzig, schmeckten scheußlich. Peter löste das Problem mit einem komplizierten Verfahren: Entziehen sämtlicher Fette aus der Kakaomasse, Beigeben von Milchpulver, Mischen mit Zucker, erst gegen Schluß Beigeben von Kakaobutter unter bestimmten Temperaturverhältnissen. Um 1875 erhielt Peter für seinen *chocolat au lait*, eine Tafelschokolade, die ersten Goldmedaillen an Ausstellungen. Die ersten Peter-Packungen trugen die Aufschrift *fabriqué uniquement par l'exposant*, aber die Konkurrenz übernahm die Petersche Formel schon nach wenigen Jahren. Der Milchzusatz verfeinerte nicht nur den Geschmack, er stellte auch die Kalkulation der Fabrikanten auf eine neue Basis. Bei einem Zuckeranteil von etwa 50 Prozent und dank des Zusatzes von etwas Kakaobutter hatte man bisher mit rund 50 Kilogramm Bohnen auf 100 Kilogramm Schokolademasse gerechnet. Bei einem Milchanteil von einem Viertel und mehr verminderte sich der Kakaoanteil – und mit ihm die Abhängigkeit von Importen. Fügte man Nüsse oder Trockenfrüchte bei, wie das in den nächsten Jahren geschah, sah die Rechnung nochmals günstiger aus. Bis zu 400 Kilogramm Schokolademasse pro Zentner Rohkakao – ein Erfolg der Peterschen Formel, die entscheidend zur »Verschweizerung« der braunen Industrie beitrug!

Und gab es hier so etwas wie die Schokomafia von Vevey? Geht der Erfolg der samtbraunen Schweizer Spezialität letztlich zurück auf ein verschworenes Tüftlerteam in diesem Lémanstädtchen? Ich rekapituliere: Daniel Peter (Milchschokolade) war befreundet mit Henri Nestlé (Kindermehl) und verheiratet mit Fanny Cailler (Tochter des Branchenbegründers François-Louis). Weiter unterhielt man freundschaftliche Beziehungen zu Jean-Jacques Kohler, der im benachbarten Lausanne die ersten Mischungen Kakao-Haselnuß austüftelte.

Oder spielt, wie dies Armand Mulhaupt in seiner Dissertation zu bedenken gibt, die überall verfügbare Wasserkraft die ausschlaggebende Rolle – zusammen mit Peters Erfindung? Wie Mulhaupt nachweist, baute man in der Branche jedenfalls noch um 1900 auf die (billigere) Wasserenergie: Vom gesamten Energiebedarf der Produktion (rund 3500 PS) stammten lediglich 850 PS aus Dampfmaschinen. Der Rest: Naturgefälle, Wasserturbinen.

Ich habe hier bewußt eine Gründerfigur ausgespart – und damit eine Erfindung, die für einen Teil der Fachhistoriker als wichtigster Faktor der Schokosaga überhaupt gilt. Der Berner Rodolphe Lindt und *le chocolat fondant:* Sie bringen uns nicht nur zu einer weiteren – und womöglich entscheidenden – Verfeinerungsmethode, sie führen uns in weitem Bogen zurück zur Zürcher Familie Sprüngli.

Rodolphe Lindt, Sohn eines angesehenen Berner Apothekers und Großrats, paßte weder äußerlich noch vom Naturell her zu den Tüftlern und Arbeitsbesessenen der Branche. Ich habe vor mir ein Foto, das ihn als Herrn im besten Alter zeigt: eines dieser Oberlippenbärtchen mit aufwärts gezwirnten Enden, die mit Steifmacher behandelt und nachts mit Bartbinden in eine Lage gezwängt wurden, die jegliche Gravitation zu leugnen schien. Das Stirnhaar darüber dann ausgesprochen schütter, als sei die haarige Pracht von hier entlehnt worden, der Blick unverbindlich: ein cooler Patriziertyp. Und wie ich lese, gebärdete sich Junggeselle Lindt denn auch gerne als Gentlemanfabrikant, als Bonvivant, Kunst- und Jagdfreund, der nur eben zur Zerstreuung mal schnell im Kontor vorbeischaute. Entsprechend herrische Töne schlug Lindt im Geschäftsverkehr an; ich lese jedenfalls von seinem »gallensteinsüchtigen Charakter«.

Manches an diesem Bild ist wohl Branchenklischee; man sollte immerhin nicht vergessen, daß der Apothekerssohn bei den weitläufig verwandten Kohlers in Lausanne eine regelrechte Lehre absolvierte. Und hier gab es bestimmt auch Begegnungen mit den Caillers, den Peters, den Nestlés. Man hat ihnen den durchaus präsentablen Neffen kaum vorenthalten – der Vevey-Clan läßt grüßen!

1879, mit 24 Jahren, machte sich Lindt zusammen mit dem 60jährigen Charles Kohler selbständig, einem Verwandten aus Lausanne. Man kaufte billig zwei brandgeschädigte Fabriken an der Aare, praktisch im Schatten des Berner Münsters, schaffte weiter den veralteten Maschinenpark eines Gewürzrösters an und begann zu produzieren. Die ersten Ergebnisse waren alles andere als ermutigend. Die alte Röstmaschine entpuppte sich als zu schwach, trieb zu wenig Flüßigkeit aus. Nach dem Mahlen und Reiben der Bohnen blieb eine schmierige Paste, die länger als gewohnt zum Trocknen brauchte; die endlich ausgeformte Tafel lief schon nach kurzer Zeit an, zeigte einen schimmligen Belag, sogenannten Fettreif – eine unschöne Sache.

Rodolphes Bruder August, Apotheker wie der Vater, wußte hier Bescheid. Die überschüssige Feuchtigkeit hatte auf der Tafeloberfläche mit dem Zucker kristallisiert, kein Wunder angesichts der schwachbrüstigen Rösttrommel. Aber warum, so lautete der Rat des Apothekers, versuchte es Bruder Rodolphe nicht anders herum? Wenn er den Walzenreiber länger als gewohnt reiben ließ, was ihn dank des Wasserrads in der Aare nichts kostete, wenn er etwas Kakaobutter beigab und zusätzlich unterheizte, wurde er die Feuchtigkeit ebenfalls los.

Es war ein Ratschlag, der Schokoladegeschichte machte. Die Masse, die Lindt nach drei Tagen und drei Nächten ununterbrochenen Walzens aus dem Längsreiber schöpfte, hatte nicht mehr viel gemein mit dem Schokoladeteig, den man bis dahin mit Händen oder Mörsern in die Formen gepreßt hatte, wo er erstarrte und anschließend nur mit Mühe herausgeklopft werden konnte. Dies hier war eine dunkelsamtene Masse, die sich spielend in Formen gießen ließ und einen mattseidenen Glanz aufwies. Vor allem aber: die auf der Zunge zerging, ohne daß man sie wie die herkömmliche Schokolade zerkauen mußte, und die dabei eine Fülle würzigen Aromas entfaltete. Was die anderen herstellten, war vielleicht Schokolade. Dies hier war etwas anderes. Rodolphe Lindt nannte sein neues Produkt *chocolat fondant* – Schmelzschokolade.

So jedenfalls die Entstehung der Schoko Marke Lindt in der Überlieferung; vielleicht ging alles etwas länger, vielleicht hat hier die Saga ihren Fettreif abgelagert. Tatsache ist, daß Lindt im Jahre 1880 eine Schokolade anbot, die den Produkten der Konkurrenz haushoch überlegen war (und die, weit über hundert Jahre später, regelmäßig von der Firma Lindt & Sprüngli nach Originalrezept nachproduziert wird, mit Maschinen, die der Originalwalze nahekommen: die Lindt-Schokolade von 1880 als eine Art Urmeter, als Prüfstein der Schokogeschichte).

Und Tatsache ist weiter, daß Lindt begeisterte Abnehmer fand, unter ihnen den deutschen Schokoladefabrikanten Stollwerck, der das Fabrikat aus der Berner »Matte« seinen eigenen Produkten vorzog. Gerade in Deutschland, wo man stolz war auf die weltweite Leaderstellung in Chemie und Ernährungswissenschaft, zeigte man sich konsterniert über den Qualitätsvorsprung des unbekannten Konkurrenten an der Aare. In Fachkreisen wurde gerätselt über Roderichs Geheimnis (der Namenszug *Rod. Lindt, fils* auf dem Wickelpapier wurde verschiedentlich zu *Roderich* aufgelöst):

Mischte Roderich Pfefferminzöle bei? Setzte er eine neuartige Schleifmaschine ein? War zusätzliche Kakaobutter im Spiel?

Dies jedenfalls einige Mutmaßungen im Fachblatt »Gordian«, und hier machte auch ein deutscher Kakaofabrikant namens Lehmann seinem Ärger Luft. »Warum schmeckt diese Schokolade so ganz anders als die anderswo produzierten?« wird da gefragt. Auf Parkbänken und in Omnibussen muß Lehmann mit anhören, wie sich Passanten über die Tafel aus der Schweiz unterhalten. »Und was höre ich? ›Ach, haben Sie auch eine Tafel Lindt-Chocolade mit? Finden Sie nicht auch, daß das augenblicklich die beste Chocolade ist?‹ Und dasselbe muß ich zu Hause alle Tage hören.«

Der »Gordian«-Artikel stammt nun aber bereits aus den späten 1890er Jahren. Lehmann und seinesgleichen konnten sich wenigstens in einer Hinsicht trösten: Lindt schöpfte sein Marktpotential bei weitem nicht aus, hatte die Jahre seit seiner Erfindung nur mäßig genutzt. Die Fabrik an der Aare war kaum erweitert worden. Lindt produzierte nur eben so viel, »als ihm bequem erschien«: also lange Lieferfristen, verärgerte Konsumenten. Der Berner Konditor Jean Tobler hatte in den 1880er Jahren die Vertretung von Lindts *Surfin*-Angebot übernommen, mit einer Provision von 18 Prozent. Als sich die Bestellungen häuften, Toblers Vertreter offenbar zu viel Einsatz zeigten, senkte Lindt schlicht die Marge, erst auf 10, dann auf 8 Prozent. Als die Provision bei 5 Prozent angelangt war, stieg Tobler verärgert aus, gründete mit seinem Sohn eine eigene Schokoladefabrik, dies im Jahre 1899. Viel länger hätte die Zusammenarbeit ohnehin nicht gedauert: Im gleichen Jahr verkaufte Rodolphe Lindt sein Produktionsgeheimnis an die Zürcher Firma Sprüngli.

Der Zusammenschluß der Firmen: ein heikles Kapitel. Ich gehe hier nur auf die erste Phase ein, mag mich schon gar nicht auf den jahrzehntelang schwelenden Rechtsstreit zwischen den beiden Häusern einlassen, bei dem es um die Verwendung des Markennamens Lindt ging (die Zürcher bekamen schließlich recht, und zwar per Bundesgerichtsentscheid).

Rodolphe Lindt, der jagende Bonvivant, neigte seit Jahren dazu, »sich selbst etwas zu entlasten«, hatte keine Lust, sich mit einer allfälligen Expansion noch mehr Arbeit aufzuhalsen. Um so aufmerksamer wird er die »zum Theil ganz glänzenden Kaufs-Offerten« geprüft haben, die er erhielt; ich lese von 3 Millionen Mark, die eine deutsche Firma (Stollwerck?) allein für das Produktionsverfahren zu zahlen bereit war.

Lindt entschied sich schließlich für das Angebot der Zürcher Sprüngli

AG – mit 1½ Millionen Franken zwar kaum halb so prächtig; dafür ließ ihm der Vertrag die Möglichkeit, weiter in leitender Stellung mitzuarbeiten. Die Zürcher Aktiengesellschaft – das war vor allem Rudolf Sprüngli-Schifferli, Maître-Chocolatier der dritten Generation (Pionier Rudolf Sprüngli-Ammann war 1897 gestorben, hatte sein kleines Imperium den beiden Söhnen übermacht: die Fabrik an Rudolf, die Konditoreien an David).

Im Frühsommer 1899 war es soweit; nachdem knapp die Hälfte der Kaufsumme in bar an Lindt übergeben worden war, teilte »derselbe dem Herrn Rudolf Sprüngli-Schifferli, und zwar einstweilen diesem allein, das bisher zur Herstellung der Chocolat Lindt beobachtete Fabrikationsverfahren mit, worauf auch in Zürich mit der Herstellung nach diesem Verfahren begonnen werden kann«. Im Lauf der nächsten Monate trafen auch einige der von Lindt weiterentwickelten Längsreibmaschinen, die sogenannten Conchen, ein, und zwar in der soeben entstehenden Sprüngli-Fabrik im zürcherischen Kilchberg (damals: Bendlikon). Die »Stimmung allgemeiner Freude und Begrüßung« hielt aber nicht lange vor: bereits im Folgejahr unschöne Querelen, Reibereien. Roderichs Geheimnis landete, wie ich lese, in einem prunkvollen gußeisernen Kassenschrank; leider sind keine Reaktionen des Käufers überliefert. Schlug sich Rudolf gegen die Stirne: Ist das alles? Oder war er vielmehr beeindruckt: Respekt, Respekt?

Die neue Schokoladefabrik in Kilchberg – sie war nicht die einzige, die in diesen Jahren entstand. Als hätte die Preisgabe von Roderichs Geheimnis dem Gewerbe einen Stromstoß versetzt, schossen um die Jahrhundertwende allerorten Schokoladefabriken aus dem Boden: höchste Zeit für einige Zahlen zum Stand der Branche!

Innerhalb von drei Jahren (1899–1902) baute Cailler im freiburgischen Broc eine stattliche Fabrik; ebenso baute die Firma Peter im waadtländischen Orbe. Weiter bauten die Toblers in Bern (trotz sinkender Provisionsanteile hatte sich die Lindt-Vertretung offensichtlich bezahlt gemacht). Suchard im neuenburgischen Serrières erweiterte die ohnehin imposanten Fabrikationsanlagen; dazu kam wie erwähnt der schmucke Neubau der Sprünglis am Zürichsee.

Vor allem in den Jahren 1888 bis 1900 setzte die Branche ganz beträchtlich zu. Aus 13 Betrieben mit insgesamt 528 Beschäftigten wurden deren 22 mit einem Personalbestand von über 2200; auffallend dabei der weibliche Belegschaftsanteil mit 52 Prozent (1900). Zwar fanden sich unter diesen

Arbeiterinnen sehr viele Wicklerinnen und Formerinnen in untergeordneter Stellung, daneben immerhin vier Firmenchefinnen: die Schokoladeindustrie eindeutig eine Berufsnische für Frauen! Im Jahrzehnt 1890 bis 1900 stieg die Einfuhr von Rohkakao von 1300 auf 3600 Tonnen, dies zu Preisen von 170 bis 300 Franken pro Zentner. Und es stiegen die Exporte an Fertigprodukten (meist Tafelschokolade) von 600 auf 3000 Tonnen, letztere im Wert von 20 Millionen Franken. Noch ein paar Jahre, und die Schokoladebranche wird unter den Exportindustrien des Landes den sechsten Tabellenrang einnehmen: ein unglaublicher Formanstieg!

Ich finde diese Zahlen in der Dissertation von Albert Gutzwiller. Der Nationalökonom führt die steile Entwicklungskurve zurück auf den Qualitätsvorsprung, auf Peters neues Verfahren zum Mischen von Kakao und Milch, auf Lindts *Fondant*-Formel, nimmt auch schon die Kombination beider Methoden vorweg: die zartschmelzende Milchschokolade als Erfolgsprinzip.

Ich glaube, daß bei diesem Aufschwung noch einiges mehr mit im Spiel war: nämlich die Entwicklung des eigenen, unverwechselbaren Markennamens und die Fähigkeit, diesen Anspruch auf Exklusivität umzusetzen in einprägsame Bilder. Und ich glaube weiter, daß die Schweizer Fabrikanten in den Jahren rund um die Jahrhundertwende Methoden vorexerzierten, die erst Jahrzehnte später im systematischen Produktmanagement ihre Form finden sollten: das Entwickeln eines Bilderkanons rund um das eigene Erzeugnis, der konsequente Versuch, die Kunden an dieses Produkt zu binden, weiter die Anpassung des Produkts an die Wünsche ebendieses Kunden – eine verwirrende Palette.

Das sind Eindrücke, die im folgenden belegt sein wollen, auch wenn ich keine harten Beweise versprechen kann. Im Bereich des frühen Marketing lassen sich höchstens einzelne Trends festmachen; es gab keine Werbefachleute, die ihre Strategie zugunsten des zukünftigen Historikers zu Papier brachten. In manchen Fällen – so bei Suchard, bei Maggi – skizzierten die Firmengründer ihre Vorstellungen höchstpersönlich, und dies durchaus mit Erfolg.

Ich beginne mit dem Wickelpapier – der Schokoladepackung im populären Sprachgebrauch. Daß man dieses Papier zu Werbezwecken nutzte, ist keineswegs selbstverständlich. Viele Lebensmittel, auch Kakao, wurden offen verkauft, also in neutrale Papiertüten abgefüllt; im Handel waren daneben abgepackte und schlicht beschriftete Portionen, so für Linsen,

Maisgrieß, Mehl. Schon das erwähnte Hochzeitsgeschenk aus dem Biedermeier zeigt, daß man sich für die Kakaoprodukte von Beginn weg mehr einfallen ließ. Dabei weist die süße Brautgabe aus dem Jahre 1853 erst noch alle Elemente auf, die den frühen kommerziellen Wickel kennzeichneten: Wappen, Kranz und Siegel. Schon Cailler hatte seine ersten Tafeln in schweres Papier gehüllt und mit gewichtigen Wachssiegeln versehen, die den Anschein von Wertpapieren erweckten. Um 1870 wurden die Siegel ersetzt durch die stilisierte Wiedergabe von Medaillen, die das Produkt an Landes- oder Weltausstellungen errungen hatte. Lindt und andere ließen für das Wickelpapier ihr Familienwappen lithographieren, und nur selten fehlte ein Kranzornament, das auf vage Weise ebenfalls von Auszeichnungen sprach. In Thematik und Gestaltung waren diese Packungen ganz auf den Geschmack einer anspruchsvollen Führungsschicht abgestimmt.

Das änderte sich ganz entschieden in den 1880er Jahren: die Devise »Schokolade als Volksnahrung« wirkte sich aus. Ich finde aus dieser Zeit Wickelpapiere mit populären historischen Leitfiguren (Pestalozzi, Tell), auch sakrale Motive mit Mönchs- und Madonnenfiguren; eine Sprüngli-Tafel der Sorte Theobroma trägt sogar das Konterfei von Papst Pius X. Bei weiteren Lieferungen verzichtete man auf eine Sortenbezeichnung und hielt sich an den Anlaß, für den die Tafeln hergestellt worden waren: Kinder samt Hasen für die Osterschokolade, feiernde Familie unter dem Lichterbaum für die Weihnachtsschokolade. Populär wurde weiter eine Wickelserie mit Städte- und Landschaftsansichten, in goldgeprägtem Rahmen, von Ornamenten umrankt, dazu die Überschrift »Souvenir« – hier übernahm die Schokoladehülle Funktionen, die der gerade aufgekommenen Ansichtskarte entsprachen.

Themen wie Reisen, ferne Länder und Sitten – ich finde sie wieder auf den frühen Werbeplakaten der Branche. Eine Art Sortimentsplakat von Sprüngli zeigt Araber im Burnus und Indianer im Federschmuck, die gemeinsam mit Chinesen und Schwarzen Schokotafeln und andere Süßigkeiten präsentieren. Die fünf Erdteile – so die Botschaft – lieferten nicht nur den Rohstoff für diese Kostbarkeiten, ihre Bewohner waren gleichzeitig die entzückten Empfänger der süßen Gabe aus der Alten Welt.

Ein weiteres Plakat zeigt Touristen, kenntlich gemacht durch Feldstechertasche und Baedeker, auf einem Zürichseedampfer, der pilotiert wird von einem vertrauenerweckend dreinblickenden Kapitän im unwahrscheinlichen Südwester, dazu der Firmenname. Die Botschaft hier: Reisende aller Länder lieben unsere süßen Souvenirs, deren Grundstoffe aus ebendieser fernen Welt stammen.

Verstanden es die frühen Schokoladewerber hier, die Themenkreise Tropen, Heimat und Tourismus zu einem Begriffs- und Bilderfeld zu verquikken, das vor allem ein junges Publikum ansprach, so blieb das Element Adel/Aristokratie doch nie außer Sichtweite: Frühe Plakate zeigen turtelnde Rokokopärchen oder schicke Pariserinnen im Empirestil, und zwar in anekdotischen Situationen: kleine Geschichten für das Schokoladepublikum.

Wer malte diese Tagträume, wer lieferte die Vorlagen? Berührten sich hier Werbegraphik und Genremalerei, ließen sich die Szenen der Salonlieferanten auch ganz gezielt einsetzen für ein bestimmtes Produkt? Einen Hinweis darauf finde ich jedenfalls beim Sprüngli-Historiker Hans-Rudolf Schmid: Die Vorlage für die reizenden Empiremädchen stammt von der angesehenen Genremalerin Frédérique Vallet-Bissen.

Aber ich will dieses Thema nur gerade antippen, ebenso wie die Welt der farbigen Sammelbildchen, die seit der Jahrhundertwende den Packungen beigelegt wurden. Diese Bilderserien über Abenteuer und Entdeckungen in fernen Ländern – befriedigten sie ein kollektives emotionelles Manko, so wie das Produkt, dem sie beigelegt wurden? War der steigende Schokoladekonsum ein Indiz dafür, daß man die Alltagswelt zunehmend als kalt, nüchtern und unfreundlich empfand? Und sprang hier die Schokoladeindustrie ein als eine Art Traumfabrik, die den von Unbehagen Geplagten zartschmelzende Plätzchen auf die Zunge legte, sie weiter tröstete mit bunten Bildern aus Vergangenheit und fernen Welten?

Dorf aus Schlössern: der Tourismus

Vom Weltausstellungsjahr 1900 an wohnt Maggi also in Paris, am Quai Voltaire 7. Auch der Firmensitz hat eine Adresse, die sich sehen lassen kann: Place de l'Opéra, und hier steht für Freunde aus der Heimat ebenfalls eine geräumige Wohnung zur Verfügung.

In diesen Jahren entsteht das »offizielle« Fotoporträt Maggis. Es wird später dem Nachruf beigegeben, es wird den historischen Teil späterer Firmenprospekte schmücken. Kurz, es wird das Bild prägen, das man sich in der Öffentlichkeit vom Suppenerfinder macht. Mir kommen die *vieillards à la barbe fleurie* der Schokoladeindustrie in den Sinn, überhaupt die Patriarchen der Schweizer Industrie, denen die Belegschaft ein fast schon zärtliches *Papa* verpaßte: Papa Suchard, Papa Bally. Zugegeben: Der massige Endfünfziger auf diesem Bild sieht nicht nach Papa Maggi aus, läßt sogar noch etwas von der Dynamik des Jungunternehmers spüren, vom Tüftler und Pröbler aus den stürmischen Leguminosetagen.

Und trotzdem erschreckt mich das Bild – etwa so, wie mich die Begegnung mit einem flüchtigen Bekannten erschreckt, den ich nach Jahren stark gealtert wieder treffe. Was ist, noch nicht einmal zehn Jahre später, aus dem unternehmungslustigen Familienvater geworden, der mit Hund und Kindern ausmarschierte, den Hut im Genick? Statt des kantigen Athletenschädel jetzt ein massiger Quadratkopf mit Hängebacken, und selbst das Brustbild verrät, daß sich die Weste über einem ansehnlichen Bauch spannt. Die Augen hinter dem Metallkneifer wirken trübe, der Blick verschlagen-trotzig, und ich würde eine Wette darauf eingehen, daß Monsieur Maggi in Paris wieder zu rauchen begonnen hat.

Dies ist ja auch die Periode, in der Maggi bei seinen Zürcher Abstechern den Ausbau der Villa Sumatra vorantreibt, beispielsweise das Kirchenfenster mit den Fabrikschloten in Auftrag gibt, mit dem Aushub der riesigen unterirdischen Logen beginnen läßt. Die Nachbarn, wir erinnern uns, sprechen von seinem »etwas gestörten Geisteszustand«. Gibt das Fotoporträt hier gar erste Aufschlüsse, läßt sich Entsprechendes herauslesen aus der unbestreitbaren Verhärtung von Maggis Gesichtszügen, dem mißtrauischen Blick vor allem: Fühlt sich hier einer in seinen ureigensten Visionen unverstanden?

Aber ich will nicht zu viel hineingeheimnissen in eine Atelieraufnahme, kehre lieber zurück zur Pariser *Exposition Universelle* des Jahres 1900. Hier waren die Suppen und Würzen aus Kemptthal ausgezeichnet vertreten – zumindest im *Chalet Suisse*, diesem inoffiziellen Treffpunkt der Schweizer Vertretung. Ich finde auf einer Speisekarte dieses Etablissements eine Liste der vertrauten Produkte: 10 Centimes kostet die Kleinpackung mit zwei Suppen, *Potages à la minute*, das kleinste Würzfläschchen ist bereits für 25 Centimes zu haben, trägt übrigens die stolze Aufschrift *Le Maggi*, dies in den Firmenfarben Gelb-Rot. Darüber eine Stahlstichvignette, die das erwähnte Chalet zeigt – ein hölzernes Monster mit einer Unzahl flatternder Schweizer Fahnen, mit Türmchen, Veranden und hölzernen Säulen: eine Großstadtausgabe des Brienzer Heimetli!

War dieses architektonische Unding mit seinen Laubenbögen, seinen Dachvorsprüngen und geschnitzten Rosetten »ächter schweizerischer Styl«, wie ihn der Schweizer Generalkommissar Gustav Ador forderte? War diese altväterische Schützenfestästhetik repräsentativ für die dynamische Schweiz mit ihren Kraftwerken, ihren kühnen Bergbahnen, ihrer weltweit führenden Uhrenindustrie? Wollte man sich so der Welt präsentieren, umrankt von Edelweiß und trutzigen Gamsköpfen, wie man sie im Hauptsaal des *Chalet Suisse* antraf?

Tatsache ist, daß sich das Alpenland noch ungleich biederer und treuherziger verkaufte als mit einem einzelnen, etwas deplazierten Restaurationsbetrieb. Während die Schweizer Unternehmer in den Hallen der verschiedenen Fachgruppen mit modernster Technologie aufwarteten, schlenderten Tausende von Besuchern durch die hastig zurechtgezimmerte Kulisse eines riesigen Schweizer Dorfes, das als inoffizieller helvetischer Beitrag gleich an das Ausstellungsgelände anschloß. Das *Village Suisse*, eine auf zweieinhalb Hektaren verstreute Ansammlung von 103 Gebäuden, meist Chalets, war so etwas wie ein bewohntes Freilichtmuseum, freilich ohne den Stempel der Authentizität. Die einzelnen Häuser und Straßen waren von der Firma Henneberg und Allemand gegen eine Pauschalsumme von 2,5 Millionen Franken neu errichtet worden. Sie standen in einer Landschaft, der man künstliche Konturen verliehen hatte, dies durch Aufbauten aus sogenanntem Staff, einer Mischung aus Mörtel, Gips und Drahtgeflecht. Und in ihnen lebten Menschen: Strohflechterinnen aus Freiburg, Käser aus Greyerz, Schnitzerfamilien aus Brienz.

Wie ich lese, war der Publikumserfolg dieses alpinen Digest überwältigend. Die Pariser überließen sich seinem künstlichen Charme, wähnten sich aus der Hauptstadt in blühende Täler entführt, an den Fuß imposanter Wasserfälle verzaubert. Nach der Art von Bühnenkulissen verdeckten nämlich »angedeutete Felsabbrüche« den Blick auf den städtischen Horizont; eine Herde echter Kühe und rund 750 eigens für den Anlaß verpflanzte Tannen taten das Ihre.

Hatte ein ähnlich konzipiertes *Village Suisse* an der Genfer Landesausstellung von 1896 vor allem die Vielfalt der Baustile und des Schweizer Brauchtums demonstriert, so lief die Neuauflage von 1900 auf eine gigantische Werbeaktion für das Fremdenverkehrsland Schweiz hinaus. Generalkommissar Gustav Ador gab dies um so unverblümter zu, als es sich hier um einen kaum eingeplanten Nebeneffekt handelte (das Hauptziel der Aktiengesellschaft *Village Suisse*, nämlich viel Geld zu machen, wurde übrigens gründlich verfehlt): »In denjenigen, die die Schweiz bereits kannten, weckte das Schweizer Dorf den Wunsch, sie nochmals zu sehen, und die französischen und auswärtigen Besucher, welche noch nie dahin gekommen waren, wurden auf den Gedanken gebracht, die großartigen Schönheiten unserer Natur in Wirklichkeit bewundern zu wollen.«

Das treuherzige *Chalet Suisse* mit seinem von 22 Kantonswappen umgebenen Speisesaal, das putzige Schweizerdorf mit seinen temporär ausgelagerten Handwerkerfamilien – dieses ländlich-naive Ambiente fasziniert und irritiert mich um so stärker, als die Schweizer Fremdenindustrie eine Route eingeschlagen hatte, die geradewegs in die Gegenrichtung führte. Gerade zu Beginn »unserer« Epoche, in den frühen 1880er Jahren, entstand in den Schweizer Bergen eine Anzahl Hotelpaläste, die nun wirklich keinerlei Anleihen beim Chaletstil mehr machten, die vielmehr den Gletschern und Gipfeln der Alpenwelt eine phantastische Feudalarchitektur gegenüberstellten. Merkwürdigerweise brachte in Kurorten wie Interlaken oder St. Moritz die Ballung unwirklicher Fremdenburgen wieder so etwas wie ein *Village Suisse* – nämlich ein aberwitziges Dorf aus lauter Schlössern!

Grund genug, diese Trendwende wenigstens zu skizzieren. Im Zentrum steht für mich dabei der monumentale Speisesaal des Hotels »Victoria« in Interlaken – eine Eßkathedrale, die zwischenhinein als Ballsaal diente, eine Schloßhalle, die auch in den Herkunftsländern der Reisenden kaum Parallelen hatte! Und dieser Bau führt uns zurück zum Datum 1880: ein Scharnierjahr in der Geschichte des Fremdenverkehrs. Damals entwarf nämlich Architekt Eduard Ruchti diesen Anbau für das Interlakener Nobelhotel. Erstellt wurde er dann im Winter 1881/82 – zur gleichen Zeit, als im Luzerner Vorort »Gütsch« eines der unglaublichsten Traumschlösser in der Geschichte der Schweizer Hotellerie entstand. Und 1882 begann in Maloja, am westlichsten Rand des Engadins, ein belgischer Baumeister mit den Aushubarbeiten für einen Fremdenpalast, der die gewohnten Maßstäbe geradezu pulverisierte. Das Hotel »Kursaal Maloja« (später »Palace«) stellte für den alpinen Hotelbau so etwas wie einen Quantensprung dar.

Ich möchte beginnen mit dem »Victoria«-Speisesaal, später auf das »Gütsch« wie auf das »Maloja« zurückkommen. Für den Interlakener Anbau hatte die Direktion dem Baumeister offenbar einen Blankoscheck ausgestellt: Hier wurde aufgefahren mit allem, was gut und teuer war. Für die Wandsäulen orientierte man sich an römischen Thermenhallen – ein bauliches Motiv, das schon Gottfried Semper für seinen Entwurf zum Zürcher Hauptbahnhof herangezogen hatte. Die darüber aufsteigenden Deckenmulden trugen Medaillons mit allegorischen Darstellungen, darüber wiederum die in riesige Kassetten unterteilte Decke. Und da auch die Nischen der Stirnseite die Konturen gigantischer Muscheln nachzeichneten, speiste man hier umgeben von Bergendem, von lauter stilisierten Behältern.

Ich zähle allein auf den vorderen drei, im Bild angeschnittenen Tischen etwa siebzig Gedecke. Wenn ich sie nach »vorn« ergänze und die andere Saalhälfte dazuschlage, komme ich, bei durchaus lockerer Raumausnützung, auf rund zweihundert Gäste; tatsächlich nahm die Table d'hôte vergleichbarer Hotels bis zu 400 Gäste auf, die gleichzeitig bedient werden wollten. Und das bedeutete: Aberdutzende von Kellnerinnen und Kellner, in Extremfällen also bis zu 500 Menschen in und rund um einen Speisesaal!

Daß solche Menschenmassen eine ganz neue Logistik des Bauens und der Arbeitsabläufe bedingten – das lese ich nach in einer Dissertation von Isabelle Rucki, die sich vor allem mit den Hotelbauten des Oberengadins beschäftigt, dabei aber auch grundsätzliche Erwägungen anstellt: Für wen wurden die schloßähnlichen Bettenburgen errichtet, wie löste man das Problem, den Gästen die Illusion einer Welt ohne Arbeit, einer schweißfreien Urlaubswirklichkeit vorzugaukeln?

Vor allem ortet aber auch Rucki rund um das Jahr 1880 eine Verschiebung der Gewichte. Palastartige Fremdenburgen gab es in »ihrem« Bereich bereits seit der Jahrhundertmitte: die Kurhotels von St. Moritz oder Bad Tarasp, deren Kuppeln und Säulengänge sich zwischen den Arven und Lärchen des Inntals seltsam genug ausnahmen. Aber der Standort dieser Bauten wurde noch bestimmt durch die Lage der Mineralquellen; ihr Grundriß spiegelte die Funktionen des Kuraufenthalts – Trinkhallen, Wandelgänge, Bädertrakte. Salopp gesagt: Die architektonische Schau, die man abzog, legitimierte man mit Hygiene- und Gesundheitsbedürfnissen; schließlich war diesen armen Invaliden etwas Wohnluxus zu gönnen. Bezeichnenderweise fällt in diese Zeit denn auch der steile Aufstieg von Davos zur Kurstätte für Lungenkranke; neben dem Mediziner Alexander Sprengler, der auf die Heilkraft der »reinen« Bergluft schwört, steht hier der geniale holländische Promoter Jan Holsboer.

Der »zweckfreie« Urlaub in den Bergen, die Nobelferien ohne jegliche Gesundheitsbedürfnisse – sie beginnen sich erst im letzten Viertel des Jahrhunderts durchzusetzen. Rucki nennt hier als architektonisches Pendant das »Aussichtshotel«, den auf einer abgelegenen Bergschulter hingeklotzten Fremdenpalast, weist übrigens auf die enge Verknüpfung solcher Bauten mit den neuen technischen Möglichkeiten der Zahnrad- und der Standseilbahn hin. Das augenfälligste Beispiel liefert hier das Hotel »Schreiber« auf Rigi-Kulm, ein unwirklicher Barockpalast auf einer kargen, wilden Bergschulter: Hier muß die Pracht des Panoramas für die Unwirtlichkeit der unmittelbaren Umgebung entschädigen. Auch das Jubelschlößchen im Gütsch, knapp vor Luzern gelegen, ist ohne Seilbahnzufahrt undenkbar. 1881, als dieser verspielte Bau mit seinen minarettschlanken Türmchen entsteht, zieht man auch gleich ein mit Wasserbetrieb operierendes Bergbähnchen hoch; zumindest der zahlungskräftige Gast braucht die Vertikalen der Schweiz nicht mehr aus eigener Kraft oder mit unbequemen Maultierritten zu erobern!

Inbegriff des »zweckfreien« Hotels wird nun aber der Neurenaissancepalast, den der belgische Unternehmer Camille de Renesse am oberen Ende des Silsersees, in Maloja, bauen läßt. Als Architekt zeichnet ein Landsmann namens Jules Rau, und dieser Tausendsassa setzt seinen Feudalbau, ohne jede Rücksicht auf die gewachsene Siedlung, auf Kirchlein oder Dorfplatz des schmucken Maloja, an die Stirnseite des Sees – eine viergeschossige, streng symmetrische Beherbergungsmaschinerie mit E-förmigem Grundriß, die dem bewohnten Engadin gleichsam den Rücken kehrt!

Wer hier zu Gast ist – so Isabelle Rucki –, will vom Engadin bloß Klima und Landschaft; Gesellschaft sucht er unter seinesgleichen. Hotels wie diese »privatisieren gleichsam das Bedürfnis ihrer Gäste nach sozialen Kontakten und Naturerlebnis. Das Innere des Hotels ist so konzipiert, daß all diese Bedürfnisse in einer geschlossenen Welt befriedigt werden können, zu der die alpine Landschaft den unvergeßlichen Rahmen abgibt.«

Noch während der Bauzeit, im November 1883, stellt sich ein Mitarbeiter der »Neuen Zürcher Zeitung« die Fragen, die unter den verunsicherten Bauern der Umgebung kursieren: »Was will man denn eigentlich da oben?« Aber im Gegensatz zum herrschenden Mißtrauen, das in den wachsenden »Kursaal«-Konturen einen gigantischen Schwindel ortet, zeigt sich der städtische Journalist wider Willen beeindruckt: »Es soll hier der Reunionsplatz der hocharistokratischen konservativen Welt werden. Die reichen adeligen konservativen Elemente wollen für sich sein, auch die Sommerfrische der Alpen für sich abgesondert genießen; dazu haben sie sich diesen schönen, aber menschenleeren Platz ausgesucht: darum der fabelhafte Kostenaufwand, der wohl ohne Zweifel auch mit den Zweck verfolgt, die unteren Klassen sowohl als auch die Hotelindustrie von vorneherein abzuschrecken und von dieser geweihten Stätte der konservativen Adelsaristokratie fernzuhalten.«

Allen Zweifeln zum Trotz wird das Hotel »Kursaal Maloja« 1884 eröffnet, für die nächsten Jahre gilt es als größtes Beherbergungsunternehmen des Landes. Unternehmer de Renesse ergänzt sein Imperium in der Folgezeit mit verschiedenen Villen im Chaletstil, dem Imitationsschloß »Belvedere« sowie einer anglikanischen und einer katholischen Kirche in üppiger Neugotik beziehungsweise Neuromanik. Eine Luxusenklave also, welche die Einheimischen bewußt ausgrenzt, in gewissem Sinn zu Eingeborenen degradiert; tröstlich wirkt immerhin, daß der heutige Besitzer, eine belgische Krankenkasse, für sozialen Ausgleich im Jahrhundertmaßstab sorgt...

Eine Frage, die sich der NZZ-Berichterstatter nicht stellte: Wie kommt es, daß ausgerechnet im abgelegenen Hochtal die wahrscheinlich weltweit letzten Bauten im Feudalstil entstehen – in einer Gegend, deren Tradition dem Burgensturm, der Vertreibung von Tyrannen, so viel Platz einräumt? Denn der architektonische Paukenschlag am Silsersee entpuppt sich als Auftakt: Zehn Jahre später wird man beispielsweise in St. Moritz das »Palace« bauen, eine Art Camelot zwischen Gletschern, eine Riesenburg mit vage gotischen Strebepfeilern und Tudorbögen, deren Ecktürme und Zinnen geradezu narkotisierende historische Blendeffekte bereithalten.

Und so gewaltig wird der Erwartungsdruck sein, den das Pseudomittelalter des »Palace« auslöst, daß man auch die älteren Hotels der Umgebung aufmöbelt, ihre Flachdächer durch Mansardendächer ersetzt und der Chiffre »romantisches Schloß« mit aufgeklebten Türmchen und Schießscharten Tribut zollt, während man Neubauten um 1900 von Beginn weg als türmchenreiche Waldschlösser anlegt.

So daß die Gegend der Oberengadiner Seen schließlich einem kuriosen Dorf aus lauter Schlössern gleicht und sich der demokratische Gedanke endlich doch noch durchsetzt: Schlösser im Multipack relativieren sich gegenseitig, heben sich in ihrer Bedeutung auf...

Untergang eines Jahrhunderts

Und was, bitte, bedeutete eigentlich die Pariser *Universelle* von 1900? Feierte man hier den Abschluß eines Jahrhunderts, das den Alltag der »zivilisierten« Welt verändert hatte wie keines vor ihm? Hätte man, beispielsweise bei der Eröffnung, einen hundertjährigen Ehrengast erzählen lassen – er hätte eine imposante Liste vorgelegt von Neuerungen, an die er sich im Laufe seines Lebens gewöhnt hatte. In seiner Jugend kannte dieser fiktive Gast keine Straßenbahn und keine Lokomotive, keinen Kochherd und keinen Wasserhahn. Aus Amerika kamen in diesen hundert Jahren die Glühbirne und das Grammophon, der Torpedo, die Druckluftbremse und die Schreibmaschine (während die Schweiz den Reißverschluß beisteuerte, ebenso die Fahrradkette). Es gab um 1800 noch keine Sparkasse und keine Registrierkasse, es gab weder Dampfschiffe noch Telegraphen, keine Telefone und kein gedrucktes Bild mit Halbtönen; das 19. Jahrhundert hatte den Fußballsport gebracht und die gummierte Briefmarke, die Ernte- und die Dreschmaschine und die tragbare Kaffeemühle, das Kugellager und den Fotoapparat, das Dynamit, das Unterseeboot und die bengalische Beleuchtung.

Aber nicht nur technische Neuerungen waren ihm zu verdanken, sondern auch »die allgemeine Erfassung des Volksgeistes vom gebildeten Denken«, wie der Zürcher »Tages-Anzeiger« etwas umständlich formulierte, dazu »die Reinigung der Ideen über Gott, über Moral«. Feierte man in Paris demnach den krönenden Abschluß, verabschiedete man ein Jahrhundert, das seinesgleichen nie mehr sehen würde, das möglicherweise »das letzte seines Namens« war – *the last of its name,* wie die Begründerin der Theosophie, Helene Blavatsky, argwöhnte? Oder feierte man vielmehr den Anbruch einer neuen Epoche, in der man dank neuer Technologien

Schmutz, Staub und Gestank nicht mehr kennen würde? War 1900 das Scharnierjahr zwischen der häßlichen, rußigen Welt der Kohle und der funkelnden, sauberen, magischen Welt der Elektrizität? Kam jetzt das Jahrhundert des Stroms, der bewegte Bilder auf Wände zauberte, der Stimmen und Klänge vom einen Ende des Kontinents zum anderen transportieren half?

Die Frage führt ganz direkt zum etwas lächerlichen Disput darüber, wann denn nun eigentlich das neue Zeitalter anbreche. In Berlin und London wurden Zeitungsfehden ausgetragen, ob der 1. 1. 1900 oder der 1. 1. 1901 das Startdatum bedeute. Während die *London Times* im Januar 1900 nicht weniger als sechzig Leserbriefe zum Thema abdruckte, spielt die »Neue Zürcher Zeitung« im gleichen Zeitraum ganze dreimal darauf an – so in einem Artikel über Kaiser Wilhelm II., der am Neujahrstag 1900 eigenmächtig die neue Ära eröffnete, bezeichnenderweise mit einer Ansprache vor Offizieren der Garnison. In Rom, so ein weiterer Korrespondentenbericht, beging man das »Heilige Jahr« mit allerlei Feierlichkeiten. Auch der Vatikan hatte sich der »deutschen« Version angeschlossen, so daß die »Schweizerische Wochenzeitung« zu Silvester 1900 spöttelte: »Nach Kaiser und Papst hätten wir das erste Jahr eines Jahrhunderts zurückgelegt, nach unserer und vieler Weisen Rechnung schließt seit dem Sylvester 1900 das alte Jahrhundert ab und nach dem zwölften Glockenschlag öffnen sich die Pforten eines Neuen.«

Das Zürcher Provinzblatt »Bülach-Dielsdorfer Volksfreund« setzte unter das Datum seiner Silvesternummer von 1900 ein triumphierendes »letzte Nummer in diesem Jahr – und Jahrhundert!«, zitierte aber im redaktionellen Teil eine pessimistische Sentenz Schillers, der hundert Jahre zuvor düstere Bilanz gezogen hatte: »Das Jahrhundert ist im Sturm geschieden, / und das neue öffnet sich mit Mord.«

Vertreter beider Theorien hielten ihre Schlußfolgerung für die einzig einleuchtende, reklamierten das »richtige, logische Denken« für ihre Seite. Es sei »kaum glaublich, daß vernünftige Menschen in diesem Wahn befangen sein können«, entrüstete sich der »Anzeiger aus dem Bezirk Affoltern« über die Anhänger der von Papst und Kaiser verfochtenen Auslegung. Seinerzeit habe das erste Jahrhundert »mit 1 begonnen und mit 100 aufgehört, [...] am 1. Januar begann das 2. Jahrhundert, das 3. am 1. Januar 201 etc.« – folglich sei unbestreitbar: »Das Jahrhundert wird nun vollendet sein, wenn volle 100 Jahre abgelaufen sein werden, und dies wird nicht am Anfang von 1900, sondern erst mit Schluß des Jahres 1900 Tatsache sein.«

Auf der Gegenseite argumentierte man mit der »Macht der praktischen

Anschauung«. Die Friedenskämpferin Bertha von Suttner, die uns in anderem – und bedeutungsvollerem – Zusammenhang noch begegnen wird, meint schlicht: »Ich denke aber, daß in der Ziffer 1901 die Bezeichnung liegt, daß das erste Jahr des zwanzigsten Jahrhunderts vollendet ist, daß es also mit 1900 beginnt, daher schon ist.«

Die Mehrheit der Schweizer schloß sich der nüchternen Auffassung an, erst müsse das Hundert voll sein: die meisten Leitartikel, Vor- und Rückschauen finde ich rund um den Neujahrstag 1901. Einige Gemeinwesen feierten den Übergang mit Glockenläuten, so die Stadt Zürich; hier bildeten »leise Regenschauer [...] das friedvolle, aber langweilige Finale des 19. Jahrhunderts«. Bei ausgesprochen warmem Wetter fanden sich um Mitternacht viele Passanten auf Straßen und Plätzen zusammen, einige »schüchterne und spärliche Raketen« wirkten geradezu frivol gegen das Glockendröhnen, das von fünfzig Kirchtürmen aus Frieden und Wohlstand beschwor, anschließend kam es angeblich »zu munterem Geplauder und mit Lachen begleitetem Necken« unter wildfremden Passanten. Hunderte von Schulkindern der Oberstufe verbrachten die letzten Stunden des Jahrhunderts im Opernhaus; hier wurde Carl Maria von Webers »Freischütz« gegeben: ein Abschied mit Blitz und Theaterdonner.

Anderswo bemühte man sich, die Zeitenwende mit symbolträchtigen Gesten zu markieren. Der Eisenbahnzug, der in der Silvesternacht die Kantonshauptstadt Aarau verließ und praktisch mit dem neuen Jahrhundert in der Bundeshauptstadt Bern eintraf, gehört hierher: Es war die erste Fahrt der unter zentraler Verwaltung stehenden Schweizerischen Bundesbahnen, der erste »Bundeszug« – dies, nachdem zwei Jahre zuvor ein Volksentscheid die Verstaatlichung einer Anzahl Privatbahnen ermöglicht hatte. Für die »gewaltige Volksmenge«, die den Zug im Berner Hauptbahnhof bejubelte, war die Ankunft »ein Ereignis von tiefeinschneidender Bedeutung«. Zu hoffen sei – so die Presse –, daß die Bundesverwaltung das Bahnwesen »von jeglicher Vetternwirtschaft und jedem bureaukratischen Zopfe frei zu halten« wisse.

Es gab durchaus auch private Aktionen, die den Symbolgehalt der Stunde betonten. So führte im Aaredorf Wangen ein Landwirt am Neujahrstag »ein Fuder frisch gemähten Grases unter Dach«: das anhaltend warme, »wüchsige« Wetter als günstiges Vorzeichen für die neue Ära. Der bekannte Tell-Darsteller Oberleutnant Huber gab den Mitgliedern der Tellspiel-Gruppe in Altdorf per Zirkularschreiben bekannt, daß er »entschlossen sei, die Rolle des Tell nicht mehr zu spielen«; das neue Jahrhundert sollte frische Kräfte im Einsatz sehen! Und der Mechaniker Josef Wyss in Bern kündigte an, er werde sich fortan der »Herstellung von Motorwagen« widmen, denn: »Das 20. Jahrhundert gehört der motorischen Kraft!« Gelassener ging ein Kolumnist der »Schweizerischen Wochenzeitung« den Zeitenwechsel an. »Der alte Gott lebt noch«, orakelte ein fiktiver Droschkenkutscher namens Schaggi Wägeli, »und s'Anderi wänd mir schon besorgen.«

Solche angestrengte Heiterkeit war den Kommentatoren der Frontseite fremd. Wie beurteilten Schweizer Blätter vor- und rückwärtsblickend Zeitenwechsel und Weltlage? Blätterte man zurück zum Beginn des Jahrhunderts, verglich man die Prophezeiungen von einst mit den unterdessen Wirklichkeit gewordenen Zeitläuften? Wurden die »Blicke in die Zukunft« zitiert, mit denen im Jahre 1798 ein Hofrat von Eckartshausen das kommende Jahrhundert »nach den Gesetzen der Wahrscheinlichkeit« definierte? Immerhin hatte für den Hofrat im Jahre 1800 »die vervollkommnete Menschheit die Periode der Thierheit vollendet« und näherte sich einem Zustand der Weisheit und Liebe. Mit diesem Stichjahr werde »ein neuer, großer, moralischer Mensch [...] sich erheben«, in den Häusern der Herrscher würden weise Berater die Geschicke zum Guten lenken; »ein neuer Geist, ein neues Licht« werde für das Glück der Allgemeinheit sorgen.

Erinnerte man höhnisch, bissig oder ganz einfach voller Trauer an die verfehlte Prognose des Hofrats? Oder zitierte jemand die »Zehn Gebote des neunzehnten Jahrhunderts«, die ein gewisser Friedrich Sorg in Zürich veröffentlicht hatte und die vom »Triumph der reinen Moral im Einzelmenschen sowie in der Gesamtfamilie« sprachen, von der »praktischen Veredelung der Menschenfamilie« und der »Wiedergeburt der höheren Menschheit«, die sich ebenfalls noch in diesem Jahrhundert ereignen würde?

Wenn ja, so sind mir die entsprechenden Hinweise entgangen; vergangene Prognosen interessierten aber wohl kaum bei einem Jahrhundert, das alle Maßstäbe sprengte, alle Erwartungen über den Haufen geworfen hatte. Dies ist jedenfalls die Meinung sämtlicher Leitartikler. Für den Zürcher »Tages-Anzeiger« legten die eben vergangenen Jahrzehnte unstreitig den »Weg, der der besseren Erfüllung des höchsten Menschheitsgedankens entgegenführt«, ja in der »monumentalen Größe der Werdezeit eines neuen Geschlechtes« münde. Die Massenproduktion durch Maschinen verbanne Hunger und Bedürftigkeit, die neuen Verkehrsmittel brächten die Völker der Erde einander näher. In technischer und moralischer Hinsicht sei diese Epoche – so die etwas unerwartete Parallele – nur noch der Ära um das Jahr

400 zu vergleichen. Damals, in den ersten Expansionsjahren des Christentums, habe sich ähnlich Bedeutungsvolles abgespielt.

In der »Wochenzeitung« betont man speziell die Rolle des abschließenden Vierteljahrhunderts, des Zeitalters der Elektrizität. Hier sei »mehr geleistet worden [...] als in allen früheren Jahrhunderten zusammen«. Telefon und Phonograph, Kinematograph und – vor allem – die elektrische Beleuchtung hätten Licht in finstere Winkel gebracht. Und dies durchaus auch in übertragener Bedeutung: »Es ist fast überall, wo civilisierte Menschen wohnen, heller geworden«, man kenne nun keinen Sieben- und keinen Dreißigjährigen Krieg mehr. Die internationalen Konflikte seien kürzer geworden und würden auch nicht mehr durchwegs mit Waffengewalt ausgetragen. Schon bald werde der Druck der öffentlichen Meinung die Regierungen zwingen, »die Ideale der Haager Konferenz, welche heute noch wie Spott und Hohn aussehen, hochzuhalten«.

Ich will auf die Haager Bemühungen um ein Internationales Schiedsgericht noch zurückkommen – fürs erste einige skeptische Stimmen im Jahrhundertrückblick. Der Affoltemer »Anzeiger«, der uns bereits begegnete bei der Diskussion um die Einführung der Elektrizität, sah die vergangene Ära voller »schwerer Erschütterungen und Blutvergießen«. Hauptvertreter dieser »Blut- und Eisenpolitik« sei eindeutig Bismarck, unter dessen Ägide sich auch die Kolonialpolitik verschärft habe. Der Verkehr auf den Weltmeeren, die internationalen Bahnlinien – sie brächten wohl eine Ausdehnung des Welthandels, aber kaum mehr Völkerverständigung. Im Gegenteil: Die Kolonialpolitik habe eine Menge »neuer Streitfragen« geschaffen, mit deren Lösung sich das neue Jahrhundert werde abmühen müssen.

Und die Schweiz? Hat sie tatsächlich »im endenden Jahrhundert eine herrliche Entwicklung genommen«, ist sie »zu einem einigen, zielbewußten Einheitsstaat geworden«, wie die »Wochenzeitung« beteuerte? Auch hier gibt sich der Affoltemer Kommentator zurückhaltend. Zwar habe sich das Land eine solide bundesstaatliche Verfassung gegeben und seine Neutralität erfolgreich bewahrt. Aber in weniger als einem Jahrhundert sei es »aus einem vorwiegend Ackerbau und Viehwirtschaft treibenden Staat« zur Industrienation geworden, die in einzelnen Branchen gar die weltweit führende Stelle einnehme. Vor allem aber »sind unsere Alpen zum Kurort der Welt geworden«, und hier finde sich die »Aristokratie des Geldes und des Geblütes« ein – also Vertreter eben derjenigen Herrschaftsformen, die man im demokratischen Staatswesen im Zaum zu halten bemüht sei. Vor allem zeige ein Rückblick, »wie kurz im Leben der Völker ein Jahrhundert ist und wie schnell sich Kriegszeiten wiederholen können«. Wachsamkeit und Stärke seien gefragt – in einer ungewissen Zukunft seien »die alten Tugenden unentbehrlich«.

Und der Blick auf die Gegenwart? Hier steht ausnahmslos an erster Stelle der Krieg in Südafrika, und dies unter den Vorzeichen der Empörung und des Mitleids. Der übermächtige Goliath England hat »das christliche Volk der Buren, das mit uns Schweizern die Liebe zum Vaterland teilte, zertreten, unterjocht«. Dieser Akt kolonialpolitischer Brutalität beschäftigt die Schweizer um so stärker, als die Briten für viele bis dahin als »Wahrer des Friedens« galten, als Bollwerk gegen »das sprunghafte Regiment eines unberechenbaren Monarchen«, unter dem der deutsche Nachbar leidet. Jeder militärische Erfolg der Buren wird in den Zeitungen geradezu jubelnd begrüßt, die »moralische Schlappe der Engländer« gebührend unterstrichen; zum Jahresende bringt eine Sammlung für die Frauen und Kinder der gefangenen Buren beträchtliche Summen ein, »ein schöner Akt eidgenössischer Hochherzigkeit«!

Entsprechend steigt Frankreich in der kollektiven Hochachtung, auch wenn Dreyfus- und Panama-Skandal am Status der *grande nation* Zweifel hegen lassen. Aber die eben abgeschlossene Weltausstellung hat »die unverwüstliche Lebenskraft« des Nachbarstaates – und der einzigen Schwesterrepublik auf dem Kontinent – aufs neue bewiesen. Und Deutschland? Manche Kommentatoren bewundern die »aufblühende, dynamische« Nation, rühmen unverhohlen: »Deine Hämmerschmieden, deine Räder gehen!« Daneben aber so etwas wie Unbehagen angesichts von so viel Tüchtigkeit, denn der gleiche Verseschmied fährt fort: »Behalte ein Restlein Gemütlichkeit, / O Michel, aus jenen Tagen, / Wo deine Schlafmützenherrlichkeit / Sich gefiel in tiefem Behagen.«

Unverhohlener drückt ein Leitartikler vom Zürichsee sein Mißtrauen gegenüber dem Nachbarn im Norden aus. Das neue Jahrhundert werde wohl das Prinzip des Kolonialismus auch auf dem Kontinent hoffähig machen, Portugal beispielsweise zum Satelliten Englands werden, während Deutschland es auf Holland abgesehen habe. Durchaus möglich, so der Redaktor der »Nachrichten vom Zürichsee«, daß sich auch die Eidgenossenschaft gegen einen Usurpator werde zur Wehr setzen müssen – dies dann hoffentlich ähnlich entschlossen »wie das heldenmütige Burenvolk«. Denn eines ist klar: Wenn irgendwo auf dem Kontinent noch wahre Freiheit zu finden ist, dann »noch am ehesten in unseren Alpenbergen drin«.

Fin-de-siècle-Müdigkeit, Weltverdrossenheit, überfeinerte Dekadenz – gab es dergleichen überhaupt in »unseren Alpenbergen«? Ließ man sich hierzulande anstecken von einer Art Weltuntergangsstimmung, die sich vor allem im Nachbarland Frankreich breitmachte? Dort war das Etikett Fin de siècle bereits um 1885 populär geworden; es bezeichnete eine Art Weltschmerz, die aus Überfluß und Überdruß resultierte, und ging Hand in Hand mit Dandytum, Blasiertheit, Zerfall. *Fin de siècle* hießen sowohl ein französisches Bühnenstück wie ein französischer Roman der späten 1880er Jahre; bezeichnenderweise endeten beide mit Mord, Selbstmord und Wahnsinn. Es gab ein deutsches Ballett und eine ungarische Zeitung gleichen Namens, es gab die Fin-de-siècle-Moral und die Fin-de-siècle-Staatskunst, wie ein Leitartikler klagte: »Man nimmt es als Selbstverständlichkeit hin, daß ein zu Ende gehendes Jahrhundert Enttäuschung, Überdruß und Müdigkeit in literarischer, künstlerischer und politischer Hinsicht mit sich bringt, wenn nicht entschuldigt, und daß die Welt im Jahre 1901 zu einem neuen Start ansetzt.«

Gerhart Hauptmanns »Narr in Christo Emmanuel Quint« berichtet von der weitverbreiteten Furcht, das *fin du siècle* möchte zu einem *fin du monde* werden, die Jahrhundertwende einen gesellschaftlichen Zusammenbruch bringen, begleitet von Krieg und Revolution. Als Symbol dieser ungebändigten Triebe, dieser nur halbwegs gezähmten Energien taucht in diesen Jahren überall der Kentaur auf – so jedenfalls der Fin-de-siècle-Forscher Hans Hinterhäuser: die Zwitterkreatur aus Hengst und Mann, die sich auf Böcklins mythologischen Gemälden, aber auch als Logo einer Haferflokken- und einer Automobilmarke findet.

In der Schweiz dagegen galt Fin de siècle eher als humoristisches Reizwort; man schreckte nicht vor Kalauern im Stil »Fin-de-Siekelei« zurück und reimte: »Wenn vorbei der fin-de-siecle, / trage Rosen jeder Steckel.« Ähnlich verpönt waren Vokabeln wie »Dekadenz« und »dekadent«. Nach einer deutschen Journalisten- und Schriftstellertagung, die im Sommer 1899 in Zürich stattfand, rümpfte der Redaktor der hiesigen Kulturzeitschrift »Die Schweiz« angeekelt die Nase: »Denn *décadent* auf Deutsch bedeutet einen, / der *abfällt* – und nicht wahr, ihr Herrn, das stimmt?«

Gerade dieses 1897 gegründete, früheste ernstzunehmende Kulturmagazin der Deutschschweiz beweist mit dem ersten Jahrgang im neuen Jahrhundert aber, daß auch das Alpenland seine Fluchttendenzen kannte. Für eine repräsentative Familienzeitschrift mit Anspruch auf »gehobene Unterhaltung« liegt der Anteil von rückwärtsgewandten Beiträgen, von historischen Feuilletons erstaunlich hoch – besonders angesichts des zukunftsträchtigen Datums. Nummer eins im neuen Jahrhundert setzt ein mit dem Roman »Albin Indergand« des Zürchers Ernst Zahn: die gemütvolle Schilderung eines Geistlichen, der im Schneegestöber ein abgelegenes Bergdorf erreicht, dies zur Zeit der Reformation. Ich finde weiter Feuilletons über die Schweizer Reisen der deutschen Kaiser, über den Historienmaler Ernst Stückelberg und über den bereits genannten Eugène Burnand sowie dessen Kolossalgemälde »Die Flucht Karls des Kühnen«. Zwei Doppelnummern sind dem 400-Jahr-Jubiläum des Beitritts der Kantone Basel und Schaffhausen gewidmet. Hier werden liebevoll farbige Festumzüge geschildert; ein längerer Aufsatz gilt dem Festspieldichter Arnold Ott – einem spitzbärtigen Charakterkopf mit wallenden Silberlocken, dessen rollende Jubiläumsverse ausführlich zitiert werden. Sämtliche Titelblätter der halbmonatlich erscheinenden Zeitschrift stellen in archaisierender Form die Kantone des Landes vor: Jungfrauen mit Füllhörnern, Hellebardenträger und Ratsherren mit Spitzenkrausen.

Der Verdacht liegt nahe: Flüchtete sich das Leserpublikum dieses Kulturhefts in eine gemüthaft aufbereitete Vergangenheit, verdrängte sie mit Heldenhistorien eine als schal empfundene Gegenwart? War dies die spezifisch deutschschweizerische Form der Fin-de-siècle-Weltflucht: Rückzug in die Scheinwelt einer als schicksalshaft gezeichneten »Geschichte«, wobei die Jahrhunderte zurückliegenden Daten von Schlachten und Bundesschlüssen als Sammelpunkte dienten?

Ich will diesen Fragen in meinem Porträt des spitzbärtigen Festspielautors Ott nachgehen, halte fest, daß eine einzige Kurzgeschichte aktuelle Bezüge aufgreift. *Sweetheart* spielt zur Zeit des Burenkriegs in London; hier besucht die Hauptfigur, eine »kleine Warenhausverkäuferin«, erstmals in ihrem Leben ein Lichtspieltheater. Wie die aktuellen Filmreportagen über die Leinwand flimmern, erkennt sie unter den gefallenen Kriegsfreiwilligen ihren Verlobten, verläßt schluchzend die Vorstellung – eine an den Haaren herbeigezogene Idylle, die denn auch »im Londoner Nebel, aus Dunst und Rauch und Thränen gewoben« vage endet.

Als Autorin zeichnet die Innerschweizerin Isabelle Kaiser, von der ich weitere Beiträge im Jahrgang 1899 finde, ebenso ein Fotoporträt: eine in wallende Gewänder gehüllte, dunkelhaarige Dame von unbestimmtem Alter mit Duse-Blick. Wie ich anderswo lese, erreichte Kaiser in den 1890er Jahren mit gefühlvollen Gesellschafts- und Bekenntnisromanen wie »*Cœur de femmes*« oder »Die Friedenssucherin« hohe Auflagenzahlen, die ihr erlaubten, sich in Beckenried in ein träumerisches Chalet mit Blick über den Vierwaldstättersee zurückzuziehen. Besonders gerühmt wird die Weite des »geistigen Blickfelds«, das in Bibelnovellen und Stuartromanen auch abgelegenste Epochen umfasse. Dazu passen die beiden geschichtlichen Miniaturen im Jahrgang 1899: eine Episode aus dem Rom Neros mit Gladiatoren, Tierkämpfen und blutrünstiger Menge, weiter ein Stimmungsbild aus dem Paris der Revolutionszeit. Hier geht ein Marquis mit einer stadtbekannten Schauspielerin eine Scheinehe ein, was nach der Machtübernahme der Sansculottes zu Verwicklungen führt. Zerrüttete Verhältnisse, morbide und fehlgeleitete Leidenschaften also auch hier, ein Ende mit Schrecken auf dem Schafott. Todessehnsucht bestimmt weiter das Kaiser-Gedicht, mit dem die Redaktion kurioserweise den Jahrgang 1899 eröffnet. Hier beschwört Kaiser »die tote Hand der Schwester«, die »vom fernen Jenseitsstrande« grüßt: was für ein Jahresbeginn!

Stellte Isabelle Kaiser eine helvetisch abgetönte Version rückwärtsgewandter *Décadence* dar, so bot ein 1887 im Zürcher »Verlags-Magazin« erschienenes Buch eine völlig anders geartete Rückschau an. Der schlicht mit »Jemand« unterschriebene Band trug den Titel »Das Maschinenalter«. Er zeichnete mit einer Serie fiktiver »Zukunftsvorlesungen über unsere Zeit« ein schockierendes Bild des Fin-de-siècle-Europa – seiner Absurditäten und Ungerechtigkeiten, seines Rassenwahns und seiner mörderischen Kriegslust. Das Buch wurde schon nach kurzer Zeit neu aufgelegt, in Parlamentsdebatten und Zeitungsfehden zitiert und allgemein dem Zivilisationskritiker Max Nordau zugeschrieben, der jedoch umgehend dementierte: Er pflege nicht unter Pseudonym zu schreiben.

Der geniale Kunstgriff des Buches, das den Rüstungswahn, die Ungleichheit der Geschlechter oder die politische Korruption im Europa der späten 1880er Jahre in einer Art Geschichtsvorlesung beschrieb, gehalten in einer weit abgelegenen Zukunft – er erlaubte es, brisante Themen wie Doppelmoral und sexuelle Befreiung in unverfänglicher Form anzupacken. Trotzdem galt von diesem Buch: »Das ist nichts für Damen!« – eine gefährliche Lektüre.

Tatsächlich stellte »Das Maschinenalter« so ziemlich alle Werte in Frage, auf denen das Gesellschaftsgefüge des Fin de siècle ruhte. Die quasiwissenschaftliche Distanz des ums Jahr 2100 herum angesiedelten Vortrags machte die »ziemlich weit hinter uns liegende Epoche« zum Tummelfeld von Eitelkeit und Rachsucht, von unausgegorenen Ideen und egoistischem

Machthunger. Immerhin wurde den Vorfahren zugebilligt, es würden »kleine, fast nicht wahrnehmbare Kulturkeime« für das Streben nach einer gerechten und vernünftigen Welt zeugen – besonders die soziologischen Untersuchungen eines Herbert Spencer, der »in jener entrückten Zeit« als einziger »klare, weitblickende Anschauungen« formuliert habe. Im allgemeinen aber war »das Europa des neunzehnten Jahrhunderts [...] in Barbarei noch tief versunken«, befangen in religiösen Vorstellungen, die den »unter Qualen verhängten Tod« eines Messias feierten, statt das »unter Wonnen fortgepflanzte Leben« zu verherrlichen.

Im übrigen verzichtet »Das Maschinenalter« auf billige Science-fiction-Effekte. Über die Lebensumstände in einer augenscheinlich harmonischeren und vernünftigeren Zukunft dringt nur wenig durch – außer daß etwa die fiktive Studentenschaft sich einhellig von den Sitzen erhebt, wie das Vortragsthema »Liebe« bekanntgegeben wird. Offensichtlich, so tönt es vom Katheder, gibt sie damit »der Ehrerbietung Ausdruck, welche Sie der Königin aller irdischen Freuden weihen«, diesem »heiligen Borne höchsten Glückes«: eine stehende Ovation für den Eros!

Man wolle bewußt, so heißt es weiter in der Einleitung, auf in der Zwischenzeit gewonnene Erkenntnisse und den Vergleich mit »heutigen« Zuständen verzichten. Auch die unterdessen ungleich differenziertere Sprache mit ihrer präzisen Begrifflichkeit falle weg. Im Interesse der Authentizität will der/die Vortragende kein Wort verwenden, »das nicht in einem damaligen Wörterbuch zu finden wäre« – also ein weiterer Kunstgriff, der die Plausibilität der »Botschaft aus der Zukunft« erhärten soll.

Wer war der Autor, der auf derart raffinierte Weise die Zeitebenen verschob? Und der damit das eigene Lesepublikum als eine unmündige Generation zeichnete, die sich lächerlicherweise für »überzivilisiert« hielt und ihre barbarische Gegenwart absurderweise als »fortschrittliches Zeitalter« etikettierte? Was hatte es auf sich mit dem Pseudonym »Jemand«? Welcher Verfasser bekannte sich auf diese etwas verwirrende Weise zu einem Zukunftsstaat im Zeichen des Eros? Im Vorwort der zweiten Auflage wehrte sich »Jemand« gegen den Vorwurf der Feigheit – wenn er anonym bleibe, so deshalb, weil sein Name »gerade solche Kreise meinem Buch verschließen könnte, für die es hauptsächlich bestimmt ist«. Werde das Rätsel später einmal gelöst, so werde jedermann einsehen, daß hier »einzig im Interesse des Buches« gehandelt worden sei.

Tusch, großer Trommelwirbel: Einige Jahre später entpuppte sich »Jemand« als die österreichische Friedenskämpferin Bertha von Suttner. Berühmt geworden ist die Autorin indes nicht durch das raffinierte

»Maschinenalter«, sondern durch den Roman »Die Waffen nieder!«. Dieser erschien zwei Jahre später und hatte als Propagandaschrift für eine Welt ohne Armeen eine ähnlich aufrüttelnde Wirkung wie seinerzeit Harriet Beecher-Stowes Werk »Onkel Toms Hütte«, das die Sklaverei in den Südstaaten der USA anprangerte.

Als »Maschinenalter« herauskam, war Bertha von Suttner Mitte Vierzig – eine anziehende Brünette mit wachem, forderndem Blick, wie ein Fotoporträt des Jahres 1886 zeigt. Es war in diesem Jahr, daß Suttner nach einigen Absagen den Zürcher Verleger J. Schabelitz fand, der in seinem »Verlags-Magazin« umstrittene Autoren und revolutionäre Literatur herausbrachte; bei Schabelitz erschienen beispielsweise Dramen und Aufsätze von Hermann Bahr, Gedichte von Walt Whitman, die »Gleichstellung der Geschlechter« der ungarischen Frauenrechtlerin Irma von Troll.

Das Pseudonym, wie erwähnt, »hielt« mehrere Jahre. In ihren Lebenserinnerungen rechtfertigt Suttner den Entscheid von damals: »[...] in wissenschaftlichen Kreisen herrschte so viel Vorurteil gegen die Denkfähigkeit der Frauen, daß das mit einem Frauennamen gezeichnete Buch von solchen einfach ungelesen geblieben wäre.« So aber wurde die aus der Zukunft kommende Kritik lebhaft diskutiert, in Parlamentsdebatten zitiert. Suttner erhielt Briefe von Freunden, die ihr das Buch eindringlich empfahlen. Mehrere Male kam sie in die Situation, an einer geselligen Tafel über ihr eigenes Werk mitdiskutieren zu müssen; »ungeheuren Spaß« hatte sie hier vor allem, wenn besorgte Tischnachbarn sie warnten, das Buch sei »nichts für Damen«!

Ich möchte das Leben dieser faszinierenden Frau wenigstens skizzieren. Vorerst ein zweiter Blick auf das »Maschinenalter«: Was hat es beispielsweise mit dem Titel auf sich? Suttner nimmt hier die Epocheneinteilung der Prähistoriker des 19. Jahrhunderts gleichsam beim Wort. So wie diese die Vorfahren nach Technologiestand und Verhaltensformen einwiesen (»Bronzezeit«, »Höhlenbewohner«, »Pfahlbauer«), steckt sie die Bewohner des 19. Jahrhunderts ins Fach »Maschinenalter«, klebt das Etikett »Eisenbahnfahrer« drauf. Das macht die europäische Bevölkerung der Belle Époque zur amorphen Masse, zu einer gesichtslosen Spezies – ein Kunstgriff, der um so perfider, um so zersetzender wirken mußte, als gerade um 1890 Nationalismus und Patriotismus großgeschrieben wurden, die vermeintlichen Unterschiede der Nationalkulturen mehr ins Gewicht fielen als die Gemeinsamkeiten.

Die fingierte Nüchternheit, die angebliche Leidenschaftslosigkeit dieser Analyse wirkt denn auch in Suttners »Vorlesungen« über Krieg und Rüstung besonders frappant. Im Stil einer anthropologischen Abhandlung heißt es hier: »Das Gefühl der Feindseligkeit, welches die Mitglieder eines Gemeinwesens untereinander nicht nähren und nicht bethätigen konnten, ohne die moralischen und die staatlichen Gesetze zu verletzen, galt als erhabenes Gefühl, wenn es von einem Gemeinwesen gegen ein anderes gehegt wurde.« Vor allem waren es die »unterdessen verschwundenen« Nationen Frankreich und Deutschland, welche »in Selbstlob und gegenseitigem Schimpf das Auffallendste leisteten«. Die wenigen Vorkämpfer einer gewaltlosen Zukunft – so der Vortrag weiter – habe man verlacht und mit Floskeln wie derjenigen vom »Krieg als Naturgesetz«, vom »Kampf ums Dasein« ausgegrenzt.

Immer wieder nimmt der/die fiktive Vortragende »einige alte Drucksachen zur Hand«, um beispielsweise die Auswüchse des Patriotismus oder des Rassenwahns zu veranschaulichen – letzterer war um so verwerflicher, als man die Eigenheiten einzelner Völker »als angeboren, als urwüchsige Züge« ausgab, sie so weit wie möglich »in die geschichtliche Vergangenheit« zurückprojizierte und so die Gegensätze zementierte.

Am ausführlichsten und beredtesten dann aber der bereits erwähnte Diskurs über Liebe und Sexualität, über das Verhältnis der Geschlechter und die Stellung der Frau. Und hier setzt Suttner durchaus auch satirische Lichter auf, läßt beispielsweise ein Argument so beginnen: »Ich sehe an Ihren erstaunten Mienen, daß Sie mich nicht verstehen« – die Fiktion einer ungläubigen Zuhörerschaft, die sich im 22. Jahrhundert kopfschüttelnd über die exotischen Zustände von »heute« beugt!

Die Vorfahren – so der Rückblick – hätten »diesen seligsten aller Triebe« auf heillose Weise verketzert, ihn entweder »in metaphysische Sphären erhoben oder in Schlamm versenkt«; das Naturgegebene des Paarungsdrangs sei »mit geheimnisvoller Bosheit« verlästert worden. Und nichts habe so viel Schaden angerichtet wie das Postulat der »reinen Liebe«. Statt körperlicher Anziehungskraft habe man Werte wie Seelenadel, Herzensgüte oder Bescheidenheit ins Zentrum der Paarbeziehung gesetzt – so, als wäre die körperliche Lust ein genierliches Anhängsel von Ehe und Fortpflanzung. Am stärksten lastete der Fluch dieses Paradoxons auf den Frauen, die ohnehin in einer würdelosen Stellung als Besorgerinnen des Haushalts von allen wichtigen gesellschaftlichen Positionen ausgeschlossen waren. Gaben sie außerhalb der Ehe ihren sinnlichen Neigungen nach, so landeten sie womöglich als ledige Mütter in der sozialen Ächtung, ja gar in der Prostitution. Während die Männer dank der herrschenden Doppelmoral als herzlose Verführer oder Bordellgänger ihren Trieb auslebten, ohne ihre gesellschaftliche Position zu gefährden...

Entscheidende Begegnungen im Leben Bertha von Suttners führten in die Schweiz, deshalb hier eine knappe Biographie: Stationen eines kämpferischen Lebens! Sie kommt 1843 zur Welt, als Gräfin Kinsky von Chinic und Tettau, nur daß dieser Familienzweig praktisch vermögenslos ist. Auch die geplante Heirat der ausnehmend anziehenden und musikalischen Bertha mit einem schwerreichen Magnaten zerschlägt sich, und dies einen Tag vor der Hochzeit. Das Mädchen realisiert plötzlich, daß es an einen fünfzigjährigen ausgebrannten Lebemann verkuppelt werden soll! Zur Karriere als Sängerin fehlen die nötigen Verbindungen; schließlich läßt sie sich als Gouvernante anstellen, mit dreißig, dies in der Familie des Wiener Bankiers Baron von Suttner. Darauf dramatische Entwicklungen wie in einem Salonroman: Die Gouvernante und der jüngste Sohn verlieben sich unsterblich, entschiedener Einspruch der Eltern, denn Arthur Gundaccar, der vielversprechende Erbe, ist erst 23, man hat andere Pläne. Also sucht man die »vernünftige« Lösung: Die Gouvernante bewirbt sich um eine Stelle in Paris, wo ein »reicher und gebildeter Herr« eine Sekretärin sucht. Im Herbst 1876 reist Bertha nach Paris, der Arbeitgeber entpuppt sich als schwerreicher schwedischer Industrieller namens Alfred Nobel, der Erfinder des Dynamits! Nobel, offensichtlich eine innerlich zerrissene, schwermütige Natur von düsterer Faszination, findet Gefallen an der Gesellschafterin; ein Hauch von Romanze liegt in der Luft. Aber Bertha reißt sich bereits nach einer Woche los, fährt zurück, darauf heimliche Heirat der Liebenden in Wien, nur daß sich die Familie Arthurs unversöhnlich zeigt; es ist von Enterbung die Rede!

All dies klingt, wie erwähnt, nach Operette, und dieser Grundton schwingt selbst in den folgenden entbehrungsreichen Jahren mit. Das Paar läßt sich im Kaukasus nieder, wohin Bertha von einer befreundeten Fürstin eingeladen worden ist; man nimmt bald da, bald dort Wohnsitz, meist im Umkreis von Tiflis. Die beiden entwickeln unerwartete Talente, vor allem überrascht Arthur Gundaccar, der sich in Wien vor allem als eine Art freundlicher Playboy profilierte. Dieser »Sonnenscheinmensch«, den Bertha liebevoll »Löwos« nennt, entwirft und baut Gutshäuser, legt Drainageleitungen, steht frohgelaunt um fünf Uhr morgens auf, um seinen Zwölfstundentag anzupacken – ein Energiebündel. Die beiden wohnen meist in schäbigen Unterkünften, aber trotz der Aura von »Büffelmist und Hammelfleisch« etabliert sich Bertha als Schriftstellerin, schickt mit Erfolg Feuilletons, Novellen, schließlich Romane an deutsche Redaktionen und Verlage. Erstaunlicherweise hält der junge Ehemann auch hier Schritt, dies mit zwei zeitkritischen Romanen. Als 1885 die Familie Suttner einlenkt, ziehen die beiden im Triumph nach Europa zurück, lassen sich im prächtigen Schloß Harmansdorf bei Wien nieder; sie haben in neun harten Jahren bewiesen, daß sie »auf eigenen Füßen stehen können«. In diesem Hochgefühl, während dieser »Hochschule des Glücks«, macht sich Bertha an die Niederschrift des »Maschinenalters«.

In das Buch fließt alles, »was sich in ihr an Groll und Leid über die Zustände der Gegenwart und an Hoffnungsgluten über die verheißene Zukunft angesammelt« hat. Aber es entpuppt sich als bloßes Vorspiel. Zum Welterfolg wird erst der 1889 erschienene Roman »Die Waffen nieder!«. Diese Geschichte einer jungen Frau, die der Krieg zweimal zur Witwe macht, wird bis Jahrhundertende in ein Dutzend Weltsprachen übersetzt; allein in Rußland kursieren fünf Versionen. Viele Leser glauben an einen Tatsachenbericht; ein Bewunderer, der die Autorin in Venedig kennenlernt, zeigt sich höchst erstaunt, statt einer verhärmten Witwe eine lebensprühende, geistvolle Frau anzutreffen. Der Roman macht Suttner zu einer Galionsfigur der Friedensbewegung, und im Gegensatz zu »Onkel Tom«-Autorin Stowe scheut sie Auftritte in der Öffentlichkeit keineswegs. Sie gründet die österreichische Friedensbewegung, wird Vizepräsidentin des Internationalen Friedensbüros: eine Frau, die Zielstrebigkeit mit Tiefsinn verbindet!

Bei einer Reise in die Schweiz, dieses »demokratischste und schlichteste Land Europas«, trifft Bertha von Suttner nach Jahren wieder auf Alfred Nobel, den schwedischen Industriellen. Der Dynamiterfinder nutzt ganz offensichtlich den Anlaß, den Vierten Weltfriedenskongreß in Bern, für ein Wiedersehen, hat seinerzeit die Zusendung von »Die Waffen nieder!« mit einem überschwenglichen *»yours for ever and more than ever«* verdankt. Aber er gibt sich spleenig wie immer, läßt Bertha geheimnistuerisch in die Hotelhalle rufen; schließlich einigt man sich auf ein Treffen in Zürich, nach dem Abschluß der Konferenz. Hier legt Suttner übrigens, zusammen mit einem italienischen und einem englischen Delegierten, erstmals das »Projekt eines Europäischen Staatenbundes« vor: die Idee eines Vereinten Europas hundert Jahre vor dem EG-Jahr 1992!

Aber auch das Zürcher Treffen bringt Zukunftsweisendes. Die Suttners treffen gemeinsam ein, logieren im vornehmen Hotel »Baur au Lac«; in der Suite, die eben von Kaiserin Elisabeth von Österreich geräumt worden ist, finden sie auf dem Toilettentisch übrigens »eine verwelkte, blasse Rose«. Nobel zeigt auch hier seine zerrissene Problemnatur: tiefsinnige Diskussionen über die Friedensbewegung einerseits, dann wieder lärmige Ausflüge auf dem Zürichsee, in einem Motorboot aus Aluminium, das sich dieser Dynamit-Krösus eigens hat konstruieren lassen. Das Trio bewundert die schmucken Fabrikantenvillen entlang den Uferhügeln. »Das haben alles die Seidenwürmer gesponnen«, kommentiert Nobel, offenbar etwas herablassend, denn die Baronin fällt ihm ins Wort: Dynamitfabriken seien zweifellos viel einträglicher, aber um einiges weniger harmlos als Seidenwebereien. Worauf Nobel kontert – sein Sprengstoff werde den Krieg aus der Welt schaffen, früher als alle Kongresse: »An dem Tag, da zwei Armeekorps sich gegenseitig in einer Sekunde werden vernichten können, werden wohl alle zivilisierten Nationen zurückschaudern und ihre Truppen verabschieden.«

Als spürte Nobel selbst, daß er sich hier frommem Wunschdenken hingab, schaffte er sich eine zweite Friedensstrategie. Wenige Wochen nach dem Zürcher Treffen erhielt Bertha von Suttner einen Brief aus Paris. Er trage sich mit dem Gedanken – so der damals sechzigjährige Nobel –, eine Stiftung zu schaffen, die alle fünf Jahre einen Preis verleihen würde, »*à celui ou à celle qui aurait fait faire à l'Europe le plus grand pas vers les idées de pacification générale*«. Der Preis würde alle fünf Jahre vergeben, und dies insgesamt sechsmal. Das laufe heraus auf eine Zeitspanne von dreißig Jahren. Wenn bis dann der Militarismus noch nicht besiegt sei, lohne sich die Preisverleihung ohnehin nicht mehr: »*Si dans trente ans on n'a pas réussi a réformer le système actuel, on retombera fatalement dans la barbarie.*« Im übrigen glaube er, Nobel, weder an Abrüstung noch an ein internationales Schiedsgericht. Erfolg verspreche einzig ein Völkerabkommen, nach dem sich alle zivilisierten Staaten verpflichteten, den »ersten Aggressor« zu ächten und zu bekämpfen: eine Art Weltpolizei gegen den »*premier agresseur*«. So müßten sich selbst die streitsüchtigsten Völker entweder an ein Gericht wenden oder dann stillhalten; auf diese Weise wäre der Frieden »auf Jahrhunderte hinaus gesichert«.

Nobel starb vier Jahre später; die geplante Stiftung kam in erweiterter und veränderter Form zustande. Von den ersten vier Friedenspreisen gingen drei in die Schweiz, Bertha von Suttner wurde 1905 mit dieser würdigsten aller Auszeichnungen geehrt – fast dreißig Jahre nach der seltsamen Pariser Episode zwischen dem weltverachtenden Millionär und der liebeskranken Gouvernante, dreizehn Jahre nach dem ebenso merkwürdigen Treffen von Zürich, das seinen Nachhall weit über Nobels Tod hinaus fand.

Die Beschränkung auf dreißig Jahre hatte das Testament des düsteren Schweden fallengelassen, aber die Ereignisse der Folgezeit sollten seinen Pessimismus bestätigen. Die Friedenskonferenz von Den Haag, 1899 auf Initiative des russischen Zaren einberufen, brachte weder Abrüstungsquoten noch das ersehnte handlungsfähige Internationale Schiedsgericht. Die Suttners hatten, so wie viele Friedensfreunde in aller Welt, auf die magische Kraft des Datums gesetzt. Den Haag brachte die Hoffnung, *»to turn over a new leaf«*, das neue Jahrhundert einzuweihen »durch den Bruch mit alter Barbarei«. Aber der unsinnige Krieg, den England in Südafrika gegen die zwei Burenrepubliken führte, überschattete die Konferenz von Beginn weg; zudem stellte sich bald heraus, daß die deutsche Delegation zu keinerlei Zugeständnissen bereit war. »Die Barbarei«, so Suttner, »wurde von ihren Liebhabern glücklich hinübergerettet, und ein über alle Maßen grausamer und jammervoller Krieg [...] wütete als ungünstiges Vorzeichen vom alten in das neue Säkulum fort.«

Das bringt uns zurück zur Jahrhundertwende – zurück zur Pariser Weltausstellung, zurück zu den Ängsten der Zeit, zum kaum artikulierten Gefühl, die Zeitenwende möchte in eine allgemeine Katastrophe führen. Zu diesem drückenden, vagen Unbehagen trug bestimmt bei, daß innerhalb kürzester Zeit so viele Monarchen Europas wegstarben. Die Kaiserin Elisabeth von Österreich, einst als schöne Sissy gefeiert – sie, die auf dem Toilettentisch des Zürcher Nobelhotels blasse Blütenblätter hinterlassen hatte, wurde im Herbst 1898 von einem Anarchisten erstochen, an Genfs schönster Promenade, am hellichten Tag. Und im Sommer 1900 erschoß ein weiterer Anarchist den italienischen König Umberto I., einen würdigen alten Herrn, der an diesem Tag die gewohnte Panzerweste nicht hatte anziehen wollen. Und kaum war – jedenfalls nach dem »nüchternen« Kalender – das Jahrhundert angebrochen, so starb Königin Viktoria, seit über sechzig Jahren Herrscherin über Großbritannien und Irland; an diesem 22. Januar 1901 ging das Viktorianische Zeitalter zu Ende.

Und die neue Ära? Gab es Zukunftsweisendes, gab es Ereignisse, die Zeichen setzten? Wie schwer fiel beispielsweise ins Gewicht, daß Schweizer Segler und Schützen an den Zweiten Olympischen Spielen vom Sommer 1900 in Paris insgesamt sechs Goldmedaillen eroberten, daß vom Berner Wankdorf-Areal aus erstmals ein Kugelballon aufstieg, der den beschwingten Namen »Vagabund« führte? Oder daß in Friedrichshafen am Bodensee der 62jährige Konstrukteur Graf Friedrich von Zeppelin mit einem über hundert Meter langen Luftschiff auf 400 Höhenmeter stieg und dort immerhin eine Viertelstunde lang seine Kreise zog, bevor das Höhenruder brach und das Gefährt in einer Art Gleitsturz auf dem Wasser aufprallte? Konnten nicht die – allesamt unverletzten – Passagiere mit Stolz melden, sie hätten an diesem symbolschweren Datum als erste Menschen einen gesteuerten, von Motoren kontrollierten Flug erlebt und damit ein neues Zeitalter eröffnet?

Nur wenige Kilometer entfernt, im thurgauischen Städtchen Dießenhofen am westlichen Abfluß des Bodensees, hörte der Augenarzt und Dichter Arnold Ott von Zeppelins Tat. Wenn er den Flug des Luftschiffs als zeichenhaft und zukunftsweisend erlebte, so hielt er das jedenfalls mit keiner Zeile fest – dies aus dem einfachen Grunde, daß sich dieser unstete, ewig aufbrausende Mann mit dem kahl glimmenden Schädel, den pathetisch wallenden Nackenlocken und den an Studentenduelle erinnernden Wangenschmissen auf einem eigenen, ganz persönlichen Höhenflug befand. Im Sommer 1900 führten im schmucken Mittelalterstädtchen rund 250 Laienspielerinnen und -spieler sein historisches Festdrama »Karl der Kühne und die Eidgenossen« auf – ein Stück, das von Dramaturgen und Kritikern für unspielbar erklärt worden war. Jetzt reisten täglich Hunderte von Neugierigen in die Nordostecke der Schweiz, um das »einzigartige Freiluftspiel« zu erleben. »Rein großartig!« urteilte die »Neue Zürcher Zeitung«, und eine deutsche Theateragentur schlug vor, die ganze Produktion in das renommierte Thalia-Theater in Berlin zu verpflanzen. Ott lehnte ab, aber für einen Teil der Proben und die gesamte Spielzeit mietete er sich in Dießenhofen ein, kostete Abend für Abend den Triumph aus: Ein »urschweizerisches, echt volkstümliches« Festspiel war möglich, und er, Ott, hatte die Formel dazu gefunden! Im Herbst reiste er zurück nach Luzern, löste innerhalb weniger Wochen seine gutgehende Spezialpraxis auf. Das 20. Jahrhundert begrüßte er mit einem Silvestergedicht, das seiner Muse und dem neubestätigten Dichtertum galt; es würde die Entstehung einer eigenständigen »schweizerischen« Literatur sehen: »Wallend Herz, mit deinem Blute / Fülle du den Festpokal! / Welt, in meiner Schale flute / Du mit deiner Lust und Qual!«

Wir haben ihn beim Überfliegen der Kulturzeitschrift »Die Schweiz« bereits flüchtig kennengelernt – wer war dieser Arnold Ott, den das Blatt kurzerhand mit Shakespeare oder Äschylus verglich, den es als »Bahnbrecher« feierte und für den es gar eine eigene Arena forderte: ein großangelegtes Festspieltheater auf der Bruchmatt bei Luzern im Angesicht von Rigi und Pilatus? Was für Stücke waren das, die angeblich für den »Schweizerjüngling [...] so viel bedeuteten wie für den Griechensohn das olympische Spiel«? Hatte sich die Stadt Luzern tatsächlich mit Schande bedeckt, indem sie seinen eingeplanten Kredit von Fr. 150 000.– für diese Wallfahrtsstätte wieder zurückzog? Denn der beinahe vierstündige Dießenhofener »Karl der Kühne« war bloß der Eckstein einer gewaltigen vaterländischen Trilogie; in »wirklich vulkanischem Arbeiten«, bei dem ganze Szenen »stromgleich [...] herauswogten«, hatte Ott weitere Episoden der Geschichte in kantige Verse gefaßt; es fehlte bloß noch ein ähnlich imposantes Forum.

Tatsächlich hatte Ott, als er seinen Jahrhundertwunsch an die Dichtermuse richtete, den größten Teil seiner Bühnenwerke bereits geschrieben, dies in den Jahren seit 1888. Festdramen wie der erwähnte »Karl der Kühne« oder der daran anschließende »Hans Waldmann«, ein Napoleon-Stück mit dem Titel »St. Helena« sowie die im Mittelalter spielenden »Grabesstreiter« und »Rosamunde« lebten allesamt von einem Zug ins Ungeheuerliche und Übermenschliche, berichteten von grandiosem Heldenmut und zermalmender Strafe. »Karl der Kühne« beispielsweise nimmt in der viel später erschienenen Gesamtausgabe rund 300 Druckseiten ein; eine integrale Aufführung hätte sieben bis acht Stunden gedauert. Zutiefst beeindruckt von der bloßen Fülle dieser Produktion sahen Zeitgenossen wie der spätere Nobelpreisträger Carl Spitteler oder der Kritiker Joseph Viktor Widmann im schmächtigen Augenarzt einen genialen poetischen Haudegen, während Ott selbst sich gerne als »Grobschmied« bezeichnete, dem über der Fülle seiner dichterischen Visionen die Zeit für die Feinarbeit fehle.

Denn Ott hatte verhältnismäßig spät im Leben zum Stückeschreiben gefunden. Als etwas schrulliger Fabrikarzt im schaffhausischen Neuhausen, der durchaus einmal einen saumseligen Patienten ohrfeigte und seine Honorare als Fünffrankenstücke in einem Bierhumpen aufbewahrte, hatte er gelegentlich Theateraufführungen für die lokale Presse besprochen. Am meisten Aufsehen erregte eine ausgezeichnet recherchierte und formulierte Artikelfolge. Hier wandte sich Ott gegen die Wiedereinführung der Todesstrafe: zwar vergeblich, aber immerhin mit der Genugtuung, daß »sein« Kanton Schaffhausen bei der entsprechenden Volksabstimmung des Jahres 1879 dank der Serie eine ablehnende Mehrheit stellte.

In Neuhausen lernte der Landarzt mit dem verwahrlosten Äußeren seine zukünftige Frau kennen – eine Wirtstochter namens Anna Spörli, die er in reichlich herablassendem poetischem Volkston als »kleine Heckenrose«, die »er sich gepflückt und an die Brust gesteckt« habe, zu bezeichnen pflegte. In Wirklichkeit war es diese einfühlsame und couragierte Frau, die in den folgenden vierzig Jahren ihren überall aneckenden Gatten zwischen den ökonomischen und gesellschaftlichen Klippen durchsteuerte, von denen das häusliche Leben bedroht wurde. Schon in den Neuhauser Jahren übernahm sie einen ansehnlichen Teil der Arbeit in der Praxis; später bestand eine ihrer wichtigsten Aufgaben darin, die Patienten zu beschwichtigen, die der Herr Doktor in Divalaune aus dem Wartezimmer vertrieben hatte.

Als Mittdreißiger absolvierte Ott eine Zusatzausbildung und ließ sich um 1880 als Augen-, Hals- und Ohrenspezialist in Luzern nieder. Die Stadt am Vierwaldstättersee war in diesen Jahren ein mondänes Tourismuszentrum. Ott bekam aus den Erstklaßhotels gut zahlende Patienten überstellt; angeblich fand sich sogar Königin Viktoria zu einer Konsultation ein. Man bezog eine stattliche Villa, schaffte sich einen kultivierten Freundeskreis: abends Lektüre von Shakespeare-Dramen mit verteilten Rollen.

1887, nach einer Reise zum Basler Gastspiel des Meininger Hoftheaters, wurde Otts Theaterleidenschaft zur Besessenheit. Das Ensemble, das Herzog Georg II. von Sachsen-Meiningen in jahrelanger Arbeit nach eigenen Vorstellungen als eine Art deutsches Mustertheater aufgebaut hatte, gab offenbar Shakespeares »Julius Cäsar« und Schillers »Jungfrau von Orleans« mit so viel Verve, daß Ott praktisch auf der Stelle beschloß, sich in Zukunft der Welt des Theaters zu widmen – als tragischer Dichter. Nach der Rückkehr von Basel änderte sich der Alltag in der Villa drastisch. Wo Papa früher den sechs Kindern beim Zubettgehen mit Märchenerzählen und Spielen Gesellschaft geleistet hatte, gebot er jetzt nach dem Abendessen absolute Stille. Ott schloß sich in sein Studierzimmer ein, schritt mit einem grünen Augenschirm auf der Stirne ruhelos auf und ab, warf Verse auf das Papier. Nach wenigen Monaten waren bereits zwei umfangreiche Dramen beendet – eine Hohenstaufertragödie namens »Konradin« und das schon von Hebbel bearbeitete Schicksal der Agnes Bernauer. Die Verse dazu seien

»mit vulkanischer Gewalt aus mir herausgeschleudert worden«, beteuerte Ott seinen Freunden: »Ich scheine mir fremd, ein Traumwandler auf hohem Giebel, und doch sicher.« Unter dem bereits Vollendeten fänden sich »leidenschaftlich bewegte« Szenen, »daneben andere von zartester Weichheit, Sterne, im Meer erlöschend«. Die tägliche Arbeit in der Praxis erlebte der Dichterarzt immer stärker als Bedrohung, die hilfesuchenden Patienten gar »als Feinde«.

Ott zögerte nicht lange, seine »leidenschaftlich bewegten« Szenen dem theaterbesessenen Herzog zu übersenden. »Rosamunde« kam mit einem bedauernden Brief zurück, aber »Agnes Bernauer« machte das Rennen. Ott brachte das Stück persönlich nach dem Innerschweizer Kurort Seelisberg, wo das adlige Paar eine Kur absolvierte. Offensichtlich beeindruckte die Begegnung mit den Mäzenen den Dichter zutiefst; jedenfalls erhielt Georgs Gattin, die als Freifrau von Heldburg geadelte ehemalige Schauspielerin Ellen Franz, im Luzerner Salon Otts eine quasisakrale Nische mit Porträt und Blumenschmuck geweiht. Ein durchreisender Autorenkollege aus Italien hielt das Adelsporträt sogar für ein Madonnenbild und kniete sich im Gebet davor nieder – eine Episode, die peinlicherweise den Weg in die Tagespresse fand.

Die Meiningens hatten die Uraufführung von »Bernauer« für den März 1889 zugesagt. Die Zeit bis dahin verbrachte Ott auf der Suche nach neuen Bühnenstoffen, fand in der Geschichte auf Schritt und Tritt »einen Keim, der vom Goldregen der Poesie befruchtet werden muß«. Daneben betrieb er Studien über den wahren Autor hinter Shakespeares Werken, den das Herzogenpaar bezeichnenderweise in Lord Bacon vermutete. Für seine historischen Forschungen war Ott nur gerade das stimmungsvollste Ambiente gut genug: Er suchte in der weltberühmten Klosterbibliothek von Einsiedeln nach alten Schriften, arbeitete dazwischen einzelne Szenen auf dem Schaffhauser Munot aus, vor dem gewaltigen Hintergrund einer spätmittelalterlichen Befestigungsanlage. Darunter litt natürlich die ärztliche Praxis; erstmals zeichneten sich finanzielle Sorgen ab.

Im März dann die langersehnte Uraufführung im sächsischen Meiningen. Ott reiste frühzeitig an, stiftete etwelche Verwirrung, indem er noch während Haupt- und Generalprobe drastische Änderungen verlangte; der Herzog zeigte sich verständlicherweise etwas verstimmt. Glaubte man Ott, so wirkte die Premiere aber »sensationell, alle Schichten des Publikums tief ergreifend«; in Wirklichkeit brachte sie kaum einen lauen Achtungserfolg. Nach der Heimreise sorgte sich Ott um die Drucklegung seines Bühnenstücks: ausgedehnter Briefwechsel über die Frage, ob die schriftliche Widmung an das Herzogspaar »ehrfurchtsvoll« oder »verehrend« erfolgen solle. Aber auch der gedruckte Text blieb in Deutschland praktisch unbeachtet, obwohl Ott Exemplare an alle großen Bühnen sandte und bereits auf eine Auszeichnung mit dem Deutschen Schillerpreis spekulierte.

Ähnlich peinlich dann auch das Werben um Gottfried Keller: Ott übersandte dem kränklichen Siebzigjährigen ungefragt das Manuskript der »Bernauerin« und sprach persönlich in Zürich vor, um sich das Urteil abzuholen. Dabei ließ er sich von zwei Söhnen begleiten, die vor Kellers Wohnungstüre lauthals das patriotische Lied »Oh mein Heimatland« anstimmten – ein Graus für den mürrischen Epiker, der öffentliche Ehrungen zutiefst verabscheute. Aber Ott ließ nicht locker. Im Juli 1889, erfüllt von der Hochstimmung des arrivierten Dramatikers, stattete er Keller einen weiteren Besuch ab, diesmal in Seelisberg. Keller versuchte hier, in einem Kurhaus seinen siebzigsten Geburtstag ohne Rummel zu überstehen, was Ott, der erneut mit zwei Buben anrückte, keineswegs beeindruckte. Und diese Begegnung brachte einen Eklat; schon nach fünf Minuten sahen die wartenden Söhne ihren Vater zornesrot und türeschmetternd das Hotel verlassen. Später wurde bekannt, Ott habe dem erfolglosen Dramatiker Keller vorgeworfen, er sei bloß neidisch auf den »Bernauer«-Erfolg; darauf Keller: Man komme leicht zu Bühnenehren, wenn man sich als »Fürstenknecht« aufführe.

Vollends bestimmt von Peinlichkeiten, ärgerlichem Zwist und grotesken Eifersüchteleien war sodann das Verhältnis Otts zu Joseph Viktor Widmann, dem Literaturredaktor des Berner »Bund«. Widmann, immerhin der führende Deutschschweizer Literaturkritiker der 1890er Jahre, sah im Dichterarzt ein geniales Naturtalent, reagierte auf neu entstandene Szenen begeistert mit: »Das ist Shakespeares großer Ton!« und räumte Ott in den von ihm betreuten Literaturseiten viel Platz ein. Die persönlichen Begegnungen zwischen den beiden verliefen aber meist unglücklich; bei einer Gelegenheit stürzte sich Ott mit dem Tischmesser auf den Kollegen, erklärte eines seiner Gedichte als »Scheißdreck«, dann wieder versöhnliche Worte. Widmanns Familie stellte verstört fest, daß der Vater von solchen Dichtertreffen meist in »exzentrischer Laune« zurückkehrte und sich tagelang im »dramatischen Aufbauschen« von Alltäglichkeiten gefiel. Widmann selbst hielt das Unbehagen in einem schwungvollen Gedicht im »Bund« fest. Dichterkollege Ott erschien hier als »brüllender Titan, der seine Lenden / im stillen Bergsee meiner Seele spült« – ein Vergleich, der bei den aufmerksameren Abonnenten des Blattes wohl einiges Stirnrunzeln auslöste. Zu längeren Unterbrüchen in der Beziehung führte sodann ein vernichtendes Urteil über Widmanns »Maikäferkomödie«; Ott nannte das in der Tat reichlich schrullig-verquere Stück eine »lüsterne und greisenhaft eitle« Produktion. Noch verheerender wirkte sich für die Beziehung aus, daß auch Widmann zwei Werke am Meininger Hoftheater unterbrachte. Ott fühlte sich ausgetrickst, da der umgänglichere Berner in Hofgesellschaft weit besser ankam als er, witterte Intrigen und bezeichnete den Freund schließlich als »verfluchten Höfling«.

Immerhin erhob Literaturkritiker Widmann selbst in den besten Zeiten ihrer Freundschaft da und dort den Mahnfinger. Beim offenbar besonders zügellosen Ott-Drama »Rosamunde« bemäkelte er »unappetitliche« Stellen im Stil von »die brünstigen Dünste des Brautbetts atme« und warnte den Kollegen vor all zu häufigen Elisionen. Ein Vers wie »Vergebens sucht' ich Rach' durch Minn' zu sühnen« sei schlicht barbarisch. Bei »Die Frangipani«, einem düsteren Mittelalterdrama in steilen Versen, fand der Berner die dramatische Lösung allzu gewaltsam; Ott ließ hier den Bösewicht der Handlung kurzerhand durch einen Blitzschlag ums Leben kommen. Trotzdem wurde dieses Hohenstauferdrama zu Otts meistgespieltem Stück: Aufführungen durch vier schweizerische Theater in den 1890er Jahren und schließlich eine weitere, lange ersehnte Übernahme durch die Meininger Bühne.

War die Elision, dieses verkürzende Wegknipsen störender Endungen, bezeichnend für Otts dichterische Haltung überhaupt? Versuchte hier einer, mächtig klingendes Sprachmaterial mit aller Gewalt in vorgeformte Muster zu pressen? Die zitierten Verse um »Minn'«, »Rach'« und brünstige Brautbettendünste erinnern mich daran, daß Otts Werk in diesem Porträt praktisch nur gestreift wurde. Aber ich muß gestehen, daß ich die Dramen- und Gedichtbände, die in den 1940er Jahren in einer aufwendigen sechsbändigen Gesamtausgabe erschienen, nach wie vor nur mit einem Gefühl des Widerwillens aufschlage. Gerade das erwähnte Hauptwerk »Karl der Kühne« wimmelt von Versen, die wie eine Parodie ihrer selbst wirken: eine stets aufgeregte Ausrufzeichenparade mit überall eingestreuten Exklamationen wie »Ha, feiler Schurk'!« und »Beim Teufel, schlimm!«. Die erwähnten Elisionen, die syntaktischen Umstellungen sollen die Sprache aufrauhen und verdichten, resultieren aber bestenfalls in einer Art Komprimierung der Oberfläche: »Kein Schweizer föcht' mit ihm, Verrat ist fremd uns.«

Unter dieser Oberfläche dann Wort- und Gedankenbrei, Unsinniges und

Absurdes; dauernd brüllen Anführer im Schlachtengetümmel Befehle wie »Ha, die von Vaudemont! Gewalthauf vor!«, Worthülse reiht sich an Worthülse. Etwas erträglicher wird die deklamatorische Aufgeblasenheit erst, wenn Ott Szenen im Dialekt einstreut, obwohl auch hier die Ausrufezeichen dominieren. Trotzdem wirkt der Appenzeller Reisläufer Seppetoni, der die Leiche von Herzog Karl als einer der ersten findet, einigermaßen glaubhaft: »*Usgroubt bis ofs Bä! Von ägne Soldchnächte! Pfoi Hond!*« Solche Einschiebsel zeigten Otts ausgesprochene Mimikrybegabung und seine Beherrschung der verschiedenen Dialekte; tatsächlich schlug der Autor vor, in den »Karl«-Aufführungen Laiendarsteller aus den jeweiligen Landesteilen einzusetzen.

Ob das Publikum von Otts Festdramen solche Nuancen überhaupt wahrnahm, bleibt unwahrscheinlich. Tatsache ist, daß bei der ersten »großen« Inszenierung einer Ott-Szene der Text schlicht unverständlich blieb. Für die Einweihung des Telldenkmals in Altdorf vom Sommer 1895 dachte sich Ott einen langen Disput zwischen der personifizierten »Geschichte« und der »Sage« aus; anschließend kam gar der »Geist Schillers« zu Wort, für welche Rolle man einen namhaften Tenor verpflichtet hatte. Da auch noch vierhundert Sänger das Festgewühl belebten, wurde der Inhalt des Streitgespräches erst publik, als das Festspiel in einer Broschüre erschien; immerhin trug es dem Dichter ein Honorar von fünfhundert Franken und eine Anerkennungsgabe des Bundesrates ein.

Die Dießenhofener Aufführung des »Karl«, mit der ich diesen Exkurs begonnen habe, gab ähnliche Probleme auf. Ott ließ auch hier »seine Phantasie nicht durch die ängstliche Zwischenfrage beschneiden: ›Kann man das aufführen?‹«, wie Otts begeisterter Anhänger Heinrich Federer rühmte. Daß auf der Wiese vor der Stadtmauer nur 250 Laien mitwirkten, hatte damit zu tun, daß man aus Personalmangel die Chöre strich – aber auch so konnten sich die Mitwirkenden vor den mehreren tausend Zuschauern akustisch kaum durchsetzen.

Vollends unüberwindlich wurden die akustischen Probleme bei der Aufführung von Otts Festspiel vom nächsten Sommer, das dem Beitritt Schaffhausens zur Eidgenossenschaft (1501) galt. Bei dieser Auftragsarbeit war alles noch um einige Nummern größer als beim »Karl«: eine Bühne von 30 auf 36 Metern, auf der sich insgesamt 1300 Mitwirkende produzierten, achtzig davon in Sprechrollen. Bei den ersten Proben mußte der Spielleiter die Statisten mit Chiffren aufrufen; auf die Bühne gebeten wurde also beispielsweise der »Büttel Nummer 113« oder der »Landsknecht Nummer 24«. In fünf Aufführungen vor insgesamt 30 000 Gästen durfte Ott miterleben, wie »Tränen der Ergriffenheit« flossen. Das Publikum folgte der Handlung wie in der Oper mit Hilfe eines Texthefts; im übrigen hatte die Erschütterung offensichtlich zu tun mit dem überwältigenden Aufgebot marschierender und berittener Soldaten, schmucker Jungfrauen und stimmgewaltiger Chöre.

Im Stück selbst sahen Kritiker so etwas wie die Quadratur des Zirkels. Ott hatte es geschafft, ein Auftragsstück in die »feste, innere, seelische Einheit eines Dramas« zu binden; er sei »der Bahnbrecher, der unseren Jubiläen zu bleibenden Wertstücken verhilft«. Seine Dramen waren nicht mehr gebunden an einen in runden Zahlen zu feiernden Anlaß; Ott hatte sich vom Jubiläumsdruck gelöst, dem Festspiel eine neue, künstlerische Dimension erobert.

Ich brauche nicht zu betonen, daß dieses Urteil nicht lange Bestand hatte. Ein heutiger Leser findet auch bei diesem Festspiel Ungereimtheiten, Anachronismen und peinliches Pathos auf Schritt und Tritt. Alle drei versammelt beispielsweise das Ende der Schlacht um Hallau auf engstem Raum: daß die Feinde die Häuser in Brand gesteckt haben, wird erledigt mit dem Befehl »Die Flammen löscht!« und der Regieanmerkung »Die Feuer erlöschen allmählich«. Zum Dank für die Errettung wird in der Kirche das pietistische Kirchenlied »Lobet den Herrn« angestimmt (etwa zweihundert Jahre später entstanden), und ein Bauernmädchen, das den Geliebten erschlagen vorfindet, tröstet sich mit den Worten: »*O min Schatz, ietz bisch richer als ich, bist für d'Heimet gstorbe und häst s'ewig Läbe erworbe!*«

D er Schaffhauser Erfolg im ersten Sommer des neuen Jahrhunderts brachte Ott mit 12 000 Franken Honorar erstmals auch einen größeren finanziellen Ertrag. Er blieb aber eher krönender Abschluß denn feierlicher Auftakt. Zwar erlebte Ott in Zürich noch eine Aufführung seines »Karl« mit, die erstmals auch die Chöre mit einbezog, und Basel brachte es mit seinem Napoleon-Drama auf fünf Aufführungen. Aber der Durchbruch in Paris, den sich Ott erhofft hatte, blieb aus, obwohl der Autor für die französische Version die viel weltläufigere Isabelle Kaiser einspannte: keinerlei Interesse bei den Dramaturgen! 1904 brach sich Ott ein Bein – der Anfang vom Ende. Denn der Bruch verheilte nur unvollständig; es folgten mehrere Operationen, dazu Depressionen mit manischen Phasen, Verfolgungswahn. Dieser erklärt wohl auch Otts ständigen Wohnortwechsel; dadurch aber Verlust des Freundeskreises, zunehmende Verbitterung und Vereinsamung, Gefühle des Verkanntseins, der Kränkung. Ott starb im

September 1910, wurde in Luzern ohne Pomp beerdigt, nachdem er in der Sterbestunde seine Enkel ans Lager berufen hatte. Das unauffällige Begräbnis war ebenso poetisch vorarrangiert wie die in Versen vorausempfundene Sterbeszene: »Wenn einst der Tod mit leichten Schwingen / Den Pilgermüden hat ereilt, / Laßt frohe Kinder mich umringen, / Solang' die letzte Stunde weilt!« Otts Dramen wurden kaum je wieder aufgeführt. In der schweizerischen Literaturgeschichte rangieren sie eher als Kuriosa – trauriges Lebensfazit eines Mannes, dem Dichtertum und Dichterwürde wichtiger wurden als alles andere, der über der »gold'nen Zier« seines »Festpokals« den Inhalt vergaß.

Hatte Ott einen Teil seiner historischen Festspiele immerhin ohne die Hilfe der »runden Zahl« auf die Bühne gebracht, so brauchte es für praktisch alle anderen Werke dieses Genres den Anlaß eines Jubiläums. Gegen das Jahrhundertende häuften sich die historischen Jahrestage »großer« Schlachten (Grandson/Murten 1476, Sempach 1386), der Städtegründungen (Bern 1191) und politischen Bündnisse (Waldstätten-Bund 1291, Anschluß Basels und Schaffhausens 1501). Sie alle wurden begangen mit aufwendigen Festspielen, bei denen Dutzende von Musik- und Turnvereinen zum Einsatz kamen. Ihr gemeinsamer Nenner: Der Rückgriff auf die »Geschichte« sollte beitragen zur nationalen Identität, sollte Konsens stiften – und dies in einer Zeit, in der sich die Klassengegensätze verschärften. Den Sozialdemokraten, die auf die Einlösung der Gleichheitsversprechen von 1848 pochten, sollte ein klassenüberschreitender Mythos entgegengestellt werden: die Fiktion eines kollektiven Ursprungs, der zu Solidarität und gemeinsamer Zukunftsbewältigung verpflichtete. In ihren Dienst stellte man den Massenzauber, die vielhundertstimmigen Chöre, das Schwertergeklirre und den Kostümprunk; der Text blieb zweitrangig, nichtssagend, war meist in steile Verse gefaßt, die »das Volk« ohnehin kaum entschlüsseln konnte.

So jedenfalls der Überblick zum helvetischen Festspiel, den ich in einer Dissertation des Basler Historikers Philipp Sarasin finde. Auch Sarasin hat eine Vereinigungsfeier im Visier, nämlich den Zusammenschluß von Groß- und Kleinbasel im Jahre 1492, der 400 Jahre später mit einer dreitägigen Feier begangen wurde. Frappant seine Interpretation des Darstellerverzeichnisses; tatsächlich kann er nachweisen, daß die Umzugs- und Bühnenhierarchie fein abgestuft den bürgerlichen Machtverhältnissen entspricht: Kaiser, Herzöge und andere Entscheidungsträger werden in Basel gespielt von den Seidenfabrikanten und Bankdirektoren. Mit dem Troß berittener

Damen und Herren rückt Basels Hautevolee an, und Krösus Wilhelm Vischer-Iselin mimt den Habsburgerkönig Rudolf, während die Rollen von Bürgerschaft und »Volk« übernommen werden von Angestellten und Vertretern der bürgerlichen Turnvereine. Die Arbeiterschaft bleibt draußen: Es fehlen die Gewerkschafter, die Weberinnen und Spinnerinnen im malerischen Kostüm!

Keine integrierende und klassenversöhnende Wirkung also für diesen Anlaß, und wenn man Sarasins psychoanalytischer Deutung des Texts glaubt, war die auch gar nicht beabsichtigt: Implizit berichtete der Text von der Unterwerfung einer triebbestimmten Urbevölkerung durch »fremde Herren«, von der Nutzbarmachung »fließender« sexueller Energien durch die Kräfte der Produktion. Ich will diesen stellenweise frappanten und amüsanten Nachweis, der den Festspieltext als Traumgebilde analysiert und in dem es um Triebsublimierung und Zivilisationsgewinn, um herrscherliche Phalli und sich duckende Untertaninnen geht, nicht im einzelnen nachvollziehen, hege bloß den Verdacht, daß die Bilder und Floskeln dieser Verse allzu ernst genommen werden. Wie das Beispiel von Arnold Ott zeigt, schnurrte in dergleichen Texten die Sprache geradezu selbständig ab, zeugte Pathos neues Pathos, im schillerschen Jambentrott, aber ohne die rationale Kontrolle, ohne die unablässige Komprimierungsarbeit, die der Meister in Jena hundert Jahre zuvor geleistet hatte: Sprachgesten ohne Sprachinneres!

Zwei letzte Nachträge zum Thema Jahrhundertwende; sie haben beide zu tun mit Bildern. Ende Dezember 1899, rechtzeitig zum »deutschen« Jahrhundertsilvester, vollendete ein in München lebender Zürcher Maler und Stecher eine der rätselhaftesten Radierungen dieser Epoche. Die »Fahrt ins Zwanzigste Jahrhundert« des damals 37jährigen Albert Welti ist eine Art Hologramm der Zeitenwende – eine mehrdimensionale Zukunftsschau mit spukhaften und surrealen Elementen, in die sich naiv-handfeste Allegorien mischen. Hier das Bild: Auf einem von sechs Riesen hochgestemmten Bahngleis rattern schäbige Viehwagen über einen Abgrund; als Lokomotive dient eine Art Tretkäfig. Ein geschwänzter Dämon hält das Rad in der Manier eines gefangenen Eichhörnchens in Schwung; am Lenkrad zwei Herren im Zylinder, ein weiterer Zylinderherr an der Bremse. Und auf den Wagen eine offenbar ausgelassen feiernde Menge; man will sich durch nichts beirren lassen, schmeißt ein lebensgroßes Kruzifix in den Abgrund. Weiter eine Art Brückenkopf mit einer nackten Frauenfigur. Sie strahlt die Szene an mit einem Scheinwerfer – einem »Verfolger« im Bühnenjargon –, nur daß der Lichtkegel kaum durch die Rauchschwaden dringt, die der dämonische Antreiber offensichtlich durch eine Schädelöffnung ausstößt. Ein Greis mit Stock (das abtretende Jahrhundert?) wankt über die Treppe aus dem Bild, unter ihm zwei weitere Männer, die den Anschluß verpaßt haben. Sie liegen tot oder sterbend auf den Steintreppen, die zum »Bahnhof 1900« führen.

Wo sind wir hier? In welches Irrenhaus bringt uns diese Nachtszene, die ich seit Beginn dieser Arbeit im Hinterkopf hatte? In welche Zukunft entläßt dieser Welti unsere Großväter? Sind wir im Kino?

Ich beginnne mit den Erinnerungen von Albert Welti Sohn, der »damals« dem Vater beim Radieren zuschaute. »*Wo faart dä Zug hii?*« fragte der Siebenjährige, und Papa erklärte: der geschwänzte Teufel sei die Dampfkraft, die Frau mit dem Scheinwerfer die Elektrizität. Und bei den Riesen handle es sich um die Naturkräfte, die der Mensch gezähmt habe, am Steuerrad sodann der Ewige Jude sowie Cecil Rhodes, der Bösewicht im Burenkrieg; es gehe um den Beginn eines neuen Jahrhunderts.

»Jude« und in Güterwagen verfrachtete Menschen, Südafrika und Rassenwahn, die alles zermalmende Walze hinter dem Radkäfig – wer war dieser grausig korrekte Prophet, dessen Bilder leicht zu entschlüsselnde Allegorien und rätselhafte Anspielungen wild vermischten? Welti wurde geboren als Sohn eines Zürcher Fuhrhalters, mauserte sich gegen den Widerstand der Familie zum Maler, dies nicht zuletzt dank des bereits renommierten Arnold Böcklin, der ihn als Gesellen in seine Werkstatt aufnahm. Mit der Hilfe eines weiteren klarsichtigen Mannes, des ostpreußischen Mäzens Franz Rose, entkam Welti dem kleinbürgerlichen Dunstkreis Zürichs und etablierte sich als Maler in München; dort schaffte er um 1900 den Durchbruch mit einem »Hochzeitszug« betitelten Gemälde. Bezeichnenderweise spielt auch diese Szene auf einer Brücke – ein Motiv, das in zahlreichen Bildern wiederkehrt und das auf gespenstische Weise die nur halbwegs geglückte Ablösung von der kunstfeindlichen Heimat verkörpert. In Radierungen wie der »Fahrt«, die haarige und knubblig-warzige Figuren in alptraumhaften Szenen zeigten, suchte Welti die ihn bedrängende Problematik festzuhalten und sie in allgemeinmenschliche Bilder umzusetzen. Obwohl das Hochzeitsbild, weiter ein »Haus der Träume« betiteltes Gemälde ihm Anerkennung und ehrenvolle Aufträge einbrachten, führte die Rückkehr in die Schweiz (um 1905) zu einem Lebensknick, zu Verbitterung und Isolation. Hermann Hesse, ein begeisterter Anhänger und Freund, vermerkte besorgt, wie Weltis »altmeisterlicher Formwille«, die

Hinwendung zum deutschen Mittelalter völlig außerhalb der aktuellen Tendenzen in der Kunst lagen. Welti starb 1912, erst fünfzig Jahre alt. Kurz vorher war auch seine Gattin unerwartet einem Herzschlag erlegen; offensichtlich hatte die Ablösung beiden Partnern zu viel Substanz gekostet.

Wie soll ich nun die Radierung »lesen«? Drückt sie Mißtrauen vor der Technik aus, malt sie »in aller Schärfe ein Bild der Angst vor den Konsequenzen der Fortschrittsgläubigkeit«, wie einer der (raren) Erklärungsversuche lautet? Welti selbst zieht Ende 1901 eine seltsame Bilanz des Jahres; es sei »vieles passiert«, es seien »viele große und gute Leute dahingegangen und haben sich zur Ruhe gelegt wie auf meiner Radierung im Vordergrund, und der Zug geht über die Brücke, wie ich's mir eigentlich gedacht«.

Das zwanzigste Jahrhundert also bereits in voller Fahrt – lärmig und rücksichtslos? Wie Weltis Münchner Wohnung nur wenige Wochen nach dieser Bilanz ans städtische Stromnetz angeschlossen wird, berichtet der Maler zwar enthusiastisch, geradezu treuherzig: »Denken Sie, diese Woche wird bei uns das elektrische Licht brennen. Wir zahlen 5 Mark mehr Zins im Monat, es wird aber sehr bequem sein, und Petroleum brauchen wir ja auch für 4–5 Mark monatlich.«

Hier suche ich vergeblich nach Zivilisationsskepsis; wäre mithin die düstere Zugfahrt eine eher spielerische Sache, eine bayrische Gaudi? Die feiernde Menge läßt durchaus an einen bierseligen Fasching denken; die feisten, struppigen Mannsbilder erinnern an Münchens Braukeller, »wo der Biergenuß eine verallgemeinernde Fette über die Gesichter [...] legt«, wie sich Welti einmal beklagt. Skurril-Ironisches findet in dieser Radierung auch der Zeitgenosse William Ritter, dies in einem Aufsatz des Jahres 1906. Weltis Tableau erinnere ihn an die autodidaktischen Sonderlinge von Flauberts letztem Roman: »*Il y a du Bouvard et Pécuchet et il y a du génie dans cette conception [...], dont la formidable ironie provoquera un rire homérique chez nos arrière-neveux.*«

Anderseits: Weltis eigene Kommentare, stichwortartig festgehalten auf den unzähligen Skizzen zur »Fahrt«, verraten eindeutig Abscheu, tiefes Mißtrauen vor der Reise in die Zukunft. Auf den Güterwagen fahren »der Egoismus und die ewigen Freudenfeste«, der Geldsack und die »cynischen Typen« der Großstadt – dem gleichen München, in dem schon wenige Jahre später Adolf Hitler seine ersten Rednertriumphe feiern sollte ...

Ich kann es drehen, wie ich will: Die Figuren dieses seltsam prophetischen Bildes führen ein geheimnisvolles Eigenleben, existieren gleichsam in einer Welt außerhalb des Bilderrahmens. In Weltis Werk finden sich überall solche Besucher aus einer anderen Dimension – so etwa der flotte Geiger im erwähnten Gemälde »Hochzeitszug«. Welti wird ihn acht Jahre später in einer Radierung erneut festhalten, als habe er ein Leben ohne sein, des Künstlers, Dazutun geführt: jetzt stark gealtert, mit wirrem Haar, auf einem einsamen Friedhof die Saiten kratzend ...

Und hier die allerletzten Bildzeugnisse: ein Abstecher zur Science-fiction von damals! Die Schokoladenfabrikanten, so habe ich gelesen, begannen um das Jahr 1900, den Packungen farbige Sammelbilder beizulegen. Die Käufer suchten vollständige Serien zusammenzubekommen, beispielsweise gab es die Bildserien »Exotische Pflanzen« und »Fremde Völker«. Besonders frappiert haben mich die »Bilder aus der Zukunft«, die Sprüngli herausgab – eine Science-fiction-Serie über die Welt im Jahre 2000. Sie wird nun langsam überprüfbar; auch wenn die Gestalter wohl eher spielerisch vorgingen, ist die Trefferquote erstaunlich hoch. Ihre »beweglichen Trottoire« sind in Flughäfen und Bahnhöfen unterdessen Wirklichkeit geworden, auch U-Boote für Vergnügungsfahrten gibt es heute. Vier der mir vorliegenden Beispiele zeigen zukünftige Transportarten: Mobilität als *der* Trumpf der Zukunft! Entsprechend tragen denn auch die auf Schienen bewegten Häuser (kein Treffer!) phantastische Bilder auf den Mauern; Innenräume werden nach außen gestülpt.

Alles in allem scheint mir die damals imaginierte, hundert Jahre entfernt liegende Zukunft aber etwas bieder: noch immer Dampfloks, Pferdefuhren, korsettierte Damen. Heutige SF-Visionen sehen viel drastischere Veränderungen in viel kürzerer Zeit voraus, beispielsweise Scott Ridleys Film *Blade Runner;* hier ist bereits das Los Angeles von 2019 zur regnerischen, düsteren Großstadthölle geworden.

Einzig die phantastische Schönwettermaschine aus der Sprüngli-Serie kann mit solchen Visionen mithalten; hier vertreibt ein gigantisches Gebläse den aus unzähligen Kaminen aufsteigenden Smog. Eine ähnliche Luftkanone wird heute, im Zeitalter des Ozonproblems, wohl bald Wirklichkeit werden müssen.

Leider ein für allemal widerlegt ist aber Bertha von Suttner. Der Mensch der Maschinenzeit, so die Friedenskämpferin damals, müsse sich »damit bescheiden, von der Zukunft Änderungen zu erwarten; wie dieselben aber beschaffen sein würden, dies zu verstehen und zu fassen – darauf mußte er verzichten. Nur eins konnte er mit Sicherheit schließen: Der Lauf der Dinge bewegt sich in die Richtung der Vervollkommnung.«

Nachspiel in Paris oder: Vom Tod des Fabrikanten. Was ich finde über die letzten Lebensmonate von Julius Maggi, klingt tragisch und kolportagehaft zugleich, enthält alle Elemente des Fin-de-siècle-Feuilletons: geldgierige Mätresse, ungeduldige Erben. Offenbar hat Maggi seit seiner Übersiedlung nach Paris erstmals mit gesundheitlichen Problemen zu kämpfen – durchaus möglich, daß ihn das Pendeln zwischen Rue Voltaire und Villa Sumatra allzu stark belastet, physisch wie psychisch. Erholungsreisen, Kuren werden nötig, dazwischen eine Blinddarmoperation.

Nach dem Weltausstellungsjahr sind Gattin und Kinder nach Zürich zurückgekehrt, werden durch die anhaltende Bauerei aber auch aus der neuerworbenen Villa Sumatra verdrängt; in diese Jahre fällt auch die Verheiratung der Töchter. Gattin Louise läßt sich mit dem 1890 geborenen Sohn Harry im Erstklaßhotel »Eden« nieder; in den folgenden Jahren zunehmende Entfremdung zwischen den Ehegatten. Dazu familieninterne Zwistigkeiten, wobei sich der Ehemann von Tochter Sophie als Ränkeschmied hervortut – Eugen Maggi, der Sohn von Julius' Stiefbruder, der mit behördlicher Genehmigung den Familiennamen Maggi führt. Auch Sohn Harry gibt zu Sorgen Anlaß, betreibt jedenfalls »seine Studien mit wenig Konzentration«, statt sich als zukünftiger Firmenerbe »gründlich und energisch auf seine Carriere« vorzubereiten.

All dies geht aus der geradezu panischen Korrespondenz hervor, die im Sommer 1912 anhebt: Am 9. August hat Maggi in Paris einen Hirnschlag erlitten. Die Blutung führt zu einer einseitigen Lähmung, weiter zu Depressionen und Panikzuständen: Maggi versteckt den Kopf unter einem Tuch, wenn Besuch kommt, küßt anderen Gästen die Hände, murmelt unverständliche Worte oder ordnet stundenlang die Falten im Bettlaken. Als ihn die beiden Töchter besuchen, hält er eine ausgedehnte, von Gelächter unterbrochene Rede, die zum Entsetzen der jungen Frauen »aus Worten ohne Zusammenhang bestund«. Zürichs führender Hirnpathologe, der »Burghölzli«-Arzt Eugen Bleuler, der zur Konsultation beigezogen wird, gibt sich pessimistisch: Mit einer Wiederherstellung sei nicht zu rechnen; allzuviel Hirnsubstanz ist bereits zerstört.

Maggi verbringt Wochen in der *Maison de santé* eines Dr. Defaut. Sohn Harry, einst verhätschelter Dreikäsehoch, den die Schwestern beim Sonntagsausflug Huckepack trugen – er erkundigt sich bloß »auf der Durchreise« nach dem Befinden des Vaters. In den ersten Tagen melden Telegramme fast täglich das Befinden des Patienten nach Kemptthal. Mitte September kann man an eine Überführung in die Schweiz denken, aber jetzt stellen sich neue Probleme; Maggis Pariser Geliebte will erst die finanziellen

Fragen geregelt sehen und droht mit einem Skandal. Diese Madame Rouyer, eine ehemalige Schauspielerin im Théâtre Français, hat nicht nur Anspruch auf eine Jahresrente: offenbar eine langjährige Liaison, die um das Jahr 1905 in die Brüche zu gehen drohte. Damals brachte ein Pariser Anwalt Maggis »schließlich die Versöhnung um den Preis zu stande, daß Herr M. Mde. R. eine *rente viagère* von Frs. 6000.– kaufte, die Mde. R. seit jener Zeit regelmäßig bezieht«. So jedenfalls eines der vielen vertraulichen Billets, die im August und September zwischen Kemptthal und Paris hin- und herfliegen; aus einem weiteren Schreiben geht hervor, daß diese Rente unterdessen auf 1500 Franc im Monat angestiegen ist und daß Madame Ansprüche auf ein Bankkonto erhebt, das Maggi unter dem Kürzel R eröffnet und mit insgesamt 48 000 Franc gepolstert hat.

Diese Frau, die in einem Teil der Korrespondenz unter dem Kodenamen *Meudon* auftaucht, muß also vor dem Rücktransport erst zufriedengestellt – oder dann hinters Licht geführt werden. Maggis Schweizer Ärzte sind sich da nicht einig; ein Dr. Welti plädiert dafür, »den Transport bis zur allerletzten Minute, d. h. bis das Automobil vor dem Krankenhaus stehe, gegenüber Dr. Defaut und gegenüber dem Wärterpersonal geheim zu halten«; ein Dr. Ulrich hingegen will »Meudon« korrekterweise benachrichtigen und ihre »künftige finanzielle Position [...] vorher endgültig regeln«.

Kommt hinzu, daß ein Teil der Erben, vor allem der bereits genannte Eugen Maggi, den Zeitpunkt für eine Machtübernahme gekommen wähnt; man spricht von Entmündigung des wehrlosen Firmenchefs. Dem widersetzen sich aber ein paar Getreue der alten Garde mit Erfolg; ein Telegramm verdammt die Aktion als »verfrüht, pietätlos und auch rücksichtslos«. Obwohl die Pariser Geschäftsfreunde den Alten »gleichsam freikaufen« müssen, wird er im Herbst in die Schweiz überführt, stirbt hier am 19. Oktober 1912. Aber weiterhin: gehässige Briefe zwischen den verschiedenen Zweigen der Familie, leidiges Geplänkel rund um die Erbschaft, würdelose Akkorde als Nachspiel.

Anhang

Wie die vorhergehenden Bände dieser »Reise durch das Innere eines Jahrhunderts« verzichtet auch das vorliegende Buch auf Verweisziffern im Text. Dafür nimmt im Anhangteil »Textnachweise« ein Stichwort oder ein Zitatbeginn die zu belegenden Stellen Seite für Seite auf. Es folgt die entsprechende Quelle, dies ebenfalls in Form eines Stichworts, eines Namens oder einer Abkürzung. Alle weiteren Angaben liefert die Bibliographie. Für Buchstabenkürzel wie FALS oder GAA findet sich der Schlüssel unter dem Titel »Abkürzungen«, »Ungedruckte Quellen« oder »Periodika«. Für Werktitel oder Verfasserkürzel stellt ebenfalls die Bibliographie die vollständigen Angaben bereit. Sind Autorinnen oder Autoren mit mehreren Werken vertreten oder gibt es ihrer mehrere mit gleichem Namen, so präzisieren die Textnachweise mit Hilfe des Erscheinungsjahres.

Diese Methode hilft nicht nur Seiten sparen; sie schützt zudem vor der Unsitte der bloßen Prestigenachweise, bei denen auch für nur ergänzende Informationen zeilenlang Belege genannt werden. Entsprechend habe ich für einzelne Passagen (allgemeine politische Entwicklung, Zeitgeschichtliches) auf Quellenangaben verzichtet und beschränke mich bei den Nachweisen darauf, wörtliche Zitate zu orten sowie unvertraute oder kontroverse Aussagen quellenmäßig abzustützen.

Abkürzungen
(siehe auch Bibliographie »Periodika«)

FALS Firmenarchiv Lindt & Sprüngli, Kilchberg
FAM Firmenarchiv Maggi, Kemptthal
GAA Gemeindearchiv Affoltern
GAW Gemeindearchiv Wädenswil
GLS Geographisches Lexikon der Schweiz
HBLS Historisch-Biographisches Lexikon der Schweiz
SIK Schweizerisches Institut für Kunstwissenschaft, Zürich
SLB Schweizerische Landesbibliothek
ZbZ Zentralbibliothek Zürich

Bibliographie

Ungedruckte Quellen

Hatz, B.: Calfreisen. Wie ich in den achtziger und neunziger Jahren des 19. Jahrhunderts die Verhältnisse gesehen und die Vorgänge miterlebt habe. Masch-MS Chur 1958. Privatbesitz *(MS Hatz)*.

Firmenarchiv Lindt & Sprüngli, Kilchberg (FALS)

Materialien zur Firmengeschichte. 3 Hefte.
Kopienbuch, Korrespondenz »Technische Direktion«, 1889 ff. Bestellbuch, ca. 1890 ff.

Firmenarchiv Maggi, Kemptthal (FAM)

A1–A3	Verordnungen, Verträge, Entwürfe zu Prospekten etc., ca. 1890 ff.
DO I–XLIX	Korrespondenzen, Dokumente und Pläne ab 1890;
darunter besonders:	
DO I–VI	Direktionskorrespondenz 1890–1901
DO XL	Dokumente zum Tod von Julius Maggi
DO XLVI	Kopierbücher H. Stoll, 1896–1901
FO Bde. 1–22	Fotos und Bilddokumente, ab ca. 1870
FO A1–A373	Fotos, ab ca. 1860
Chronik	G. Pfister und F. Müller: Maggi-Chronik, 2 Bde., Masch-MS Kemptthal 1948

Gemeindearchiv Affoltern am Albis (GAA)

II B 1. 23. 11 f.	Straßenbeleuchtung
II B E 2.20.1 f.	Elektrizitätswerk

Gemeindearchiv Wädenswil (GAW)

II B 3.3   Elektrizitätswerk an der Sihl
II B 12.5.1   Gasversorgung
IV B 34   Protokolle Dorfbeleuchtungsgesellschaft

Schweizerische Landesbibliothek (SLB)

V ZH 24577   Kemptt(h)al, Maggi: diverse Broschüren und Texte

Gedruckte Quellen

Periodika

Allgemeiner Anzeiger vom Zürichsee. Wädenswil 1842 ff. *(AAZ)*
Anzeiger vom Bezirk Affoltern. Affoltern a. A. 1847 ff. *(ABA)*
Bülach-Dielsdorfer Volksfreund. Bülach 1866 ff. *(BDV)*
Der Fortschritt. Organ des Kaufmännischen Vereins in Zürich. Zürich 1872 ff.
Grenzpost für den Zürichsee und Kanton Schwyz. Richterswil 1870 ff. *(GP)*
L'illustration nationale Suisse. Genf 1889 ff.
Nachrichten vom Zürichsee. Wädenswil 1884 ff. *(NVZ)*
(Neue) Zürcher Zeitung. Zürich 1780 ff. *(NZZ)*
Die Schweiz. Schweizerische Illustrierte Zeitschrift. Zürich 1897 ff.
Schweizerische Wochenzeitung. Zürich 1894 ff. *(SWoZ)*
Schweizerische Zeitschrift für Gemeinnützigkeit. Zürich 1861 ff. *(SZG)*
Schweizerisches Archiv für Volkskunde. Basel 1897 ff. *(SAVk)*
Schweizerisches Familien-Wochenblatt für Haushalt und Küche. Ein Leitfaden und Rathgeber für unsere Frauen und Töchter. Zürich 1881 ff. *(SFW)*
Schweizerisches Kaufmännisches Zentralblatt. Zürich 1897 ff. *(SKZ)*
Tages-Anzeiger für Stadt und Kanton Zürich. Zürich 1893 ff. *(TA)*

Hilfsmittel, zeitgenössische Quellen und Darstellungen

Adler, Otto: Rückschau eines Vierundachtzigjährigen. St. Gallen 1933.
Aeschbacher, Jörg: Dauerbrenner. Von Dingen, die perfekt auf die Welt kamen. Frankfurt 1985.
Alexandre, Arsène: Louise C. Breslau. Paris 1928.
Arbeitsalltag und Betriebsleben. Zur Geschichte industrieller Arbeits- und Lebensverhältnisse in der Schweiz. Dießenhofen 1981.
Arnold, Viktoria (Hrsg.): Als das Licht kam. Erinnerungen an die Elektrifizierung. Wien/Köln/Graz 1984.
Baggenstos, A.: Von der Bilderschrift zur Schreibmaschine. Zürich/Herrliberg 1977.
Bärtschi, Hans Peter: Industrialisierung, Eisenbahnschlachten und Städtebau. Zürich 1980.
Bauer, Stephen u. a.: Untersuchungen über die Lebenskosten in der Schweiz. München/Leipzig 1917.
Bedini, Silvio: Thomas Jefferson and his Copying Machines. Charlottesville (USA) 1984.
Benjamin, Walter: Das Passagenwerk. Hrsg. Rolf Tiedemann. 2 Bde., Frankfurt 1983.
Berger, Renate (Hrsg.): Und ich sehe nichts, nichts als die Malerei. Autobiographische Texte von Künstlerinnen des 18.–20. Jahrhunderts. Frankfurt 1987.
Bericht über die Erneuerung des Werkes Waldhalde. Hrsg. EKZ. Zürich 1967.

Berlepsch, H. E. von: Albert von Keller. In: »Die Schweiz« 5/1901; S. 57–59.
Bertsch, Christoph: »...und immer wieder das Bild von den Maschinenrädern«. Beiträge zu einer Kunstgeschichte der Industriellen Revolution. Berlin 1986.
Berühmte Gemälde der Welt. Eine Sammlung der großen Meisterwerke der Kunst. New York/Berlin/Paris 1894.
Beuker, Gertrud: In alten Küchen. Einrichtung – Gerät – Kochkunst. München 1987.
Bitsch, Irmgard u. a.: Essen und Trinken in Mittelalter und Neuzeit. Vorträge eines interdisziplinären Symposions vom 10.–13. Juli 1987 an der Justus-Liebig-Universität Gießen. Sigmaringen 1987.
Bodemer, J. M.: Die Gas-Küche. Zürich 1897.
Bolliger, Jakob: Aarburg. Festung, Stadt und Amt. Aarburg 1970.
Boos-Jegher, Emma: Notizen aus der Kochschul-Abteilung der Kunst- und Frauen-Arbeitsschule Zürich-Neumünster. Zürich 1889.
Boyen, Marc: Briefe an meinen jungen Haushalt von Tante Christine. Zürich 1887.
Braun, Hansjörg: Gas oder Elektrizität? Zur Konkurrenz zweier Beleuchtungssysteme. In: Technikgeschichte 14, Düsseldorf 1980; S. 1 ff.
Braun, Rudolf: Sozialer und kultureller Wandel in einem ländlichen Industriegebiet im 19. und 20. Jahrhundert. Erlenbach/Zürich 1965.
Louise C. Breslau. In: »Die Schweiz« 16/1912, S. 11–13.
Brieger, Lothar: Das Genrebild. München 1922.
Brun, Carl: Schweizerisches Künstlerlexikon. 3 Bde. und Supplementband. Frauenfeld 1905 ff.
Brütsch, Charles: Arnold Ott als Tagesschriftsteller. Diss. Freiburg 1949.
Buschak, Willy: Die Geschichte der Maggi-Arbeiterschaft 1887–1950. Hamburg 1989.
Caduff, Moritz: Essen und Trinken im Lugnez. SAVk 82/1986; S. 223 ff.
Comtesse, Gerald: William Röthlisberger. Hauterive 1989.
Conzett, Verena: Erstrebtes und Erlebtes. Ein Stück Zeitgeschichte. Zürich/Leipzig 1929.
Crettaz, Yves: Un siècle de magie instantanée. In: L'illustré 25/1983, Lausanne 1983; S. 83 ff.
Curiger, Bice: Albert Welti, 1862–1912. Ein Schweizer Künstler am Scheideweg der Moderne. Liz.-Arbeit Zürich 1981 (Masch-MS).
– Albert Welti im Kunsthaus Zürich. Die Versuchungen des rechtschaffenen Bürgers. Zürich 1984.
Denkschrift der Firma Maggi in Kemptthal (Schweiz) für den VI. Internationalen Kongreß für Hygiene und Demographie in Wien, September 1887. Kemptthal 1887.
Dobbing, John (Hrsg.): Sweetness. Papers presented at a symposium held in Geneva, Mai 21–23, 1986. London/Berlin 1987.
Dumont, Hervé: Geschichte des Schweizer Films. Spielfilme 1896–1965. Lausanne 1987.
Eckartshausen, Hofrat von: Blicke in die Zukunft oder Prognostikon des neunzehnten Jahrhunderts nach den Gesetzen der Wahrscheinlichkeit berechnet. Leipzig 1798.
L'électricité dans l'histoire. Problèmes et methodes. Actes du colloque de l'Association pour l'histoire de l'électricité en France, 11.–13. octobre 1983, Paris 1985.
Elektrizitätswerke des Kantons Zürich 1908–1958. Jubiläumsschrift Zürich 1958.
Erinnerungen an den »Walliser Raffael«. In: »Die Schweiz« 12/1908, S. 370 ff.
Escher, Conrad: Chronik der Gemeinden Ober- und Unterstraß, 2. Teil. In: Zürcher Wochenchronik 30/1914; S. 349 ff.
Essen – Geschmack – Kultur. Geschichtswerkstatt 12/1987. Hamburg 1987.
Eynatten, Carola von, und *Judex, A.:* Fürs Haus – ein nützlicher Rathgeber. Für die Gattin – für den Haushalt – der tägliche Tisch. Zürich 1888.
Die Fabrik von Maggis Nahrungsmitteln in Kemptt(h)al. Kemptthal o. J. (1954).
Frei, Alfred G. (Hrsg.): Habermus und Suppenwürze. Singens Weg vom Bauerndorf zur Industriestadt. Konstanz 1987.
Frei, René: Über die Schokolade im allgemeinen und die Entwicklung in der bernischen Schokoladeindustrie. Diss. Bern, Luzern 1951.

Friedländer, Max J.: Essays über die Landschaftsmalerei und andere Bildgattungen. Den Haag 1947.
Fürst, Arthur: Das Reich der Kraft. Berlin 1912.
Gantner, J., und *Reinle, Adolf:* Kunstgeschichte der Schweiz. 4. Bd.: Die Kunst des 19. Jahrhunderts. Frauenfeld 1962.
Gasser, Manuel: So ist das Leben. Genre-Malerei der Belle Epoque. In: »du« 11/30, Zürich 1970; S. 790 ff.
Geographisches Lexikon der Schweiz. 6 Bde., Neuenburg 1920.
Gerter, Elisabeth: Die Sticker. Hrsg. Gustav Huonker, Zürich 1981.
Gessler, Albert: Albert Anker. In: »Die Schweiz« 4/1900, S. 169 ff.
– Ernst Stückelberg. In: »Die Schweiz« 5/1901, S. 177 ff.
Gloor, Lukas: Albert Anker, 1862–1912. Stäfa 1987.
Godet, Philippe: Eugène Burnand. In: »Die Schweiz« 5/1901. S. 25 ff.
Goody, Jack: Cooking, Cuisine and Class. A Study in Comparative Sociology. Cambridge 1982.
Gschwind, Marie: Koch- und Haushaltskunde nebst einem Anhang über die Aufgabe der Frau in sozialer, sittlicher und pädagogischer Beziehung. Luzern 1897.
Gubler, Hans Martin: Die Kunstdenkmäler des Kantons Zürich, Bd. III. Die Bezirke Pfäffikon und Uster. Basel 1978 (= Die Kunstdenkmäler der Schweiz 66).
Gut, A.: Unser Werk Waldhalde. In: EKZ-Nachrichten 7/1953, S. 22 ff.; 9/1953, S. 30 ff.; Zürich 1953.
Die Gutswirtschaft Maggi in Kemptt(h)al. In: Wir jungen Bauern 7/1948, Solothurn 1948.
Gutzwiller, Albert: Die schweizerische Schokoladenindustrie und die Weltwirtschaft. Diss. Basel, Liestal 1932.
Gysler, Heiri: Einst in Zürich. Erinnerungen an Zürich vor der ersten Stadtvereinigung. Zürich o. J.
Hagen, Ernst: Die elektrische Beleuchtung. Berlin 1885.
Halter, Eugen: Geschichte der Gemeinde Jona. Jona 1970.
Haug, Eduard: Arnold Ott. Eine Dichtertragödie. Zürich 1924.
Hauser, Albert: Die wirtschaftliche und soziale Entwicklung eines Bauerndorfes zur Industriegemeinde. Neuere Wirtschaftsgeschichte der zürcherischen Gemeinde Wädenswil. Neujahrsblatt der Lesegesellschaft Wädenswil XXII, Wädenswil 1956.
– Schweizerische Wirtschafts- und Sozialgeschichte. Erlenbach/Zürich 1960.
– Das Neue kommt. Schweizer Alltag im 19. Jahrhundert. Zürich 1989.
Hedinger, Heinrich: Chronik der Gemeinde Dielsdorf. Dielsdorf 1961.
Heinemann, Franz: Schweizer Kunstschätze. Lausanne 1921.
Hesse, Hermann (Hrsg.): Albert Welti. Gemälde und Radierungen. Berlin o. J. (1918).
Hinterhäuser, Hans: Fin de Siècle. Gestalten und Mythen. München 1977.
Historisch-Biographisches Lexikon der Schweiz. 6 Bde., Neuenburg 1927 ff.
Historismus und Schloßbau. Hrsg. Renate Wagner u. a., München 1975.
Hollenstein, Johann: Aus der Geschichte von Bütschwil. Bütschwil 1979.
Holthof, F.: Das elektrische Licht in seiner neusten Entwicklung. Halle 1882.
van Hout, Theodor: Entwicklung und volkswirtschaftliche Bedeutung der schweizerischen Schokoladen-Industrie. Diss. Freiburg, Herzogenbusch (NL) 1933.
Hugger, Paul (Hrsg.): Das war unser Leben. Autobiographische Texte (= Werdenberger Schicksale I), Buchs 1986.
Hunziker, G.: Soll ich eine Schreibmaschine kaufen? Wegweiser für Kaufleute und Private. Zürich o. J. (1904).
Imfeld, Al: Macht und Magie des Maggiwürfels. In: WoZ 39, Zürich 1989; S. 25 ff.
– Die Schweizer Milchmission. In: Magazin (Tages-Anzeiger) 34, Zürich 1990; S. 22 ff.
Iten, Karl: Menu. Tafelkultur 1860–1930. Ausstellungskatalog Wohnmuseum Bärengasse, Zürich 1984.
Jeanneret, Maurice: William Röthlisberger. Neuenburg o. J.

Jeggle, Urs: Essen und Trinken in Südwestdeutschland. Kostproben der schwäbischen Küche. In: SAVk 82/1986; S. 167 ff.
Julius Maggi (Nekrolog). In: Zürcher Wochenchronik 47, Zürich 1912.
Kempin, Walter: Praktische Haushaltungs- und Kochkunde. Ein Leitfaden für unsere Frauen und Töchter. Zürich 1881.
Kläui, Paul (u. a.): Heimatbuch Pfäffikon. Pfäffikon 1962.
Kläui, Paul: Geschichte der Gemeinde Uster. Uster 1964.
Klaus, Fritz (u. a.): Heimatkunde von Liestal. Liestal 1970.
Kloss, Albert: Von der Electricität zur Elektrizität. Ein Streifzug durch die Geschichte der Elektrotechnik, Elektroenergetik und Elektronik. Basel/Boston/Stuttgart 1987.
Knapp, Hermine: Erinnerungen einer Arbeiterin aus dem Zürcher Oberland. In: Schweizer Volkskunde 56, Basel 1966; S. 35 ff.
Kölla-Kind, W.: Praktische Rathschläge für Haus und Küche. Den Frauen und Töchtern unseres Landes gewidmet von einer Hausfrau. Stäfa 1888.
König, Mario; Siegrist, Hannes; Vetterli, Rudolf: Warten und Aufrücken. Die Angestellten in der Schweiz 1870–1950. Zürich 1985.
Krebser, Markus: Interlaken. Eine Reise in die Vergangenheit. Interlaken 1990.
Kreis, J.: Aus der Guten alten Zeit. Jugenderinnerungen eines Werkmeisters. Flawil 1919.
Kübler, M. S.: Vreneli's Dienstjahre. Ein Leitfaden für Dienstmädchen bei ihren Haus- und Gartengeschäften. Stuttgart 1860.
– Das Hauswesen nach seinem ganzen Umfange dargestellt in Briefen an eine Freundin. Stuttgart 1867.
Kunz, Otto: Barbara die Feinweberin. Luzern 1942.
Kunzmann, Robert Walter: Hundert Jahre Schreibmaschinen im Büro. Eine Geschichte des maschinellen Schreibens. Rinteln 1979.
Kurz, Gottlieb (u. a.): Geschichte der Landschaft Hasli. Meiringen 1979.
Kuthy, Sandor (Hrsg.): Kunstszene Schweiz. Künstler der ersten Nationalen Kunstausstellung im Kunstmuseum Bern. Bern 1980.
Kutter, Markus: Werbung in der Schweiz. Geschichte einer unbekannten Branche. Zürich 1983.
Das Leben des Raffael Ritz von Niederwald. In: Neujahrsblatt der Künstlergesellschaft in Zürich 56, Zürich 1896.
Lebzeiten. Autobiographien der Pro-Senectute-Aktion. Hrsg. Rudolf Schenda, Ruth Böckli. Zürich 1982.
Mächler, Robert: Das Leben Robert Walsers. Eine dokumentarische Biographie. Genf/Hamburg 1966.
Maggi-Album Weltausstellung Paris / Exposition Universelle. Paris 1900.
Maggi-Gutswirtschaft / Maggi – Domaine rural. Kemptthal o. J. (1900).
Maggi-Revue. Jubiläums-Ausgabe »Hundert Jahre Maggi«, Nrn. 1–3; Kemptthal 1983.
Marbach, Felix: Isabelle Kaiser. Leben, Persönlichkeit und Werk der Dichterin. Rapperswil o. J.
Mennell, Stephen: All Manners of Food. Eating and Tasting in England and France from the Middle Ages to the Present. Oxford 1985.
Mesmer, Beatrix: Die Gesellschaft im späten 19. Jahrhundert; Porträt und Familienbild. In: Damals in der Schweiz. Kultur, Geschichte, Volksleben der Schweiz im Spiegel der frühen Photographie. Hrsg. Peter Keckeis; Frauenfeld/Stuttgart 1980; S. 55 ff.
Messerli, Alfred: Flausen im Kopf. Schweizer Autobiographien aus drei Jahrhunderten. Zürich 1984.
Mestral, Aymon: Daniel Peter. In: Pionniers suisses de l'économie 3, Zürich 1957.
Moderne Büro-Maschinen. Zürich 1930 (Sonderausgabe »Der Organisator«, Zürcher Monatsschrift für Bürotechnik).
Mulhaupt, Armand: L'industrie chocolatière Suisse avant, pendant et après la guerre. Diss. Lausanne 1932.

Müller, Oskar A.: Albert von Keller. München 1980.
– Albert von Keller. Das Ambiente des Malers. München 1984.
– Albert von Keller. Seine Zeichnungen. München 1988.
Mumford, Lewis: Die Stadt. Geschichte und Ausblick. 2 Bde., München 1980.
Ott, Arnold: Dichtungen. Hrsg. Karl Emil Hofmann. 6 Bde., Bern-Bümpliz 1945 ff.
Peter, Heinrich: Aus der Ortsgeschichte von Richterswil. Richterswil 1985.
Pirker, Theo: Büro und Maschine. Zur Geschichte und Soziologie der Büroarbeit. Basel/Tübingen 1962.
– Bürotechnik. Zur Soziologie der maschinellen Informationsverarbeitung. Stuttgart 1963.
Rosenberg, Adolf: Vautier. Bielefeld/Leipzig 1899.
Rosenhagen, Hans: Albert von Keller. Bielefeld/Leipzig 1982.
Rucki, Isabelle: Das Hotel in den Alpen. Die Geschichte der Oberengadiner Hotelarchitektur von 1860 bis 1914. Zürich 1989.
Rüd, Luise: Erinnerungen einer Arbeiterin aus dem Appenzellerland. In: Schweizer Volkskunde 58, Basel 1968; S. 22 ff.
Ruppen, Walter: Raffael Ritz, Leben und Werk. Ein Walliser Maler des 19. Jahrhunderts aus der Düsseldorfer Schule. Diss. Freiburg 1971.
– Raphael Ritz. Sitten 1980.
Sarasin, Philipp: Stadt der Bürger. Struktureller Wandel und bürgerliche Lebenswelt, Basel 1870–1900. Basel/Frankfurt 1990.
Savoy, Monique: Lumières sur la ville. Introduction et promotion de l'électricité en Suisse. L'éclairage lausannois, 1881–1921. Lausanne 1987.
Schiess, Edouard: L'industrie chocolatière Suisse. Lausanne 1913.
Schilling, M. N.: Handbuch für Steinkohlengas-Beleuchtung. München 1860.
Schivelbusch, Wolfgang: Lichtblicke. Zur Geschichte der künstlichen Helligkeit im 19. Jahrhundert. Frankfurt 1986.
Schläpfer, Walter (u. a.): Geschichte der Gemeinde Rehetobel, 1669–1969. Herisau 1969.
Schleiter, Sylvia: Magginalien von A bis Z. Frankfurt 1987.
Schmid, Hans Rudolf: Julius Maggi. Zu seinem hundertsten Geburtstag. Kemptthal 1946.
– Philippe Suchard. Schweizer Pioniere der Wirtschaft und Technik 1, Zürich 1955.
– Henri Nestlé. In: Schweizer Pioniere der Wirtschaft und Technik 2. Zürich 1955; S. 13 ff.
– Professor Walter Wyssling. Ein Pionier der Elektrizität. In: Schweizer Pioniere der Technik 8, Zürich 1958; S. 9 ff.
– Dr. Albert Wander, Kreator der Ovomaltine. In: Schweizer Pioniere der Wirtschaft und Technik 22, Zürich 1958; S. 33 ff.
– Die Pioniere Sprüngli und Lindt. Schweizer Pioniere der Wirtschaft und Technik 22, Zürich 1970.
– 125 Jahre Lindt und Sprüngli, 1845–1970. Zürich 1970.
Schuler, Fridolin: Über die Ernährung der Fabrikbevölkerung und ihre Mängel (= Referat für die Jahresversammlung der Schweizerischen gemeinnützigen Gesellschaft, 19. Sept. 1882), Zürich 1882.
– Zur Alkoholfrage. Die Ernährungsweise der arbeitenden Klassen in der Schweiz und ihr Einfluß auf die Ausbreitung des Alkoholismus. Bern 1884.
– Die Leguminosen als Volksnahrung. Gutachten abgegeben im Auftrag der Schweizerischen gemeinnützigen Gesellschaft. Zürich 1885.
– Erinnerungen eines Siebenzigjährigen. Frauenfeld 1903.
Schwartz, Hillel: Century's End. A Cultural History of the Fin de Siècle. New York 1990.
Siegfried, Walter: Aus dem Bilderbuch meines Lebens. 3 Bde., Zürich 1926 ff.
Sorg, Friedrich: Die zehn Gebote des neunzehnten Jahrhunderts. Zürich 1859.
Spörry, Hans: Mein Lebenslauf. Zürich 1924.
Sprüngli-Ammann, Rudolf: Bericht über die Gruppe 25: Nahrungs- und Genußmittel, Abtheilung II: Confiserie. In: Berichte zur Landesausstellung, Zürich 1884; S. 35 ff.

Stickerei-Zeit. Kultur und Kunst in St. Gallen, 1870–1930. Hrsg. Peter Röllin, St. Gallen 1989.
Stoffe und Räume. Eine textile Wohngeschichte der Schweiz. Bern 1986.
Stoll, Hermann: Julius Maggi (Grabrede), Zürich 1912.
Stoll, K.: Die Frauenarbeit im Handel und der Schweizerische Kaufmännische Verein. In: 36. Jahresbericht des SKV (1908/09), Zürich 1909; S. 13 ff.
Surber, Martin: Erinnerungen eines alten Hönggers. Mitteilungen der Ortsgeschichtlichen Kommission Höngg 16, Zürich 1954.
Suttner, Bertha von: Das Maschinenalter. Zukunftsvorlesungen über unsere Zeit (erschienen unter Pseudonym: »Jemand«). Zürich 1891 (2. Aufl.).
– Memoiren. Stuttgart/Leipzig 1909.
Teuteberg, Hans-Jürgen, und *Wiegelmann, Günter:* Der Wandel der Nahrungsgewohnheiten unter dem Einfluß der Industrialisierung. Göttingen 1972.
Teuteberg, Hans-Jürgen: Kleine Geschichte der Fleischbrühe. Münster 1989.
Thieme, Ulrich, und *Becker, Felix:* Allgemeines Lexikon der Bildenden Künstler von der Antike bis zur Gegenwart. 45 Bde., Leipzig 1907 ff.
Thürer, Paul, und *Thürer, Hans:* Geschichte der Gemeinde Netstal. Netstal 1963.
Tissot, Victor: La Suisse inconnue. Paris 1888.
Tobler, Theodor: Der Kakao, die Schweizer Schokolade-Industrie und ihre Verbreitung im Auslande. Bern 1917.
Treichler, Hans Peter: Süße Droge aus den Alpen. Die Geschichte der Schweizer Schokolade. In: Weltwoche 35–39/1980, Zürich 1980.
– Gründung der Gegenwart. Porträts aus der Schweiz der Jahre 1850–1880. Erlenbach/Zürich 1985.
– Die magnetische Zeit. Alltag und Lebensgefühl im frühen 19. Jahrhundert. Zürich 1988.
– Die bewegliche Wildnis. Biedermeier und ferner Westen. Zürich 1990.
Trümpy, Hans: Ältere Zeugnisse fürs Jassen. In: Schweizer Volkskunde 56, Basel 1966; S. 2 ff.
Tschudin, Peter: Hüpfende Lettern. Kleine Geschichte der Schreibmaschinen. Mitteilungen der Basler Papiermühle 38, Basel 1983.
Uhde-Bernays, Hermann: Die Münchner Malerei im 19. Jahrhundert. 2. Band: 1850–1900; München 1925.
Vaillat, Léandre: Charles Giron. Genf 1920.
Vogt, Paul: Was sie liebten... Salonmalerei im 19. Jahrhundert. Köln 1969.
Vögtli, Beat: Trimbach, Trimbach 1975.
Wagner, C.: Sonnenlicht, elektrisches Licht und Gaslicht. In: Polytechnisches Notizblatt 49/25, Main 1894; S. 193 ff.
Waldkirch, Bernhard von: Die Fahrt ins zwanzigste Jahrhundert. Skizzen und Studien zur Radierung. In: Albert Welti, 1862–1912. Ausstellungskatalog Museum zu Allerheiligen Schaffhausen, Schaffhausen 1991.
Wallraf-Richartz-Museum. Katalog zur Ausstellung »Aus Alltag und Geschichte«. Köln 1983.
Walser, Robert: Fritz Kochers Aufsätze, Hrsg. Jochen Greve. Robert Walser: Das Gesamtwerk, Bd. 1, Genf/Hamburg 1972.
Weiss, H.: Kurze Darstellung der Gasbeleuchtung – eine Anleitung zur Bereitung und zweckmäßigen Verwendung des Leuchtgases. Zürich 1855.
Welti, Albert: Briefe. Hrsg. Adolf Frey. 2 Bde., Leipzig 1920 ff.
Welti, Albert Jakob: Bild des Vaters. Zürich/Stuttgart 1962.
Winkler, Jürg: Der Hirzel. Bild einer Gemeinde. Hirzel 1974.
Winteler, Jakob: Glarus. Geschichte eines ländlichen Hauptortes. Glarus 1961.
Wittkop, Franz Justus: Europa im Gaslicht. Die hohe Zeit des Bürgertums, 1848 bis 1914. Zürich 1979.
Wyssling, Walter: Das Elektrizitätswerk an der Sihl. Zürich 1897 (Sonderdruck aus der »Schweizerischen Bauzeitung« Nrn. 29/30, 1897).
– Die Entwicklung der schweizerischen Elektrizitätswerke und ihrer Bestandteile in den ersten 50 Jahren. Zürich 1946.

Zelger, Franz: Der frühe Hodler. Das Werk 1870–1890. Bern 1981.
Ziegler, Peter: Elektrizität für Wädenswil. Aus der Baugeschichte des Elektrizitätswerkes Waldhalde an der Sihl. In: AAZ 31. 3./24. 4. 1962 (Beilage »Heimatblätter«).
– Wädenswil, Bd. 2: Vom 19. Jahrhundert bis zur Gegenwart. Wädenswil 1972.
– Wülflingen. Von den Anfängen bis zur Gegenwart. 305. Neujahrsblatt der Stadtbibliothek Winterthur; Winterthur 1975.
Zillhardt, Madeleine: Louise-Cathérine Breslau et ses amis. Paris 1932.
Zum Licht! Festspiel, ausgeführt von der X-Gesellschaft Wädensweil. Wädenswil o. J. (1896).

Textnachweise

7 ff.	Villa Sumatra, allg.: Berichte der Zürcher Denkmalpflege 7/1974–78; S. 28 f., NZZ 9. 10. 1958
8 ff.	Bilder: Baugeschichtliches Archiv Zürich, speziell BAZ P 18290 ff. und P 2568 ff.
10	Anzahl Fabriken, Beschäftigte: Statistisches Jahrbuch der Schweiz 1891, S. 82; StJb 1902, S. 97
	Zahlen für Bahnen: StJb 1891, S. 97–101; StJb 1901, S. 107/117 f.
12	»Ein wehmütiges Gefühl…«: Escher 351
13	Anfänge als Müller: FAM Chronik 6 ff.
	Familienwappen: HBLS 4, S. 790 f.
	Trauerpost aus Hotel »Eden«: FAM DO XL, passim
	weiteres Schicksal Villa Sumatra: NZZ 9. 10. 1958
	Privatzoo: Schmid 1946, S. 13
13 f.	Studio »Rosenhof«: Dumont 222, 248–250
13 ff.	Hammermühle, Herkunft Maggi, Ausbildung Maggi: FAM Chronik 2–6
15	»Savoyerzug«: Treichler 1990, s. 257 ff.
	gezielte Ausbildung, Basler Foto: Frei 1987, S. 113
	Käufe, Verkäufe: FAM Chronik 7
15 f.	Familiengründung: Schmid 1946, S. 7
16	»Tüftler und Bastler«: ebda. 12 f.
	Mischung Talente: »Efficiency« 8, Zürich 1959
	aufgeschlossen für neue Trends, Sammlungen: Schmid 1946, S. 12 ff.; NZZ 9. 10. 1946
	erste Begegnung mit Schuler: Schuler 1903, S. 68
17	Flugschrift, neue Sorten: Schuler 1885, S. 16
	Erinnerungen an Zusammenarbeit: Schuler 1903, S. 68 f.
	Episode Schulpreis: ebd. 9
18	erste Eindrücke von Fabriken: ebda. 17
	Kontakte mit Johann Jakob Treichler: ebda. 27
	Kämpfe als kantonaler Inspektor: ebda. 92–97
	Fabrikgesetz, eidg. Fabrikinspektor: ebda. 113–119
19 ff.	Vortrag: s. Bibl., Schuler 1882
19	Statistik Aushebung, Krankheiten: ebda. 2–4
	falsche Ernährung: ebda. 7–10, 24
20	Löhne und Preise, Budgets: ebda. 14–23
	Basler Suppenküche: ebda. 35

20	Plädoyer für Leguminosen: ebda. 44 f.
21	Diskussion: Schweiz. Zs. für Gemeinnützigkeit 21/1882; S. 518 ff.
22 f.	Zusammenarbeit Maggi-Schuler: Schuler 1885, S. 9–12; Schuler 1903, S. 68 f.
23	Première: Frei 1987, S. 116 f.
24	Bedingungen Patronat: Schuler 1885, S. 12 ff.; FAM Chronik 10
	Leguminosemehle als Flop: FAM Chronik 12–15; Frei 1987, S. 118; Schweiz. Zs. für Gemeinnützigkeit 26/1887, S. 199
	Preise Flasche Schnaps: Schuler 1885, S. 11
25	Lohnkürzungen: Schmid 1946, S. 15
	Verkaufsrapporte: ebda. 11
	Patronat für »Milch und Käse«: FAM Chronik 11 f.
	neue Suppensorten: Frei 1987, S. 119
25 ff.	Fotogalerie: Schleiter 6, 57; Schmid 1946, S. 1, 4, 12
25	Maggi spricht vor Streikenden: Buschak 27
26	Tochter »Leguminosa«: Schmid 1946, S. 10
	»da habe ihn das Schicksal...«: ebda. 15
26 f.	Ausbildung, Internat, Brief aus Basel: ebda. 4–6
27	Ehe mit Louise Müller: Schleiter 57 f.
28	begeisterter Familienvater: Schmid 1946, S. 14
	»Schaffer«, Arbeitswut: Zürcher Wochenchronik 23. 11. 1912
	Arbeitszeiten, Cervelat als Abendbrot: NZZ 9. 10. 1946
	»Schont mich nicht...«: Stoll 1912, S. 12
28 f.	Suppenrezepte: FAM o. Nr.
29	Bedeutung Suppenwürze: Frei 1987, S. 120 ff.
31 ff.	Erinnerungen Schanfigg: s. Bibl. Ms Hatz
31	erste Petroleumlampe: Ms Hatz 30
	Fleischkammer, Backhaus: ebda. 64
32	Kühhe, Stube, Schlafkammer: ebda. 29 f.
	Dörrobst im Estrich: ebda. 65
	Untersuchung Lugnez: s. Bibl. Caduff
	Sparherd, Kaffee und Rösti: Caduff 250 ff.
	zehn- bis fünfzigjährige Vorräte: ebda. 248
33	Einlegen Fleischstücke: ebda. 240
	Metzger, Backtag im Schanfigg: Ms Hatz 63–65
33 f.	Würste im Lugnez: Caduff 243 f.
34	»Grümpelwurst«: Hauser 1989, S. 201
	erste Cervelats, Kurzwürste: ebda. 183
	Schlachttag Nachbar: Ms Hatz 20
	Fleischmengen im Lugnez: Caduff 244
	Fett- und Butterverbrauch: ebda. 240
34 f.	Lugnezer Suppen: ebda. 254 f.
35	Sarganser Gerstensuppe: SAVk 6/1902, 31 f.
	»Morgensuppe« im Zürcher Unterland: SAVk 26/1926, S. 46
	Burgdorfer Hühnersuppe: SAVk 44/1947, S. 26
	Bettlersuppe: SAVk 22/1918, S. 199
	Weinwarm: SAVk 21/1917, S. 79
	Suppe aus Wiesenkräutern, »gschweizti«: SAVk 45/1948, S. 87–94
	Beispiel Genf, Tessin: Hauser 1989, S. 193
	Urner Suppe: SAVk 33/1934, S. 88
36	Eßsitten im Schanfigg: Ms Hatz 29
	Fleisch wird auf Beilage geschichtet: ebda., SAVk 6/1902, S. 33
	Tischgebet: MS Hatz 28
	Dörren, Vorräte: ebda. 64–66

36	Kirschenzeit in Luzerner Hinterland: SAVk 34/1935, S. 34 f.
37 f.	bäuerliches Festmahl: Caduff 256–265
38	Berichte Luzern/Sargans: SAVk 34/1935, S. 34 f.; SAVk 6/1902, S. 31 f.
38 f.	Änderungen um 1880, Käsekonsum: Hauser 1989, S. 175
39	Olivenöl, Tafelbutter: ebda. 188
	erste Konservenfabriken: ebda. 177
	Marmeladenschnitte: ebda. 194; Teuteberg 1972, S. 299 f.
	Hermine Knapp über Marmelade: Knapp 36
	Zuckerverbrauch: Hauser 1989, S. 187
	Kaffeezusätze: Caduff 265
40	»Päckelkaffee«: Hauser 1989, S. 187
	Scherzgedicht: Trümpy 5 f.
41	wochenlang nur Kirschenspeisen: SAVk 34/1935, S. 34 f.
	»So wie der Tag…«: Jeggle 175
	Wochentage und Speisen: Hauser 1989, S. 199–202
	»Zeitzeichen«, »Kulturpraxis«: Jeggle 176
	Mahlzeiten Sargansergegend: SAVk 6/1902, S. 31 f.
42	Speisefolge in Hirzel: Winkler 158
	autobiographische Aufzeichnungen: s. Bibl. unter: Messerli, Conzett, Gysler, Hugger, Knapp, Kunz, Rüd
	»soziale Kosttypen«: Teuteberg 1972, S. 92
43	Erinnerungen Keller: Messerli 171
	Pferdefleisch: ebda. 116
43 f.	Höhepunkte/Kniffe Mooser: ebda. 261 ff.
44	»Kaffee-Elend«, Alltagsmenü: ebda. 221
	Familienverbrauch an Kartoffeln: Hauser 1989, S. 185 f.
44 f.	»Am Morgen…«, »Die Großmutter…«: Messerli 170
45	Conzett bringt Korb: Conzett 21
	»Bäbeli kochte…«: Kunz 108
	Gemüsegarten: Knapp 35 f.; Kunz 29
	Pausenkaffee in Flasche: Messerli 195
	Preis Pausenkaffee, Suppenpreis: Conzett 61
46	Preis Auswärtsverpflegung: Messerli 200
47	schwarze Zahlen ab 1892: FAM Chronik 41 f.
	Spott der Konkurrenz: ebda. 18
	Zusammensetzung Würze: Teuteberg 1989, S. 46; Frei 1987, S. 122
	erster Betriebschemiker: FAM Chronik 67
48	»Wir dürfen uns…«: Frei 1987, S. 122
	Broschüre: FAM o. Nr.
	medizinische Untersuchung: Teuteberg 1989, S. 56, 115
	Expansion nach Singen: Buschak 12 f.
49	»Wenige Tropfen genügen«: Broschüre FAM o. Nr.
	Definition Werbung: Stoll 1912, S. 17
	Dankesschreiben Ärzte: FAM Broschüre, o. Nr.
50	Aufgaben Vertreter: Buschak 47–50
50 f.	Proteste gegen »Blechpest«, Werbung allg.: Frei 1987, S. 129 ff.
51	Bedeutung Markenname, Beispiel Nestlé: Kutter 27
51 f.	Anleitung »Kreuzstern«: FAM o. Nr.
53	Brief: FAM DO Bd. 2 (13. 2. 1896)
55	Krankenkasse ab 1895: FAM Chronik 47 f.
	Untersuchungen über Kaufleute: Arbeitsalltag 211–242; König 14–215
	»Commis«, »Comptoirist«, Zahlen: König 36
56	kleiner Verwaltungsapparat, Beispiele: ebda. 39 f.

56 f.	Erinnerungen Lehrling Maschinenbranche: SKZ 43/1934
57	Erinnerungen »Stift Dölf«: SKZ 4/1935
57 f.	Rappenbruchteile, Sparmaßnahmen SKZ 43/1934
58	»Zahlreiche kaufmännische Angestellte…«: König 36
	Träume vom Reisen: SKZ 4/1935
	»illusionäre Kaufmannsromantik«, »Arbeitsfreude«: König 119
	»Unserem Tatendrang…«, Theateraufführung: SKZ 50/1935
59	Zirkular English Club Zurich: »Fortschritt« 1888, S. 127
	Erinnerungen an reisende Vertreter: SKZ 4/1935
	»war der Alltag schal…«: SKZ 50/1935
	Ausbildungsprogramm »Dölf«: SKZ 4/1935
	Lehrlinge beim Fegen, Heizen, Ernten: SKZ 4/1935; 43/1934
	»darauf mußte ich…«: Arbeitsalltag 216
59 f.	Lehrlinge zum Inkasso abgeordnet: SKZ 35/1934
60	Probleme in Buchhaltung, allg.: Arbeitsalltag 225, 233
	»O du verflixte…«: SKZ 4/1935
61	»Die traditionelle Buchhaltung…«: König 51
62	wachsende Zahlen der Kaufmannschaft: König 28 f., 39
	Großbüro, Spezialisierung, Hierarchie: ebda. 49–52
	»mein Platz war neben…«: SKZ 34/1934
	Beschimpfungen, »barscher Umgangston«: König 97–99
62 ff.	Walsers »Ein Vormittag«: Walser Bd. I, 218–225
63	Erstveröffentlichung: ebda. 399
	Walser in Zürich, 1896/97: Mächler 46
	SKA hat erste Großbüros: König 39
	Walser als »schriftstellernder Commis«: Mächler 56
64 ff.	Bilddokumente: FAM FO A 287 ff. (dort fälschlich datiert »ca. 1928«; das Datum 1905 aber deutlich ablesbar auf dem Wandkalender A 288)
64	elektrisches Licht seit 1895: FAM Chronik 46
66	Anteil weiblicher Büroangestellter: König 55, 589; Stoll 1909, S. 13 f.
	Zahlen Schreibmaschine: Pirker 1962, S. 34
	Zurückhaltung in Europa, Anschaffung durch Bundeskanzlei: Baggenstos 63 f.
66 f.	erste »Dactylographin« bei Ciba-Geigy: Arbeitsalltag 233
67	»Feminisierung des Büros«: Pirker 1962, S. 43
	»Unterschichtung«: Arbeitsalltag 231
	Strukturverschiebungen allg.: König 55 ff.
	»monotone mechanische Arbeit«: Stoll 1909, S. 22
67 f.	Argumente zu weiblicher Büroarbeit: ebda. 16–22
68	Eigenschaften »Oliver«: Kunzmann 108, 279
	Preise, Gewicht Schreibmaschinen: Kunzmann 76; Hunziker 51
	Inserat »Blickensderfer«: SKZ 28/1897
69	Löhne Angestellte: König 140–143
	Modell »Remington«, Umschaltung allg.: Kunzmann 64
	»tanzende« Buchstaben: ebda.
	Inserat für »Yost«: SKZ 2/1897
	Anordnung Tastatur: Kunzmann 65–69; Baggenstos 130 f.
70	erste elektrische Modelle: Kunzmann 204; Baggenstos 105
	Schreibmaschinen mit Preßluftantrieb: Baggenstos 102
	Typenräder, -walzen: Kunzmann 76 ff.
	»Underwood« als Beginn einer neuen Ära: Kunzmann 118; Baggenstos 74 ff.; Pirker 1962, S. 38 f.
	Preisgrenze: Pirker 1962, S. 36
	Schnellschreib-Wettbewerb: ebda. 38 ff.; Baggenstos 123

71	Kohlepapier, Vervielfältigen: Pirker 1962, S. 44 ff.
	Zitat Pirker: ebda. 45 f.
	Zeitungsreklame für versch. Modelle: SKZ 1/1898; 4/1898; 2/1897; 43/1898
	»Wegweiser«: s. Bibl. Hunziker
	Vorzug für Volltastatur, Farbband: Hunziker 19 f.
	»für ein ganzes Menschenleben...«: ebda. 15
72	Vorliebe für Violett: ebda. 34 f.
	Unterstreichen unbefriedigend: ebda. 62
	10-Finger-System, einzelne Tasten: ebda. 23 ff.
	Vorurteile gegen Schreibmaschine: ebda. 74 ff.
	»Gedankenarbeit«, »innerer Gehalt«: ebda. 78 ff.
	Fingerfertigkeit durch Klavierspielen: ebda. 72 f.
72 f.	Kopierpresse für Maschinenbriefe: ebda. 26–30
73	Kopierpresse für handschriftliche Briefe: Bedini 191–195
74	»Faden der Gedanken«: Hunziker 80
	Reklame mit Kappeler Milchsuppe: z. B. Winterthurer Woche 9. 4. 1985
	»gewöhnliches« Inserat: SFW 28/1885
75	Globetrotter als Werbeträger: FAM A II
	Wedekind bei Maggi: Frei 1987, S. 133 ff.; Schleiter 102 f.
75 f.	Brief Wedekinds an Maggi: FAM o. Nr. (20. 4. 1887)
76	»Wenn der Kochkurs...«: FAM o. Nr., undatiert
78	Schweizer Neuerscheinungen um 1890: siehe Bibl. unter: Bodemer (1897), Boos (1889), Boyen (1887), Eynatten (1888), Gschwind (1897), Kempin (1881), Kölla (1888)
	Kochkolumne, Abstand Praxis – Theorie: Mennell 231–33
	mehrere Neuauflagen: z. B. Kübler 1867 (5. Auflage!), 1883 in 10. Auflage erschienen!)
	»Fürs Haus«: s. Bibl. unter Eynatten
	Zürcher Gasherde 1893: Bodemer, Vorwort (unpaginiert)
	Schweizerischer Sparherd: Kübler 1867, S. 46; Kempin 23 f.
	Herd mit offenem Feuer: Beuker 116–141
	idealer Herd: Eynatten 150
79	Reinigen Herd: ebda. 168
	Kriterien »sparsam«, wenig Rauch: Kempin 11 f.
	Anleitung Anfeuern: Eynatten 169
	Holzsorten, Trester: Kübler 1867, S. 89
	Kohlesorten, Briketts: Kölla 11 f.
	Sand und Asche gegen Feuersgefahr: Kübler 1867, S. 89
80	Aufstieg Gasherde in Zürich: Bodemer, Vorwort (unpaginiert)
	»Spart Zeit und Geld«: ebda. 1
	»Schnellküche«: ebda. 30 ff.
	»im Sommer...«: Eynatten 154
	Nickel- und Emailpfännchen: Bodemer 30
	Eisen- und Kupferpfanne: Kölla 11 ff.
	Pfannen allg., Zitat Email: Gschwind 41
80 f.	Musterinventar: Eynatten 151–153
81	Beschreibung Abwasch: ebda. 167
82	Gemälde Delachaux: »Intérieur de cuisine«, Musée d'Art et d'histoire Genf, N. 1886–27
	Kaffeerösten, Typen Kaffee, Wegwarten, Anbrühen: Gysler 30 f., Bodemer 61 f.
83	Gemälde Bachelin: »Küche mit Soldaten«, ca. 1880; SIK 31 218
	Gemälde Vautier: »Der Vetter«, 1888, SIK 28 367
	Auskünfte über Vautier: Brun III, 364 ff.

83 f.	Gemälde Kaiser: »Vieille cuisine«, 1894, Privatbesitz La-Chaux-de-Fonds
84	Fotos Malters: ca. 1900, Slg. Burri, Zürich
	Ratgeberspalten: SFW 1886, S. 112/119
	Behandeln »roher« Fußböden, Lackieren: Eynatten 161–163
85 f.	Behandeln Rippen, Zubereiten Wichse, Reinigen Parkettböden: Kübler 1867, S. 444 f.
86 f.	selbstverfertige Reinigungsmittel, Hausmittel: Eynatten 157–168
87	Kübler, zur Person: HBLS 4, S. 553
	erste Ratgeber England/Frankreich: Mennell 231
	»little more than...«: ebda. 212
88	Musterbudget: Kölla 38 f.
	diverse Preise/Löhne/Mieten: Gysler 140, 224 f., 307 ff.
89	Zitate Zimmerreinigen: Eynatten 157–159
90	Zitate Luftqualität: Kölla 6 f.
90 f.	Inserat »Freiluft-Athmer«: SFW 1886, S. 84
91	Begriffe »Anmut«, »Natürlichkeit«: Eynatten 5
	Spontaneität: ebda. 8
	Heiterkeit, maßvoll: ebda. 8, 34 f.
92	Flitterwochen, Zärtlichkeiten: ebda. 15–18
	Handicap für selbständige Frauen: ebda. 5 f.
93	»vor 50 Jahren«: Gschwind 6
	Wissensdurst zeigen: ebda. 59
	Konkurrenz durch Vereine: Kölla, Einleitung (unpaginiert)
93 ff.	Briefe Tante Caroline: s. Bibl. unter Boyen
94	unauffällige Mode: Boyen 5 f.
	Kaffeenachmittage, Arbeitspause des Gatten: ebda. 9
	Belehrung beim Gatten suchen: ebda. 27
95	Aufklärung: ebda. 79 f.
98	Umsätze Leguminose: FAM Chronik 15
	Gemeinnützige Gesellschaft propagiert Milch: ebda. 11
98 f.	Leguminosen für Zuchthäusler etc.: Denkschrift 134 f.
99	Liebesgabe an Libingen: Frei 1987, S. 128
	»kostspieligste Erfahrungen gemacht«: FAM Chronik 13
	Welti als Teilhaber: ebda. 12
	Maggis Kommanditäre allg.; ebda. 26–28
	Kapital von einer Million: ebda. 16
	für die Zukunft entscheidend, Erweiterung Sortiment: ebda. 18 f.; Frei 1987, S. 118
99 f.	Briefwechsel um Kolanuß: FAM DO II (24. Mai 1890)
100 f.	Brief Stolls, Antwort Maggis: FAM Chronik 16 f.
101	Geschäftsgang 1888–1892: ebda. 31–41
102	Imitationen Würzflasche: Teuteberg 1989, S. 63–65
	»Dinge, die perfekt...«: Äschbacher 67 ff.
102 f.	Augenzeugenberichte: Frei 1987, S. 147 f.; Buschak 16 f.
106	Beleuchtung in Dielsdorf: Hedinger 144
	El-Werk in Meiringen: Kurz 669 f.
	Beleuchtung in Liestal: Klaus 138 f.
	»Krähwinkelillumination«, dunkle Gassen: Winteler 244
106 f.	Petrollicht Affoltern, Aufgaben »Lampist«: GAA II B.1.23.14
107	Konstruktion Straßenlampen: Schivelbusch 94
	Anzahl Gaswerke 1860–1880: Savoy 4
108	Einführung Gas Liestal: Klaus 138 f.
108 f.	Einführung Gas in Wädenswil: Ziegler 1972, S. 95 f.; GAW II B.12.5.1.; AAZ 6/1874, 13/1874

108	»Jubel«, »neue Epoche«: Klaus 138 f.
108 f.	Bau, Einweihung Wädenswil: AAZ 16/1874, 23/1874, 36/1874, 66/1874, 108/1874, 114/1874, 143/1874
110	Gaslicht in Schweizer Städten: Weiss 5 ff.
	erste engl. Gasfabriken, Lebon: ebda. 4 f.
111	Gasometer als soziale Entwertung: Mumford 548
	Gasometer in Revolutionen: Schivelbusch: 110
	Kohlensorten: Weiss 6 ff.
	»mit schöner weißer Flamme«, Rückstände: ebda. 8
111 f.	Gas aus Holz, »Suinter«, Torf: ebda. 12 f.
112	»in Form von Dampf…«, Gas für Arme: ebda. III f.
	Herstellung Gas: ebda. 15 ff.
	Reinigung Gas: ebda. 18–22
113	Prinzip Gasometer: ebda. 22 ff.
	Gasuhr, Zuleitungen: ebda. 24–33
114 f.	Brennermodelle: ebda. 35–39
115	Produktion Wädenswil: Ziegler 1972, S. 95 f.
	Produktion Glarus: Winteler 244 f.
	Gaspreise, Verbrauch: Weiss 24 f.; 38, 47–52
	Tageslohn Gaswerkarbeiter: Winteler 245
116	Preispolitik Gaswerke: Weiss 49
	Lichtstärke Gaslicht: Weiss 41
	Verbrauch, Anordnung Gaslaternen: Weiss 47
	»Gleichmäßigkeit der Leuchtkraft«: Klaus 139
	unvollständiges Farbspektrum, blaue Schirme: Weiss 75
117	Gasflammen heizen Raum auf, Ventilation, Leuchtdecken: Schivelbusch 48–51
	Ablagerungen, Gas nicht für Salon: ebda. 52, 152
	»Paris au gaz«: ebda. 148
	Gas gibt Glamour, Nachtleben: Benjamin 699 ff.
119	Maggis »Schlößli«, Arbeiterwohnungen: Gubler 134–140
120	Kosthauswelt: Treichler 1985, S. 134–139
	Wasserbehälter in Küche: Spörry 31; Knapp 50
	Häuser haben eigenen Brunnen: Surber 27
121	»In einer Tanse…«: ebda. 4
	Wasserversorgung: z. B. Surber 12
	»das Wasser war«…: Knapp 37
	»Kostgänger«, »Schlafgänger«, halb zerfallene Häuser: Kreis 14/19/28
	Ungeziefer: ebda. 17, Knapp 53
122	Petrollicht als Sensation: Kreis 60
	Öllampen, Unschlittlichter: Spörry 30; Messerli 181
	Stube Sigrist: Schuler 1903, S. 7
122 f.	Möblierung Spörry, alle Zitate: Spörry 30–39
124	Lebensgeschichte: s. Bibl.
	Schilderung »Ehgräben«, Räuchern Wohnung: Conzett 18 f.
	Wohnung Rennweg, Hühnerhof: ebda. 25 f.; 34
124 f.	Wohnen im Vorort, Mietzinsaufschlag: ebda. 83, 89
125	Wohnung zusammen mit Schwester: ebda. 111 f.
128	Kurzbiographie: Brun III 364 ff.
	Vautier-Gedenkausstellung in Berlin: ebda. 367
	Jugend, »französischer Firlefanz«, erste Erfolge: ebda. 364
	Requisiten in Atelier: ebda. 365
128 f.	Bleistiftskizzen zum »Vetter«: Rosenberg 60
129	»glänzender Treffer«, Urteil über »Vetter«: ebda. 81

129	Figuren verkörpern Rolle, Beruf und Charakter: Brun III 365
	typische Vautier-Gemäldetitel, »Ohne Genehmigung« ebda. 366 ff.
130	Allgemeines zur Genremalerei und Vautier: Gantner 269 f.
	längere Abhandlung: Brieger, s. Bibl.
	»versuchte die Kunst...«: Brieger 177
	»Kunst zweiten Ranges«: ebda. 182
131	Historien- und Genregemälde, thematischer Raster: Wallraf-Richartz-Museum 2–5
	Balance von Milieu und Gruppe, »sichtbar gemachter Fall«: Friedländer 111
	Talentexplosion, Geburtsdaten 1827–31: Ruppen 1971, S. 93
132	Rhonekorrektion: SIK 39 153; Regierungsgebäude Sitten
	Jugend / Ausbildung Ritz: Ruppen 1971, S. 15 ff.
	Armut während Studium: ebda. 110
	Ritz als Unterhalter: Das Leben des... 26
	Bestellungen für »Ingenieure«: Erinnerungen 371
	Holzstich-Wiedergabe von »Ingenieure«: Ruppen 1971, S. 122 f.
	Wissenschafter im Gebirge: Erinnerungen... 371 f.
	»Das schweizerische...«: Ruppen 1971, S. 31
133	Rhonekorrektion 1880er Jahre: GLS 4, 158 f.
	Entstehung »Rhonekorrektion«: Ruppen 1971, 41–44; 76; 82; Das Leben des... 26
	Probleme mit Kolorit, »braune Brühe«: Ruppen 1971, S. 44; Erinnerungen 372
134 f.	Aufsatz Gasser: s. Bibl.
135	Girons »Les deux sœurs«: Gasser 845, 848; Vaillat 11
135 f.	zu Giron: Thieme-Becker 14, S. 190
136	Vautiers »Der galante Professor« (Tourist im Gebirge): SIK 37 273
	»Von heute an...«: Wittkop 241
	»dann sind wir Maler gewesen«: Müller 1981, S. 164
136 f.	Kollers »Alte Erinnerungen«: SIK 35 118; Kunstmuseum Winterthur 500 288
137	»Vendredi à l'atelier«: Musée d'art et d'histoire de Genève, CR 288
	zu Massip: Brun II 336
	»Les amies«: Kunstmuseum Bern, Inv. 79; Kuthy 38 f.
	zu Breslau: Brun I 20 f.; Thieme-Becker 4, 586
	»technisches Wagestück«: Heinemann 98
	»Strahl genialer Auffassung«: Kuthy 39
138	Breslau, erste Erfolge: Brun I 207
	Jugend Breslau: Zillhardt 29
138 f.	Ausbildung in Paris, Kontakte zu Bashkirtsew: Berger 158 ff., 170 ff., 184 f.
139	Goldmedaille für Breslau 1881: Louise C. Breslau 11
	Porträtaufträge: Alexandre 25 f.
	Wohnsituation in Paris: ebda. 24–27
	»wahrhaft weibliche Kunst«: ebda. 36
	»Le thé de cinq heures«: Kunstmuseum Bern, Inv. 1032
	Entstehung »Le thé de cinq heures«, Forain, Degas: Alexandre 25
	»mit vom Leben verwüsteten...«: ebda. 27
139 f.	erstes eigenes Atelier: ebda. 37
140	Zürcher Bürgerrecht 1891: Heinemann 98
	»fanatischer Realismus«, »Es fehlt...«: Kuthy 38 f.
	»der erhabene Luxus...«: Alexandre 36
141	»Der junge Städter aber...«: Berühmte Gemälde 227
	»Barquiers déchargeant des pierres«: Musée d'art et d'histoire Neuchâtel, Inv. 941
141 f.	»cadrage quasi photographique«, zur Person Röthlisberger: Comtesse 33 ff.
141 f.	riesige Villa, Hauslehrer Bachelin: ebda. 8 f.

142	»pochades«, Vorliebe für Jagen und Angeln: ebda. 13 ff.
	Nachruf, Maltechnik Baud-Bovy: Die Schweiz 4/1900, S. 313 ff.
	Baud-Bovy, Beziehung zum Volk: ebda.
143	»der Welt und ihrer Glätte…«: Godet 27
	Karl der Kühne, Atelier Burnands als Ausflugsziel: Godet 28 f.
144	Jugend Keller: Müller 1988, S. 9 f.
	Verbindung »von Grazie und Leidenschaft«: Uhde 252
	»das Aussehen des Weltmannes…«, »glatte Maske«: Müller 1984, S. 119
145	Wohnung an Maximilianstraße, Keller als Pianist: ebda. 8
	Keller mehrsprachig: Rosenhagen 24
	Keller technisch begabt: Müller 1988, S. 29
	Lebensbeschreibung: s. Bibl., vor allem Müller 1981
	Forschungen über Kellers Mobiliar: Müller 1984
	Geburt, Jugendjahre: Müller 1981, S. 10 ff.; Müller 1988, S. 9 ff., 27 ff.
	Bildnis Caroline Keller: Müller 1984, S. 14
	teilt Atelier mit Ramberg: Müller 1988, S. 30 f.
145 f.	Durchbruch mit »Chopin«: ebda. 33; Uhde 252
146	Bild Chopin: Gasser 811
	»irgendein Histörchen«: Berlepsch 58
	»Das sind Empfindungen…«: ebda. 59
	»das Genrebild vom Motiv befreit«: Uhde 252
146 f.	Verlobung, Heirat mit Irene von Eichtal: Müller 1988, S. 33
147	rund 60 Porträts von Irene, »Tout ce qu'il nous faut«: ebda. 35
	Flügel in Wohnung und Atelier: Müller 1988, S. 213 f.
	zwei Ateliers: Müller 1984, S. 87
148	»von ihren Gegnern erdrückt«: Rosenhagen 136
	Adelsprädikat: Müller 1984, S. 32 f.
	Reportage 1904: ebda. 43
	Tod von Sohn und Gattin: ebda. 35
	Sterbezimmer Irenes als Museum: ebda. 22 ff., 117
148 f.	mystische Themenwelt: Uhde 253; Müller 1981, S. 51 ff.
149	Skizzen zur Hexenverbrennung: Müller 1988, S. 149–163
149 f.	Sitzungen bei Schrenck-Notzing: ebda. 119 ff.
150	»die richtigen, passenden Gesichtsausdrücke«: ebda. 33
	Grundriß Wohnung: Müller 1984, S. 20 ff.
151	Salon allgemein, »Was die Künstler…«: Vogt, Vorwort (unpaginiert)
	Ausstellung Bern 1890: Kuthy, passim
152	Hodlers patriotische Themen: Zelger 32 ff., 58 ff., 115–119
	Erfolg mit »Die Nacht«: ebda. 121–124
152 f.	Courbets »Steinklopfer« am Münchner Salon, Auswirkungen: Uhde 145; Brieger 157; Müller 1984, S. 31
153	Vallottons »La malade«: SIK 37 422, Galerie Vallotton, Lausanne
	Toblers »Heitere Nachrichten«: Kunsthaus Glarus
	Ritters »Stickerinnen«: SIK 35 113, Kunstmuseum Winterthur
	Bachmanns »Vesper«: SIK 21 168, Privatbesitz
	Buris »Nach einem Begräbnis in Brienz«: SIK 53 679, Kunstmuseum Bern
156	Auslandsfilialen: FAM Chronik 50 ff.
	Neubauten um 1895: Gubler 134–140
	Musterfarm: TA 15. 7. 1962; »Die Fabrik von…« 10 f.; FAM Broschüre »Maggi – Weltausstellung 1900«
157	Firmensiedlung in Grafstal: Gubler 157
	eigene Stromerzeugung: FAM Chronik 46
157 f.	Elektroboom, Statistik CH El-Werke: Wyssling 1946, S. 24 f.

158	Jugend Wyssling: Schmid 1958, S. 10 ff.
159	Projekt Waldhalde, allg.: Ziegler 1962
	Wyssling in Wädenswil, weitere Karriere: Schmid 1958, S. 12 f.
	Fotografie: ebda.
	Gebrüder Treichler an Weltausstellung: Ziegler 1962
160	Lage Waldhalde, Projekt allg., Finanzierung: Wyssling 1897, S. 3 f.; Bericht 1 ff.
	Beschrieb Projekt: AAZ 1892/151
160 f.	Stollen: Wyssling 1897, S. 5 ff.
161	Fotos: Bericht, Bilder 2–11
	Erddamm: Wyssling 1897, S. 7 ff.
162	Wasserrecht: Gut I, 24
	Team von 60 Mann: Bericht 5 f.
	Pferdegespanne mit Röhren: Ziegler 1962
	Rohrleitung, Luftschacht: Wyssling 1897, S. 9 ff.
	elektrische Anlage: ebda. 15 f.
	chronologische Liste: Wyssling 1946, S. 174 ff.
163	elektr. Leitungen: Wyssling 1897, S. 19–23
	Abnehmer 1896: ebda. 22
	»einigendes Band«, »mehr Licht«: AAZ 1892/152
	»Hotels«, »bescheidene Dörfer«: AAZ 1892/151
164	Zeitenwende, Dampf wird abgelöst: AAZ 1892/20
	Eröffnung: Ziegler 1962
164 f.	Premiere in Wädenswil: Ziegler 1972, S. 103
165	Festspiel »Zum Licht!«: siehe Bibliographie
	Ablauf Festspiel: AAZ 3. 3. 1896
166	Festspiel in Uster: Kläui 1964, S. 300
167	Vorführung in Bülach: Hildebrandt 142
	häufige Unterbrechungen: Elektrizitätswerke 45
	Strom in Richterswil, Preise: Peter 39
168	Bedingungen für Trimbach: Vögtli 342
	Preise für kWh: Winteler 249 ff.; Thürer 185
	Strom und Sozialismus: Schivelbusch 78
	Vorträge in Rehetobel, Affoltern: Schläpfer 271 f.; ABA 26. 1./31. 1. 1895
169	Waldhalde-Netz: Elektrizitätswerke 30; Wyssling 1946, S. 107 f.
	»welche vermittelst...«: AAZ 28. 12. 1892
170	Verhandlungen über Durchführrecht, Stangen allg.: Wyssling 1946, S. 111 ff.
	Porzellanköpfe, Akzeptanz im Volk: Elektrizitätswerke 49
	Leserbrief: Ziegler 1972, S. 102
171	Tarife/Klassen/Preise: GAA II B E 2.20.8–11
	Offerte BBC, Preis Motor: ebda. E 2.20.33
	Jahrespauschale für Motor: ebda. E 2.20.11
171 f.	Hausinstallationen allg.: Wyssling 1946, S. 123 ff.
172	Schalter, Lampen: ebda. 128 f., 131 f.
173	Ablösung Technologien: Braun 1 ff.
	Statistik Gasfabriken, Brand Ringtheater: ebda.
174	Aufschwung E-Werke, Glühlampe als Auslöser: ebda. 3–8
	Banken, »Wechselreiterei«: ebda. 10
174 f.	Gasglühstrumpf: ebda. 5, Schivelbusch 52
175	Liestal: Rückkehr zum Gas: Klaus 139 f.
	Affoltern: GAA II B. B.1.23.14
175 f.	Debatte »Gas oder Strom?«, Entscheidung durch Auer: Braun 9 f.
176	Sieg Strom, Kropotkin: Mumford 600
	Liestaler Kirche, Schule: Klaus 139 f.

176	Gefahren des Leuchtgases: Weiss 57 f.
185	Glühlampe wirkt sauber: Ziegler 1972, S. 102 f.
	Umfang Waldhalde-Projekt: AAZ 24. 12. 1892
186	»Inseln« verbinden: Wyssling 1946, S. 108
	Länge Überlandleitungen: ebda.
	Pariser Ausstellung, allg. Entwicklung bis 1900: ebda. 168–170
186 f.	erste Straßenbahnen, Foto: ebda. 231 f.
187	Lichtturm Philadelphia: AAZ 31/1874
	Eiffelturm als Lichtturm: Schivelbusch 119
	Lichtteppich über Detroit: ebda. 122
187 f.	Aufzug in Lichtturm: AAZ 31/1874
188	Glühlampe verbessert Sehvermögen: Wagner 202
	Augenschäden bei Blick in Glühlicht: Savoy 87
	Uhren werden beschädigt: ebda. 68
	Strom kräftigt Gesundheit: ebda. 82
	Strom verbessert Pflanzenwachstum: Elektrochirurgie, -schmuck: ebda. 57
189	elektrischer Stuhl, elektrisches Kochen: ebda. 57 f.
	Foyerlicht im Theater »Lumen«: ebda. 88
	Pariser Ausstellung 1881: ebda. 4
	Rolle der Ausstellungen: ebda. 10 f., 63 f.
190	elektrisches Licht im »Engadiner Kulm«: ebda. 5
	Elektrifikation und Tourismus: ebda. 7 f., 60
	Elektrizität und Zukunft, »vie électrique«: ebda. 69 f., 90
	Niagara-Akku betreibt Gondel: Polytechnisches Notizblatt 26/1894; S. 206
	Sammlung von Lebensberichten: s. Bibl. unter: Arnold
191	Tücken Petrollampen: Gysler 73 f.
	Tücken Petrollampen Österreich: Arnold 7 ,60, 82, 229
	Nahrungsmittel und Petrol im Krämerladen: Messerli 181
192	»das Licht bekommen«: Arnold 6
	»mit Freudentränen«, ebda. 39
	Einweihungsfeier: ebda. 258
	E-Licht teuer: ebda. 63
	»Subskriptionen«: GGA II B E.2.20.51
	Licht für mehr als ein Zimmer, Vorhänge: Arnold 36, 65
	»kalt, aber bequem«: ebda. 33
	Vergleich Straßen-/Weihnachtsbeleuchtung: ebda. 56
	Nachbarkind erschrickt: ebda. 56
	Aufsparen für festliche Anlässe: ebda. 63
193	Menschenkette: ebda. 87 f.
	Strom »läuft aus«: ebda. 229
	Strom »rinnt« nicht aufwärts: ebda. 267
	»Teufel, ist der...«: ebda. 229
	Strom vertreibt Würmer: ebda. 76
	Strom als Vitamin: Schivelbusch 74
	Jubiläum: Arnold 5
193 f.	Strom in Kennelbach: Bertsch 33
195	Wendepunkt 1895: FAM Chronik 49
	Zahlen zum Geschäftsgang: ebda. 41–56
	Bezüge von Maggi: ebda. 62
	Produktionsmittel erweitern: ebda. 44
	»Wir dürfen uns...«: Frei 1987, S. 122
196	Deutschland als Hauptmarkt, Zollerhöhung: FAM Chronik 53 ff.
	eigene Agrarproduktion wegen Geheimniswahrung: ebda. 66

196 f.	Ausbau in Singen: Buschak 12 ff.
197	Ausbau in Berlin, Bürobetrieb: ebda. 47 ff.
198	eigene Konsumgenossenschaft in Kemptthal, Krankenkasse: FAM Chronik 47 f.
	Firmenvereine: Schmid 1946, S. 13
	eigene Musikkapelle: Landbote 92/1896; FAM DO III (18. 4. 1896)
	Geheimnisklausel in Anstellungsverträgen: z. B. FAM DO I (22. 7. 1890, Anstellung Ernst Schmid)
	Konkurrenz durch »Gusto«, Aufkauf Friedrichshafen: FAM Chronik 67 f.
199	Maggi nach Paris: ebda. 58 ff.
	Streik 1907: Buschak 27 ff.
201	»unselige Schnapswirthschaft«: Sprüngli 45
	Porträt Sprünglis: Schmid, 125 Jahre, S. 11
	Sprüngli als Zünfter: ebda. 18
	christliche Geschäftsführung: ebda. 44
202	Gruppenbild: ebda. 31
	»vieillards à la barbe fleurie«: Mestral 8
202 f.	Lehrjahre, Anfänge der Schokoladefabrikation: Schmid, 125 Jahre, S. 8 ff.
203	Zeitungsannonce: FALS, Materialien Heft II, 6; NZZ 10. 3. 1845
	Import Rohstoff, Verarbeitung: Frei 1951, S. 25 ff.
203 f.	111jährige Schokolade: Schmid, 125 Jahre, S. 14; Schmid 1970, S. 16
204	»eiserner« Fleiß: Schmid, 125 Jahre, S. 9
	»Jetz isch es…«: ebda. 52
	»saint du travail«: Mestral 14
204	Konditorei am Paradeplatz: FALS Materialien Heft II, 11
205	Verlegung an Werdmühleplatz: Schmid, 125 Jahre, S. 25 ff.
	Ausbildung Söhne: ebda. 45, 48
	Teilung 1892: ebda. 33 f.
	Aquarell Werdmühle: ebda. 26; FALS Materialien Heft II, 17
205 f.	Personalpolitik: ebda. 21; Schmid, 125 Jahre, S. 28
206	Dampfmaschinen, Maschinenpark: ebda. 25; FALS Materialien Heft II, 17 ff.
	weibliche Arbeitskräfte: ebda. 21
	»fortgejagt wegen…«: FALS Materialien Heft III, 27
	Fazit, einzelne Zitate: Sprüngli 41–45; FALS Materialien Heft III, 17
	Pavillon an Landesausstellung: Schmid, 125 Jahre, S. 40
207	Kopierbuch: FALS, Kopienbuch, Briefe ab 1889
	Einkäufe Kakaobohnen: ebda. 208, 52 f.
	Amsterdamer Vertragsfirma: ebda. 365 f. (u. a.)
208	Eichel- und Saccharine-Kakao: ebda. 300–303
	Empfehlungen von Kinderärzten: ebda. 112
	Ausstellungen beschickt: ebda. 298 ff.; 409 f.
	Muster an Luzern: ebda. 67, 70
	Leibarzt, Hofarzt: ebda. 70, 78 f.
	Patentierungsfragen: ebda. 186 ff. (u. a.)
209	Bernhard über Verpackungen: ebda. 49 f.
	Jugend Caillers: Treichler, Weltwoche 36/1980
	Waadtland als Schokoladezentrum: Mulhaupt 13–21
	Anfänge Suchards: Schmid, Suchard 10 ff.
	Suchard als Kapitän, Seidenzucht, Asphaltlieferant: ebda. 13–17
210	Friedrich Wilhelm III. liebt Suchard-Schoko: Treichler, Weltwoche 36/1980
	Serrières als größte Fabrik: Gutzwiller 63
	Weltreise Suchards: Schmid, Suchard, 31 f.
	Karriere Nestlés: Schmid, Nestlé, 13–16
210 f.	Karriere Peters: Mestral 11–19

211	Verhältnis Kakaobohnen-Fertigprodukt: van Hout 5; Schiess 167
	Familienverhältnisse in Vevey: Mestral 19
211 f.	Rolle der Wasserkraft: Mulhaupt 13–19
212	Porträt Lindt: Schmid, 125 Jahre, S. 59
212 f.	Anfänge Lindts, Entdeckung »chocolat fondant«: Frei 1951, S. 49–53; Treichler, Weltwoche 35/1980
213	»Roderich« Lindt: Gutzwiller 102
214	deutsche Sorgen über Lindt-Vorsprung: »Gordian« (Hamburg), 20. 10. 1899
	»als ihm bequem erschien«, Provision Tobler: Frei 1951, S. 52 f.
214 f.	Zusammenschluß Lindt-Sprüngli: Schmid, 125 Jahre, S. 64 ff.; FALS Materialien Heft III, 35
215	Formel in Kassenschrank; FALS Materialien Heft III, 35
	Neugründungen um 1900: Gutzwiller 89–100
215 f.	Zahlen zur Branche 1888–1900: ebda. 63–67
216	Importe-Exporte: ebda. 70, 80
	Kakaopreise: FALS Bestellbuch, passim
	Qualitätsvorsprung: Gutzwiller 62
217	Brautgabe: Schmid, 125 Jahre, S. 14
	Familienwappen Lindt: ebda. 62
	auf Geschmack der Elite abgestimmt: FALS Materialien Heft I, 13
	volkstümliche Verpackungsmotive: ebda. 15 ff.
	Wickelserie mit Landschaften: ebda. 14
	Plakate »ferne Länder«, Touristen: Schmid 125 Jahre, S. 38 f.
218	»historische« Plakate: ebda. 19, 22
219	Maggi in Paris: FAM Chronik 58 ff.
	»offizielles« Porträt: z. B. Schmid 1946, S. 1
	»vieillards à la barbe fleurie«: Mestral 8
	»etwas gestörter Geisteszustand«: Escher 351
220	Speisekarte »Chalet Suisse«: FAM A II, 1900
220 f.	Chalet Suisse, Schweizerdorf: Kutter 1990, 104–117
222	Speisesaal »Victoria«: Krebser 73
	Hotel »Gütsch«: Historismus 184
	Hotel in Maloja: Rucki 83 f., 169
	400 Gäste an Table d'hôte: ebda. 83
223	Kurhotels in Engadin: ebda. 72 f.
	Entwicklung von Davos: ebda. 22
	zweckfreier Urlaub: ebda. 7 ff.
	Rigi-Hotel »Schreiber«: ebda. 57–60
	Hotel »Gütsch«: Historismus 184
223 f.	Hotel in Maloja: Rucki 83 f., 169
224	Hotel »Palace« in St. Moritz: ebda. 109–112
227	technische Neuerungen: Schwartz 166
	»allgemeine Erfassung«: TA 30. 12. 1900
	»the last of its name«: Schwartz 159
228	Leserbriefe London Times: ebda. 192
	Artikel NZZ: NZZ 4. 1. und 25. 1. 1900
	Wilhelm II. eröffnet 20. Jh.: Schwartz 178
	»nach Kaiser und Papst«: SWoZ 29. 12. 1900
228 f.	»kaum glaublich«, »praktische Anschauung«: ABA 9. 2. 1899
229	»Ich denke aber…«: Suttner 1909, S. 502
	Feiern in Zürich: TA 2. 1. 1901
	erster »Bundeszug«: SWoZ 5. 1. 1901; NVZ 5. 1. 1901
	»ein Fuder…«: NVZ 5. 1. 1901

229 f.	Telldarsteller: ebda. 10. 1. 1901
230	»Herstellung von Motorwagen«: SWoZ 5. 1. 1901
	Prophezeiungen: Eckartshausen 142 f., 158 f., Sorg 14
	»höchster Menschheitsgedanke« etc.: TA 31. 12. 1900
231	Wertung Elektrizität: SWoZ 29. 12. 1900
	Urteil »Anzeiger«: ABA 1. 1. 1901
	»herrliche Entwicklung«: SWoZ 29. 12. 1900
231 f.	skeptisches Urteil: ABA 1. 1. 1901
232	Urteil Burenkrieg: NVZ 31. 12. 1900
	»sprunghaftes Regiment«: ABA 1. 1. 1901
	»Schlappe«, Sammlung für Buren: SWoZ 5. 1. 1901
	Urteile Frankreich/Deutschland: BDV 5. 1. 1901; SwoZ 5. 1. 1901; ABA 1. 1. 1901
	Kolonialismus in Europa: NVZ 5. 1. 1901
	»noch am ehesten...«: BDV 5. 1. 1901
233	Fin de siècle, allgemein: Schwartz 159–162
	Zitat Hauptmann, Kentaur als Symbol: Hinterhäuser 15, 205 ff.
	»Fin-de-Sekelei«, »dekadent«: »Die Schweiz« 1899, S. 223
	»trage Rosen jeder Steckel«: SWoZ 5. 1. 1901
234	Aufsatz Arnold Ott: »Die Schweiz« 1901, S. 299 ff.
	Kurzgeschichte »Sweetheart«: ebda. 20 ff.
234 f.	Urteil über Isabelle Kaiser: Marbach 148, siehe auch HBLS 4, S. 438
235	Gedicht »Hände«, Porträt Kaiser, geschichtliche Miniaturen:»Die Schweiz« 1899, S. 1, 2 ff., 199 ff.
	Buch »Maschinenalter«: s. Bibl. Suttner 1891 (2. Auflage)
	Reaktion auf »Maschinenalter«: Suttner 1909, S. 179
	»ziemlich weit...«, »Kulturkeime«: Suttner 1891, S. 10, 20
236	Urteil über Spencer: ebda. 164
	»Barbarei«, Verherrlichung Tod statt Liebe: ebda. 20, 152
	zukünftige Hörerschaft feiert Liebe: ebda. 128
	Verwendung »damaliger« Sprache: ebda. 10
	»überzivilisiert«, »fortschrittliches Zeitalter«, Verteidigung Anonymität: ebda. 9–12
237	Porträt Suttner: Suttner 1909, S. 177
	Verlagsprogramm Schabelitz: Suttner 1891, Anhang
	»in wissenschaftlichen Kreisen...«, Echo auf »Maschinenalter«: Suttner 1909, S. 169–179
	19. Jahrhundert als »Maschinenalter«: Suttner 1891, S. 15
238	Vorlesung über Krieg: ebda. 16–22
	Rassenwahn, »einige alte Drucksachen«: ebda. 24–30
238 f.	alle Zitate Liebe, Sexualität : ebda. 128–143
239 f.	Biographie Suttner bis 1885: Suttner 1909, 123–158
240	Rückkehr nach Wien, Entstehung »Maschinenalter«: ebda. 162–85
	Entstehung »Die Waffen nieder«, Reaktion Nobel: ebda. 180 ff.
240 f.	Treffen in Bern und Zürich, Idee Friedenspreis: ebda. 260–73
241 f.	Hoffnungen für Den Haag: ebda. 502 ff.
243	Ott in Dießenhofen, Gedicht: Haug 369 ff.
	Ott löst Praxis auf: ebda. 364 f.
244	Festspieltheater, Urteile über Ott: »Die Schweiz« 3/1899, S. 544 ff. und 571 f.
	Otts Produktion 1888–1900: Haug 445
	Länge »Karl der Kühne«: Ott 1945/1, S. 81–386
	Urteile Spitteler/Widmann: Haug 210–19
245	Serie über Todesstrafe: Brütsch 73–89
	»Heckenrose«, Otts Heirat: Haug 57 ff.

245	Frau Ott beschwichtigt Patienten: ebda. 235
	Ott als Arzt in Luzern: ebda. 113 ff.
245 f.	Theatererlebnis in Basel, erste Dramen: ebda. 149 ff.
246	Begegnung mit Herzogpaar, »Nische«: ebda. 161–68, 269
	»Goldregen der Poesie«, Shakespearestudien: ebda. 170–85
	Arbeiten in Einsiedeln, Schaffhausen: ebda. 237
246 f.	Ausführung »Bernauer«, Rezeption: ebda. 191–203
247	Werben um Keller: ebda. 208–10
	»Shakespeares großer Ton«: ebda. 328
247 f.	Episoden mit Widmann: ebda. 236, 303, 343, 356
248	»verfluchter Höfling«: ebda. 308
	Kritik Widmanns: ebda. 253, 331
	Beispiele: Ott 1945, I 327, 349, 373
249	Festspiel Altdorf: Haug 317–23; »Die Schweiz« 3/1899, S. 568
	»seine Phantasie…«: »Die Schweiz« 3/1899, S. 568
249 f.	400-Jahre-Festspiel Schaffhausen: »Die Schweiz« 5/1901, S. 297–307, 318 ff.: Haug 371–78
250	Aufführungen in Zürich, Basel, Paris: Haug 380–84, 394 ff.
250 f.	Krankheit und Tod Otts: ebda. 403 ff., 425 ff.
251	Festspiel allg.: Sarasin 308–14
251 f.	Spiegelbild Hierarchie, »Traumtext«: ebda. 341 ff., 325–57
252	Allgemeines zu Welti: Brun III 447 f., IV 685 ff.; Thieme-Becker 35, S. 365 f.
252 ff.	»Fahrt ins 20. Jahrhundert«, allg.: Waldkirch 12 ff.; Welti 1962, S. 202–206; Welti 1920, Bd. 2, S. 173–175
	Biographie Welti: Curiger 1984, S. 10–27
253	»altmeisterlicher Formwille«: Hesse 10
254	»in aller Schärfe…«: Curiger 1981, S. 65
	Welti über 1901: Welti 1920, Bd. 2, S. 203
	»Denken Sie…«: ebda. 207
	»Biergenuß«: ebda. 167
254 f.	Bild von Geiger erneut verwendet: Curiger 1981, S. 32
255	Bildserien, Zukunftsserie: FALS Materialien I, 7 f.; Schmid 125 Jahre, S. 42 f.
	Zitat Suttner: Suttner 1891, S. 303
256	Erholungsreisen, Kuren: Schmid 1946, S. 14
	Gattin wohnt im »Eden«: FAM DO XL, passim
	Eugen Maggi als Ränkeschmied, Sorgen mit Harry: ebda. 6. 9. 1912
	Krankheitsbild, Zeugnis Bleuler: ebda. 14. 10. 1912
257	»Worte ohne Zusammenhang«: ebda. 29. 8. 1912
	langjährige Liaison: ebda. 29. 8. 1912 (Brief 2)
	Rente, Konto »R«: ebda. 5. 4. 1913
	Skandal um Rücktransport, Entmündigung: ebda. 6. 9. 1912
	Telegramm: ebda. 21. 8. 1912

Bildnachweise

       Vorsatz: Salon der Villa Röder in Interlaken, 1898; Stiftung für Fotografie, Zürich
       Nachsatz: Proletarische Wohn- und Schlafstube, um 1900; Foto Schweiz. Zentralstelle für Heimarbeit, Bern.
  1 Zürcher Rigiquartier um 1890. Holzschnitt aus *Conrad Escher: Chronik der Gemeinden Ober- und Unterstraß (Zürich 1915)*, S. 105
2–6 »Villa Sumatra«, Fotos Baugeschichtliches Archiv Zürich
  2 Gesamtansicht, BAZ Dia AC 78
  3 Detail Interieur, BAZ 18302 Q
  4 Detail Interieur, BAZ 18302 P
  5 Detail Interieur, BAZ 18298 P
  6 Detail Garten, BAZ 2568 P
7–13 Fotos Firmenarchiv Maggi, Kemptthal ZH, o. Nr.
 14 Prospekt Maggi 1898, FAM, o. Nr.
 15 Handschriftliche Rezepte, ca. 1885, FAM, o. Nr.
 16 Französische Maggi-Reklame, aus *L'illustration (Paris)*, 11. 5. 1907
 17 Gemüserüsterei Maggi Kemptthal, Fotos um 1895/1900, FAM o. Nr.
 18 Kohlernte in Kemptthal, Foto um 1895; Firmenarchiv Maggi, Kemptthal, FO A 566
 19 Sellerietransport auf Fabrikgelände, Foto um 1900; FAM o. Nr.
 20 Gesamtansicht Fabrikareal Kemptthal um 1898; FAM FO A 02
 21 Stilisierte Fabrikansicht auf französischer Preisliste 1898; FAM o. Nr.
22, 23 Grafische Sammlung ZbZ
 24 Firmenarchiv Lindt & Sprüngli, Kilchberg
 25 Albert von Keller, Foto 1898, aus *Oskar A. Müller: Albert von Keller (München 1981)*, S. 2
26–28 Grafische Sammlung ZbZ
 29 Sammlung Heidi Lustenberger, Beckenried
30, 31 Großbüros Maggi in Kemptthal, Fotos 1905; FAM FO A 287/288 (dort fälschlicherweise datiert »ca. 1928«)
 32 Kassenvorraum Büro Maggi Kemptthal, Foto ca. 1905; FAM FO o. Nr.
 33 Zeitungsreklame »Underwood«, aus *Schweizerisches Kaufmännisches Centralblatt (Zürich)*, 1/1898
 34 Zeitungsreklame »Oliver«, aus SKC 43/1898
 35 Zeitungsreklame »Blickensderfer«, aus SKC 28/1897
 36 Zeitungsreklame »Universal-Topfheber«, aus *Schweizerisches Familien-Wochenblatt (Zürich)*, 1889, passim
 37 Bürgerliche Musterküche um 1900, aus *Die Hausfrau in ihrem Schalten und Walten (Ulm 1898)*, S. 200
 38 »Interieur de cuisine«, Gemälde von Léon Delachaux, 1886; Musée d'art et d'histoire Genève, Nr. 1886–27
 39 »Küche mit Soldaten«, Gemälde von Rodolphe-Auguste Bachelin, um 1880; Foto SIK 31 218
 40 »Vieille Cuisine«, Gemälde von Edouard Kaiser, 1894; Slg. Pierre Kaiser, La Chaux-de-Fonds
 41 »Der Vetter«, Gemälde von Benjamin Vautier, 1888; Foto SIK 28 367

42, 43 Küchen in Malters LU, um 1900, Repro Katrin Burri, Zürich
44 Bürgerliches Interieur in Zürich, 1909, Foto BAZ (Moser 544/2970)
45 Schweiz. Zentralstelle für Heimarbeit, Bern
46 »Rhonekorrektion«, Gemälde von Raphael Ritz, 1888; Regierungsgebäude Sitten VS, Foto SIK 39 153
47 »Un galant professeur«, Gemälde von Benjamin Vautier, 1885; Foto Kunsthaus Zürich, SIK 37 273 (Standort unbekannt)
48 »Les deux sœurs« (auch: »La république«), Gemälde von Charles Giron, 1883; Foto Kunstmuseum Bern (Standort unbekannt)
49 »Le vendredi à l'atelier«, Gemälde von Marguerite Massip, 1888; Musée d'art et d'histoire Genève, Nr. CR 280
50 »Les amies. Effet en contre-jour«, Gemälde von Louise Cathérine Breslau, 1888; Kunstmuseum Bern, Nr. 79/Eidg.
51 »Barquiers déchargeant des pierres«, Gemälde von William Röthlisberger, 1888; Musée d'art et d'histoire Neuchâtel, Nr. 941, Foto von Allmen
52 »Mittagessen«, Gemälde von Albert von Keller, 1882; Privatbesitz, Foto SIK 40 637
53 »Im Mondschein«, Gemälde von Albert von Keller, 1894, aus *Oskar A. Müller: Albert von Keller (München 1981)*
54 Verkehrsverein Rapperswil
55 Sammlung Peter Ziegler, Wädenswil
56–59 Elektrizitätswerke des Kantons Zürich
60 »Chalet Suisse« an der Weltausstellung 1900 (Paris). Vignette aus Maggi-Speisekarte; FAM o. Nr.
61 Grafische Sammlung SLB, Slg. Zulauf
62 Speisesaal Hotel »Viktoria« Interlaken, 1883, Slg. Markus Krebser, Thun
63–66 »Zukunftsvisionen«, Serie Beilagebilder zu Schokoladepackungen, um 1895; Firmenarchiv Lindt & Sprüngli, Kilchberg
67 »Fahrt ins 20. Jahrhundert«, Lithographie Albert Welti, 1899; Kunsthaus Zürich

Personenregister

Ador, Gustave 220f.
Anker, Albert 82, 130f.
Argand, Aimé, Genfer Erfinder 114
Auer von Welsbach, Carl, österr. Erfinder 115, 174–176

Bachelin, Rodolphe-Auguste, Neuenburger Maler 82f., 127, 142
Bachmann, Hans, Luzerner Maler 153
Badrutt, Johannes, Bündner Hotelier 190
Bashkirtsew, Marie 138
Baud-Bovy, Auguste, Genfer Maler 142
Beecher-Stowe, Harriet, amerik. Schriftstellerin 237, 240
Benjamin, Walter 117
Bernhard, Carl Georg 208
Berzelius, Jakob, schwed. Chemiker 47
Bismarck, Otto Fürst von 231
Blavatsky, Helene, amerik. Sektengründerin 227
Bleuler, Eugen 256
Bocion, François, Genfer Maler 131
Böcklin, Arnold 131, 253
Bodmer, Martin 145
Braque, Georges 136
Braun, Hans-Joachim 173–175
Breslau, Louise-Cathérine, Zürcher Malerin 137–140, 151
Buchser, Frank 131
Buri, Max, Berner Maler 153
Burnand, Eugène, Waadtländer Maler 142f., 234

Caduff, Moritz 32, 34, 37f.
Cailler, Fanny 211
Cailler, François-Louis 209, 215, 217
Conzett, Conrad, Zürcher Arbeiterführer 22, 125
Conzett-Knecht, Verena, Zürcher Arbeiterführerin 22, 45, 124f.
Courbet, Gustave 150f.

Dalì, Salvador 136
Degas, Edgar 139
Delachaux, Léon, Genfer Maler 82f.
Delaroche, Paul 136
Dietz, August 119

Edison, Thomas Alva 21, 157f., 176, 189, 193
Eichthal (Keller), Irene von 146–148
Elisabeth, österr. Kaiserin 242
Escher, Alfred, Zürcher Politiker 21, 99
Escher, Conrad 12
Euler, Bertha 128

Federer, Heinrich, Schweizer Schriftsteller 249
Fischer, Georg 56
Flaubert, Gustave 254
Fleury, Robert 138
Forain, Jean-Louis 139
Franz, Ellen (Freifrau von Heldburg) 246f.
Friedrich I. (III.), deutscher Kaiser 97, 210
Fritz, Rose 70

Galvani, Luigi 166
Gasser, Manuel 134ff.
Georg II., Herzog von Meiningen 245f.
Giron, Charles, Genfer Maler 135f.
Grützner, Eduard 131
Gschwind, Marie 93
Gutzwiller, Albert 216
Gyr, Mina 15
Gysler, Heiri 82, 88, 193

Haab, Robert, Zürcher Politiker 161, 164
Hatz, Bartholomäus 31–33, 36f.
Hauptmann, Gerhart 233
Heer, Jakob Christoph, Zürcher Schriftsteller 164ff.
Herzog, Johann 39
Hesse, Hermann 253f.

Hinterhäuser, Hans 233
Hitler, Adolf 254
Hodler, Ferdinand 151 f.
Holsboer, Jan, holl. Unternehmer 223
Honegger, Carl, Zürcher Achitekt 8 f.
Hunziker, G. 71 f., 74

Jordan, Rudolf 128, 132 f.

Kaiser, Edouard, Neuenburger Maler 82–84
Kaiser, Isabelle, Unterwaldner Schriftstellerin 234 f., 250
Keller, Albert von, Münchner Maler 136, 144–151
Keller, Balthasar 147 f.
Keller, Caroline 144–146
Keller, Friedrich Ludwig 145
Keller, Gottfried 247
Knapp, Hermine 39, 121
Kögel, Gustav 75
Kohler, Charles 212
Kohler, Jean-Jacques 211
Koller, Rudolf 131, 136 f., 143
König, Mario 55, 58, 60
Kreis, Jakob 43, 121 f.
Kropotkin, Pjotr, amerik. Soziologe 176
Krüsi-Altheer, Karl 8 f.
Kübler, Marie Susanne, Zürcher Haushaltlehrerin 87, 89
Kunz, Barbara 45

Lebon, Philippe, französischer Erfinder 110
Leibl, Wilhelm 131, 145, 152 f.
Lenbach, Franz von 145
Lindt, August 213
Lindt, Rodolphe, Berner Fabrikant 212–217
Lütschg, Giacomo 59 f.

Maggi, Eugen 16 f., 256 f.
Maggi, Harry 13, 28, 155, 256
Maggi, Julius 14, 28, 55, 72 f.
Maggi, Louise 15, 155, 256
Maggi, Michael 13, 15 f., 27
– baut Villa Sumatra 9–13, 199, 219 f.
– Ausbildung, erste Unternehmungen 14–16, 26 f.
– Entwicklung Trockensuppen 16 f., 21–25, 28 f., 40
– Entwicklung Suppenwürze 47–50
– Ideen zur Werbung 51–53, 74 f., 100, 216
– Ausbau Firma 98–101, 105, 156, 195–198

– Pläne für Firmensiedlung 117 f., 154 f.
– Verlagerung nach Paris 199, 219
– Tod in Paris 256 f.
Makart, Hans 145
Massip, Marguerite, Genfer Malerin 137
Maupassant, Guy de 22, 136
Mestral, Aymon de 202
Minder, Albert 44
Mooser, Werner 43 f.
Moser, Karl, Zürcher Architekt 157
Müller, Karl 157
Müller, Oskar A. 144, 149
Müller-Thurgau, Hermann 159
Mulhaupt, Armand 211
Mumford, Lewis 111

Nestlé, Henri, Waadtländer Unternehmer 51, 100, 204, 208–211
Nobel, Alfred, schwedischer Erfinder 239–242
Nordau, Max 235

Ott, Anna 245
Ott, Arnold, Schaffhauser Dramatiker 234, 243–252

Paladino, Eusapia 150
Peter, Daniel, Berner Fabrikant 202, 204, 209–211, 215
Pirker, Theo 71
Purser, Sarah 139

Ramberg, Arthur von, Münchner Maler 145
Ramberg, Mimi von 147
Rau, Jules 223
Reinle, Adolf 130
Renesse, Camille de, belg. Unternehmer 223 f.
Rhodes, Cecil 253
Ridley, Scott, amerik. Filmregisseur 255
Ritter, Caspar 153
Ritter, William 254
Rittmeyer, Emil 130
Ritz, Raphael, Walliser Maler 130–133, 135 f.
Rockefeller, John D. 22
Rose, Franz 253
Rosenhagen, Hans 149
Röthlisberger, William, Neuenburger Maler 141 f.
Ruchti, Eduard 222
Rucki, Isabelle 222 f.
Rübel, August, Zürcher Unternehmer 99 f.

287

Sarasin, Philipp 251f.
Savoy, Monique 189f.
Schäppi, Louise 139
Schiller, Friedrich von 245, 249, 252
Schindler, Fritz, Glarner Erfinder 193f.
Schivelbusch, Wolfgang 107, 116
Schmid, Hans-Rudolf 155, 218
Schrenck-Notzing, Albert von 150
Schuler, Fridolin, Glarner Fabrikarzt 17–21, 42
Schwarzenbach, Julius, Zürcher Unternehmer 161, 169
Semper, Gottfried 222
Shakespeare, William 244–247
Sorg, Friedrich 230
Spencer, Herbert, englischer Soziologe 236
Spitzweg, Carl 129
Spörry, Theophil 122f.
Sprengler, Alexander 223
Sprüngli, David sen. 201, 203–205
Sprüngli, David jun. 204f., 215
Sprüngli, Elisabeth 202, 206
Sprüngli, Rudolf sen. 201–207, 210, 215
Sprüngli, Rudolf jun. 205, 215
Steck, Albert 98
Stoll, Georg 100
Stoll, Karl 67f.
Stückelberg, Ernst, Basler Maler 131, 234
Suchard, Philippe, Waadtländer Unternehmer 209f., 215f., 219
Suttner, Arthur Gundaccar von 239–241
Suttner, Bertha von, österr. Pazifistin 229, 236–242, 255

Teuteberg, Hans Jürgen 42
Tobler, Jean, Berner Fabrikant 214f.
Tobler, Victor 153

Treichler, Jakob 159f.
Treichler, Johann Jakob 18
Treichler, Walter 159f.
Troll, Irma von 237

Umberto I., ital. König 242

Vaillat, Léandre 135f.
Vallet-Bisson, Frédérique 218
Vallotton, Félix 153
Vautier, Benjamin, Waadtländer Maler 82–84, 127–132, 136, 141
Viktoria, brit. Königin 242, 245
Vischer-Iselin, Wilhelm, Basler Fabrikant 252

Wagner, Richard 21
Walser, Robert 62–64
Weber, Carl Maria von 229
Wedekind, Erika 75
Wedekind, Frank 75f.
Weiss, Hans 110–116, 176
Welles, Orson 14
Welti, Albert, Zürcher Maler 252–255
Welti, Emil 99
Whitman, Walt 237
Widmann, Joseph Viktor, Berner Literat 244, 247f.
Wilhelm I., deutscher Kaiser 97
Wilhelm II., deutscher Kaiser 97, 208, 228
Wyssling, Walter, Zürcher Elektropionier 158f., 161–163, 170–172, 179, 181–183, 186

Zahn, Ernst, Schweizer Romancier 234
Zeppelin, Friedrich Graf von 243
Zillhardt, Madeleine 139
Zünd, Robert 131